ESSAI

SUR

LA POSSESSION DES MEUBLES

ET SUR

LA REVENDICATION DES TITRES AU PORTEUR

PERDUS OU VOLÉS

PAR

DANIEL DE FOLLEVILLE

Agrégé, chargé d'un cours de Code Napoléon à la Faculté de droit,
Avocat à la cour impériale de Douai.

EXTRAIT DE LA REVUE PRATIQUE DE DROIT FRANÇAIS
(Tome XXVI, tome XXVII et tome XXVIII.)

« En fait de meubles, la possession
vaut titre » (Art. 2279, al. 1, Code
Napoléon.)

PARIS

A. MARESCQ AÎNÉ, LIBRAIRE-ÉDITEUR
17, RUE SOUFFLOT, 17

1869

ESSAI

SUR

LA POSSESSION DES MEUBLES

ET SUR

LA REVENDICATION DES TITRES AU PORTEUR PERDUS OU VOLÉS.

ESSAI

SUR

LA POSSESSION DES MEUBLES

ET SUR

LA REVENDICATION DES TITRES AU PORTEUR

PERDUS OU VOLÉS

PAR

DANIEL DE FOLLEVILLE

Agrégé, chargé d'un cours de Code Napoléon à la Faculté de droit,
Avocat à la cour impériale de Douai.

EXTRAIT DE LA REVUE PRATIQUE DE DROIT FRANÇAIS
(Tome XXVI, tome XXVII et tome XXVIII.)

« En fait de meubles, la possession
vaut titre. » (Art. 2279, al. 1, Code
Napoléon.)

PARIS

A. MARESCQ AINÉ, LIBRAIRE-ÉDITEUR

17, RUE SOUFFLOT, 17

—

1869

POSSESSION DES MEUBLES.

DE LA PORTÉE JURIDIQUE ET DES CONDITIONS D'APPLICATION DE LA MAXIME CONSACRÉE PAR L'ART. 2279 :

En fait de meubles la possession vaut titre.

Généralités.

I. — A côté du droit de propriété, le Code Napoléon (article 2228) reconnaît l'existence juridique d'un certain état de fait, appelé *possession,* état de fait qui consiste tout simplement dans la mise en exercice des pouvoirs dérivant, soit du droit de propriété, soit même de tout autre droit, sans que l'on se préoccupe du point de savoir si le *possesseur* a, ou non, qualité pour agir en maître.

2. — Le législateur français devait réglementer la possession à la fois dans l'intérêt de la sécurité publique, pour prévenir les rixes, les luttes entre les citoyens, et aussi en se plaçant à un point de vue plus élevé, parce que le fait de posséder, étant ordinairement l'attribut et la manifestation du droit de propriété, établit toujours une *présomption* très-forte en faveur de l'existence et de la légitimité du droit de celui qui possède.

3. — Les règles de la possession diffèrent d'ailleurs, suivant que la détention s'applique à des *immeubles* ou à des *meubles.*

4. — *En matière immobilière,* la loi paraît attacher une importance considérable à la question de temps et de durée.

5. — La présomption de légitimité qui résulte de *l'exercice, en fait,* des pouvoirs contenus dans le droit prétendu est encore faible *la première année,* et négligée, en conséquence, par le législateur d'une façon presque complète : je *possède* votre champ ou votre maison, par suite de votre négligence ou de votre absence, depuis cinq, six ou dix mois seulement : — cette détention ne produit, à proprement parler, aucun droit à mon profit, et par suite aucune action : que j'abandonne, un seul instant, ma possession de votre champ et qu'un autre s'en

empare, aucune voie de recours ne me sera ouverte en général.

Nous disons : *en général ;* — c'est qu'en effet il en serait tout autrement si le fait du tiers qui m'expulse et qui
substitue ainsi sa détention à la mienne était un *fait vio-
lent.* On trouverait alors, dans cette *violence* même, le germe
d'une action que la simple possession non annale n'aurait pas
suffi à produire : j'obtiendrai justice par la voie de l'action en
réintégrande reconnue par l'art. 6, n° 1, de la loi du 25 mai
1838, sur les justices de paix. Sans doute, cette action ne pren-
dra pas sa source dans l'atteinte portée à la possession ; car la
possession n'est point encore constituée comme droit : sa base
se trouvera dans la *voie de fait* dirigée par l'usurpateur
contre la personne du détenteur actuel : *spoliatus ante omnia restituendus.* Telle est, au moins, l'opinion approuvée et
maintenue par la Cour de cassation (1)(Cass. 25 avril 1865, D.
P. 1865, 1, 283).

6. — Cependant les mois s'écoulent, et la présomption de
légitimité va toujours grandissant à mesure que le temps lui
apporte une consécration plus longue. *Au bout d'un an,* ce
qui était jusque-là un simple état de fait devient un droit véritable protégé par les actions possessoires ; le possesseur peut
être privé matériellement de la chose : il n'en conservera

(1) La légitimité de cette solution peut inspirer des doutes sérieux : en
effet, d'après l'art. 23 du Code de procédure civile, « LES ACTIONS POS-
SESSOIRES ne s nt recevables qu'autant qu'elles ont été formées, dans l'année du trouble, par ceux qui, DEPUIS UNE ANNÉE AU MOINS, étaient en
possession paisible par eux ou les leurs, à titre non précaire. » Nous lisons,
d'un autre côté, dans l'art. 6, n° 1, de la loi du 25 mai 1838 sur les justices de paix, ce qui suit : « Les juges de paix connaissent, à charge d'appel :
— 1° Des dénonciations de nouvel œuvre, *complaintes* ACTIONS EN RÉINTÉ-
GRANDE ET AUTRES ACTIONS POSSESSOIRES, fondées sur des faits commis
dans l'année. Nous arrivons donc, par la combinaison de ces deux textes, à
construire le syllogisme suivant, qui est parfaitement en règle : toutes les actions possessoires, sans exception, exigent une possession annale aux termes
de l'art. 23 du Code de procédure civile ; or, la réintégrande est formellement
rangée dans la classe des actions possessoires par l'art. 6, n° 1, de la loi du
25 mai 1838 ; donc la réintégrande, elle aussi, suppose l'existence nécessaire
d'une possession annale. (Comp. Dalloz, *Répertoire* v° *Action possessoire*, n° 101,
et les autorités en sens divers qui y sont indiquées.)

pas moins la *saisine possessoire* durant une année à compter du trouble (art. 23 Code proc.). On le voit, la possession se place déjà en face de la propriété comme un adversaire redoutable : le détenteur est protégé par une présomption *juris tantum*, qui admet sans doute la preuve contraire, mais qui n'en est pas moins la source de précieux avantages : le fardeau de la preuve est rejeté sur celui qui se prétend propriétaire, en sorte que, dans le doute, c'est le possesseur qui est préféré : et, en définitive, cela est juste ; car la possession, étant ordinairement l'attribut et la conséquence du droit de propriété, doit nécessairement faire *présumer* l'existence de ce droit. De plus, le *possesseur annal* est justiciable d'une juridiction spéciale, la justice de paix, et il peut recourir à la procédure sommaire et expéditive des actions possessoires, au lieu que le maître de la chose, lorsqu'il revendique, est obligé d'actionner son adversaire devant le tribunal civil ; et encore ne peut-il se pourvoir au pétitoire qu'après avoir exécuté la sentence rendue au possessoire par le juge de paix (art. 27 C. proc.). C'est donc avec raison que les anciens docteurs s'écriaient : « *beati possidentes !!!* »

7. — Enfin, au bout de *trente ans* (art. 2262), ou même quelquefois au bout de *dix ou vingt ans* seulement (art. 2265), la propriété originaire succombe : la présomption jusque-là simple et *juris tantum*, élevée en faveur du possesseur, se convertit tout à coup en une présomption *juris et de jure* (1) invincible, absolue, irréfragable, n'admettant plus la preuve contraire ; et pour que cette transformation s'opère, il faut, mais il suffit que le détenteur invoque son droit (art. 2223).

(1) Dans l'état actuel de notre législation et sous l'empire du Code Napoléon, la vraie classification des présomptions légales nous semble être la suivante : 1° *Il y a des présomptions qui n'admettent jamais la preuve contraire :* voyez les art. 911, 1100 et 2262 Cod. Nap. 2° *Il y a des présomptions* qui admettent sans doute la preuve contraire, *mais qui ne peuvent être ébranlées que par certains modes de preuve prévus* et limitativement réglementés à l'avance : voyez l'art. 2275, Cod. Nap. — 3° Enfin, *il y a des présomptions qui admettent toutes les preuves contraires* qu'il est possible de fournir, pourvu qu'il s'agisse de modes de preuve autorisés d'une manière générale par le Code Napoléon : voyez les art. 1283, 2231, etc. L'ancienne distinction, en présomptions simples ou *juris tantum*, et en présomptions irréfragables ou *juris et de jure*, nous paraît insuffisante.

La possession trentenaire, ou la possession de *dix* et *vingt* ans, se confondent avec la propriété même : ou plutôt c'est la propriété se substituant à la possession et protégée, dans sa légitimité définitive, par l'action réelle en revendication.

Telle est, à grands traits, la théorie de la possession appliquée aux immeubles : elle est plus ou moins énergique dans ses effets suivant qu'elle a duré plus ou moins longtemps (art. 23 C. proc.; 2223, 2229 C. Nap.).

8. — *En matière mobilière* (et c'est là l'objet spécial de cette étude), la loi paraît beaucoup plus radicale : elle pose, dans l'art. 2279-1°, le principe absolu qu' « *En fait de meubles, la possession vaut titre;* » c'est-à-dire apparemment que le simple possesseur d'un meuble est dans la même situation, en vertu de sa seule détention, que s'il avait, entre les mains, un titre juridique constitutif de son droit : plus de stage ici, plus de conditions de temps et de durée : le possesseur d'un meuble est, de plein droit, propriétaire : la possession et la propriété se confondent dans l'expression d'une même légitimité; et en effet, l'art. 1141 du Code Napoléon, supposant le concours établi entre un individu qui représente son titre d'acquisition pour obtenir un meuble et un tiers qui *possède* de bonne foi ce meuble, maintient la chose au possesseur et le déclare propriétaire incommutable (art. 1141). Le résultat pratique de la règle posée par l'art. 2279-1° apparaît donc bien clairement; et dès lors, la ligne de démarcation entre les immeubles d'une part, et les meubles d'autre part, est facile à préciser : un tiers, réunissant d'ailleurs toutes les conditions requises par les art. 2228, 2229 et suivants, possède *mon immeuble* qu'il a acquis *à non domino* avec juste titre et bonne foi : — je suis armé (art. 2265) encore pendant un délai de dix à vingt ans de l'action réelle en revendication. — Au contraire, un tiers possède *un meuble* qui m'appartient : il a acquis de bonne foi et en vertu d'une cause légale de transmission ce meuble *à non domino;* — je suis immédiatement désarmé : mon action réelle en revendication vient se heurter contre un obstacle infranchissable : le tiers triomphera de ma poursuite, en m'opposant la maxime qu'*En fait de meubles la possession vaut titre.* C'est donc directement et exclusivement à l'action réelle du propriétaire que s'attaque l'art. 2279-1° : mais, si le propriétaire évincé peut invoquer un rapport

d'obligation, un engagement réciproque quelconque, alors l'art. 2279-1° s'efface et laisse le passage libre à l'action personnelle.

En un mot, le résultat immédiat, en pratique, de l'application de la maxime qu'*En fait de meubles, la possession vaut titre*, est d'arrêter la revendication du véritable propriétaire, en ne lui laissant plus comme suprême ressource que l'action personnelle contre son dépositaire ou son mandataire infidèle. La démonstration victorieuse de cette proposition ressort clairement du texte même de l'art. 2279 : le second alinéa de cet article s'exprime, en effet, de la manière suivante : « néanmoins, celui qui a *perdu* ou auquel il a été *volé* une chose, *peut la revendiquer* pendant trois ans, à compter du jour de la perte ou du vol, contre celui dans les mains duquel il la trouve, sauf à celui-ci son recours contre celui duquel il la tient. » L'art. 2279, n° 2, admet donc exceptionnellement, de la part du vrai propriétaire, l'action en revendication, dans les deux hypothèses, de *perte* et de *vol* d'un meuble : or, si *l'exception* consiste à admettre la revendication, nous pouvons affirmer que *la règle* avait pour but de l'écarter : car le meilleur moyen d'apprécier la véritable portée d'un principe, c'est de déterminer soigneusement et de reconnaître les exceptions qu'il subit. La première question de laquelle les tribunaux doivent donc se préoccuper, lorsqu'ils se trouvent en présence d'un possesseur de meubles qui invoque la maxime de l'art. 2279, est celle-ci : A quel titre le détenteur est-il poursuivi en restitution ? — Est-ce une action en revendication, ou bien est-ce une action purement personnelle qui est dirigée contre lui ? — Le vendeur invoque-t-il un droit de propriété ou un droit de créance ?— C'est précisément parce que les jugements et arrêts se sont écartés de cette distinction fondamentale que l'on trouve si souvent l'incertitude et l'indécision empreintes dans les nombreux documents de jurisprudence auxquels la théorie de la possession des meubles a donné lieu. Le laconisme de la loi, la concision extrême des observations présentées dans les travaux préparatoires, les controverses de l'ancien droit ont fait, au reste, de ce sujet l'un des plus ardus peut-être du Code Napoléon, et sur bien des points, il est vrai de dire encore aujourd'hui :

Prudentes certant et adhuc sub judice lis est.

9. — Nous nous proposons de grouper les difficultés que soulève cette matière autour des cinq divisions suivantes :

1° Quelle est l'origine, quel est le fondement, quelle est la portée juridique de la règle qu'*En fait de meubles, la possession vaut titre ?*

2° Quelles personnes peuvent l'invoquer et à quelles conditions est subordonnée son application?

3° A quels objets, à quelles choses est-elle applicable?

4 Quels sont les effets de l'application de la maxime « qu'*En fait de meubles, la possession vaut titre?*

5° Quelles sont les exceptions qu'elle comporte.

§ 1er.

Origine. — Fondement. — Portée juridique de la maxime : En fait de meubles, la possession vaut titre.

10. — *L'origine* de notre règle est fort utile à préciser : car c'est la tradition historique qui peut le mieux nous éclairer sur la solution à donner aux questions difficiles que soulève le sujet.

11. — Il faut d'abord reconnaître que la maxime, *En fait de meubles, la possession vaut titre*, est complétement étrangère au *droit romain :* dès les premiers temps de Rome, en effet, le simple possesseur d'un meuble devait, pour en obtenir la propriété, recourir à l'usucapion, manière d'acquérir du droit civil. Or, l'acquisition d'un meuble par voie d'usucapion était soumise à trois conditions : il fallait d'abord le *juste titre*, c'est-à-dire un acte juridique indiquant chez le *tradens* l'intention d'aliéner, et chez l'*accipiens* l'intention d'acquérir. — Il fallait ensuite *la bonne foi*, c'est-à-dire la croyance de la part du possesseur que celui qui avait livré le meuble en était légitimement propriétaire. — Enfin, il fallait que la possession se fût prolongée pendant un an au moins. — Telle était la décision formelle de la loi des XII Tables (Gaius, com. 2, § 42).

Mais il s'en fallait de beaucoup que cette usucapion à bref délai eût donné au crédit les garanties sur lesquelles on était en droit de compter : car elle était inapplicable dans une foule d'hypothèses prévues soit par la loi des XII Tables elle-même, soit par la loi Atinia et la loi Plautia : ainsi, il était impossible d'acquérir par voie d'usucapion les *res sanctæ, sacræ, publicæ, populi romani, civitatum, fisci,* ou les *res vi possessæ.* Bien plus, l'acquisition d'un meuble volé, *res furtiva,* par voie d'usucapion, était interdite même aux tiers acquéreurs de bonne foi : — « *rei furtivæ æterna auctoritas esto,* » disait la loi des XII Tables. La possession, même de bonne foi, n'avait pas la vertu de purger ce vice originaire ; et cette maxime romaine avait une importance d'autant plus considérable, que les faits compris sous la dénomination de *vol* étaient extrêmement nombreux. — Pour qu'il y eût vol, en effet, *furtum,* et par suite *res furtiva,* il suffisait qu'il y eût eu *contrectatio fraudulosa vel ipsius rei, vel etiam usus ejus, possessionisve* (L. I, pr. et § 3, ff. *De furtis*). Celui qui avait déplacé sciemment et frauduleusement la chose d'autrui, ne pouvait pas (cela est d'évidence) l'usucaper lui-même, parce qu'il était de mauvaise foi : bien plus, il en rendait toute usucapion impossible même entre les mains des possesseurs de bonne foi qui auraient acquis ultérieurement le meuble par voie de vente, de donation, ou en vertu de quelqu'autre juste titre.

Le meuble ne cessait d'être imprescriptible que lorsque le vice de vol était purgé : et, autant étaient d'une application facile les conditions constitutives du *furtum,* autant étaient rigoureuses les conditions requises pour faire disparaître ce vice (v. Inst., l. II, t. VI, § 2, *De usucapionibus,* et Dig., l. 4, § 6, 7, 11, 12, 13, ll. 32 et 41 *De usurpationibus et usucapionibus,* liv. XLI, tit. III).

De tout ceci il résulte que l'exception relative aux *res furtivæ* avait réduit l'usucapion à n'être plus qu'une apparence en matière de meubles, et Gaius lui-même le fait remarquer : « *Unde in rebus mobilibus non facile procedit ut bonæ fidei possessori usucapio competat.* » (Gaius, com. 2, § 50.)|

L'empereur Justinien monte sur le trône : — il réunit en une seule et même institution l'usucapion et la *præscriptio longi temporis :* seulement il porte les délais de l'usucapion d'une année à *trois années* pour les meubles : du reste, il laisse subsister les exceptions de la loi des XII Tables et de la loi Atinia dans toute leur portée, en sorte que l'extension donnée aux *res furtivæ* continue de paralyser la prescription des meubles dans la plupart des cas : Gaius et après lui Justinien l'ont si bien compris qu'ils ont cru nécessaire de donner eux-mêmes quelques exemples d'usucapion de meubles, pour montrer que le cas pouvait encore se présenter (v. Inst., § 4, 5 et 6 *De usucapionibus*, — l. 36 § 1, ff. *De usurpationibus*, — et Gaius, com. 2, § 50.)

Quoi qu'il en soit, lorsqu'on était troublé dans la possession d'une chose mobilière, on pouvait, d'après les principes du droit romain, intenter une espèce d'action possessoire désignée par les textes sous le nom d'*interdit utrubi*. Ulpien (lib. 72 *ad edictum*) nous a conservé les termes mêmes de cet interdit : « Prætor ait : *utrubi hic homo, quo de agitur, majore parte hujusce anni fuit : quominus is eum ducat, vim fieri veto* (L. uniq. ff. *Utrubi*). Soumis, dans le principe, à des règles particulières, l'interdit *utrubi* a été, quant à ses conditions d'exercice, complétement assimilé par Justinien à l'interdit *uti possidetis* relatif aux immeubles (§ 4, Instit. *De interdictis*, lib. IV, tit. xv).

Cet aperçu historique nous montre que les Romains étaient arrivés à séparer, aussi bien en matière mobilière qu'en matière immobilière, le fait de la possession d'avec la propriété : *pour les interdits ou actions possessoires*, l'assimilation entre les meubles et les immeubles était devenue complète en droit et en fait ; — pour *l'usucapion*, il y avait une différence simplement quant aux délais, les meubles se prescrivant par le délai de trois ans, et les immeubles par dix ans entre présents et vingt ans entre absents ; — mais nous ne trouvons aucune décision analogue à la règle actuelle posée par l'art. 2279-1° qu'*En fait de meubles, la possession vaut titre*.

12. — *Dans notre ancien droit français*, il est difficile de saisir, en présence de l'extrême diversité des coutumes, le système dominant en matière de possession de meubles : nous nous contenterons d'esquisser à grands traits les principaux usages reçus.

Dans le ressort des parlements de Toulouse, de Bordeaux et de Paris, ainsi que dans le Berry, on admettait uniformément la prescription de trente ans, ou la prescription de dix et vingt ans avec juste titre et bonne foi, pour les meubles comme pour les immeubles. — En Bretagne, la prescription était de cinq ans pour les choses mobilières, à moins qu'il n'y eût eu obligation ou promesse par écrit (art. 284).

Dans presque toutes les autres provinces, on admettait, d'après le droit romain, la prescription par trois ans avec juste titre et bonne foi : et Dunod, qui a recueilli principalement la jurisprudence du comté de Bourgogne, dit expressément : « Les meubles se prescrivent par *trois ans* avec titre et « bonne foi. Les meubles de l'Église sont sujets à cette pres- « cription, qui est communément reçue dans le royaume, et « il n'y a pas lieu de douter qu'elle ne soit parmi nous, puisque « notre coutume porte que l'usucapion de chose meuble de- « meurera selon l'ordonnance et disposition du droit écrit. « Mais il ne faut entendre ici, sous le nom de choses meubles, « que les meubles corporels; car les actions pour choses mo- « bilières (meubles incorporels) durent autant que les autres « actions. »

Pocquet de Livonnières, conseiller au présidial d'Angers, n'est pas moins affirmatif que Dunod : « De droit commun, dit-il, les meubles se prescrivent par une possession publique et paisible de trois ans, avec titre et bonne foi. »

Nous arrivons donc à cette conclusion que, si la prescription de trois ans n'était pas le droit commun de la France, elle était au moins reçue dans une très-grande partie du territoire.

13.— S'il y avait une différence entre les meubles et les immeubles au point de vue des délais pour prescrire, cette différence n'était pas la seule : nous pouvons encore en signaler d'autres d'une haute importance : après que Beaumanoir eut organisé et complété le système de la défense posses- soire, deux principes considérables prévalurent bientôt : d'une part, la possession d'*an et jour ne fut pas requise pour la saisine des meubles;* d'autre part, *les actions possessoires ne furent point admises en matière de meubles :* cela est, au moins, certain au temps de Loysel : « *Pour simples meubles* ou ne peut intenter complainte (1). » Dans la coutume de Normandie seulement, l'art. 55 admet la *clameur de Haro,* sorte de re-

(1) Loysel, *Institutes coutumières,* livre 5, tit. 4, n° 754; édition Dupin, tome 2, page 143.

vendication verbale et publique dirigée par le propriétaire dépouillé d'un meuble. La maxime, que les *meubles n'ont pas de suite par hypothèque*, vient encore établir une différence notable entre les meubles et les immeubles : finalement l'on arrive à ce résultat pratique que la possession des meubles n'est plus garantie, *comme possession*. Mais elle l'est bientôt *comme propriété*, en sorte que la revendication est accordée aux possesseurs de meubles qui ne peuvent pas recourir à l'action possessoire. Pothier, en effet, s'exprime ainsi : « La prescription des meubles par la possession triennale n'est autre chose que l'ancien droit d'usucapion, dont Justinien a seulement prolongé le temps; et il faut, pour cette prescription, que le possesseur justifie d'un titre d'où sa possession procède, et qu'elle soit *de bonne foi*. Mais il est rare qu'il y ait lieu à la question, *le possesseur d'un meuble en étant, parmi nous, présumé propriétaire* (1), *sans qu'il soit besoin de recourir à la prescription;* à moins que celui qui le réclame et s'en prétend le propriétaire ne justifiât qu'il en a perdu la possession par quelque accident, comme par un vol qui lui en aurait été fait. »

Nous voyons donc apparaître une doctrine nouvelle, tout à fait inconnue du droit romain, et consistant à attribuer la propriété au possesseur d'un meuble, *excepté dans le cas de vol*, par la seule puissance de la possession et sans le secours ordinaire de la prescription.

Pothier, du reste, n'était pas le seul à professer cette opinion : voici, en effet, la théorie de Bourjon (2) sur ce point : « La prescription n'est, dit-il, d'aucune considération ; *elle ne peut être d'aucun usage quant aux meubles*, puisque par rapport à ces biens, *la simple possession produit tout l'effet d'un titre parfait;* principe qui aplanit les difficultés que faisait naître le silence que la coutume de Paris a gardé sur cette prescription. En effet, quelques-uns prétendaient que, pour acquérir cette prescription, il fallait une possession de trente ans; mais cela n'était pas raisonnable, outre que, pour les immeubles, quand il y a titre et bonne foi, elle ne requiert

---

(1) Pothier, *Prescription*, n° 205, et *Commentaire sur la cout. d'Orléans*, Introd. au tit. 14, n° 4.

(2) *Droit commun de la France*, titre de la Prescription, t. 2, p. 911.

entre présents qu'une possession de dix ans, inconvénient qui avait conduit d'autres à dire que, conformément à la disposition des Instituts, il fallait, pour prescrire les meubles, une possession de trois ans. Ces contradictions cessent par le principe adopté et qu'on vient de poser, principe auquel il faut se tenir comme étant salutaire : il est étrange qu'on ait tenté de s'en écarter. Pourtant, Bretonnier dit que le parlement de Paris requiert pour les meubles la même prescription que pour les immeubles, ce qui ne paraît pas, à moins qu'il n'y ait action personnelle en restitution contre le possesseur même, *et la jurisprudence du Châtelet est contraire.* En effet, suivant la jurisprudence de ce tribunal, *la possession d'un meuble, ne fût-elle que d'un jour, vaut titre de propriété, sauf l'exception de vol;* mais, hors ce cas, la possession, quant à ce, *vaut toujours titre de propriété.* Cependant, Duplessis estime que, avec bonne foi, il faut trois ans pour prescrire la propriété d'un meuble, et trente ans lorsqu'il n'y a pas bonne foi. Brodeau est du même sentiment.—*J'ai toujours vu cette opinion rejetée au Châtelet, où l'on tient pour maxime constante qu'en fait de meubles la possession vaut titre de propriété, à moins que le meuble ne soit furtif.* La jurisprudence contraire serait préjudiciable au bien public, puisque personne, par rapport aux meubles, n'exige un titre qui soit, tout ensemble, justificatif et translatif de propriété, et, sur ce, chacun se contente de la possession : elle est donc suffisante. Ainsi je me tiens à cette jurisprudence, comme étant salutaire et conforme à l'ordre public et à la sûreté du commerce. »

Plus loin, Bourjon ajoute : « *En matière de meubles, la possession vaut titre de propriété; la sûreté du commerce l'exige ainsi.* La base de cette maxime est qu'on ne possède ordinairement que les meubles dont on est propriétaire. »

Tels sont les précédents historiques : à l'origine les meubles et les immeubles, sous le rapport de la garantie possessoire, paraissent soumis aux mêmes règles : et Boutillier déclare expressément : « *Qu'on peut asseoir complainte de nouvelleté sur chose mobilière.* » Puis, peu à peu, s'établit une différence de plus en plus accentuée jusqu'à ce qu'enfin la ligne de démarcation soit nettement précisée par Pothier et Bourjon : alors, en matière de meubles, la possession seule vaut titre par elle-même et est considérée, devant des juridictions importantes, comme constituant un obstacle insurmontable à l'action en revendication du propriétaire dépouillé.

14. — Est-ce à dire cependant que la doctrine du Châtelet, reproduite par Pothier et Bourjon, ait été le résultat d'une conception spontanée ne se rattachant en rien aux traditions anciennes? — Nous ne le croyons pas : les principes n'arrivent pas, du premier coup, à leur formule définitive : chacun de nous reçoit en quelque sorte le flambeau des mains de celui qui le précède, avec le devoir d'aller toujours en avant, en écartant les notions inexactes et en affermissant les vrais principes dont le triomphe peut seul assurer la sécurité des transactions privées. Le droit marche à travers les siècles, se perfectionnant sans cesse, se modifiant suivant les exigences du temps et les besoins du pays, mais sans que l'on doive jamais perdre de vue l'enchaînement de la tradition, témoignage vénérable de l'expérience et des efforts généreux de nos pères : la mission de leurs successeurs consiste à signaler les lacunes, à constater les déviations, à tenter les redressements. La maxime qu'*En fait de meubles la possession vaut titre*, a subi cette loi commune de toutes les institutions juridiques, et nous en retrouvons la trace dans les monuments les plus anciens de notre droit : les dispositions de la loi Salique et de la loi Ripuaire, relatives à la procédure en *entiercement* [...]ent, sinon d'une manière formelle, du moins au [...]e vue des résultats pratiques, la règle aujourd'hui inscrite dans l'art. 2279 avec les mêmes exceptions (*loi Salique*, tit. 39 et 49; *loi Ripuaire*, tit. 35). — Les mêmes principes se trouvent reproduits dans les *Etablissements de saint Louis* (liv. II, chap. 17) : Le revendiquant « doit, dit saint Louis, jurer sur saints qu'il ne fit oncques chose de quoi il dut perdre la saisine. » Climrath signale un texte encore plus précis : — « Il doit jurer sur saints que... ne vendit, ne donna, ne enguaga, ne presta : ains que ensi l'a perdu come il a dit » (*Assises de Basse-Court*, fⁿ 68, col. 1, 2, chap. 197). Il semble bien résulter de ces textes que, dans le cas où le meuble a été engagé, ou presté, ou donné, le tiers détenteur est protégé d'une manière complète par sa possession, quelque récente qu'elle puisse être. Mais il y a plus : — Nous trouvons dans les *Etablissements de saint*

Louis (liv. 1, ch. 91, 165; liv. 2, ch. 12) la preuve de l'existence de la double exception, admise encore aujourd'hui pour le cas de *perte* et pour le cas de *vol*, par l'art. 2279 du Cod. Nap. Ces textes anciens déclarent que, dans les deux hypothèses, le seigneur du meuble peut *l'entiercer* :

1° *Cas de perte* : Un essaim d'abeilles s'est enfui : « Le seigneur jurera seur saints de sa main qu'elles sont seues, et que elles issirent de son essaim à veue et à seue de lui et sans perdre leur veue, jusqu'au lieu où il (le détenteur) les a cueillis. Par itant aura les ès (abeilles), et rendra à l'autre la value du vaissel où il les a cueillies. »

2° *Cas de vol* : L'hypothèse la plus fréquente est celle où la chose est *requise* comme *emblée* (volée) ou *tolte* (prise de force) : — « Se aucun accuse autre personne de larrecin, il doit nommer le larrecin, si c'est un queval, ou robes, ou gages d'argent et doit dire en tele manière : je me plaing de tel home et doit mettre quatre deniers dessus la chose par devant la justice, il m'a emblé tele chose. » Et, dans ce cas, la revendication était admise même à l'encontre du détenteur de bonne foi : « Se uns hom achetait un cheval ou un buef ou autre chose et il fust de bonne renommée et uns autre venist avant et li deiet : Cette chose m'a été emblée, et il fut bien cogneus, et il ne seust de qui il l'eust achetée, li autres l'auroit, seil voloit jurer sor saint loiaument qu'elle fut seue, et cil qui l'auroit achetée, si auroit son argent perdu. »

Les *Etablissements de saint Louis* ne permettent donc la revendication des meubles que dans le cas où la chose a été emblée (volée) ou perdue, et ces documents législatifs contiennent même l'exception consignée aujourd'hui dans l'art. 2280 : « Et il perdra son *chastel* (meuble), se li marchands ne l'avait achetée à la *foire de Pâques* et se il l'avait achetée, il rauroit son argent par la coutume d'Orlenois et seroit hors de soupçons ce étoit hons qui eust *usé et accoutumé* à acheter liex choses et qui fust de bonne renommée » (*Etablissements de saint Louis*, liv. II, ch. 17; — V. aussi, dans le *Miroir de Saxe*, II, 36 et 60).

Le principe d'après lequel la revendication contre le tiers détenteur est refusée au propriétaire qui s'est volontairement dessaisi de son meuble, en sorte qu'il ne lui reste plus qu'une

action personnelle en restitution contre l'emprunteur à usage
ou le dépositaire, remonte donc à la plus haute antiquité, si
l'on consulte les monuments de notre ancienne jurisprudence : il était admis aussi par le droit germanique, et MM.
Aubry et Rau sur Zachariæ (t. 2, § 183, note 2) en signalent
l'expression dans les adages : — *Hand muss Hand wahren.
Wo man seinen Glauben gelassen hat, da muss man ihn
wieder suchen.*

Ces idées, du reste, fléchirent un instant sous l'influence
de la tradition romaine, qui fut sur le point d'anéantir le
principe national : de là les dispositions édictées par certaines coutumes, que nous avons signalées plus haut, et
qui admettaient, pour l'acquisition des meubles, une prescription acquisitive plus ou moins longue (tantôt trente ans,
tantôt cinq ans, tantôt trois ans), en autorisant d'ailleurs
le véritable propriétaire du meuble à intenter la revendication contre le tiers détenteur, tant que celui-ci n'était pas
couvert par l'accomplissement des délais requis pour prescrire.

Toutefois, même dans les pays régis par ces coutumes, on
s'écartait du droit romain et on se rapprochait des dispositions
émanées de la plus ancienne législation française en deux
points : d'une part l'action possessoire n'était point reçue en
matière de meubles ; d'autre part, les meubles n'avaient point
de suite par hypothèque : « Pour simples meubles, on ne
« peut intenter complainte ; mais en iceux échet aveu et con-
« tre aveu » (Loysel, liv. 5, tit. 4, n° 754). Or, au témoignage
d'Imbert (*Inst. for.*, ch. 17), l'aveu et la revendication pré-
sentaient, non-seulement quant à la procédure, mais même
quant au fond du droit, la plus grande analogie. Il ne restait
plus qu'une amélioration à introduire : donner franchement
la revendication au possesseur de meubles, et telle fut précisément la jurisprudence qui s'affermit au Châtelet, où, d'après
le témoignage de Bourjon et de Pothier, *possession pour meubles valait titre de propriété.* Voilà donc le possesseur de
meubles *présumé* désormais propriétaire à raison de sa possession même et armé, à l'encontre de tous ceux qui voudraient porter atteinte à son droit, de l'action réelle en revendication.

15. — Telle est la tradition historique. Quelle a été

*l'attitude des rédacteurs du Code, quelle solution ont-ils en-
tendu faire prédominer ?*

Il importe d'abord de remarquer, dans l'art. 2279, al. 1, la reproduction textuelle de la formule adoptée par Bourjon : « *En
fait de meubles, la possession vaut titre.* » De plus, l'exposé des
motifs contient presque littéralement l'énonciation des raisons données par l'estimable auteur à l'appui de la maxime
précitée : « Dans le droit Français, dit M. Bigot-Préameneu,
on n'a point admis à l'égard des meubles une action possessoire distincte de celle de la propriété ; on y a même regardé
le seul fait de la possession comme un titre ; on n'en a pas
ordinairement d'autres pour les choses mobilières. Il est
d'ailleurs le plus souvent impossible d'en constater l'identité,
et de les suivre dans leur circulation de main en main. Il faut
éviter des procédures qui seraient sans nombre et qui, le
plus souvent, excéderaient la valeur des objets de la contestation (1). »

16. — Nous devons rechercher maintenant quel est le *fondement juridique* de la disposition consacrée par l'art. 2279.
Or, cette règle nous paraît se justifier à la fois par des motifs
de droit pur, par des raisons se rattachant à l'ordre des faits
de la vie pratique et par des considérations d'équité.

D'abord, *en droit*, il faut bien reconnaître que le législateur
de 1804 a subi l'influence des idées anciennes et de l'adage :
res mobilis res vilis : il ne prévoyait pas le merveilleux développement de la richesse mobilière auquel nous avons assisté, grâce aux immenses progrès réalisés par la science et
l'industrie. — D'autre part, les meubles sont considérés, dans
le Code Napoléon, comme des accessoires de la personne, sans
assiette fixe, *insusceptibles de servir de base à un droit de suite
par hypothèque* (art. 2119) ; dès lors, les meubles n'étant
pas soumis à un droit de suite au profit des créanciers
hypothécaires, il était naturel d'écarter l'action en revendication, qui n'est, en réalité, au point de vue du propriétaire, qu'un des modes de manifestation de ce droit. De
même, les actions possessoires ne doivent pas être admises, en matière de meubles, parce que la maxime qu'*en
fait de meubles la possession vaut titre,* ayant prévalu, le juge

(1) Fenet, t. xv, p. 600.

de l'action possessoire aurait été implicitement mais nécessairement entraîné à trancher du même coup la question au
pétitoire, ce qui aurait été le renversement des principes fondamentaux de notre législation civile (art. 24 et 25 Cod.
proc.).

En nous plaçant *au point de vue des faits de la vie pratique*,
nous trouvons la justification de l'art. 2279, à la fois dans
l'intérêt bien entendu de la société et dans l'intérêt privé. Les
meubles, en effet, ceux au moins qui tombent sous le coup
de la maxime qu'*En fait de meubles, la possession vaut titre*,
sont essentiellement mobiles, se transmettent le plus souvent
de la main à la main, sans titres écrits, sans aucun moyen de
contrôle efficace : rien n'éclaire l'acquéreur sur l'origine du
bien, ni sur les contrats dont il a été l'objet antérieurement ;
il importe cependant que les transactions mobilières reçoivent leur libre et définitive exécution. Aussi, en dehors de
notre matière spéciale, le législateur a-t-il déclaré dans
l'art. 2102, n° 4, qu'*il n'est rien innové aux lois et usages du
commerce* sur la revendication. (V. art. 550, 574-576, Cod.
com.)

L'équité conduisait également le législateur à se prononcer
en faveur de l'acquéreur de meubles ; ce possesseur, en effet, a
traité de bonne foi ; s'il a commis une erreur, il a subi la pression d'événements extérieurs auxquels il était demeuré étranger et qu'il n'a été en son pouvoir ni de prévenir ni de connaître. Le vrai propriétaire, au contraire, a presque toujours
une faute à se reprocher : cette faute résulte de ce qu'il aura
imprudemment remis l'objet mobilier qui lui appartenait entre les mains d'une personne infidèle, soit à titre de mandat,
soit à titre de commodat, soit à titre de louage, soit à titre de
gage, etc. La justice exige donc que le possesseur soit préféré ; et la loi, en le décidant ainsi dans l'art. 2279, se montre
parfaitement en harmonie avec la règle déjà posée par
l'art. 1382 : ces deux dispositions, entendues de cette manière, se complètent mutuellement et se prêtent un appui
réciproque.

17. — Nous avons d'ailleurs indiqué par avance, au n° 8 de
ce travail, le résultat pratique que le législateur paraît s'être
proposé d'atteindre en édictant notre art. 2279 : c'est à
l'action en revendication du propriétaire et à cette action

seulement que s'attaque la maxime qu'En fait de meubles, la possession vaut titre.

Mais quelle est, au point de vue juridique, la *véritable nature* de l'obstacle ainsi opposé par la loi au succès de l'action *réelle* dirigée par le propriétaire victime de la spoliation ? Sur ce point, nous trouvons les divergences les plus singulières, soit dans la doctrine, soit dans la jurisprudence. Cinq systèmes nous paraissent surtout se dégager avec une netteté particulière au milieu de ce dédale de controverses.

18. — *Un premier système*, proposé par M. Toullier, peut se formuler ainsi : — *Le possesseur d'un meuble ne devient pas, en vertu de l'art. 2279-1°, immédiatement propriétaire : il est simplement présumé tel jusqu'à preuve contraire : il est en voie de prescrire et il prescrira par trois ans, délai spécial en matière mobilière.*

M. Toullier invoque surtout la tradition romaine, dont il voit la confirmation pure et simple dans l'art. 2279-1°. Cet article, en effet, ne dit pas que le possesseur d'un meuble en devienne immédiatement propriétaire : il dit que sa possession *équivaut* à un titre ; or, tout titre, quel qu'il soit, tant que la prescription n'est pas venue le confirmer, doit nécessairement s'incliner devant la démonstration victorieuse d'un droit supérieur. Donc, tant que le détenteur d'un meuble n'a pas trois ans de possession, n'ayant pas prescrit, il peut être évincé. Si l'on objecte à M. Toullier les affirmations de Bourjon, le savant auteur répond que Denizart en a contesté l'exactitude, et qu'en tout cas le tribunal du Châtelet constituait une juridiction d'un ordre inférieur, aux décisions de laquelle, par suite, il ne convient d'attacher qu'une très-médiocre importance.

Cette théorie devait succomber sous le coup des objections redoutables qu'elle soulève ; elle est, en effet, contraire à la fois au texte et à la raison : — elle est *contraire au texte :* car l'art. 2279-1° se borne à dire qu'*en fait de meubles, la possession équivaut à un titre,* sans exiger aucunement que cette possession ait duré trois ans. D'ailleurs, si, en réalité, le possesseur d'un meuble ne devait avoir que cette seule prérogative d'être présumé propriétaire jusqu'à preuve contraire, il était inutile d'édicter l'art. 2279 ; car déjà l'art. 1315, n° 1, avait déclaré que la présomption est en faveur de celui qui a l'exercice d'un droit, et que la preuve de l'existence d'une obligation incombe à celui qui l'invoque : *ei qui dicit incumbit probatio.* — Enfin, quelle est l'idée textuellement exprimée par l'art. 2279 ? — C'est qu'*en fait de meubles, la possession vaut titre;* or le mot *titre,* en droit, ne peut signifier qu'une de ces deux choses : — ou bien une *manière d'acquérir,* une cause légale de transmission, — ou bien l'*acte,* l'*instrumentum,* le signe matériel constatant la convention. Or, si dans l'art. 2279 vous attribuez au mot *titre* le premier sens, il est clair que la simple possession d'un meuble est élevée à la hauteur d'un titre translatif de propriété. Si vous prenez le mot *titre* dans le second sens, alors, du moins, la possession constitue une preuve complète à l'égal de celle que serait susceptible de produire un acte écrit : mais, dans aucun des deux cas, ce ne peut être seulement une présomption simple admettant la preuve contraire : donc, etc., etc.....

19. — *Un second système,* enseigné par M. Delvincourt (t. 2, pag. 644), consiste à *considérer la possession des meubles comme constituant par elle-même un mode direct et principal d'acquérir la propriété,* comparable à l'occupation.

M. Delvincourt invoque à l'appui de sa solution les termes précis de l'art. 2279, al. 1 : d'après ce texte, en fait de meubles la possession vaut titre; cela veut dire que, relativement aux objets mobiliers, la possession, à elle seule et de plein droit, équivaut à un titre translatif de propriété; le sens grammatical des mots semble conduire nécessairement à cette conclusion.

Pourtant, nous ne saurions adopter cette théorie : nous sommes frappés, en effet, des conséquences inadmissibles auxquelles elle aboutit fatalement :

1° Si cette doctrine était exacte, il en résulterait que le prêteur, le déposant, le bailleur, ne pourraient plus revendiquer le meuble prêté, déposé ou loué, toutes les fois que leur ayant-cause aurait acquis la possession *cum animo rem sibi habendi;* de même du cas où l'héritier de leur ayant-cause aurait ignoré le prêt, le dépôt, le louage et serait en conséquence, entré en possession avec l'esprit de maîtrise : or, cette solution est manifestement condamnée par les art. 1875, 1870, 1885, 1915, 1934, 2237, etc. Donc, à ce premier point de vue, la doctrine de M. Delvincourt est inacceptable.

2° Ce système a encore le défaut de reposer sur une fausse assimilation que son auteur établit entre les *res derelictæ* qui s'acquièrent par voie d'occupation, et les objets mobiliers transmis *a non domino*, dont l'appropriation résulte de certaines circonstances favorables, en première ligne desquelles il faut placer la bonne foi, au moins à notre avis.

3° Enfin les art. 711, 712 et suivants qui énumèrent les différentes manières d'acquérir la propriété ne rangent pas la possession de bonne foi au nombre des causes susceptibles de faire obtenir de plein droit la propriété d'un meuble : il est donc arbitraire de présenter la possession de bonne foi, sous l'empire de notre droit actuel, comme un mode véritable d'acquisition pour les objets mobiliers.

20. — *D'après un troisième système présenté par M. Marcadé, et auquel semble se rallier M. Demolombe* (t. 9, n° 622), *le possesseur d'un meuble en deviendrait immédiatement propriétaire par l'effet d'une prescription acquisitive instantanée.* L'éminent doyen de la faculté de droit de Caen dit, en effet, que « l'art. 2279 consacre une sorte d'usucapion affranchie de la condition de la durée de temps. » A l'appui de cette doctrine, on invoque trois arguments principaux : 1° la place même que l'art. 2279 occupe et l'ordre d'idées dont il fait partie indiquent bien, dit-on, qu'il s'agit de prescription : cet article complète en effet logiquement la nomenclature des diverses prescriptions acquisitives (prescription de trente ans, prescription de 10 à 20 ans, prescription de trois ans, prescription instantanée) ; — 2° Sous l'empire de notre ancien droit, la prescription, avec des conditions plus ou moins rigoureuses de durée était admise dans notre matière par la plupart des coutumes ; — 3° l'art. 2239 reconnaît la faculté de prescrire à ceux qui ont reçu la chose d'un *dépositaire ;* or le dépôt suppose la remise d'une *chose mobilière ;* donc c'est par la prescription que l'on acquiert les meubles, lorsqu'on a un titre, inefficace à transférer, par sa seule énergie, la propriété définitive.

21. *Quatrième système.* — Le système de la prescription instantanée est encore reproduit par quelques jurisconsultes sous une autre forme : d'après eux, ce ne serait plus une prescription acquisitive, instantanée, mais bien **une prescription libératoire** qui serait consacrée par l'art. 2279 : toutes les fois, disent les partisans de cette doctrine, que la chose

d'autrui a été aliénée, il y a transmission nulle aux termes de l'art. 1599, et par suite l'acquéreur est soumis au devoir ou à l'obligation générale de restituer la chose. Or, *c'est précisément cette obligation de restituer que l'art. 2279 vient anéantir à l'aide d'une prescription instantanée, mais libératoire.*

22. — Cette conception de la théorie édictée par l'art. 2279 nous paraît fort difficile à admettre, quelque imposantes que puissent être d'ailleurs les autorités qui se sont ralliées à cette idée. Le système de la prescription instantanée, qu'on l'appelle d'ailleurs acquisitive ou libératoire, nous semble à la fois contraire au texte et à l'intention vraisemblable du législateur; que dit en effet l'art. 2279? — Il décide qu'*en fait de meubles la possession vaut titre.* La loi ne dit pas du tout : la possession d'un meuble *vaut prescription*; or, c'est là précisément ce qu'on veut lui faire dire ; donc, etc.—J'ajoute qu'une théorie semblable serait le renversement des principes les plus certains de notre matière. « La prescription, dit l'art. 2219, est un moyen d'acquérir et de se libérer par un *certain laps de temps.* » Le laps de temps n'est donc pas seulement de la nature de la prescription : il est de *son essence*, il est le trait qui la définit, le signe indélébile qui lui imprime sa physionomie particulière et la sépare des autres modes d'acquisition ou de libération. Sans doute le laps de temps ne suffit pas ; mais il est indispensable ; avec lui seul il n'y a point de prescription, si d'ailleurs les autres conditions édictées par les art. 2223 et suivants ne se sont pas réalisées. Mais, sans le trait de temps, toute prescription est impossible ; qui dit acquisition ou libération par prescription, dit nécessairement acquisition ou libération par la révolution d'un certain nombre de jours, de semaines, de mois ou d'années : — *usucapio est adjectio dominii per continuationem possessionis temporis lege definiti* (L. 3, Dig., *De usurp. et usucap.*). Pour admettre une *prescription instantanée*, il faut accepter l'une de ces deux alternatives, ou violer ouvertement la loi, ou supposer l'existence d'une fiction légale, en vertu de laquelle le temps nécessaire pour prescrire serait tout à coup réputé accompli. Or, il n'appartient pas à l'interprète du Code de créer des fictions, surtout des fictions de cette importance qui iraient jusqu'à dénaturer et bouleverser les principes fondamentaux

d'une institution juridique; bien plus, quand la loi crée expressément des fictions, il est de règle qu'on doit les interpréter tout à fait restrictivement. Nous demandons dès lors où est le texte qui consacre la théorie de la prescription instantanée d'une manière directe et formelle, et tant que l'on ne pourra pas nous en présenter un, nous resterons victorieusement appuyés sur l'argument puisé dans l'art. 2219, qui exige, dans toute prescription, le laps de temps. C'est en vain que les partisans de la théorie que nous combattons veulent se retrancher derrière les termes de notre art. 2279. Les précédents historiques, les motifs qui ont présidé à la rédaction de cette disposition, ne résistent pas moins que son texte même à la portée qu'on veut lui assigner : les rédacteurs du Code avaient le choix entre deux systèmes, le système Romain, qui soumettait les meubles à la prescription de trois ans; et cet autre système, d'origine à la fois Germanique et Française, que Bourjon formulait en disant : « La prescription n'est d'aucune considération, elle ne peut être d'aucun usage quant aux meubles, puisque, par rapport à de tels biens, *la simple possession produit tout l'effet d'un titre parfait.* » Et ces paroles de Bourjon se trouvent précisément sous un chapitre intitulé : « *De la possession en matière de meubles, et qu'elle vaut titre.* » Or c'est là exactement la proposition que contient aujourd'hui notre art. 2279 : « *en fait de meubles,* dit ce texte, *la possession vaut titre.* » Comment donc admettre que le législateur, en copiant textuellement les expressions de Bourjon, ait entendu consacrer une théorie toute contraire à celle que ce jurisconsulte suivant la jurisprudence du Châtelet, avait adoptée, et que Pothier approuve expressément? — Nous devons maintenant répondre à l'argument tiré de l'art. 2239. Il nous paraît que l'art. 2239 veut parler très-probablement du *séquestre* d'une chose immobilière. Sans doute l'application au séquestre du mot dépôt est assez rare ; mais elle peut cependant s'expliquer par la circonstance que la loi elle-même (art. 1956) présente le séquestre comme une espèce de dépôt. — Il importe d'ailleurs de le remarquer, la question que nous agitons n'est pas une pure question de mots : elle est de la plus haute gravité à cause des conséquences opposées qu'entraîne l'admission de l'une ou de l'autre des théories débattues. — Ceux

qui admettent la doctrine de la prescription acquisitive instantanée sont forcés d'exiger du même coup, chez le possesseur de meubles, la production d'un juste titre ; et, cependant
l'art. 2279 semble bien décider que la possession elle-même
tient lieu de titre, qu'elle en est l'équivalent, et il doit, en
effet, édicter ce principe, sous peine de manquer entièrement
le but à atteindre ! ! ! — De plus, si véritablement la maxime,
en fait de meubles, la possession vaut titre, n'est que la
consécration d'une prescription privilégiée, cette prescription
va-t-elle être suspendue si le meuble usurpé appartient à une
femme dotale (1) ? Le tiers détenteur d'un objet mobilier sera-t-il soumis aux conséquences de l'interruption naturelle
ou de l'interruption civile ? Pourra-t-il tomber sous le coup
des art. 2242-2248 ? — Si l'on admet l'affirmative, alors, dans
une foule de cas, l'art. 2279 va devenir complétement inutile ; il sera à peu près dépourvu de toute utilité pratique. —
Admet-on au contraire la négative, l'on tombe dans une contradiction manifeste : car, si l'art. 2279 édicte une vraie prescription, force est bien, dans le silence des textes, d'appliquer
à l'hypothèse qu'il prévoit toutes les règles ordinaires de cette
institution juridique.

23. — *Cinquième système.* — Quel est donc le fondement
véritable sur lequel repose notre maxime qu'*en fait de meubles, la possession vaut titre ?* — Quelle doctrine convient-il
d'admettre ? — *A nos yeux, l'art. 2279-1° consacre une présomption légale, juris et de jure, en général absolue et irréfragable, en vertu de laquelle toute action en revendication
est invinciblement déniée au vrai propriétaire contre le possesseur du meuble. Cette présomption nous paraît pouvoir être
opposée par tous les tiers détenteurs ; mais elle s'efface devant
celui qui peut invoquer un droit de créance, en sorte que jamais la règle, — en fait de meubles, la possession vaut titre,
— ne peut protéger les tiers détenteurs qui seraient en outre
tenus d'une obligation personnelle de restituer.*

(1) La suspension, même avec le systeme de nos adversaires, ne se pro-
duirait certainement pas dans le cas où le meuble usurpé appartiendrait à un
mineur ou à un interdit; car l'art. 2278 décide que *les courtes prescriptions*
« courent contre les mineurs et les interdits, sauf leur recours contre leurs
tuteurs. »

Nous disons, en premier lieu, que l'art. 2279 consacre une présomption légale, absolue et irréfragable, arrêtant invinciblement toute action en revendication que le propriétaire dépouillé voudrait diriger contre le tiers acquéreur d'un meuble. — Qu'est-ce, en effet, qu'une présomption légale?— D'après les art. 1350 et 1352, la présomption légale est celle qui est attachée par une loi spéciale à certains actes ou à certains faits, et elle se produit notamment dans les hypothèses où la loi déclare la propriété ou la libération résulter de certaines circonstances déterminées (art. 1350, n° 2). De plus, nulle preuve n'est admise contre la présomption de la loi, lorsque, sur le fondement de cette présomption, elle annule certains actes, ou dénie l'action en justice (art. 1352). — Or ici précisément, sur le fondement de la présomption édictée par l'art. 2279, la loi dénie l'action en justice contre le possesseur d'un meuble, en ce sens qu'elle accorde à celui-ci une exception péremptoire pour repousser l'action en revendication.

Mais nous avons ajouté que *cette présomption disparaît et doit s'effacer lorsque le possesseur* n'est pas seulement un tiers détenteur, mais *se trouve, en outre, tenu d'une obligation personnelle.* En effet, l'art. 2279 se contente de déclarer que *la possession vaut titre,* c'est-à-dire que la loi voit seulement dans la possession *l'équivalent d'un titre.* Elle lui attribue, en vertu d'une présomption favorable, toute l'énergie d'une cause translative de propriété ; — elle voit un détenteur de bonne foi, victime d'une erreur qu'il ne pouvait éviter, et elle légitime sa possession : elle suppose prouvée à son profit l'existence d'un titre translatif; elle arrête l'action en revendication du vrai propriétaire. — Mais la loi n'a pas dû et n'a point pu vouloir anéantir l'effet des conventions privées: autrement l'art. 2279 deviendrait un véritable fléau; il donnerait aux personnes sans probité le moyen de manquer à la foi jurée et de briser des pactes librement consentis, au mépris de la disposition si sage édictée par l'art. 1134; si donc pour réclamer le meuble dont il a été injustement dépouillé, le propriétaire peut invoquer un droit de créance contre le tiers détenteur enserré dans les liens d'une obligation personnelle, il peut librement intenter son action; car il est établi par là même que la possession du tiers détenteur n'est qu'une possession précaire, imparfaite, insusceptible de fonder à son profit aucun droit de propriété définitif et irrévocable; le tiers détenteur, par exemple, n'a reçu la chose mobilière de celui auquel elle était confiée qu'à titre de prêt à usage, de dépôt, de louage; la nature même de sa détention est exclusive de toute présomption d'acquisition *pro suo* et *jure domini* (art. 1915, 1934, 1875, 1877, 1885). Si donc le vrai propriétaire se présente et s'il réclame son meuble, comme il agira par voie d'action personnelle en restitution, le tiers détenteur sera bien forcé de rendre la chose, sans pouvoir se placer sous l'égide de l'adage : *En fait de meubles, la possession vaut titre.* — Ainsi définie, ainsi limitée, la maxime de l'art. 2279 est parfaitement en harmonie avec les principes généraux du droit. Les art. 711 et 712 n'énumèrent pas la possession de bonne foi d'un meuble parmi les différentes manières d'acquérir la propriété, parce qu'en effet la possession de bonne foi n'est pas un mode direct d'acquérir les meubles; elle est seulement protégée par une présomption légale et invincible d'existence d'un titre antérieur, présomption légale qui écarte à tout jamais la possibilité *d'une revendication*, en paralysant le droit du propriétaire dépouillé pour ne laisser subsister que le lien de l'obligation personnelle, s'il y en a quelqu'une. L'art. 1141 vient encore confirmer notre doctrine : « Si la chose, dit cet article, qu'on s'est obligé de donner ou de livrer à deux personnes successivement, est purement mobilière, celle des deux qui en a été mise en possession réelle est préférée et *en demeure propriétaire*, encore que son titre soit postérieur en date, pourvu toutefois que la possession soit de bonne foi. » Or, si, en effet, la prise de possession eût été une *manière d'acquérir* la propriété, la loi aurait dit: « *devient* » et non pas « *demeure* » propriétaire. En employant cette dernière expression, le législateur indique nettement sa pensée : c'est que la possession d'un meuble, dans les termes de l'art. 2279, ne constitue pas sans doute par elle-même un titre d'acquisition, mais entoure un titre préexistant d'une présomption inébranlable d'existence et de validité. — Si, maintenant, nous nous plaçons au point de vue des *conceptions de la raison et des règles de l'équité* la plus rigoureuse, nous trouvons la complète justification de la maxime, *En fait de meubles, la possession vaut titre,* entendue comme nous le faisons. — Les objets mobiliers passent de main en main avec une rapidité extrême : leur transmission n'est, dans l'usage de la vie ordinaire, constatée par aucun titre : nul ne songe à demander d'où ils viennent ; songeât-on à s'en enquérir, on n'obtiendrait presque jamais une réponse satisfaisante : nul moyen, en effet, de s'éclairer au milieu de ce va-et-vient incessant ; et dès lors il est juste que la loi, en dehors de l'hypothèse d'une obligation personnelle, préfère le tiers acquéreur qui est sous le coup d'une erreur invincible, au vrai propriétaire revendiquant, qui a, au moins, à se reprocher la faute d'avoir choisi un dépositaire sans conscience ou accepté un commodataire infidèle.

24. — Nous sommes toutefois obligé de reconnaître que notre théorie n'a point la bonne fortune d'avoir conquis l'adhésion de la jurisprudence : le système, dominant en pratique, ne voit dans l'art. 2279-1°, que *la consécration d'une simple présomption de propriété, mais de ces présomptions du dernier ordre qui cèdent devant toute preuve et même toute présomption contraire.* La possession des meubles n'est considérée, par la plupart des cours et tribunaux, comme une cause de préférence qu'en l'absence de toute autre cause. Nous nous bornerons à indiquer les arrêts les plus récents : Rouen, 24 juillet 1845; D. P. 1846, 2, 87;— Cassation, 15 avril 1863; D. P. 1863, 1, 396 et 397 ; — Cass. civ., 24 avril 1866; Dev., 66, 1, 189. — Cette doctrine nous paraît en opposition flagrante avec les termes absolus de l'art. 2279, avec les motifs qui ont présidé à sa rédaction, avec la tradition historique. Enfin, telle qu'elle s'est révélée à nous dans les développements qui précèdent, elle aboutit à annihiler complétement, au point de vue pratique, la maxime, *En fait de meubles, la possession vaut titre;* car la déduction admise par la jurisprudence était déjà imposée par la disposition formelle de l'art. 1315, « c'est à celui qui réclame l'exécution d'une obligation de la prouver, » et par la règle générale, —*in pari causa melior est causa possidentis.*

25. — En résumé, l'on peut reconnaître que cinq systèmes principaux ont été mis en avant pour expliquer la maxime édictée par l'art. 2279.

1er *système.* — *L'art. 2279 consacre tout simplement la prescription de trois ans du droit romain,* mais en dispensant le

possesseur de la représentation d'un acte écrit (*sic* Toullier).
Nous repoussons ce système, parce qu'il est contraire au texte de l'art. 2279, pris dans ses termes formels.

2° système. — *La possession des meubles est par elle-même un mode direct et principal d'acquérir la propriété*, comparable à l'occupation (Delvincourt, t. 2, p. 644).

Cette théorie est inadmissible à cause des conséquences choquantes auxquelles elle aboutit : il en résulterait, en effet, que le prêteur, le déposant, le bailleur ne pourraient pas revendiquer le meuble prêté, déposé ou loué; or, les articles 1915, 1934, 1875, 1870, 1885 disent positivement le contraire. Donc, etc.

3° système. — *L'art. 2279 consacre une prescription acquisitive instantanée* (*sic* M. Marcadé et M. Demolombe).

Nous écartons cette doctrine avec l'opinion de Bourjon et de Pothier et avec le texte de l'art. 2219 qui présente le *laps de temps* comme le trait caractéristique de toute prescription,

4° système. — *L'art. 2279 édicte une prescription libératoire instantanée*, en anéantissant l'obligation générale de restituer la chose, qui atteint, aux termes de l'art. 1599, tout acquéreur du bien d'autrui.

Cette manière d'expliquer la maxime, *En fait de meubles, la possession vaut titre*, est en opposition avec le principe nettement formulé par Bourjon et Pothier, et avec la disposition expresse de l'art. 2219 : « La prescription est un moyen « d'acquérir ou de se libérer par un certain laps de temps. » L'instantanéité est donc exclusive de toute idée de prescription. De plus, nous comprenons difficilement l'existence de cette *obligation générale* de restituer que l'on veut faire découler de l'art. 1599 : cette obligation ne serait, en tout cas, que *relative;* elle ne pourrait naître de la part du tiers détenteur du meuble que vis à vis et au profit du propriétaire véritable dépouillé. Or, précisément, la loi, grâce à l'article 2279, empêche cette obligation de surgir, en mettant le possesseur à l'abri de toute demande en revendication et en décidant que « *sa possession vaut titre.* » Que le détenteur puisse être tenu, en conscience, de restituer, c'est une autre question : nous nous occupons ici des principes de la législation positive et non pas des *devoirs* qui sont du domaine de la conscience. D'ailleurs, en vertu de quel droit celui qui a acquis le bien d'autrui est-il forcé de le restituer? — En vertu du droit réel de propriété invoqué et établi par le maître véritable de la chose. Or, lorsqu'on est en lutte avec un droit de propriété, on arrive au domaine légitime par la prescription acquisitive : il y aurait donc lieu, dans notre espèce, à une prescription acquisitive et non pas à une prescription libératoire instantanée. Les partisans de la doctrine que nous combattons ne font, on le voit, que déplacer la difficulté sans la résoudre.

5e système. — *L'art. 2279 du Code Napoléon n'établit en faveur du possesseur qu'une simple présomption qui peut être détruite, soit par la preuve testimoniale, soit même par des présomptions contraires,* pourvu qu'elles réunissent un caractère de gravité et de précision qui puisse les faire prévaloir (sic jurisprudence).

Nous écartons cette doctrine, parce qu'elle aboutit à faire de l'art. 2279-1o une disposition complétement illusoire et inutile, et nous croyons qu'il faut aller beaucoup plus loin et décider que la maxime, *En fait de meubles, la possession vaut titre, établit, au profit du possesseur d'une chose mobilière, une présomption de propriété absolue et irréfragable,* à l'aide de laquelle il peut repousser toute action en revendication, sans être tenu d'ailleurs de représenter aucun titre. *Mais cette présomption ne peut pas être invoquée par celui qui se trouve, en vertu d'un contrat, d'un quasi-contrat, d'un délit ou d'un quasi-délit, personnellement tenu de restituer le meuble.* Cette interprétation nous paraît seule conforme au texte de l'art. 2279, éclairé par la tradition historique, par les assertions émises dans les travaux préparatoires, et par l'examen du but que le législateur se proposait d'atteindre : elle permet, tout en accordant au fait de la possession des meubles une légitime importance, de maintenir intacts les principes généraux qui régissent les obligations et de sauvegarder le respect dû à la loi (art. 711, 712, 1141, 1350, 1352, 1382, 1383, 1376, 985, 1877, 1915, 1934). — Nous allons maintenant rechercher à quelles conditions est subordonnée l'application de 1o présomption légale édictée par notre art. 2279.

30. — Nous ne saurions admettre cette théorie, [illegible] sous au contraire que la bonne foi de l'acquéreur doit avoir été persévérante jusqu'au moment de la tradition et jusqu'à

§ 2.

Quelles personnes peuvent invoquer la maxime , En fait de meubles, la possession vaut titre, et à quelles conditions est subordonnée son application ?

26. — L'art. 2279 se contente de dire qu'il faut « *la possession*, » sans autres développements. Mais quel genre de possession la loi exige-t-elle? Quels caractères la détention doit-elle réunir pour être efficace? — Trois conditions nous paraissent à la fois nécessaires et suffisantes pour que l'on puisse invoquer l'art. 2279, al. 1 :

1o Il faut que le possesseur soit de bonne foi :

2o Il faut que le possesseur ne soit pas tenu personnellement de restituer, soit de son propre chef, soit du chef de son auteur, et qu'il détienne à titre de propriétaire, *animo rem sibi habendi ;*

3o Il faut que la possession soit d'ailleurs réelle et effective.

27. — *Première condition. — Le possesseur doit être de bonne foi.* — La bonne foi, de la part du tiers acquéreur, consiste ici à ignorer que le meuble qui lui a été vendu et livré n'appartenait pas, en réalité, à son vendeur. Elle est, du reste, toujours présumée, aux termes des art. 1116 et 2268, et c'est à celui qui allègue la mauvaise foi qu'il incombe de la prouver.

28. — Mais à *quel moment* exigerons-nous que la bonne foi ait existé chez le tiers acquéreur du meuble? — Suffit-il qu'il ait été de bonne foi au moment du contrat? — Ou bien, faut-il que cette bonne foi ait été persévérante et se soit encore rencontrée à l'époque même de la tradition?

29. — M. Larombière, sur l'art. 1141 (nos 6 et 16), admet que la bonne foi au moment du contrat suffit pleinement. — Le savant auteur invoque à l'appui de sa doctrine l'art. 2269, aux termes duquel en effet il suffit que la bonne foi ait existé au moment de l'acquisition ; or, aujourd'hui, en droit commun, d'après les art. 711, 1138, 1583, l'acquisition est réalisée et la propriété est transférée au moment même du contrat, par l'énergie de la convention.

30. — Nous ne saurions admettre cette théorie et nous pensons au contraire que *la bonne foi de l'acquéreur doit avoir été persévérante jusqu'au moment de la tradition et jusqu'à*

son entrée en possession. Ainsi, pour prendre une hypothèse, je vous achète un meuble que vous avez déjà vendu à un tiers; il faut, pour pouvoir me placer sous l'égide de l'article 2279, que j'aie ignoré l'existence de la première vente, non-seulement au moment où j'ai passé contrat avec vous, mais encore à l'époque où vous m'avez effectivement livré le meuble. Cette doctrine nous paraît seule conforme à la fois aux textes et à la raison. *D'abord aux textes :* d'après les art. 2279 et 1141, en effet, c'est la possession elle-même qui est le titre immédiat et la vraie cause de l'acquisition des meubles, acquisition confirmée par une présomption invincible de légitimité. Or, si c'est *la possession* qui est la source de l'acquisition, c'est évidemment à la date de l'entrée en possession qu'il faut se placer pour apprécier l'existence ou la non-existence des conditions requises par la loi quant à l'application de la présomption qu'elle édicte : et ainsi nous arrivons à écarter, d'une façon péremptoire, l'art. 2269, qui, pris dans ses termes, ne s'applique d'ailleurs qu'à la prescription des immeubles (art. 1138). Notre solution est encore *conforme à la raison et à la justice :* il nous paraît, en effet, impossible d'admettre qu'un commodataire ou un dépositaire, qui auraient commis la faute de vendre à un tiers l'objet déposé ou prêté, puissent être forcés d'opérer la tradition, lorsque, manifestant un louable repentir, ils avouent leur faute et offrent au tiers acquéreur des dommages et intérêts : le tiers qui, en présence d'une semblable situation, voudrait passer outre et exiger l'exécution du contrat, ne serait digne d'aucune espèce d'intérêt. L'équité exige que l'on puisse refuser d'accéder à la volonté immorale qu'il exprime, et, en admettant qu'on y ait déjà accédé, il est juste que le vrai propriétaire puisse, à raison de la mauvaise foi, revendiquer sa chose sans être arrêté par l'art. 2279.

31. — En *exigeant la bonne foi* chez le possesseur d'un meuble qui veut invoquer la maxime : *En fait de meubles, la possession vaut titre*, nous ne nous dissimulons pas que nous sommes en opposition avec la doctrine enseignée par d'éminents jurisconsultes. MM. Aubry et Rau sur Zachariæ, t. 2, § 183, note 26, professent que l'existence de la bonne foi est indifférente au point de vue de l'application de notre article : les effets de la possession en général sont, dans

notre droit, disent ces auteurs, indépendants de la bonne ou
de la mauvaise foi du possesseur. De plus l'art. 2279 n'exige
pas textuellement la bonne foi : or, ce silence de notre article
est très-significatif : car, toutes les fois que la loi réclame
cette condition, elle prend soin de s'en expliquer catégori-
quement : v. l'art. 549 et l'art. 2265. Toutefois, MM. Aubry
et Rau reconnaissent que la mauvaise foi du possesseur donnerait ouverture contre lui à une action en restitution fondée
sur les art. 1382 et 1383.

La réponse à ces objections et la confirmation de notre
thèse nous paraissent néanmoins se rencontrer à la fois dans
les textes et dans les motifs d'intérêt public et d'équité qui
servent de fondement à notre maxime : l'art. 1141, qui n'est
autre chose que l'application à une hypothèse spéciale de
notre art. 2279, exige formellement la bonne foi. « Le second
« acheteur, dit cet article, mis en possession réelle, demeure
« propriétaire du meuble vendu, pourvu toutefois que sa
« possession soit *de bonne foi*. » Voilà pour le texte. — Si
ensuite nous nous plaçons au point de vue des motifs qui
servent de base à la maxime : *En fait de meubles, la possession vaut titre*, il est facile de démontrer qu'ils ne se rencontrent qu'à l'égard du possesseur *de bonne foi :* ces motifs
sont puisés d'une part dans la mobilité des meubles qui passent de main en main sans échange de titres et par l'effet de
la simple tradition, — d'autre part, dans l'ignorance du tiers
acquéreur qui, ne pouvant se renseigner sur cette sorte de
biens, a dû nécessairement rester sous le coup d'une erreur
invincible : or, si nous supposons le possesseur *de mauvaise
foi*, il a été bien et dûment éclairé, et il ne peut plus invoquer son ignorance ; de plus, il est en faute d'avoir accepté
sciemment la chose d'autrui, et il doit la réparation de cette
faute. — Enfin, si l'on consulte les travaux préparatoires, les
déclarations les plus précises abondent dans notre sens : « Le
principe de l'art. 1141, dit le tribun Favart, est fondé sur ce
que les meubles n'ont pas de suite, et sont censés appartenir
à celui qui les possède, s'il n'est pas prouvé que sa possession
est fondée sur le dol, la fraude, *ou la mauvaise foi*. » M. Bigot-
Préameneu a fait la même déclaration dans son exposé des
motifs à propos de l'art. 1141.

32. — *Deuxième condition : Il faut que le possesseur dé-*

tienne à titre de propriétaire, animo rem sibi habendi, et qu'il ne soit pas tenu personnellement de restituer le meuble, soit de son chef, soit du chef de son auteur. — L'art. 2279 nous paraît donc exiger la possession civile, *corpore et animo.* Si, en effet, le possesseur était tenu, à un titre quelconque, de restituer le meuble, il ne serait plus qu'un détenteur *précaire*, et lorsqu'il voudrait invoquer l'art. 2279, on le repousserait, en vertu de son obligation (1) personnelle : on lui opposerait les art. 2236 et 2237, aux termes desquels ceux qui possèdent pour autrui n'ont pas une possession efficace au point de vue de l'acquisition de la propriété. A plus forte raison, si le possesseur avait acquis la détention par suite d'un délit, ne pourrait-il pas invoquer la maxime de l'art. 2279 : on ne peut pas se faire un titre de ses méfaits et des infractions que l'on a pu commettre.

33. — Nous avons dit que le détenteur, pour être protégé par l'art. 2279, devait posséder *pro suo, animo rem sibi habendi*; mais, *est-il nécessaire que cette possession soit toujours exercée en vertu d'un juste titre?* On l'enseigne généralement. M. Marcadé, sur l'art. 2279, § 2, dit en effet : « Celui qui invoque l'art. 2279 doit avoir été mis en possession en vertu d'une cause légale d'acquisition de la propriété, c'est-à-dire

---

(1) Voici, outre l'idée de *précarité*, un nouveau motif servant de base à cette règle que l'obligation personnelle doit toujours mettre obstacle à l'acquisition instantanée des meubles par l'application d'une présomption souveraine de la loi; ce motif se tire de la nécessité d'éviter les *circuits d'actions* frustratoires et inutiles. Si celui qui est personnellement tenu de restituer l'objet mobilier confié à sa délicatesse, pouvait triompher en opposant à la *revendication* du véritable propriétaire la maxime qu'*En fait de meubles la possession vaut titre*, qu'arriverait-il? C'est que le demandeur, débouté dans l'exercice de son action réelle et ne pouvant plus la reproduire sans tomber sous le coup de l'exception de chose jugée, verrait néanmoins une autre voie de recours ouverte devant lui; il dirigerait contre son adversaire l'action personnelle fondée sur l'obligation originaire, et il triompherait infailliblement dans ce second procès. Dès lors, quelle utilité y aurait-il à imposer au revendiquant la nécessité d'abandonner son action réelle, pour le contraindre à en former aussitôt une autre, différant à la vérité de la première quant à sa base et quant à sa nature, mais qui, en définitive, tendrait au même but, c'est-à-dire à la restitution de la chose réclamée? De semblables subtilités ne sont plus de mise sous l'empire de nos lois actuelles.

à titre d'achat, d'échange, de donation, de succession, de legs, de dation en paiement : le possesseur, en un mot, doit avoir un *juste titre*, en sorte qu'on exige ici les deux mêmes conditions qui sont requises pour la prescription privilégiée des immeubles par dix à vingt ans : la bonne foi et le juste titre. »

Assurément, il est incontestable, et nous reconnaissons parfaitement que, si le juste titre vient s'ajouter à la bonne foi, l'art. 2279 recevra sa pleine et entière application ; mais nous demandons pourquoi la possession de bonne foi et *pro suo* ne suffirait pas, même en l'absence d'un juste titre?—Je suis, par exemple, appelé à une succession, et lors du partage on place par erreur dans mon lot un tableau qui avait été déposé chez le notaire : je possède cet objet de bonne foi et à titre de propriétaire. Le partage n'étant point considéré comme un juste titre (art. 883), puis-je néanmoins invoquer la maxime qu'En fait de meubles, la possession vaut titre? — Même question dans l'hypothèse d'un jugement. — Enfin, il est, en général, admis que le *titre* (1) *putatif* n'est point un

(1) Déjà, en droit romain, au point de vue de l'application des principes de l'usucapion, on décidait que celui qui possède, croyant posséder en vertu d'une juste cause, laquelle, en réalité, n'existe pas, ne peut pas usucaper ; voyez la loi 27 ff. *De usucapionibus et usurpationibus* et le § 11 des Instituts de Justinien, liv. II, tit. 6: « *Error falsæ causæ usucapionem non parit : veluti si quis, cum non emerit, emisse se existimans, possideat; vel cum ei donatum fuerit, quasi ex donatione possideat.* » M. Lariche, dans son Explication des Instituts de Justinien, indique nettement la portée de ce principe et les limitations qu'il peut subir : « Comment, dit l'estimable auteur (voy. t. 1, pag. 403 et 404), une personne peut-elle posséder une chose, croyant la posséder en vertu d'une juste cause, tandis que cette juste cause n'existe pas ? Comment une personne peut-elle posséder une chose croyant l'avoir achetée, tandis qu'elle ne l'a pas achetée, ou croyant qu'on la lui a donnée, tandis qu'on ne la lui a pas donnée ? Ceci peut arriver dans plusieurs cas : 1° vous me livrez une chose dans l'intention de me la louer, tandis que je crois que vous me la vendez; 2° vous me livrez une chose dans l'intention de me la prêter en commodat, je crois que vous m'en faites donation. Dans aucun de ces deux cas, je ne pourrai usucaper, car je crois posséder en vertu d'une juste cause qui, en réalité, n'existe pas : *error falsæ causæ usucapionem non parit.* Toutefois, il faut savoir que plusieurs jurisconsultes romains étaient d'avis d'apporter à cette règle : « *Error falsæ causæ usucapionem non parit,* » une exception, dans le cas où l'erreur du possesseur

juste titre : — Eh bien ! je possède un meuble de bonne foi et sous une cause fausse : par exemple, j'ai donné mandat à Paul de m'acheter un meuble : Paul me rapporte ce meuble après l'avoir pris en location seulement : mais il me dit l'avoir acheté : je possède ce meuble de bonne foi ; aurai-je la faculté d'invoquer l'art. 2279 contre le propriétaire, lorsque celui-ci m'actionnera en revendication ?—Nous ne voyons pas comment on pourrait écarter ici l'application de la maxime, *En fait de meubles, la possession vaut titre.* En effet, l'art. 2279 n'exige pas le juste titre, et même il dit, au contraire, que la possession toute seule équivaut à un titre. Or, placés en présence d'une présomption légale, nous devons l'appliquer dans ses termes mêmes, sans en rien retrancher, sans rien y ajouter.

était excusable, par exemple, dans les cas suivants : 1° Je charge mon esclave ou un mandataire de m'acheter une chose; il m'apporte cette chose, disant qu'il l'a achetée, tandis qu'il ne l'a pas achetée; je la possède en vertu d'une juste cause que je crois exister, mais qui n'existe pas; néanmoins, je pourrai l'usucaper, parce que mon erreur est excusable, car elle résulte du fait d'autrui (L. 11, D. 41, 4 *Pro emptore*). 2° Un testateur m'a légué une chose et son héritier me l'a livrée; mais le testateur avait révoqué mon legs par un codicille, inconnu au moment où l'héritier m'a livré la chose; néanmoins je pourrai l'usucaper (L. 4; L. 9, D. 41, 8, *Pro legato*). 3° J'achète une chose d'un pupille, le croyant pubère, ou d'un insensé, le croyant sain d'esprit; quoique la vente soit nulle et bien que, par conséquent, je possède en vertu d'une cause imaginaire, je pourrai usucaper (L. 2, §§ 15, 16. D. 41, 4, *Pro emptore*). 4° Je suis héritier, je trouve dans la succession une chose que je crois avoir été vendue ou donnée au défunt, tandis qu'elle ne lui avait été que remise en dépôt; quoiqu'il n'y ait pas de juste cause, je pourrai l'usucaper. C'est ce que dit Neratius : « L'objet que quelqu'un possède, croyant le posséder comme sien, il l'usucapera, bien que sa croyance soit fausse. Ce qui doit être entendu en ce sens que l'erreur plausible du possesseur ne s'oppose pas à l'usucapion : par exemple, si je possède quelque chose, croyant faussement que mon esclave ou celui dont je suis l'héritier a acheté cette chose, je l'usucape, parce que l'erreur consistant dans l'ignorance du fait d'autrui est tolérable, excusable. » (L. 5 § 1, D. 41, 10, *Pro suo.*) Si, dans ces divers cas, il a été permis d'usucaper au possesseur qui possède en vertu d'une juste cause imaginaire, c'est à raison de sa bonne foi invincible et absolue. Eu égard aux circonstances, en effet, l'homme le plus raisonnable et le plus attentif aurait été également trompé. » (Comp. M. Demangeat, *Cours élémentaire de droit romain*, t. 1, pag. 546, et M. Ortolan, t. 2, pag. 367 et 368.)

On objecte, il est vrai, que si nous n'exigeons pas le juste titre nous allons être amené fatalement à admettre les conséquences les plus fâcheuses : l'héritier d'un dépositaire, d'un commodataire, bien plus, l'héritier d'un vendeur qui n'a pas encore livré, pourront invoquer l'ignorance dans laquelle ils se sont trouvés de l'obligation contractée par leur auteur, et arriver ainsi à jouir de l'immunité de l'art. 2279. Or, c'est là, dit-on, le renversement des principes les plus certains. Donc, etc. — Nous ne croyons point cette objection fondée, et notre théorie ne nous conduit pas, en effet, à l'admission d'un pareil résultat : nous refuserons à l'héritier du dépositaire, du commodataire, du vendeur, le bénéfice de l'art. 2279 à raison de leur qualité d'obligés personnels : leur ignorance de fait ne peut pas être prise en considération : comme continuateurs de la personne de leur auteur prédécédé, ils doivent supporter les conséquences des contrats passés par celui ci : ils ont les mêmes obligations que lui, ils ont les mêmes droits (art. 724) : sa détention était précaire; leur détention est atteinte du même vice : et c'est précisément cette base de notre argumentation qu'il importe de bien saisir : — Si les personnes, dont nous venons de parler, ne peuvent pas invoquer l'art. 2279, ce n'est pas du tout parce qu'elles n'ont point de justes titres : nous nous plaçons complétement en dehors de cette considération et nous leur refusons le bénéfice de la présomption de la loi, parce qu'elles sont juridiquement et personnellement tenues de restituer : or, l'objet des art. 2279 et 2280, c'est uniquement d'arrêter la revendication : ces articles ne limitent et n'altèrent, en aucune façon, les obligations individuelles qui peuvent exister à propos d'un objet déterminé, entre personnes liées, soit par un délit, soit par un quasi-délit, soit par un contrat, soit par un quasi-contrat : ici on reste entièrement sous l'empire du droit commun. — Les exceptions, d'ailleurs, qui sont contenues dans la deuxième partie de l'art. 2279 montrent bien quelle est la vraie portée de notre maxime : la loi admet la revendication pendant trois ans, à l'égard des choses *volées* ou *perdues*. Est-ce parce que le vol ou la perte ne seraient point de justes titres? — En aucune façon : il est clair que le voleur, à raison de sa mauvaise foi et de son délit, que celui qui a trouvé une chose perdue, sont des obligés personnels tenus de restituer : la loi n'avait pas besoin d'édicter une disposition spéciale pour consacrer cette vérité certaine par elle-même : mais ce que la loi veut dire, et ce qu'en effet il était utile de déclarer formellement, c'est que l'acquéreur ultérieur, même de bonne foi, de la chose volée ou perdue, lui qui n'est obligé directement à aucun titre et qui, la plupart du temps, aura même une juste cause d'acquisition, devrait néanmoins restituer durant trois ans à dater du vol ou de la perte. Il faut donc renfermer la règle de l'art. 2279 dans sa sphère déjà assez vaste : elle s'applique uniquement à l'encontre du droit du propriétaire, droit de revendication qui se trouve paralysé par un certain fait, — la possession de bonne foi et *jure domini*, — constituée au profit d'un tiers : elle est étrangère au droit du créancier, qui, en vertu de l'obligation personnelle, doit toujours pouvoir agir contre l'héritier, soit de bonne, soit de mauvaise foi, à cause de la précarité de la possession de son débiteur originaire. La précarité, en effet, partout où on la rencontre, doit faire écarter l'application de la maxime — *En fait de meubles, la possession vaut titre.* Aussi, nous nous sommes abstenu de présenter au nombre des espèces dans lesquelles notre théorie sur l'art. 2279 conduirait à l'application de cette maxime, l'exemple suivant mis en avant, cependant, par quelques-uns des partisans de notre doctrine. Voici l'hypothèse : Paul a trouvé dans la succession de son père un diamant qui lui avait été confié, il y a plus de trente ans ; il possède ce diamant *pro suo* et de bonne foi, ignorant la circonstance du dépôt : peut-il, n'étant plus soumis à l'action personnelle résultant du contrat de dépôt (article 2262), opposer l'art. 2279 à l'action en revendication du vrai propriétaire ? — Nous ne le croyons pas : la maxime, *En fait de meubles, la possession vaut titre*, — nous paraît inapplicable à cette situation : Paul, en effet, n'est pas un *tiers détenteur* vis à vis du maître de l'objet déposé : celui-ci n'a pas seulement un droit de propriété à invoquer, il a aussi un droit de créance, et il pourra faire, en conséquence, à Paul, le raisonnement suivant, qui nous paraît irrésistible : Vous êtes héritier de votre père, et comme tel, vous êtes constitué par la loi (art. 724) son représentant et le continuateur de sa personne : vous êtes investi de tous ses droits, soumis à l'acquittement de toutes ses obligations : or, votre père était un simple dépositaire ; sa détention était précaire ; il n'avait pas la possession civile : en admettant même que mon action, née du contrat de dépôt, eût été atteinte par la prescription, j'aurais toujours pu lui réclamer la restitution de mon diamant, en invoquant mon droit absolu et irrévocable de propriété : or, la possession, dans vos mains, ne peut pas avoir changé de caractère : car vous n'avez rien fait pour la modifier, et les art. 2236 et 2237 combinés élèvent contre vous une présomption indélébile de précarité : vous n'êtes donc pas un *véritable possesseur*, dans le sens de l'art. 2279-1° ; et ma demande en restitution est parfaitement légitime. Nous ne voyons pas ce que Paul, dans l'espèce que nous avons choisie, pourrait répondre à un semblable argument.

Mais, entre cette proposition que la maxime, *En fait de meubles, la possession vaut titre*, ne peut pas être invoquée à l'effet de modifier les obligations personnelles du débiteur ou de ses héritiers, et cette autre proposition que le possesseur d'un objet mobilier aurait besoin de représenter un juste titre pour repousser la revendication du propriétaire, nous n'apercevons aucune corrélation nécessaire. Cette dernière affirmation (qui réunit pourtant les suffrages de jurisconsultes éminents) est en contradiction manifeste avec l'article 2279, qui se contente *de la possession :* obliger, d'ailleurs le possesseur à *produire* un juste titre, c'est aller directement contre le but que la loi s'est proposé d'atteindre ; il faut pourtant en arriver là, si l'on veut donner à la doctrine qui exige le juste titre quelque importance au point de vue pratique. — Pour achever la démonstration de la thèse contraire à laquelle nous nous rallions de préférence, il nous reste à concilier la disposition de l'art. 1238, n° 2, avec la décision de l'art. 2279. Après avoir posé en principe, dans la première partie de cet art. 1238, que, pour payer valablement, il faut être propriétaire de la chose donnée en paiement, et capable de l'aliéner, la loi ajoute : « Néanmoins, le paiement d'une somme en argent, ou autre chose qui se consomme par l'usage, ne peut être répété contre le créancier qui l'a consommée de bonne foi, quoique le paiement en ait été fait par celui qui n'en était pas propriétaire ou qui n'était pas capable de l'aliéner. » L'hypothèse prévue par le texte est celle-ci : Je vous dois mille francs (ou encore, un sac de blé, ou une

pièce de vin, en un mot, une chose qui se consomme par l'u-
sage) : j'ai chez moi un rouleau de mille francs ou un sac de
blé, ou une pièce de vin, que Pierre m'a confié à titre de dépôt : j'emploie l'objet déposé à me libérer vis à vis de vous, et
vous le recevez de bonne foi à titre de paiement : alors, de deux
choses l'une, dit l'art. 1238-2° : — Ou bien vous aurez consommé de bonne foi la chose prêtée ; dans ce cas, tout droit
de répétition est éteint contre moi : — ou bien vous avez encore intact entre vos mains le rouleau de mille francs, le sac
de blé, la pièce de vin ; dans cette seconde hypothèse, moi,
débiteur, qui vous ai payé avec une chose dont je n'étais pas
propriétaire, j'aurai l'action en répétition contre vous : voilà
comment la loi règle le sort de l'obligation personnelle et de
l'action née du quasi-contrat. — Mais résulte-t-il de là que
Pierre, le vrai propriétaire de l'objet presté, puisse le revendiquer contre vous, en vous disant : Vous n'avez pas de juste
titre, ou du moins votre titre d'acquisition n'est pas valable ;
car il est réprouvé par l'art. 1238-1o? — En aucune façon :
autrement les art. 1238 et 2279 se trouveraient en complète
opposition. Quelle est donc la portée de la solution législative?
La voici : d'une part, nous avons l'art. 1238 qui s'occupe
uniquement de déterminer les rapports de débiteur à créancier et de réglementer l'obligation personnelle : à ce premier
point de vue, le paiement est nul, si celui qui paie n'est pas
propriétaire de la chose donnée en paiement, et capable de
l'aliéner ; de là le droit, en général, pour le débiteur, de demander la nullité du paiement fait au mépris de l'art. 1238,
et de répéter l'objet livré. Nous trouvons, d'autre part, l'article 2279, qui règle seulement la situation du tiers, vrai propriétaire de la chose mobilière donnée en paiement ; et pour
lui, en ce qui concerne son *action réelle*, il tombe sous le
coup de la maxime : *En fait de meubles, la possession vaut
titre*, qui entrave toute poursuite en revendication. La seule
ressource qui puisse lui rester, c'est de faire valoir, en vertu
de l'art. 1166 et du chef de son dépositaire infidèle, la faculté
de répétition accordée à celui-ci dans certaines limites, par
l'art. 1238, al. 2.

34. — On a soulevé la question de savoir si la règle de l'article 2279 est applicable seulement à celui qui possède un
meuble à titre de propriétaire, ou si elle peut, au contraire,

être invoquée même par celui qui, détenteur d'un meuble livré *a non domino*, prétendrait avoir simplement sur ce meuble *un droit d'usufruit ou un droit de gage?* — Je prends un exemple : Pierre est dépositaire d'un tableau de prix qui appartient à Raymond : il concède l'usufruit de ce tableau ou le donne en gage à Paul, son créancier; Raymond, instruit de cette violation de dépôt, dirige immédiatement contre Paul, le tiers usufruitier ou créancier gagiste, une action en revendication : Paul oppose la maxime : *En fait de meubles, la possession vaut titre.* — Est-il recevable et doit-il triompher dans son exception?

35. — M. Dalloz, v° *Prescription civile*, n° 275, tient pour la négative, et il apporte à l'appui de sa doctrine deux arguments, l'un de texte, l'autre de principe :

1° Argument de texte : — l'art. 2279 — 1° établit une présomption de propriété : la preuve en est dans le second alinéa de cet article, qui admet exceptionnellement pour les cas de perte et de vol quelle action? L'action en *revendication*. La règle : *En fait de meubles, la possession vaut titre*, peut donc être invoquée seulement par celui qui, étant devenu régulièrement *acquéreur* d'un meuble, peut répondre au revendiquant : Je suis propriétaire de la chose mobilière que vous réclamez; je la tiens d'une personne que j'ai crue, de bonne foi, maître légitime de cette chose. L'art. 2279 édicte d'ailleurs une disposition tout exceptionnelle; or, il est de principe que les exceptions doivent toujours être interprétées restrictivement, — *exceptiones sunt strictissimæ interpretationis.* Donc, etc....; 2° Argument de principes : — La possession de l'usufruitier ou du créancier gagiste n'est d'ailleurs qu'une possession *précaire* (art. 2236 et 2237) : ils sont donc tenus personnellement de rendre la chose au vrai propriétaire dès qu'il se présente; car ils détiennent pour lui et en son nom. Dès lors, etc....

36. — Nous éprouvons une grande hésitation à admettre cette doctrine contre laquelle, du reste, la Cour de cassation s'est prononcée, au moins implicitement, dans son arrêt du 22 juin 1858 (D. P. 1858, 1°, 238); et nous pensons que la maxime : *En fait de meubles, la possession vaut titre*, protége le créancier gagiste et l'usufruitier de bonne foi, lorsque leur droit est constitué sur un meuble appartenant à au-

trui, aussi bien qu'elle protége l'acquéreur de la pleine propriété.

Nous invoquerons, en premier lieu, cet axiome de bon sens autant que de droit, d'après lequel *celui qui peut le plus peut le moins* : — le détenteur du meuble pourrait se fonder sur sa possession pour écarter à tout jamais l'action du vrai propriétaire, en ne lui laissant, comme suprême ressource, que l'action récursoire en dommages et intérêts (art. 1382 et 1383) contre son dépositaire ou son commodataire infidèle : il n'agit pas ainsi, il se borne à écarter temporairement et à limiter les conséquences de la revendication : il dit au demandeur : Attendez l'expiration de mon usufruit, ou l'échéance de ma créance ; le propriétaire serait bien mal venu à se plaindre, puisqu'au lieu d'une perte totale on ne lui impose qu'un préjudice momentané susceptible d'ailleurs d'être couvert par l'obtention de dommages et intérêts contre celui qui a, de mauvaise foi, concédé les droits sur le meuble d'autrui. Voilà pour l'argument de raison, et nous ne voyons pas que l'article 2279 y oppose la moindre contradiction. Quels sont, en effet, les termes dont il se sert ? — En fait de meubles, dit-il, la possession *vaut titre* : la loi se garde bien de dire la possession *vaut titre de propriété*, et ainsi elle permet d'accueillir et de faire respecter tout titre d'acquisition soit totale, soit même *partielle*. — Si l'on restreignait l'application de l'article 2279, al. 1, à l'hypothèse de l'acquisition portant sur *la pleine propriété*, on ajouterait évidemment à la loi et l'on violerait cette règle incontestable qui veut que les présomptions légales soient rigoureusement appliquées dans les termes mêmes où elles sont posées, sans aggravation, mais aussi sans atténuation. — Nous n'avons plus à répondre qu'à la dernière objection de la doctrine adverse : la possession de l'usufruitier et du créancier gagiste n'est, dit-on, qu'une possession précaire (art. 2236 et 2237); donc, etc.... Sans doute, ce principe est exact en soi, mais il faut bien se garder de le poser ainsi d'une manière absolue : l'usufruitier par exemple est bien le représentant du nu-propriétaire en ce qui touche la nue-propriété; mais en ce qui touche l'*usufruit* lui-même, l'acquéreur de ce droit, réel démembrement de la propriété, est investi d'une possession personnelle exclusive, *cum animo sibi habendi* : il a donc la possession civile à ce point de vue, ainsi que l'exige l'art. 2279, et peut se placer sous l'égide de cette disposition protectrice. — Quant au créancier gagiste, il faut bien reconnaître que le droit dont il est investi est le résultat d'une sorte d'aliénation : le gage, dit très-bien M. Troplong (*Traité du nantissement*, n° 74), « peut être placé *lato sensu*, parmi les aliénations de la chose qui ont du rapport avec la vente ; et ce qui est vrai quand la chose mobilière a été vendue est vrai par parité de raison quand elle a été mise en gage. » Nous concluons donc en disant que l'art. 2279 est applicable non-seulement au cas où celui qui l'invoque se prétend acquéreur de la pleine propriété, mais aussi à l'hypothèse où le possesseur de bonne foi d'un meuble se prétend simplement usufruitier ou créancier gagiste.

37. — Nous arrivons à l'examen de la *troisième condition*, requise chez celui qui veut se prévaloir de la maxime : *En fait de meubles, la possession vaut titre*. — *Il faut que sa possession soit réelle et effective* : l'art. 1141 est formel sur ce point : il déclare qu'entre deux acquéreurs successifs d'un même objet mobilier, on accordera la préférence à celui qui aura été mis *en possession réelle*. La tradition doit donc avoir été réalisée d'une manière extérieure et sensible ; car il s'agit de l'opposer à des tiers ; il s'agit de régler les rapports juridiques du vrai propriétaire de l'objet mobilier avec le possesseur qui a acquis ce meuble de bonne foi, mais *a non domino*.

38. — Dans quels cas devrons-nous considérer le meuble comme entré en la possession de l'acquéreur, d'une manière certaine, indubitable, *réelle* enfin, suivant l'expression employée par le législateur dans l'art. 1141 ? Il nous paraît évident qu'il y a là, avant tout, une question de fait : c'est aux magistrats qu'il appartient d'apprécier, eu égard aux circonstances, si la tradition, telle qu'elle a été effectuée, offre le caractère de certitude par lequel la transmission doit se révéler aux tiers.

39. — Toutefois, en matière de vente, le législateur a pris soin de préciser quels sont les faits de l'accomplissement desquels peut résulter la délivrance, c'est-à-dire le transport de la chose en la puissance et possession de l'acheteur : l'art. 1606 s'exprime, en effet, ainsi : « La délivrance des effets mobiliers s'opère,—ou par la tradition réelle,—ou par la remise des clefs

des bâtiments qui les contiennent,—ou *même par le seul con-sentement des parties*, si le transport ne peut pas s'en faire au moment de la vente, ou si l'acheteur les avait déjà en son pouvoir à un autre titre » (comp. art. 1919). Eh bien! faut-il nécessairement commenter nos art. 1141 et 2279 par cet arti-cle 1606 et décider en conséquence que la délivrance, *même résultant du seul consentement des parties*, sera toujours suf-fisante? Nous ne le pensons pas ; ces différentes dispositions ont chacune leur sphère propre d'application : l'art. 1606 s'oc-cupe de la transmission *entre les parties contractantes*. Les art. 2279 et 1141 réglementent au contraire les effets de la possession *à l'égard des tiers :* or, lorsqu'un meuble a été vendu *à non domino*, le contrat est, pour le véritable proprié-taire dont les droits sont lésés, *res inter alios acta ;* ce n'est point la vente qui, d'après nos textes, peut arrêter son action en revendication; c'est la *possession :* peu lui importe, par conséquent, la consommation ou l'inaccomplissement des obligations personnelles entre les contractants : un seul évé-nement peut paralyser son droit, à savoir : l'acquisition mani-feste de la *possession réelle* par le bénéficiaire de la convention. Nous devons donc nous placer en dehors de l'art. 1606 pour déterminer, par l'examen successif des différents modes de tradition, lesquels sont *réels*, lesquels, au contraire, ne le sont pas dans le sens de la loi, à l'égard des tiers.

40.—Et d'abord, « il est incontestable que la possession sera « efficacement constituée, au point de vue de nos art. 1141 et 2279, par la *tradition manuelle*, c'est-à-dire par la transmis-sion, de la main à la main, d'une somme d'argent ou de tout autre meuble corporel : peu importe à quel titre la remise ait été effectuée, à titre onéreux, à titre de vente, par exemple, ou à titre gratuit, à titre de donation. Sans doute, l'art. 931 soumet tous les actes portant donation à la forme authen-tique : mais ce texte n'est que la reproduction de l'art. 1 de l'ordonnance de 1731, et, sous l'empire de cette ordonnance, la validité de la donation manuelle, appelée aussi, dans cer-tains pays, donation de *main chaude*, était universellement reconnue. De plus, les travaux préparatoires du Cod. Nap. témoignent de l'adhésion complète du législateur aux anciens principes : « Les dons manuels, a dit le tribun Jaubert, ne sont susceptibles d'aucune forme ; il n'y a là d'autre règle que la tradition, sauf néanmoins la réduction et le rapport, dans les cas de droit » (Locré, *Lég.*, t. XI, p. 459). Enfin, la loi elle-même consacre virtuellement l'existence de la donation manuelle dans les art. 852 et 868 : l'art. 852 affranchit du rapport les cadeaux de noces et les présents d'usage ; or, ces sortes de libéralités s'effectuent habituellement de la main à la main, et sans aucun écrit qui les constate. Puis, l'art. 868, s'occupant des dons plus considérables qui ne tombent pas sous le coup de la dispense édictée par le précédent texte, décide que le rapport ne se fera qu'en moins prenant; et la loi ajoute : « Le rapport se fait sur le pied de la valeur du mobilier lors de la donation, d'après l'état estimatif annexé à l'acte; et à *défaut de cet état*, d'après une estimation par experts, à juste prix et sans crue. » L'art. 868, on le voit, suppose que le mobilier aura pu être donné *sans l'estimation* prescrite par l'art. 948 : or, cette supposition devient manifestement inadmissible dans l'hypothèse de la rédaction d'un acte devant notaires. La loi a donc admis la possibilité d'un don purement manuel, et j'ajoute, qu'*en raison*, elle devait l'admettre : c'est qu'en effet, par la tradition opérée entre les mains, soit du titulaire même de la libéralité, soit de son représentant, la donation est complétement réalisée; le donateur se trouve actuellement et irrévocablement dessaisi, ainsi que l'exige l'art. 894 : dès lors, le gratifié, étant de son côté immédiatement et définitivement approprié, n'a point d'action à exercer contre son auteur, et par conséquent il n'a pas besoin d'un *titre légitime* destiné à établir l'existence de la libéralité. *Vis à vis des tiers*, il est protégé par la maxime : En fait de meubles possession vaut titre (1) : —*vis à vis du donateur*, il

(1) Nous admettons donc l'application de l'art. 2279 aux dons manuels comme conséquence de la validité *préalablement* établie de ces sortes de donations; nous repoussons la doctrine qui, pour établir l'efficacité des dons manuels, prend son point de départ dans la maxime : En fait de meubles la possession vaut titre; car l'art. 2279, pour pouvoir être appliqué, suppose toujours un titre valable ou au moins présumé (V. *suprà*, n° 33); et toute la question ici est précisément de savoir si la seule tradition, dans les dons manuels, peut constituer un titre aux yeux de la loi. Ceux qui appuient la validité des dons manuels sur l'art. 2279 seulement font donc fausse route et commettent une véritable pétition de principe. Ils prennent l'effet pour la cause et réciproquement.

est mis à couvert par l'exécution consommée; en vain celui-ci voudrait-il ultérieurement prouver, soit par simples présomptions, soit par témoins, soit en déférant le serment, qu'il n'a entendu faire qu'un dépôt et point une donation : le gratifié lui répondrait avec le jurisconsulte Paul : « Cujus per errorem dati repetitio est, ejus consulto dati donatio est. » (L. 53 Dig. *De regulis juris.*) Il invoquerait encore l'article 1924, aux termes duquel on croit sur sa simple déclaration, même pour le fait de la restitution, celui qui est attaqué comme dépositaire, dans le cas où le dépôt, étant au-dessus de cent cinquante francs, n'a pas été constaté par écrit. Il se placerait enfin sous l'égide de l'art. 1356, d'après lequel l'aveu judiciaire ne peut pas être divisé : Je reconnais, dirait-il, avoir reçu la chose; mais je l'ai reçue en pur don; ma déclaration constitue un aveu indivisible, qui ne peut être ébranlé que par une preuve écrite, ou par la démonstration de l'existence d'un dépôt nécessaire (art. 1949-1954). En un mot, d'après le Code Napoléon, celui qui a été mis en possession réelle d'un meuble à titre de don, en devient immédiatement propriétaire envers et contre tous. Sans doute, il peut y avoir des obsessions et des surprises à craindre, et il eût été convenable de fixer un certain taux au-delà duquel la rédaction d'un acte notarié serait devenue nécessaire. Mais aucune limite n'a été posée, probablement à cause du peu d'importance que l'on attachait encore en 1804 à la propriété des meubles (1), et il n'appartient pas à la doctrine de combler cette lacune.

41. — Les Romains considéraient également la tradition d'une chose comme *réelle* lorsque le destinataire avait préposé quelqu'un à sa garde; voici, en effet, la décision du jurisconsulte Javolenus, rapportée dans la loi 51, Dig., *De adquirenda vel amittenda possessione :* « Quarumdam rerum animo possessionem apisci nos, ait Labeo : veluti si acervum lignorum emero, et cum venditor tollere me jusserit, simul atque custodiam posuissem, traditus mihi videtur. Idem juris esse vino vendito, cum universæ amphoræ vini simul essent. *Sed videamus (inquit) ne hæc ipsa corporis traditio sit :* quia nihil interest, utrum mihi, an et cuilibet jusserim, custodia tradatur… »

(1) V. *suprà*, n° 16.

Celsus donne la même solution pour le cas où l'objet aurait été placé au milieu d'autres effets appartenant au possesseur : par exemple, c'est une marchandise qui a été apportée dans ses magasins ; et il n'y a pas lieu, dit-il, de rechercher si la chose a été ou non touchée par l'acheteur ou par ses gens : « Si venditorem, quod emerim, deponere in domo mea jusserim, possidere ne certum est, quanquam id nemo dum attigerit. » (L. 18, § 2, ff., eod. tit.)

Nous voyons encore Paul et Ulpien controverser dans les lois 1 § 2 et 14 § 1, Dig., *De periculo et commodo rei venditœ*, la question de savoir s'il faut considérer comme une prise de possession suffisante, à l'égard des tiers, l'apposition, par l'acquéreur, d'une marque ou d'un sceau sur le meuble aliéné, lorsque d'ailleurs cet objet n'a point été déplacé : Paul admet l'affirmative : «Videri trabes traditas, quas emptor signasset.» Nous croyons ces différentes solutions également vraies dans notre droit actuel, sous la réserve toutefois du pouvoir discrétionnaire des tribunaux qui auront à reconnaître si la prise de possession a été bien évidente, en sorte que les tiers aient dû forcément la connaître (1).

42. — La simple *remise de titres*, s'il y en a, ne suffit pas à opérer une tradition efficace à l'égard des tiers, et susceptible de paralyser la revendication du vrai propriétaire ; nous ne voyons, en effet, aucune révélation sérieuse et notoire de la mutation consommée : la remise du titre ne peut servir qu'à établir l'existence de la convention : la possession n'est pas constituée d'une manière éclatante et certaine, ainsi que l'exige la loi.

43. — Toutefois ici se présente une difficulté fort grave qui naît de la combinaison de nos art. 1141 et 2279, Cod. Nap., avec les art. 576, 102 et 281 du Code de commerce : souvent des marchandises sont vendues, même avant leur arrivée, sur simples connaissements ou lettres de voiture ; l'art. 281 du Cod. de comm. décide que le connaissement peut être à ordre, ou au porteur, ou à personne dénommée ; l'art. 102 est muet sur ce point, en ce qui concerne les lettres de voi-

___

(1) V. Larombière, *Oblig.*, t. 1, art. 1141, nos 12 et 13 ; M. Demolombe *Oblig.*, t. 1, nos 477 et 478 ; *Traité de droit commercial* de MM. Demangeat et Bravard, t. 11, p. 418.

ture; mais l'usage y a suppléé, et tous les jours dans la pratique, des lettres de voiture sont transmises par voie d'endossement : or, ces différents titres n'ont pas seulement pour objet de constater l'obligation qu'une personne contracte de transporter des marchandises dans un certain lieu : ils jouissent encore du privilége d'être, en voyage, la représentation exacte de ces marchandises, de sorte que la remise qui en est faite équivaut à la tradition des marchandises elles-mêmes (1) ; aussi l'art. 576 Cod. com., après avoir déclaré que le vendeur peut revendiquer les marchandises expédiées au failli et non payées, tant qu'elles ne sont point entrées dans les magasins de celui-ci, ne manque-t-il pas d'ajouter : « Néanmoins la revendication ne sera pas recevable si, avant leur arrivée, les marchandises ont été vendues *sans fraude,* sur factures et connaissements ou lettres de voiture signées par l'expéditeur. » Ainsi donc, porteur légitime d'un connaissement ou d'une lettre de voiture, je transmets à Paul, en exécution d'une vente ou de toute autre juste cause, ce document, après avoir inscrit la mention *livrez à Paul :* dès lors je suis irrévocablement dessaisi ; c'est Paul qui seul pourra réclamer la prestation des marchandises, dont il est réputé, d'ailleurs, avoir dès à présent la possession et la propriété ; l'expéditeur, le vendeur originaire ne peut plus désormais revendiquer ces marchandises, même dans le cas de faillite de son destinataire direct (art. 576, al. 2). Ceci posé, voici les deux hypothèses qui peuvent se présenter. *Première hypothèse :* — J'ai déposé chez un tapissier un meuble précieux qui m'appartient : le tapissier meurt et son héritier, ignorant le dépôt, vend, sans intention frauduleuse, sur facture et connaissement ou lettre de voiture, ce meuble à Pierre : je me hâte, avant que la livraison matérielle n'ait été consommée, de diriger contre l'ayant-cause du tapissier dépositaire mon action personnelle en restitution, et contre Pierre mon action en revendication : devrai-je triompher ? L'on voit d'ici l'objection redoutable que Pierre, le tiers acquéreur, va élever contre moi : je suis, dira-t-il, porteur légitime d'un connaissement ; or, la remise de ce titre, lorsqu'elle a été régulièrement faite et *ex justa causa,* investit le titulaire de la propriété

(2) Demangeat et Bravard, *Droit commercial,* t. v, p. 510, note 2.

immédiate des marchandises : que la livraison n'ait pas encore
été réalisée, peu m'importe; elle est réputée faite par la loi;
ma position fictive suffit à m'abriter derrière la disposition
protectrice de l'art. 2279, al. 1. — Ce raisonnement est spécieux sans aucun doute; mais il ne nous paraît pas victorieux,
et nous ne croyons point que la maxime : — En fait de meubles la possession vaut titre, — puisse être ici invoquée par le
tiers acquéreur. C'est, en effet, *la possession réelle et effective*
qui est requise par les art. 1141 et 2279 combinés; or, dans
notre espèce, la possession alléguée n'est pas *réelle*. L'art. 576
Cod. com. la prend en considération, en matière de faillite,
cela est vrai, mais dans les rapports du vendeur et de l'acheteur, entre l'expéditeur et son destinataire : dans notre espèce, au contraire, il y a conflit entre le destinataire et
un tiers; il faut donc en revenir aux principes du droit
commun , et admettre la revendication du vrai propriétaire.

Nous arrivons maintenant à la *seconde hypothèse*, où la
difficulté se complique : je suppose, avec MM. Demangeat et
Bravard (*Droit commercial*, t. 2, p. 420), un *connaissement
au porteur*, dans les termes de l'art. 281 *in fine* . Par méprise,
l'expéditeur en a transmis deux exemplaires au destinataire.
Celui-ci vend la marchandise à Pierre et lui remet un exemplaire; puis, à l'aide de l'autre exemplaire, ayant reçu la
marchandise du capitaine, il la vend et la livre à Raymond.
Lequel des deux acheteurs devra être préféré? — M. Demangeat se prononce en faveur de Pierre : «Il y a lieu, dit-il,
d'appliquer le deuxième alinéa de l'art. 2279, car le destinataire s'est rendu coupable d'une escroquerie, et l'escroquerie
en cette matière doit être assimilée au vol.» Nous ne saurions nous rallier ici à la solution mise en avant par notre
savant maître : nous n'admettons pas en effet, entre le vol et
l'escroquerie, l'assimilation proposée (1). Et ce fondement de
la doctrine adverse une fois écarté, nous sommes nécessairement amené à accorder, dans ce conflit d'intérêts, la préférence à Raymond; il a, en effet, à la fois la possession fictive
et la possession réelle de la marchandise; Pierre, au contraire,
n'a que la possession fictive résultant de la détention d'un

(1) V. *infrà*, n^s 117 et suiv.

exemplaire du connaissement qui était au porteur : en vain voudrait-il soutenir que sa possession doit être réputée *réelle* en vertu des principes du droit commercial, parce qu'elle équivaut à la possession matérielle et effective exigée par l'art. 2279. Notre réponse sera toujours la même : oui, sans doute, il en est ainsi dans les relations directes du vendeur avec l'acheteur (art. 576, Cod. com.); mais la fiction n'existe plus (1) lorsqu'il s'agit de régler les relations de l'un ou de l'autre des contractants *avec les tiers* : ici c'est l'art. 1141, combiné avec l'art. 2270, qui fait loi, et cet article est formel : « Si la chose, dit-il, qu'on s'est obligé de donner ou de livrer à deux personnes successivement est purement mobilière, celle des deux qui en a été mise *en possession réelle* est préférée et en demeure propriétaire, encore que son titre soit postérieur en date, pourvu toutefois que la possession soit de bonne foi. » Or, dans l'hypothèse que nous avons choisie, n'est-ce pas Raymond qui a la possession *réelle ?* N'est-ce pas lui qui a reçu la livraison matérielle de la marchandise? Oui ; donc c'est à lui qu'il faut accorder la préférence. Grâce à sa bonne foi, il peut invoquer la maxime : En fait de meubles la possession vaut titre.

43. — La controverse relative à la remise des titres nous amène, par une transition toute naturelle, à parler de la *remise des clefs.* Eh bien, nous demandons si la remise des clefs de l'armoire ou du bâtiment qui contient le meuble vendu est une tradition suffisante et opposable aux tiers dans les termes de nos art. 1141 et 2279 ? — La question avait déjà préoccupé les Romains (V. § 45 Instit. liv. II, tit. 1, *De divisione rerum*, 1. 74 ff. *De contrahenda emptione*; 1. I, § 21 *in fine* ff. *De acquirenda vel amittenda possessione* ; comp. art. 1606, al. 2.). Pour résoudre la difficulté, il faut bien s'entendre tout d'abord sur le caractère de la délivrance opérée au moyen de la remise des clefs : la tradition est-elle ici seulement symbolique, ou bien engendre-t-elle la détention réelle ? Si la remise des clefs ne constitue qu'une tradition *symbolique* entre les parties contractantes, cette remise ne pourra pas évidemment créer, à l'égard des tiers, une possession réelle : si, au contraire, la remise des clefs constitue une

(1) Comp. Cass. 17 août 1859 (D. P. 1859, 1, 347).

tradition parfaite et complète, en dehors de toute fiction et de tout symbole, nous voyons surgir une possession extérieure, effective et opposable aux tiers. Or, si nous examinons de quelle manière peut s'opérer la délivrance d'un objet mobilier par la remise des clefs du bâtiment ou de l'armoire qui renferment cet objet, nous sommes aussitôt frappé d'une différence fondamentale qui existe sur ce point entre le droit romain et le droit français. Les textes romains que nous avons signalés en tête de ce paragraphe, exigent que la remise des clefs ait lieu *in re præsenti, apud horrea* ; car, outre l'intention, il faut un acte corporel servant d'exécution à la pensée, ne fût-ce qu'un coup d'œil jeté sur la chose pour en prendre possession. Notre droit français, au contraire, restituant aux faits moraux et aux actes abstraits la puissance qui leur appartient, n'exige en aucune façon que la remise des clefs ait lieu en présence de la chose (v. art. 1606, al. 2) : Toute latitude est laissée ici à la fantaisie des contractants ; l'intention, lorsqu'elle est jointe à la *faculté d'agir*, est considérée comme suppléant l'acte matériel.

Mais ces différences dans le mode de délivrance vont entraîner, si nous ne nous trompons, des différences aussi dans la nature de la possession : nous pensons que, sous l'empire du droit romain, la tradition par la remise des clefs était une tradition vraie, engendrant une possession réelle étrangère à toute idée de symbole et efficace *à l'égard des tiers* ; dans les termes du Code Napoléon, au contraire, cette remise ne constitue plus à nos yeux qu'une tradition imparfaite, insusceptible de leur nuire. Quiconque parle d'une *tradition symbolique*, entend nécessairement parler de la tradition d'une chose opérée au moyen de la délivrance d'une autre chose qui est la représentation exacte de la première ; c'est donc sur *l'objet* de la délivrance que porte le symbole, en sorte que la possession sera dite *réelle*, si, par un procédé quelconque, on voit passer la chose même, *ipsam rem*, sous sa puissance, tandis qu'elle ne sera plus que *symbolique*, si l'on ne reçoit qu'une représentation de cette chose. Ce n'est donc pas au mode de prise de possession, mais à l'identité de l'objet transmis, qu'il convient de s'attacher pour apprécier s'il y a ou s'il n'y a pas symbole ; voilà la notion exacte de la tradition feinte (1). Or, dans les principes romains, d'après lesquels les clefs devaient être livrées près du magasin renfermant les marchandises (l. 74, Dig. 18, 1), nous n'apercevons même pas l'apparence d'une allégorie, et nous repoussons de toutes nos forces la théorie des anciens commentateurs qui voyaient dans les clefs la représentation des objets à transmettre : en livrant les clefs, disaient-ils, le vendeur remet le symbole des marchandises. Nous le contestons formellement ; celui, en effet, qui dépose entre les mains de son acheteur les clefs du magasin, et cela *in præsentia rei*, l'investit nécessairement de la puissance immédiate et privative sur les objets renfermés dans ce magasin : la clef ne peut être ici la représentation de rien ; c'est elle bien plutôt qui donne le moyen de faire acte de propriétaire ; l'acheteur peut entrer de suite dans le magasin et prendre possession des marchandises : il y a donc là une tradition réelle et véritable ; car la tradition n'est pas autre chose (art. 1604) que la remise de la possession d'un certain objet faite par une personne à une autre, en sorte que celle-ci puisse désormais en user à son profit exclusif et au gré de ses caprices : il faut dès lors écarter ici toute idée de prétendue tradition symbolique ; et il est à remarquer que nulle part, en effet, dans les textes romains relatifs à la tradition et à la possession, nous ne rencontrons ces expressions inexactes de tradition feinte ou fictive, imaginées plus tard par les commentateurs (Comp. Pothier, *Vente*, nᵒˢ 313 et suiv.).

Sous l'empire du Code Napoléon, la situation est bien changée : l'art. 1606 n'exige point que les clefs soient remises en présence de la chose, *apud horrea ;* dès lors l'appropriation n'est plus aussi énergique qu'elle l'était sous l'empire des principes romains, et l'appréhension des clefs n'investit aujourd'hui l'acquéreur que d'une possession *imparfaite* insusceptible de réagir contre les tiers ; car elle n'a pas le caractère *réel* et *effectif* exigé par les art. 2279 et 1141 :

(1) Nous sommes heureux d'être ici en complète communauté d'idées avec notre éminent collègue M. Carel, professeur à la Faculté de droit de Caen. Voir sa *Monographie*, publiée en 1855, *sur la possession des meubles*, page 99 et suiv. — Mais nous sommes en dissentiment avec M. Troplong, *Traité de la vente*, nᵒˢ 266, 269, 274 et 280.

il est de l'essence, en effet, de la possession vraiment *réelle* que deux possessions identiques de ce genre ne puissent pas coïncider sur le même objet : une même chose ne peut pas être possédée *réellement* pour le total et au même titre par plusieurs personnes en même temps: *Plures eamdem rem in solidum possidere non possunt* : la nature des choses exige qu'il en soit ainsi ; car la possession est absolue et exclusive comme la propriété ; le jurisconsulte Paul a très-bien dit : « Contra naturam est ut, quum ego aliquid teneam, tu quoque id tenere videaris... Non magis enim eadem possessio apud duos esse potest, quam ut tu stare videaris in eo loco in quo ego sto : vel in quo ego sedeo, tu sedere videaris. » Or, lorsque les clefs sont remises dans un lieu éloigné du meuble qu'elles servent à ouvrir, ou du magasin qui renferme les marchandises vendues, il pourrait arriver qu'au même moment ce meuble ou ces marchandises fussent matériellement livrées de la main à la main à un tiers acquéreur de bonne foi. Le conflit peut donc ici surgir entre deux personnes dont l'une est nantie des clefs, dont l'autre a la possession réelle des objets vendus. Celui qui ne peut invoquer autre chose que la tradition résultant de la livraison des clefs ne remplit pas évidemment les conditions exigées par l'art. 1141, et qui peuvent assurer la préférence entre deux acheteurs ; sa possession à l'égard des tiers n'est pas suffisamment caractérisée. S'il a reçu les clefs *a non domino,* la revendication du véritable propriétaire n'est point arrêtée; car la règle : En fait de meubles, la possession vaut titre, ne peut être invoquée que par le possesseur *réel et effectif,* point par celui qui a une possession purement symbolique (1), résultant par exemple d'une détention de clefs. (*Sic* Lyon, 9 avril 1851, D. P. 1855, 2°, 6). Le nantissement des clefs doit être confirmé et corroboré par un acte

(1) Nous n'allons pas jusqu'à dire, avec l'arrêt de Lyon cité au texte, que la tradition opérée par voie de simple remise de clefs soit une tradition *symbolique* : il n'y a là, à nos yeux, aucune allégorie : les clefs ne peuvent pas être la représentation des marchandises vendues. Elles fournissent tout simplement le moyen de s'en emparer. Nous nous contentons de soutenir que la remise des clefs, opérée à distance, n'a pas, en soi, un caractère suffisant d'évidence et de certitude pour être opposable aux tiers.

d'appréhension plus complète et plus éclatante. Alors seulement la possession sera définitivement constituée à l'encontre des tiers ; nous verrions, par exemple, une main mise *réelle* dans la livraison des clefs de la maison et des clefs du meuble vendu, faite *simultanément* à l'acquéreur qui se présente sur les lieux. Lui seul, maintenant qu'il a été mis en rapport avec la chose, peut la prendre et s'en servir pour son usage personnel. Le vendeur ne pourrait plus se ressaisir du meuble, qui est bien *réellement* passé ici sous la puissance de son acquéreur, qu'en se rendant coupable de vol accompagné d'effraction, ou en se servant de fausses clefs.

44.—La tradition peut aussi avoir lieu, nous dit l'art. 1606, *in fine, même par le seul consentement des parties*. Ce consentement suffit, en effet, dans plusieurs cas : d'abord, l'acheteur peut se trouver déjà en possession du meuble au moment de la vente, à titre d'usufruitier, de locataire, d'emprunteur, ou de dépositaire ; la tradition s'opère alors sans déplacement, *brevi manu*. D'autres fois, le vendeur se réserve la jouissance de la chose ; il se constitue détenteur précaire pour le compte de l'acheteur, à titre par exemple d'usufruit ou de bail. Cette clause est désignée sous le nom de constitut possessoire. Enfin, il peut arriver que l'enlèvement ou le transport de la chose vendue ne puisse pas être réalisé au moment de la vente, soit à cause de la distance, soit par suite de tout autre empêchement ; le vendeur ne se dessaisit *qu'intellectuellement*, pour ainsi dire, en remettant à l'acheteur un acte au moyen duquel celui-ci pourra entrer en possession quand il le voudra. Dans ces différentes hypothèses, il y a bien transport de la chose *entre les parties contractantes ;* l'art. 1606 ne laisse aucun doute sur ce point. Mais *vis à vis des tiers*, il en est tout différemment : ce transfert *consensuel* de la possession n'est pas assez visible, assez caractérisé pour conférer à l'acheteur la priorité à l'encontre d'un second acquéreur de bonne foi, ou pour lui permettre d'invoquer la maxime : En fait de meubles, la possession vaut titre, à l'effet d'écarter la revendication du véritable propriétaire : c'était déjà, dans l'ancien droit, la doctrine de Bourjon : « La vente des meubles, faite sans déplacement, disait-il, est nulle à l'égard des créanciers du vendeur ; de là il s'ensuit que les créanciers de celui qui a fait une telle vente peuvent, nonobstant icelle, les faire

saisir et vendre sur leur débiteur qui en est resté en possession... » (t. I, pag. 146, n° 11). Cette doctrine doit être admise
à plus forte raison aujourd'hui, en présence de nos art. 1141
et 2279, qui exigent la possession réelle et effective. Nous
concluons donc en décidant que la tradition, opérée par le
seul consentement des parties dans les termes des art. 1606 *in
fine* et 1919, n'est point une tradition suffisante à *l'égard des
tiers :* elle n'est efficace qu'entre les parties contractantes.

45.—L'appréciation du point de savoir dans quelle mesure
la *possession réelle* a été acquise devient quelquefois très-dif-
ficile, lorsque le contrat comprend plusieurs choses mobilières et que ces choses ont été vendues *in globo*, par voie
d'ensemble. Vous êtes, par exemple, acquéreur d'une récolte
encore sur pied, d'une forêt debout, de fruits pendants par
branches. Ces sortes de choses sont déclarées par l'art. 520
immeubles par leur nature : toutefois, ici elles sont considérées fictivement comme meubles, eu égard au contrat particulier dont elles sont l'objet. Vous procédez à l'enlèvement
de la récolte, vous mettez la forêt en exploitation, vous com-
mencez la cueillette des fruits : tout à coup, le vrai propriétaire se présente, il vous exhibe ses titres, et il revendique
contre vous la partie de récolte qui est encore pendante par
branches ou par racines : pouvez-vous soutenir que la prise
de possession que vous avez réalisée pour un quart ou pour
la moitié de votre acquisition, doit être considérée comme
s'appliquant même à l'autre partie de la récolte encore debout? MM. Larombière (*Oblig.*, t. 1, art. 1141, n° 12), et Demolombe (*Oblig.*, t. 1, n° 483), répondent affirmativement, et ils
citent à l'appui de leur opinion un arrêt de la Cour de cassation du 21 juin 1820 (Sirey, 1821, 1°, 109), qui a décidé que la
mise en possession effective d'un bois à exploiter résultait
suffisamment de ce que l'acquéreur avait commencé l'exploitation et établi un garde-vente pour la coupe. Il y a eu commencement d'exécution, disent ces éminents jurisconsultes :
ce commencement d'exécution emporte une main-mise, une
appréhension de la récolte elle-même tout entière. Exiger
davantage, ce serait exagérer les dispositions de la loi sur les
caractères et la nécessité de la possession réelle.

Nous éprouvons pourtant quelque difficulté à admettre cette
solution, et nous croyons plutôt qu'au respect des tiers, la

propriété des choses vendues ne sera acquise qu'au fur et à
mesure de la prise de possession par l'exploitation. Nous admettons parfaitement que celui qui achète une coupe de bois,
une récolte sur pied, ou des fruits pendants par branches,
fait un achat de meubles ; car l'objet de son contrat, bien qu'il
soit actuellement immeuble (art. 520), est, dans l'espèce, considéré comme meuble, tel que le fera la séparation d'avec le
sol. La vente est dès lors purement mobilière, et par conséquent susceptible d'être régie par les art. 1141 et 2279. Mais,
au moins faut-il que la possession de l'acquéreur réunisse les
conditions formulées par la loi ; or, l'art. 1141 exige que la
possession soit *réelle*, et c'est la mobilisation seule qui peut
produire ce résultat ; tant que la mobilisation n'est que partielle, la possession de l'acquéreur ne peut être réelle que pour
partie ; elle n'a le caractère d'évidence et de certitude que
dans la mesure de l'exploitation déjà réalisée. Mais, dit-on,
l'objet étant vendu intégralement forme un ensemble, un tout,
une chose indivisible dans l'intention des parties. — Nous
répondons qu'il s'agit ici d'opposer le contrat *à des tiers*,
et que, pour eux, ils puisent leur droit non pas dans la convention (art. 1165), mais dans la loi qui était libre de faire leur
condition meilleure (art. 1141 et 2279), et qui leur devait aide
et protection. Nous allons d'ailleurs présenter une hypothèse
qui démontre, mieux que tous les raisonnements possibles,
l'inadmissibilité de la doctrine que nous combattons : supposez ceci : vous avez acheté une forêt à abattre et vous l'avez
déjà exploitée jusqu'à concurrence d'un quart : votre auteur,
homme peu délicat, consent à un tiers de bonne foi une nouvelle vente de la même coupe de bois, et ce tiers procède à
l'abattage des arbres, en commençant par l'extrémité opposée
de la forêt ; au moment où cet empiétement vous est révélé,
le tiers acquéreur a déjà renversé la moitié des arbres qui
restaient. Dans ce conflit d'intérêts, à qui la préférence sera-
t-elle accordée ? à vous ? ou au tiers ? Évidemment au tiers,
puisqu'il a pris possession réelle de la chose, puisque sa détention est mieux caractérisée que la vôtre. M. Larombière est
lui-même forcé de reconnaître la légitimité de ce résultat (t. 1,
pag. 499) ; mais alors, c'est la condamnation de sa doctrine
tout entière qu'il prononce, et, en fin de compte, il faut bien
arriver à admettre avec nous que dans les espèces proposées

les transmissions ne pouvaient être préférables, et la possession *réelle* constituée qu'au fur et à mesure des mobilisations
successives. Nous pensons donc que la prise de possession réalisée par un acquéreur à l'égard d'une partie seulement de la
récolte, en la coupant, ne peut pas être, en général, considérée
comme s'appliquant à l'autre partie encore debout de cette
même récolte. Il convient toutefois de laisser ici un certain
pouvoir d'appréciation aux tribunaux, qui devront tenir grand
compte de la nature de l'objet mobilier transmis.

46. — Non-seulement la possession, pour donner lieu à
l'application de l'art. 2279, doit être réelle et effective ; mais
encore elle doit être *intentionnelle :* l'appréhension physique
et l'intention bien arrêtée d'avoir telle chose déterminée sont,
en effet, les deux conditions dont la réunion est indispensable à l'existence d'une vraie possession. Que déciderons-
nous dès lors à l'égard de celui qui, ayant acheté un meuble,
recevrait en livraison un autre meuble que celui sur lequel
avait porté primitivement le concours des volontés : exemple :
Vous avez acheté un bureau en acajou ; le vendeur vous en
livre un en palissandre, qui lui avait été confié en dépôt : le
vrai propriétaire vous actionne en revendication ; pourrez-
vous opposer la maxime : En fait de meubles la possession
vaut titre?—Nous ne le pensons pas, et nous croyons, au contraire, que la revendication du propriétaire procédera bien
dans l'espèce : vous avez, sans doute, la possession matérielle ;
mais l'intention fait défaut ; il y a eu erreur sur l'identité ou
au moins sur les qualités substantielles de l'objet.

47. — Supposons qu'un plaideur se trouve dans les conditions requises pour invoquer l'art. 2279. Il omet de le faire ;
le juge peut-il suppléer d'office ce moyen de défense? Nous
pensons que le juge ne peut pas suppléer d'office le moyen
tiré de l'art. 2279. Cette solution nous paraît seule conforme
à la fois aux textes et à la raison. D'abord *aux textes :* l'article 2223 décide que les juges ne peuvent pas suppléer d'office
le moyen tiré de la prescription. Or, s'il en est ainsi de la
prescription qui, aux termes des art. 712 et 2262, est un
véritable titre acquisitif, *modus adquirendi*, à plus forte
raison (1) doit-il en être de même du moyen puisé dans l'ar-

(1) Nous ne pouvons puiser dans l'art. 2223 qu'un argument d'analogie,

ticle 2279, lequel n'édicte qu'une présomption favorable au possesseur et une déchéance contre le revendiquant. Nous ajoutons qu'*en raison*, si le juge doit viser, même d'office, tous les moyens du fond, il doit, du moins, respecter les scrupules légitimes de celui qui refuse de se retrancher derrière une fin de non-recevoir que sa conscience repousse.

48. — Nous n'irons pas toutefois jusqu'à prétendre que le droit consacré par l'art. 2279 soit une de ces prérogatives exclusivement attachées à la personne du titulaire et dont il soit interdit aux créanciers de se prévaloir (art. 1166). Il est, au contraire, universellement admis que les créanciers peuvent, du chef du débiteur, invoquer la maxime : En fait de meubles la possession vaut titre. Dès que la déchéance lui est opposée par quelqu'un des intéressés, le vrai propriétaire revendiquant voit aussitôt s'évanouir son *droit de suite*. Mais, en revanche, les créanciers, empruntant ici la personnalité de leur débiteur, sont nécessairement soumis à toutes les exceptions que l'on pourrait opposer au débiteur lui-même; par exemple, lorsque celui-ci se trouvera être personnellement obligé à la restitution du meuble, ses créanciers seront déchus du bénéfice de l'art. 2279.

49. — Est-ce à dire cependant qu'un débiteur puisse paralyser le droit de ses créanciers, *en renonçant* à opposer la maxime : En fait de meubles la possession vaut titre? Les créanciers devront-ils forcément s'incliner devant l'exception de renonciation? On pourrait être tenté de le soutenir; car la présomption de l'art. 2279 touche à la conscience, au for intérieur ; elle fait appel à la délicatesse et à l'honnêteté individuelles. Pourtant il serait bien grave de le décider ainsi : car on aboutirait à cette conséquence que l'art. 2279 serait réputé consacrer un bénéfice exclusivement attaché à la personne du possesseur ; mais alors les droits des créanciers seraient singulièrement compromis; il est très-facile, en effet, d'être scrupuleux pour le compte d'autrui et les débiteurs obérés sont souvent portés à se montrer généreux aux dépens de leurs créanciers. Ceux-ci, qui n'ont, en vertu du titre chi-

<hr>

puisque, d'après notre doctrine, la maxime : En fait de meubles la possession vaut titre, est complétement étrangère à toute idée de prescription et se rattache à la théorie des présomptions légales.

rographaire, qu'un droit personnel, un simple *jus ad rem*, sont fort dignes d'intérêt; d'abord ils sont obligés d'emprunter, pour agir, la personnalité de leur débiteur; de plus le droit de gage, vague, général, indéterminé dont ils sont investis pour la loi (art. 2092), les laisse exposés, entre autres, à deux périls considérables : 1° leur débiteur peut être un homme *négligent* qui n'exerce pas ses droits, ou *inhabile*, qui les exerce sans discernement et mal à propos. 2° Ce peut être un homme *malhonnête* qui cherche tous les moyens possibles d'amoindrir leur gage et de soustraire ses biens à leurs investigations et à leurs poursuites. C'est à ce double péril que remédient les art. 1166 et 1167, — l'art 1166, en permettant aux créanciers d'exercer au lieu et place de leur débiteur les droits et actions qui lui appartiennent, mais que celui-ci laisserait dépérir par négligence ou maladresse; — l'art. 1167, en conférant à ces mêmes créanciers le privilége exorbitant d'aller jusqu'à faire rescinder les actes déjà consommés, mais frauduleusement consentis par le débiteur qui les trahit. Ici, toutefois, se présente une distinction fondamentale entre les actes à titre onéreux et ceux à titre gratuit. Pour faire tomber, en vertu de l'action révocatoire de l'art. 1167, un acte *à titre onéreux*, les créanciers doivent établir trois points : — 1° que l'acte qu'ils attaquent leur a causé *préjudice*, c'est-à-dire leur a fait éprouver un sérieux dommage; — 2° que le débiteur a agi frauduleusement, c'est-à-dire qu'il a diminué le gage commun sciemment et avec l'intention coupable de nuire à ses créanciers; — 3° qu'il y a eu de la part du tiers acquéreur complicité, c'est-à-dire participation éclairée à la fraude commise. Lorsqu'il s'agit, au contraire, *d'actes à titre gratuit*, la loi se montre moins rigoureuse. Elle exige toujours le préjudice, l'intention frauduleuse du débiteur (1); mais, au lieu de demander la complicité des tiers que l'on veut poursuivre, elle se contente de leur enrichissement. Enfin, certains jurisconsultes distinguent

(1) Nous acceptons ici comme exact le système de la jurisprudence qui exige, pour la révocation des actes, même à titre gratuit, la double condition de la fraude et du préjudice. Voir cass. 23 janvier 1865 (D. P, 1865, 1, 19). Nous nous en écartons seulement quant aux renonciations à des droits.

encore, non sans quelque apparence de raison (1), entre les actes à titre gratuit proprement dits, et les simples *renonciations à des droits*, et ils enseignent que, du moment où une renonciation, faite par le débiteur, cause un dommage à ses créanciers, ceux-ci peuvent la faire annuler sans avoir besoin d'établir autre chose que le *préjudice* qu'ils éprouvent. Ces généralités, une fois indiquées, voici la théorie que nous proposons : nous croyons que, si le possesseur a renoncé même formellement à invoquer le bénéfice de la maxime : En fait de meubles la possession vaut titre, ses créanciers pourront, à raison du *seul préjudice*, opposer de leur chef, et dans la mesure de leurs créances et de leur intérêt, la règle protectrice édictée par l'art. 2279, en réputant non avenue la renonciation de leur débiteur. Nous pourrions ici invoquer par analogie, à raison de l'identité de motifs, l'art. 2225 ainsi conçu : « Les créanciers ou toute autre personne *ayant intérêt* à ce que la prescription soit acquise, peuvent l'opposer encore que le débiteur ou le propriétaire *y renonce....* » Mais, comme il y a controverse (2) sur l'interprétation même de cet article, nous voulons puiser ailleurs nos arguments, et nous attacher à appuyer notre proposition, soit sur les principes généraux inscrits dans le Code Napoléon, corroborés par les déclarations formelles consignées dans les travaux préparatoires, soit sur l'examen de la nature intime et du vrai caractère de la renonciation qui nous occupe. D'abord, si nous ouvrons le Code, nous voyons les différents textes relatifs à des cas de renonciation n'exiger, dans leurs termes positifs, que le seul *préjudice*, sans se référer aucunement à l'intention frauduleuse · art. 622 : « Les créanciers de l'usufruitier peuvent faire annuler la renonciation qu'il aurait faite *à leur préjudice.* » — Art. 788 : « Les créanciers de celui qui renonce *au préjudice* de leurs droits peuvent..... » — Art. 1053..... « L'abandon anticipé de la jouissance au profit des appelés ne

---

(1) Voyez, en effet, les art. 622, 788, 1053, 2225.

(2) Voir, pour les éléments de cette controverse, le remarquable article publié par notre savant maître, M. Rataud, dans la *Revue pratique*, tome 1er, p. 481 et suiv. — Comp. nos développements sur l'art. 2225 (*Essai sur la prescription*, Première étude, actuellement sous presse, comprenant le commentaire des art. 2219-2227).

pourra *préjudicier* aux créanciers du grevé antérieurs à l'abandon. » Même solution dans l'art. 2225, dont la promulgation est postérieure en date à celle des art. 1166 et 1167, et qui cependant ne contient aucun renvoi apparent à ces dernières dispositions. Ces expressions, *préjudice*, *préjudicier*, si explicites par elles-mêmes, ont-elles été le résultat d'une inadvertance de rédaction, ou, au contraire, le produit du calcul et de la réflexion? Nous prenons les travaux préparatoires, et voici ce que nous y trouvons consigné. Le projet de l'an viii présenté par une commission composée de Tronchet, Bigot-Préamaneu, Portalis, Malleville, contenait en particulier deux articles, les art. 43 et 93, ainsi conçus : — Art. 43, liv. II, t. iii, sect. 3 du projet : « Si la renonciation est faite *en fraude* des créanciers de l'usufruitier, ils peuvent la faire annuler (1). » De même nous lisons dans l'art. 93, liv. III, tit. 1, chap. vi, sect. 2 du projet : « Les créanciers de celui qui renonce *en fraude et au préjudice* de leurs droits peuvent attaquer la renonciation et se faire autoriser en justice à accepter la succession du chef de leur débiteur et en son lieu et place (2). » Le tribunal de cassation, auquel ce projet est soumis, le renvoie en demandant que l'on substitue aux expressions *en fraude* le mot *au préjudice*, et il développe ainsi les motifs du changement qu'il sollicite : « La fraude suppose *consilium* et *eventus* ; or ne suffit-il pas que par l'événement une renonciation porte *préjudice*, aux créanciers, quoiqu'elle ne soit pas *frauduleuse* par l'intention du renonçant, pour qu'il y ait lieu à la faire (3) annuler. — La fraude du renonçant, qui suppose à la fois *consilium et eventus* ne doit pas être exigée pour que les créanciers puissent attaquer la renonciation. Il doit suffire qu'en résultat elle leur soit *préjudiciable* (4). » Ces observations remarquables du tribunal de cassation obtinrent si bien l'assentiment complet des rédacteurs du Code, que l'amendement proposé fut immédiatement adopté, sans qu'il soit resté aucune trace de la moindre discussion à ce

(1) V. Fenet, t. ii, p. 113.
(2) V. Fenet, t. ii, p. 140.
(3) V. Fenet, t. ii, p. 545.
(4) V. Fenet, t. ii, p. 570.

sujet (1). En conséquence, dans les art. 43 et 93 du projet, le mot *fraude* fut remplacé par le mot *préjudice*, et ces deux dispositions, présentées dans ces termes, par le conseil d'Etat, furent votées sans réclamation ; elles forment aujourd'hui dans le Code nos art. 622 et 788. Ce changement de rédaction ne montre-t-il pas clairement la volonté du législateur de consacrer la théorie du tribunal de cassation ? D'ailleurs, il faut bien le remarquer, ce système n'était pas nouveau. Déjà dans l'ancien droit, il avait été enseigné par Domat et Boutaric, qui s'étaient écartés en ce point de la tradition romaine. Il avait été converti en loi par l'art. 42, tit. 1 de l'ordonnance du mois d'août 1747 sur les substitutions, et Furgole (dans son commentaire sur cette ordonnance, p. 221) fait très-bien remarquer que désormais les renonciations consenties par les débiteurs sont inopposables à leurs créanciers; ceux-ci, d'après cet ancien auteur, sans avoir besoin de fournir la démonstration de la fraude, peuvent, en se fondant *sur le seul préjudice*, exercer de leur propre chef le droit dont leur débiteur aurait fait imprudemment l'abandon. Nous ajoutons que c'est, en effet, à ce résultat que doit conduire encore aujourd'hui une saine appréciation du *caractère des renonciations* en général, et surtout de la nature spéciale de la renonciation au bénéfice de l'art. 2279. Les renonciations, envisagées au point de vue général, sont des actes *sui generis*, qui ne peuvent rentrer ni dans la classe des contrats à titre onéreux ni dans celle des contrats à titre gratuit, et qui, par conséquent, appellent une réglementation spéciale : ce ne sont point d'abord des actes à titre onéreux (art. 1106) ; car celui qui renonce abandonne son droit sans recevoir en échange aucune compensation ; il n'y a pas réciprocité et pondération de sacrifices. — Les renonciations ne sont point non plus des actes proprement dits de libéralité ; car celui qui veut gratifier agit toujours *intuitu personæ*, il se dépouille en faveur d'un donataire qui accepte (art. 894). Celui, au contraire, qui consent une renonciation, ne traite pas avec une personne déterminée pour l'enrichir ; il se borne à abandonner son propre droit, et ce n'est qu'indirectement,

(1) N'est-ce pas là le cas d'appliquer l'adage : « Qui ne dit mot consent » ?

par accident pour ainsi dire, que cet abandon profite à un tiers ; ici donc nous ne rencontrons pas l'intention libérale qui est de l'essence de toute donation ; souvent la renonciation se fait par un acte unilatéral et cet acte peut avoir été réalisé à l'insu même de celui qui va en tirer bénéfice. Peut-on au moins assigner à la renonciation, lorsqu'elle se produit, une *cause civile* dans le sens des art. 1131-1133 ? Evidemment non ; il n'y a que des motifs, plus ou moins élevés, plus ou moins respectables sans doute, mais toujours de simples motifs ; car celui qui renonce n'entend recevoir aucun équivalent. Il ne veut pas non plus donner, *il veut rendre* pour satisfaire la plupart du temps aux scrupules de sa conscience et obéir aux lois que lui dicte sa propre honorabilité (1) ; il en est ainsi surtout de la renonciation à invoquer le bénéfice de l'art. 2279. Le possesseur voit clairement, grâce à la démonstration victorieuse fournie par l'adversaire, où est la vraie propriété, où se trouve la légitimité du droit. Il fait un retour sur lui-même et il s'aperçoit qu'il est l'ayant-cause d'un *non dominus*. Comme tel il reconnaît qu'il ne peut pas avoir plus de prérogatives que son auteur : car, *nemo plus juris ad alium transferre potest quam quod ipse habet.* Or, son auteur détenait indûment la chose : donc sa possession nouvelle se révèle à lui comme également illégitime. Il peut invoquer sans doute la maxime : En fait de meubles la possession vaut titre. Mais sa délicatesse repousse ce moyen fondé sur le pur droit civil ; il consent donc à s'incliner devant une prétention qu'il pourrait écarter la loi en main. Il ne veut point user d'une protection qu'il croit inique, *impium præsidium.* Eh bien, le législateur respecte cette appréciation morale : il la valide quand elle ne doit nuire qu'à celui qui la fait. Mais il ne permet pas que, sous ce prétexte,

(1) Il est important de distinguer, dans toute convention, la cause des simples motifs : *la cause*, c'est la raison dernière et immédiate qui nous détermine à contracter ; c'est le but final que les parties se proposent directement d'atteindre en s'obligeant : la cause est un élément intrinsèque et constitutif de l'obligation. *Les motifs*, au contraire, sont les raisons éloignées et multiples qui ont engagé les parties à s'entendre : ils sont essentiellement variables, relatifs et contingents. Leur nature n'est d'aucune influence sur la validité de la convention.

les droits acquis aux créanciers puissent être anéantis ; vis à
vis d'eux et en tant qu'elle pourrait leur préjudicier, la renonciation est réputée non avenue. Ils jouissent d'une sorte
de *restitutio in integrum* qui opère de plein droit. Et c'est là
une doctrine parfaitement équitable ; car on ne peut pas ac-
order à un débiteur le pouvoir de faire rejaillir sur autrui
les conséquences pécuniairement déplorables de ses scrupules
personnels. Le *renonçant* avait deux dettes ; l'une indiscu-
table et certaine ; l'autre anéantie par la présomption de la
oi. A ses créanciers il devait à la fois en vertu de la loi et de
sa conscience. Au vrai propriétaire revendiquant il ne devait
la restitution que dans le for intérieur et au point de vue de
la conscience ; qu'il commence par désintéresser les premiers
et il pourra ensuite à son gré obéir librement aux inspirations
de sa générosité. Jusque-là sa renonciation est suspecte et
elle demeure sans effet à l'égard des créanciers dont elle *lèse*
les intérêts en les exposant à ne plus trouver un actif suffisant.

50. — Quelquefois le conflit s'élève entre le tiers acquéreur d'objets mobiliers vendus, mais non encore livrés, et les
créanciers du vendeur, qui, trouvant celui-ci encore nanti,
ont opéré entre ses mains une saisie-exécution (art. 583-625,
Cod. proc. civ.). Quels sont les principes qui doivent ici prévaloir? — Nous prendrons un exemple pour jeter une plus vive
lumière sur le point en litige. Pierre, propriétaire de certains
objets mobiliers, les vend le 1er janvier 1869 à Raymond,
mais en introduisant dans le contrat une clause de constitut
possessoire, c'est-à-dire en se réservant la faculté de conserver les meubles pendant un certain temps, en qualité de simple
locataire. Pierre ne payant pas ses dettes, ses créanciers
font opérer le 1er mars suivant, après un commandement
resté sans résultat, une saisie sur le mobilier. Raymond
s'empresse de faire opposition à la vente et il demande que
les meubles qui lui ont été vendus soient distraits préalablement de la saisie dans laquelle ils ont été indûment compris.
Les créanciers se défendent en invoquant la maxime : En
fait de meubles la possession vaut titre. — En vertu de la saisie-
exécution, disent-ils, nous avons acquis une main-mise *réelle*
sur le mobilier : nous devons être préférés à celui qui ne peut
invoquer autre chose que son titre; l'art. 1141 est formel.

Supposez, d'ailleurs, que Pierre, resté locataire après la première aliénation, eût consenti une seconde vente des objets mobiliers déjà cédés une fois; le second acquéreur, étant de bonne foi, pourrait invoquer contre Raymond l'art. 2279 : or, telle est précisément la protection que nous réclamons, nous créanciers saisissants, également de bonne foi, et constitués par notre saisie en état de possession réelle. — L'argument est assurément spécieux : pourtant il a succombé dans la pratique, et aujourd'hui l'on admet généralement, avec grande raison suivant nous, que, dans l'espèce, *les créanciers saisissants doivent s'arrêter devant la revendication du tiers acquéreur*, sans pouvoir échapper, à l'aide de l'art. 1141 et de la maxime : En fait de meubles la possession vaut titre, — aux conséquences de la production de l'acte de vente antérieur à la saisie. Sans doute, aux termes de l'art. 2092, quiconque s'est obligé personnellement est tenu de remplir son engagement sur tous ses biens mobiliers et immobiliers, présents et à venir; mais, encore faut-il que les biens sur lesquels les créanciers exercent leurs poursuites fassent encore, au moment de la saisie, partie intégrante du patrimoine de l'obligé. Le titre purement chirographaire ne confère pas aux créanciers qui en sont nantis le droit de paralyser les aliénations que le débiteur voudrait consentir : c'est même là l'un des périls de leur situation; ils ont suivi la foi de leur obligé, et, en dehors du cas de fraude (art. 1167), ils doivent subir les conséquences des actes par lui librement acceptés. Ils sont en faute de n'avoir pas mieux pris leurs précautions; que n'ont-ils exigé un nantissement ou une hypothèque! Que n'ont-ils du moins opéré plus tôt leur saisie! D'ailleurs, l'art. 608 du Code de procédure civile vient encore appuyer notre solution : « Celui qui se prétendra, dit ce texte, propriétaire des objets saisis, ou de partie d'iceux, *pourra s'opposer à la vente*, par exploit signifié au gardien.... » Cet article suppose manifestement la possibilité d'une revendication sur saisie : or, si, dans l'espèce que nous avons choisie, l'on accueillait la prétention des créanciers, l'on arriverait fatalement à reconnaître par là que la saisie-exécution a pour effet d'anéantir rétroactivement et de rescinder les aliénations, ou plus généralement, tous les actes préjudiciables aux saisissants, quelle que soit d'ailleurs l'époque à laquelle la saisie ait été opérée;

or, arrivés à ce point, nous ne pourrions plus rencontrer une seule hypothèse dans laquelle la revendication sur saisie pourrait se produire; et cependant l'art. 608, Code proc. civ., affirme cette éventualité. Que reste-t-il donc? Une revendication, dans les termes ordinaires, et un procès pendant entre deux détenteurs de titres, et entre des personnes dont aucune ne peut invoquer une appréhension matérielle consommée; nous avons d'un côté un plaideur armé de son titre de vente, dont la validité n'est nullement contestée, et de l'autre des créanciers qui appuient leur défense également sur un titre, à savoir, la saisie-exécution non encore suivie de vente; or, celui-là triomphe dans l'action en revendication, qui prouve à la fois son droit de propriété et l'antériorité de son titre ou celui de l'adversaire. Eh bien ! dans l'espèce, le revendiquant fournit la démonstration victorieuse de la légitimité de sa prétention (1), car il exhibe son acte de vente, et cet acte a précédé de trois mois la saisie des créanciers. Il doit donc obtenir gain de cause, par application des art. 711, 1138, 1583, d'après lesquels la propriété, sous l'empire de notre droit actuel, se transfère par le seul effet des obligations. Les art. 1141 et 2279 ne sauraient ébranler cette doctrine : car ces dispositions ne sont applicables qu'au cas de vente d'une même chose à deux personnes successivement; c'est alors que la loi protége par sa présomption toute-puissante celui qui, outre son titre, peut encore invoquer une prise de possession définitivement réalisée (voir, en ce sens, Cass. 24 juin 1845 (Dev. 1846, 1°, 551) et Dijon, 27 juin 1864 (Dev. 1864, 2°, 183).

51.—Toute autre serait notre solution dans l'hypothèse où le tiers acquéreur, ayant été dans l'ignorance de la saisie indûment pratiquée sur les objets qui lui appartiennent, n'exercerait sa revendication *qu'après la vente et à l'encontre des adjudicataires.* Cette revendication tardive ne saurait triom-

(1) En pratique, les tribunaux se montrent très-sévères sur les preuves produites à l'appui de ce genre de réclamations, et ils exigent le plus souvent la présentation d'actes ayant acquis date certaine (art. 1328, C. Nap.) antérieurement à la saisie : c'est qu'en effet il y a lieu de redouter que le demandeur en revendication ne soit en réalité qu'un prête-nom du saisi cherchant à soustraire le gage du créancier à des poursuites légitimes.

plier, à moins qu'en fait l'adjudicataire n'eût su que la chose n'appartenait pas au saisi. Il peut sans doute paraître bien rigoureux de décider, comme nous le faisons, qu'un propriétaire peut être dépouillé irrévocablement de son droit par la vente aux enchères de son mobilier, opérée à son insu, à la suite d'une saisie qui ne lui a été révélée ni directement ni indirectement. Pourtant les principes et l'examen des nécessités pratiques nous conduisent à ce résultat : *d'abord les principes* : nous sommes, en effet, ici dans le cas spécialement prévu par nos art. 1141 et 2279 : le concours existe entre deux acquéreurs successifs d'un même objet, tous deux de bonne foi, tous deux en vertu d'un juste titre, mais dont l'un a, en outre, la possession réelle. — Mais, dira-t-on, pourquoi l'adjudicataire ne s'est-il pas préoccupé de l'origine des choses vendues? En remontant à la source, il aurait pu acquérir la preuve de l'existence d'un droit antérieur. — Nous répondrons qu'une telle rigueur serait incompatible avec les *nécessités pratiques*. Où en serions-nous donc, si nous étions obligés, dans les ventes de meubles, lorsque surtout le commissaire priseur procède à l'adjudication par autorité de justice, de rechercher à l'égard de chaque objet particulier les mutations successives qui ont pu avoir lieu, sous peine d'être exposés à perdre plus tard nos droits? S'il y a faute, est-ce qu'elle n'est pas surtout du côté du propriétaire qui a été assez négligent pour ne pas surveiller son locataire et pour ne pas exercer sa revendication, sinon avant la saisie, au moins avant la vente? Le seul palliatif que nous puissions accorder ici à ce propriétaire peu vigilant consiste dans la faculté d'intervenir pour s'opposer à la distribution des deniers entre les créanciers, saisissants ou autres, si par hasard cette distribution n'a pas été encore terminée.

82. — Mais voilà que le prix a déjà été payé et la distribution faite entre les créanciers. La voie de la revendication contre l'adjudicataire est fermée, nous venons de le dire. Quel recours ce propriétaire, qui arrive ainsi à la dernière heure, va-t-il pouvoir exercer pour obtenir au moins un équivalent? — D'abord, il aura incontestablement une *action contre le saisi* ; celui-ci est, en effet, en faute de n'avoir pas averti les créanciers saisissants de la précarité de sa détention et de n'avoir pas dénoncé le trouble au vrai propriétaire (argum.

d'analogie de l'art. 1768). En tout cas, le prix de vente du mobilier a servi à payer la dette d'autrui; il est dû, de ce chef, une indemnité proportionnelle au dommage causé (art. 1370-1381, et art. 1382-1383). Mais il faut bien avouer que la plupart du temps ce recours ne produira aucun résultat sérieux; car la saisie-exécution est une présomption grave de déconfiture. Eh bien! en supposant que le saisi soit, en effet, complétement insolvable, contre qui le propriétaire indûment dépouillé va-t-il pouvoir se retourner? — Restent l'huissier, ceux des créanciers à la requête desquels la saisie a été faite et les autres créanciers qui se sont partagé, concurremment avec les saisissants, le prix provenant de la vente des meubles, sur lesquels ils n'avaient cependant aucun droit, puisque ces meubles n'appartenaient pas en réalité à leur débiteur. Le propriétaire va-t-il pouvoir recourir contre ces différentes personnes, en répétition du prix de vente, ou même leur réclamer des dommages et intérêts?

53. — Que décider d'abord quant à l'*huissier* ? Nous tenons pour certain que cet officier ministériel ne peut être exposé à aucun recours, à moins que dans l'accomplissement de son mandat il n'ait commis quelque irrégularité ou quelque faute grave. Il a été requis de procéder à une saisie, il a dû obéir. Il ne pouvait pas deviner que les meubles qu'il saisissait dans la maison même du débiteur n'appartenaient pas à celui-ci.

54. — Nous admettons la même solution à l'égard de ceux des *créanciers à la requête desquels la saisie a été provoquée.* Ils seraient sans doute soumis aux poursuites du propriétaire, si, sachant à qui le mobilier appartenait véritablement, ils l'avaient fait néanmoins saisir de mauvaise foi ; mais en dehors du cas de fraude qui fait exception à toutes les règles, « *fraus omnia corrumpit,* » nous ne croyons pas que les saisissants puissent encourir, à raison de cette seule qualité, une responsabilité particulière : car ils n'ont fait que solliciter de la justice l'exécution du contrat dont ils étaient porteurs, et c'est en définitive la justice qui vend pour leur compte, afin de leur procurer le paiement légitimement dû.

55. — Nous devons dès lors examiner la question de responsabilité en nous plaçant à un point de vue tout à fait général. Nous recherchons donc si le propriétaire dépouillé a le droit d'exercer une action récursoire contre *tous les créan-*

ciers, saisissants ou autres, qui, de bonne foi, ont pris part à la distribution des deniers, et s'il peut leur réclamer la restitution du prix provenant de la vente des objets mobiliers, indûment saisis, puisque leur débiteur n'en avait que la simple détention précaire.

En étudiant cette question d'un intérêt si considérable, nous avions d'abord incliné vers l'affirmative, et nous pensions qu'il convenait d'admettre la légitimité de l'action en répétition de la part du propriétaire : il faut bien reconnaître, en effet, que l'art. 1377 du Code Napoléon fournit en faveur de cette doctrine un *à fortiori* puissant. Le texte s'exprime ainsi : « Lorsqu'une personne qui, par erreur, se croyait débitrice, a acquitté une dette, elle a le droit de répétition contre le créancier. » Ainsi, supposez que le vrai propriétaire (Raymond, dans l'espèce proposée plus haut, n° 50), se croyant à tort débiteur, eût spontanément vendu son mobilier et en eût distribué le prix aux créanciers de Pierre, il aurait incontestablement pu exercer son recours contre eux en vertu de l'art. 1377 : pourquoi donc cette circonstance que la vente, au lieu d'être volontaire, a été effectuée forcément et aux enchères à la suite d'une saisie-exécution, changerait-elle la position de ce propriétaire légitime ? Sous l'empire de nos lois, tout homme qui s'engage engage aussi le sien (art. 2092) ; en sorte que dans toute obligation il est exact de signaler la présence nécessaire de deux débiteurs constitués avec la plus parfaite simultanéité : l'individu tenu *personnellement*; le patrimoine tenu *réellement*. Le lien *réel*, du côté du patrimoine, subit toutes les fluctuations imprimées au lien *personnel* par la libre initiative de l'individu : ces deux obligations, étroitement rivées l'une à l'autre, naissent, vivent et meurent fatalement ensemble. Eh bien, disions-nous, pourquoi le débiteur *réel* ne jouirait-il pas des mêmes priviléges que le débiteur *personnel?* Pourquoi n'aurait-il pas, s'il a été victime d'une méprise, la faculté de répétition ? En définitive, l'homme qui acquitte par erreur la dette d'autrui, et qui verse lui-même les fonds entre les mains du prétendu créancier, est en faute de n'y avoir pas regardé de plus près ; et cependant la loi (art. 1377) n'hésite pas à le relever des conséquences de son incurie ; elle lui accorde une sorte de restitution *in integrum* toute favorable, en forçant le créancier à rendre ce qu'il a reçu irrégulièrement : comment ne couvrirait-elle pas à plus forte raison de sa protection celui dont on a saisi le meuble sans qu'il s'en doutât, et qui souvent aura pu, à raison de l'éloignement ou de toute autre circonstance, être sous le coup d'une erreur invincible ? Est-ce que la lésion, lorsqu'elle s'attaque directement au patrimoine qui est présumé à tort, dans l'espèce, être le débiteur *réel*, ne doit pas être prise en aussi sérieuse considération que lorsqu'elle résulte d'une erreur de la personne? Seulement, appliquant l'alinéa 1er de l'art. 1377, nous étions conduits inévitablement à admettre aussi la restriction contenue dans le second alinéa, ainsi conçu : « Néanmoins ce droit (de répétition) cesse dans le cas où le créancier a supprimé son titre par suite du paiement, sauf le recours de celui qui a payé contre le véritable débiteur. » Nous admettions donc que les créanciers seraient à l'abri de toute demande en répétition dans le cas où ils auraient, à la suite de la distribution des deniers, anéanti de bonne foi l'acte constatant leur créance ou renoncé à leurs sûretés, telles que nantissement, hypothèques, cautionnements, etc. Cette restriction imposée par le texte de la loi et fondée sur la règle : *In pari causa melior est causa possidentis*, amoindrissait singulièrement, on le voit, la portée pratique de la théorie.

Aujourd'hui, après un nouvel examen de la difficulté, il nous paraît plus conforme aux textes et aux principes de *refuser absolument au propriétaire dépouillé tout recours contre les créanciers* qui se sont partagé de bonne foi la somme provenant de la vente des meubles indûment saisis (1). A quel titre, en effet, ces créanciers pourraient-ils être soumis à la restitution des deniers? Ils n'ont fait que recevoir ce qui leur était dû ; et, comme le dit fort justement la loi 44 ff. *De condictione indebiti*, lib. XII, t. VI, « *Repetitio nulla est ab eo qui suum recepit.* » Ils n'ont point entendu faire une spéculation ayant ses chances de gain ou de perte ; ils ont seulement voulu arriver à obtenir paiement : le principe est donc, en équité, que les créanciers, n'ayant reçu que ce qui leur était

---

(1) En ce sens, voir Boitard et Colmet-Daage, *Leçons de procédure civile*, t. II, p. 260, n° 866.

dû, ne doivent être soumis à aucune réclamation. A cette règle
générale l'art. 1377, al. 1, apporte une exception en faveur de
celui qui a spontanément, de ses propres mains, mais par
erreur, payé la dette d'autrui ; celui-là peut agir en répétition contre les créanciers, mais celui-là seul : car les exceptions sont de droit étroit et doivent être interprétées restrictivement : *exceptiones sunt strictissimæ interpretationis.*
La bienveillance dont la loi use vis à vis de lui se comprend
d'ailleurs jusqu'à un certain point : car, s'il a fait preuve
d'incurie, les créanciers, de leur côté, ne sont pas exempts de
faute : ils auraient dû s'apercevoir que le paiement était
effectué entre leurs mains par un autre que le vrai débiteur,
et exiger des sûretés et des justifications particulières : s'ils
n'ont pris aucune précaution, ils doivent supporter les conséquences rigoureuses de leur négligence. Tout autre est la
situation dans notre espèce : une saisie a été faite sans aucune
opposition de la part du propriétaire des meubles : le com-
missaire-priseur a procédé à la vente par autorité de justice :
le propriétaire n'a pas encore réclamé : un tiers s'est porté
adjudicataire et a payé son prix entre les mains des créanciers *en l'acquit du vrai débiteur.* Où serait ici la faute engageant la responsabilité des créanciers ? Est-ce qu'ils n'ont pas
été placés sous le coup d'une erreur invincible par la négligence du propriétaire lui-même ? Est-ce qu'ils pouvaient deviner que les meubles au milieu desquels vivait leur débiteur
appartenaient à un autre ? Est-ce qu'ils avaient, la vente une
fois faite, à se préoccuper de l'origine des deniers distribués,
dès lors que ces deniers étaient apportés à titre de prix
d'achat et pour le compte du vrai débiteur par l'adjudicataire ?—Il est impossible d'admettre que la situation des créanciers, après la vente aux enchères, puisse être pire qu'après une
vente amiable : supposez, en effet, que le saisi (Pierre, dans
l'espèce prévue au n° 50), au lieu de se laisser *exécuter,* eût à
l'avance vendu lui-même ce mobilier qui ne lui appartenait
pas, et qu'avec le prix de la vente opérée ainsi à l'amiable, il
eût acquitté sa dette. Il n'est pas douteux d'abord que le tiers
acquéreur de bonne foi aurait été efficacement protégé par
les art. 1141 et 2270, contre la revendication de Raymond, le
propriétaire légitime. Il est également certain que ce propriétaire n'aurait eu aucunement qualité pour actionner en

répétition les créanciers payés avec le prix de son meuble : car ceux-ci lui auraient répondu avec raison : Nous n'avons fait que recevoir ce qui nous était dû : nous l'avons reçu des mains de notre véritable débiteur. C'est là tout ce que la loi exigeait de nous (art. 1236, 1238 et 1376-1381) : nous n'étions pas tenus de rechercher à la suite de quelle opération il avait pu se procurer la somme qu'il nous remettait. Or, si ce moyen de défense est victorieux ici (et cela nous paraît à l'abri de toute discussion), il doit être également victorieux quand c'est l'adjudicataire sur vente forcée qui paie, entre les mains des créanciers pour le compte du véritable débiteur, le prix d'achat d'un meuble indûment saisi : l'adjudicataire est, à ce point de vue, son truchement et les créanciers doivent être à couvert, lorsque le représentant de leur débiteur les paie, par la même raison qui les met à l'abri de toute réclamation, lorsque le montant de leur titre est versé par le débiteur en personne. J'ajoute que tel paraît bien être l'esprit de la loi sur les saisies : on peut consulter en particulier les art. 663 et 665-670 du Cod. de proc. civ. (voir aussi les art. 587, 608, 609, 613, 617, 618 et 619 du même Code) : des délais assez longs sont fixés pour permettre aux divers intéressés de produire leurs réclamations. S'ils ne se présentent pas dans le temps indiqué, ils doivent évidemment être considérés comme soumis à forclusion ; autrement les hommes de mauvaise foi auraient un moyen facile d'éterniser les procédures. Nous refusons donc à l'ancien propriétaire tout recours contre les créanciers qui se sont partagé de bonne foi le prix provenant de la vente de son meuble indûment saisi.

55. — La maxime de l'art. 2279, al. 1 : En fait de meubles la possession vaut titre, peut être invoquée, à l'effet de repousser la revendication du propriétaire, non-seulement par celui qui possède en vertu d'un contrat à titre onéreux, mais encore par celui qui possède en vertu d'un contrat translatif à titre gratuit, comme par exemple la donation ou le legs, *pro donato, pro legato ;* la loi, en effet, ne distingue pas. Pourtant, on pourrait peut-être élever contre cette doctrine une double objection, l'une d'équité, l'autre de texte, que nous devons réfuter, avec d'autant plus de soin que les auteurs ne semblent pas s'en être suffisamment préoccupés. Voici d'abord *l'objec-*

tion d'équité : vous supposez, dirait-on, le conflit existant entre le vrai propriétaire du meuble et un donataire de bonne foi, mais acquéreur *à non domino,* de ce même objet : eh bien ! le propriétaire *certat de damno vitando;* le donataire, au contraire, *certat de lucro captando :* pour lui, c'est une affaire de spéculation et de gain ; car il n'a rien déboursé. Le propriétaire doit donc être préféré ; il n'est pas admissible qu'il puisse être exposé à perdre à la fois sa chose et le prix (ce qui arriverait inévitablement dans le cas d'insolvabilité du donateur coupable de la violation du dépôt), tandis que le donataire s'enrichirait gratuitement à ses dépens. La justice la plus stricte exige que l'on refuse à ce donataire le droit de se prévaloir de la maxime : En fait de meubles la possession vaut titre. — Nous répondons à cette objection : 1° qu'elle est condamnée par la loi qui frappe de déchéance le revendiquant, sans distinguer si son adversaire possède à titre onéreux ou à titre gratuit, exigeant seulement l'absence d'obligation personnelle à la restitution, et la bonne foi jointe à la détention réelle et effective de la chose (V. art. 1141 et 2279) ; 2° qu'en définitive, le propriétaire a eu tort de confier son meuble à un mandataire, à un commodataire, à un gagiste, à un locataire, etc., etc., de la moralité desquels il ne s'était pas suffisamment informé, tandis que le tiers acquéreur à titre gratuit, lui, n'a aucune faute à se reprocher, ne pouvant pas être tenu de s'enquérir de la provenance du meuble; 3° que cette décision, en apparence rigoureuse, était commandée par l'intérêt général ; car il importe d'assurer la stabilité des transactions mobilières (1). — Mais, ajoute-t-on (et nous arrivons ainsi à *l'objection de texte*), en admettant même que le donataire puisse, pour échapper à la revendication qui le menace, se retrancher derrière l'art. 2279, il ne sera pas encore sauvé : car le vrai propriétaire invoquera contre lui l'art. 1167 et l'évincera à l'aide de l'action Paulienne : Vous êtes donataire, lui dira-t-il, c'est-à-dire titulaire d'une acquisition *à titre gratuit :* or, vis à vis d'un acquéreur à titre gratuit je n'ai à prouver, pour triompher dans ma demande, que le préjudice causé et l'intention (2) frauduleuse de l'auteur de la libéralité ; je n'ai point à établir

(1) Voir suprà, n° 16.
(2) Voir suprà, n° 49.

votre participation à la fraude ; votre enrichissement me suffit : le demandeur va donc arriver par l'action Paulienne à se faire restituer le meuble qui lui appartient. Eh bien ! objecte-t-on, puisque le résultat pratique est toujours le même, pourquoi forcer ainsi le véritable propriétaire à employer les voies détournées? Pourquoi ne pas lui permettre d'évincer directement et franchement le tiers acquéreur à titre gratuit en refusant à celui-ci le privilége exorbitant de l'art. 2279 ? Tous ces circuits d'actions ne sont point dans l'esprit de notre législation française. — Nous ferons ici une double réponse : 1° il n'est pas exact de dire que le propriétaire pourra toujours arriver indirectement au résultat que nous lui défendons d'atteindre directement, et que, armé de l'action Paulienne, il évincera le donataire, impuissant à sauvegarder ses intérêts à l'aide de la maxime : En fait de meubles la possession vaut titre. — Il faudra, en effet, que le propriétaire, agissant en vertu de l'art. 1167, établisse préalablement *l'intention frauduleuse*, la mauvaise foi du détenteur précaire qui a indûment transféré au donataire la possession des objets mobiliers actuellement en litige : or, le donateur aura souvent agi de bonne foi ; la donation, en effet, peut avoir été déférée par un héritier du commodataire, du dépositaire, du gagiste, etc., qui vivait dans une ignorance profonde du commodat, du dépôt, ou du gage consenti à son auteur : ici vous avez une *erreur* commise, vous n'avez pas une fraude ourdie : partant, le propriétaire, agissant en vertu de l'article 1167, serait débouté de sa demande. Il y a donc grand intérêt à lui refuser, dans cette hypothèse, la revendication : car c'est le salut complet pour le donataire. — 2° Nous ajoutons qu'en admettant même que le propriétaire, repoussé en vertu de l'art. 2279 dans sa revendication, dût, eu égard aux circonstances de la cause, triompher néanmoins en exerçant l'action Paulienne, il importerait encore de le forcer à prendre cette voie indirecte. L'action en revendication et l'action Paulienne diffèrent, en effet, essentiellement dans leur nature et dans leur but ; d'où il résulte que les condamnations qui interviennent à la suite de l'une ou de l'autre instance n'entraînent pas les mêmes conséquences.

La revendication est une action réelle et principale, dont l'objet est de faire reconnaître le droit de propriété du demandeur : celui-ci va droit à la chose, « *aio hanc rem esse meam,* » pour la reprendre, justification faite de son droit, entre les mains de tout usurpateur quelconque, *adversus quemcumque possessorem.* La revendication tend donc à faire obtenir à celui qui l'intente la restitution de son bien en nature, avec tousles accessoires directs ou indirects de ce bien. — *Res cum omni causa restituenda est.* — Elle a encore pour but la réparation des dommages que le propriétaire aurait pu éviter s'il avait possédé lui-même : « *Verbo restitutionis omnis utilitas actoris continetur,* » dit la loi 81 ff. *De verb. significatione* (lib. 50, tit. 16). L'action Paulienne, au contraire, est une action purement personnelle (1); c'est une

(1) Nous adoptons ici l'opinion suivie par la plupart des auteurs. Toutefois, la base et le caractère de l'action Paulienne ont suscité, aussi bien dans le droit romain que sous l'empire de notre législation française, de graves dissentiments entre les jurisconsultes. La difficulté, dans le droit romain, vient surtout de ce que cette action nous est présentée dans presque tous les textes du Digeste comme une action *personnelle* (V. notamment LL. 9, 10 § 25, 14, 17 § 1 ff. *Quæ in fraudem creditorum ; adde* L. 38 pr, et § 4 *De usuris ;* — voyez cependant les LL. 7 et 18 ff. *Quæ in fraudem creditorum*),—tandis que le § VI, aux Institutes de Justinien, lib. IV, tit. VI, semble en faire une action réelle. Bien des systèmes ont été présentés pour expliquer cette antinomie. Les uns ont prétendu qu'il y avait eu erreur de la part des rédacteurs des Institutes et que l'action Paulienne est, en définitive, toujours personnelle (*Sic Vinnius*). — Les autres ont soutenu que, si l'action prévue au § VI était une action réelle, ce n'était pas du moins l'action Paulienne, mais bien l'action hypothécaire prenant sa source dans le *pignus prætorium* qui résulte de la *missio in possessionem*, en d'autres termes, l'action qui est accordée au créancier à l'effet de ramener dans le patrimoine du débiteur les biens en possession desquels il a été envoyé et que le débiteur a néanmoins aliénés au mépris de la *missio in possessionem* (*Sic Voët, h. tit.,* n° 12). — Enfin, d'autres, tentant une conciliation doctrinale, ont assigné à l'action Paulienne un caractère mixte, tantôt réel et tantôt personnel : l'action est *réelle,* ont-ils dit, toutes les fois qu'elle s'attaque à une aliénation ; elle devient *personnelle* quand elle a pour but de faire tomber une autre espèce d'acte, une libération, par exemple (*Sic* Schrader sur le § 6 Instit. *De actionibus*).— Pour nous, nous résolvons le problème à l'aide d'une conciliation historique, et nous croyons qu'il faut reconnaître la co-existence, en droit romain, de deux actions Pauliennes, l'une personnelle et l'autre réelle. Cette doctrine, adoptée par M. Ducaurroy, t. 2, n°s 1198-1200, et par M. Ortolan, t. 3, n° 2086, permet d'expliquer d'une manière satisfaisante tous les textes de la

action en indemnité, destinée surtout à protéger les créanciers chirographaires, et dont l'exercice ne suppose au profit

matière, sans en négliger aucun. Quant à la question de savoir laquelle de ces deux actions a obtenu la priorité dans l'histoire de la jurisprudence romaine, on peut consulter M. Demangeat, t. II, page 627, et M. Bonjean, *Traité des actions*, t. II, p. 163 : nous admettons avec ces auteurs que c'est l'action personnelle qui a été introduite la première ; car le progrès est évidemment du côté de l'action Paulienne *réelle* qui procure d'une manière beaucoup plus efficace que l'action personnelle la réparation du préjudice causé par le débiteur coupable de fraude : lorsqu'en effet le tiers bénéficiaire du contrat attaqué était insolvable, l'action *in factum* personnelle ne permettait aux créanciers d'obtenir qu'un dividende : du jour, au contraire, où ils furent armés de l'action *in rem rescisoire*, ils furent à l'abri de l'insolvabilité du tiers, puisque cette action, reposant sur la supposition que la chose n'était pas sortie du patrimoine du débiteur, leur permit de reprendre toujours la totalité de la chose frauduleusement aliénée. De plus, si la doctrine de MM. Demangeat et Bonjean est singulièrement corroborée par le silence du Digeste à propos de l'action réelle, rapprochée de la mention contenue, au contraire, dans le § VI des Institutes, on ne peut méconnaître qu'elle trouve encore une confirmation non moins considérable dans les procédés habituels du préteur romain : celui-ci, en effet, dans le développement de son œuvre en quelque sorte *législative* destinée à redresser le droit civil, s'abstint toujours de rompre ouvertement en visière avec le vieux droit quiritaire : lorsqu'il comblait une lacune, lorsqu'il corrigeait une défectuosité, lors même que dans l'intérêt de la justice et du progrès il ébranlait une disposition fondamentale du droit civil, c'était toujours cette législation qui lui servait de point d'appui (Dig., lib. I, tit. I, *De justitia et jure*, l. 7 § 1). Il n'employait pas le procédé le plus simple, le plus radical, mais bien plutôt celui qui lui apparaissait comme le plus facile à mettre en harmonie avec le droit rigoureux des Douze Tables ; eh bien ! dans notre matière le préteur se trouvait placé en présence d'un acte valable *jure civili*, mais d'un acte qui blessait les notions les plus certaines de moralité sociale : il a dû chercher les moyens, tout en maintenant en *droit* sa validité, de l'annihiler au point de vue *pratique*, dans ses effets : le moyen imaginé s'est trouvé dans l'intérêt qu'avait le défendeur à l'action Paulienne à exécuter l'*arbitrium judicis*, c'est-à-dire l'ordre à lui intimé par le juge d'avoir à restituer la chose frauduleusement soustraite au gage des créanciers : celui, en effet, qui n'obtempérait pas au *jussus judicis* pouvait être condamné à payer, à titre d'indemnité, la somme fixée par le demandeur lui-même sous la foi du serment. Ce ne dut être que plus tard, avec le développement de la civilisation, que le préteur arriva à considérer l'acte frauduleux comme non avenu, et à rescinder purement et simplement l'aliénation indûment consentie.

du demandeur l'existence d'aucun droit réel, d'aucun droit de suite : c'est un secours tout à fait subsidiaire accordé à

Sous l'empire du Code Napoléon la controverse n'a pas cessé, et certains jurisconsultes enseignent que l'action Paulienne est une action exclusivemen réelle (V. Amiens, 16 mars 1839. Dalloz, *Répertoire*, v° *Action*, n° 85). — D'autres voient, à côté de l'élément réel, un élément personnel et ils rangent cette action dans la classe des actions mixtes (Proudhon, *Traité de l'usufruit*, t. 8, n° 2351). — Pour nous, nous croyons, avec la troisième opinion, que l'action Paulienne est *purement personnelle :* elle trouve, en effet, sa *base* dans la fraude commise par le débiteur, et dans la connivence des tiers, ou, au moins, dans un gain illicite par eux réalisé : elle a pour but la réparation du préjudice que ces actes frauduleux ont pu occasionner. Les intéressés qui l'intentent, n'ont aucun droit réel à faire valoir ; car ils sont armés de titres purement chirographaires, et le droit réel, n'existant pas à leur profit en vertu de leur titre, n'a pas pu prendre naissance depuis ; il n'a pu se constituer ni avant l'aliénation, ni au moment précis où elle était consommée, ni même après ; car le débiteur, n'ayant conféré aucun nantissement particulier, ayait conservé intacte sa faculté primordiale de disposition et d'aliénation. L'action Paulienne, entre les mains des intéressés, repose donc uniquement sur le droit de gage, général, vague, indéterminé, qui est conféré par l'art. 2092 à tout créancier, et aussi sur la nécessité où se trouve tout débiteur de ne pas violer sciemment la loi de son contrat (art. 1134). A raison de la fraude, lorsqu'elle se découvre, le droit du créancier se développe, « il se fixe, il se traduit par la possibilité d'une main-mise conservatoire sur le bien frauduleusement déplacé. » — Mais, dit-on, l'action Paulienne s'attaque cependant aux tiers acquéreurs : donc elle contient un élément de réalité; car l'art. 1165 décide que les obligations purement personnelles n'ont d'effet qu'entre les parties contractantes; elles ne nuisent point aux tiers, étant pour eux *res inter alios acta*. — La réponse à cette objection est facile : sans doute, *vis à vis des tiers*, la base de l'action Paulienne ne se rencontre plus, ni dans la violation du droit de gage de l'art. 2092, ni dans la violation du pacte originaire. Mais voici alors son fondement, qui reste toujours parfaitement étranger à toute idée de *réalité :* — l'action est-elle dirigée contre un tiers acquéreur à *titre onéreux?* — Elle prend sa source dans la faute (art. 1382), dans la mauvaise foi de ce tiers qui s'est fait volontairement le complice de la fraude du débiteur. — Est-ce un tiers acquéreur à *titre gratuit* que l'on attaque? — L'action Paulienne est fondée sur le principe que « nul ne peut s'enrichir aux dépens d'autrui, » et sur cette règle qu'il faut toujours préférer celui *qui certat de damno vitando* à celui *qui certat de lucro captando*. L'action Paulienne fonctionne donc, dans toutes les hypothèses possibles, sans qu'il soit nécessaire de lui assigner, comme point de départ, l'existence d'un droit réel.

des créanciers aux abois pour obtenir le paiement de ce qui leur est dû. L'action de l'art. 1167 s'attaque à un contrat qui réunit toutes les conditions essentielles à sa validité *inter partes*. Dans leurs rapports respectifs, les parties ont librement consenti, elles étaient capables de s'obliger, l'engagement portait sur un objet certain et il avait une cause licite (article 1108). Mais, d'un côté, le débiteur s'est rendu coupable de fraude vis à vis de ses créanciers, et, de l'autre, son co-contractant s'est fait son complice ; ou du moins en recevant un avantage purement gratuit, il a porté atteinte au grand principe que nul ne peut s'enrichir aux dépens d'autrui. L'action Paulienne a donc pour but principal de procurer l'acquittement de certaines obligations, et si elle aboutit le plus souvent à la restitution de la chose, c'est parce que cette restitution est la réparation adéquate au dommage causé ; mais il appartient toujours au défendeur d'arrêter la condamnation en désintéressant les créanciers qui le poursuivent(1); si, en effet, il répare le préjudice allégué, la révocation de l'acte devient sans objet. Dans la revendication, au contraire, le défendeur ne serait jamais reçu à offrir à son adversaire le prix à la place de la chose. Quelque considérable que fût la somme proposée, le revendiquant ne pourrait, par aucune voie de droit, être contraint à l'accepter. Mais allons plus loin : supposons que le tiers acquéreur, n'étant attaché à l'objet transmis par aucun lien d'affection, ne veuille pas rembourser le montant peut-être élevé des créances et considère comme moins fâcheuse pour lui la condamnation à restituer qui va être prononcée par application de l'art. 1167. Quel va être l'effet du jugement ? Ce jugement rétablira-t-il les choses dans leur premier état ? Le droit de propriété originaire va-t-il être constitué à nouveau, sinon sur la tête du débiteur qui a déjà aliéné, au moins sur la tête des créanciers victimes de la fraude ? Non : l'effet de l'action Paulienne n'est pas de ramener la chose dans le patrimoine d'où elle est sortie ; c'est uniquement *de la rendre saisissable* au profit des créanciers, de manière à leur procurer l'indemnité légitime qui leur est due. L'action en revendication, au contraire, étant une action

(1) Voir Aubry et Rau, t. III, § 313, texte et note 6 ; — Duranton, t. X, n° 573 ; — cpr. Capmas, n° 83.

réelle, a pour résultat, lorsqu'elle est intentée avec succès, de reconstituer la propriété, en faisant réputer non avenue la possession intérimaire reconnue illégale. Nous ajoutons que la révocation n'est jamais prononcée en vertu de l'art. 1167 que dans la mesure de l'intérêt des créanciers demandeurs, c'est-à-dire jusqu'à concurrence du montant de leurs créances (arg. de l'art. 788), tandis que la condamnation qui intervient sur une instance en revendication est toujours *intégrale* à raison du caractère à la fois absolu et exclusif du droit que la décision judiciaire a pour mission de consacrer. Nous avions donc raison de dire qu'il importe beaucoup de maintenir aux tiers acquéreurs à titre gratuit le droit d'invoquer la maxime : En fait de meubles la possession vaut titre, puisque l'action personnelle à laquelle ils peuvent subsidiairement se trouver exposés par application de l'art. 1167 est loin de présenter les mêmes dangers et d'entraîner pour eux les mêmes conséquences que l'action réelle en revendication.

56. — Est-ce à dire toutefois que la position des différents possesseurs soit à titre onéreux, soit à titre gratuit, que notre art. 2279 couvre d'une égale protection, se trouve, *en fait*, absolument identique? — Les tribunaux, dans l'intérêt de la sécurité des familles, se montrent habituellement d'une sévérité toute spéciale dans l'appréciation des circonstances au milieu desquelles s'est produite la *donation* alléguée par celui qui invoque la maxime : En fait de meubles la possession vaut titre. — Souvent, par exemple, à la mort d'une personne, les domestiques ou les gens qui ont assisté le malade à ses derniers moments sont trouvés nantis d'objets mobiliers qu'ils prétendent leur avoir été donnés de la main à la main par le défunt, et ils se retranchent, en conséquence, derrière l'art. 2279 pour échapper à la nécessité de restituer. Voici, en particulier, une espèce assez curieuse, sur laquelle la Cour de cassation a été appelée à se prononcer (Cass. 24 avril 1866; D. P. 1866, 1, 317) : — Un homme était décédé le 28 juin 1864, laissant pour héritières directes et légitimes ses deux filles : lorsqu'on procéda à l'examen des valeurs de la succession et à l'inventaire, la demoiselle R., domestique du défunt, déclara que, quelques jours avant sa mort, ce dernier lui avait remis deux titres de rente 3 p. 100 au porteur, d'ensemble

405 fr. Les héritières, suspectant la véracité de cette affirmation, actionnèrent immédiatement la domestique en restitution de ces valeurs. Celle-ci se hâta d'opposer la maxime de l'art. 2279 : En fait de meubles la possession vaut titre. — Eh bien! il a été jugé qu'il y avait lieu ici à une appréciation souveraine des faits, et la Cour de cassation, rejetant, quant à ce chef, le pourvoi formé contre l'arrêt de la cour de Besançon, a décidé que la demoiselle R. ne pouvait pas invoquer l'art. 2279 : D'abord, a-t-on dit, l'allégation produite par la défenderesse est invraisemblable : il n'est pas probable, en effet, que le défunt ait entendu récompenser par une somme de près de dix-huit mille francs des services qui ne remontaient qu'à vingt-sept mois : s'il avait voulu montrer une générosité aussi extraordinaire, il aurait pris soin d'assurer l'exécution de ses volontés en laissant une note dans ses registres, ou bien en faisant la déclaration de sa libéralité à quelque personne de confiance ; car il a dû prévoir quelle devrait être la déception éprouvée par ses enfants et leur disposition à protester contre l'exagération du don. Maintenant *en droit*, la cour a vu, dans la domestique, un simple détenteur précaire, et, en effet, dans l'espèce, la précarité était suffisamment prouvée par la réunion des trois circonstances que voici : 1° il était établi au procès que les valeurs, objet de la contestation, avaient été, à l'origine, la propriété légitime du défunt ; 2° il n'était pas moins certain qu'au jour du décès elles étaient encore dans la maison ; elles pouvaient dès lors être considérées comme se trouvant en la possession de la succession, à raison de la communauté d'habitation qui existait alors entre le défunt et le prétendu possesseur ; 3° enfin, la demoiselle R.... reconnaissait avoir toujours eu, en qualité de serviteur à gages, la libre disposition des clefs, même de celles du secrétaire dans lequel les titres étaient déposés. De cet ensemble de faits établis par l'instruction, la Cour a conclu que la domestique avait détenu les valeurs, d'abord pour le compte de son maître, puis pour le compte de la succession, sans avoir eu, un seul instant, la possession privative et réelle, impérieusement requise de celui qui veut se prévaloir de la maxime : En fait de meubles la possession vaut titre. — Cette décision, eu égard aux circonstances particulières de la cause

nous paraît bien rendue; toutefois elle constitue un précédent de nature à tenir souvent en échec les acquéreurs de meubles à titre gratuit, puisqu'elle aboutit en définitive à exiger d'eux la *production* de l'acte ou la justification de l'existence du don manuel qu'ils allèguent : l'art. 2279, pris à la lettre, semble cependant décider au contraire que la possession d'un meuble est par elle-même attributive de propriété, qu'elle équivaut, en faveur du possesseur, à l'acte que celui-ci ne peut pas représenter, qu'elle remplace ce titre et qu'elle le supplée d'une manière absolue ! (Comp. cass. 15 avril 1863. D. P. 1863, 1°, 396.) Aussi, en présence de cette jurisprudence, les donateurs feront bien, lorsqu'ils voudront transmettre des effets au porteur, d'accomplir la libéralité en présence de témoins, ou au moins de l'accompagner d'une déclaration écrite, datée et signée de leur main, qui permette au donataire de bonne foi de fournir facilement la preuve de la donation. Outre, en effet, la situation toujours pénible pour une personne de voir suspecter sa loyauté, le gratifié qui en serait réduit à ne pouvoir présenter que sa seule allégation à l'appui de la transmission prétendue, pourrait encore être gravement lésé dans ses intérêts ; car, d'une part, il sera, la plupart du temps, obligé de déposer soit au greffe, soit entre les mains d'un séquestre, les titres litigieux jusqu'au jugement du procès, ce qui entravera momentanément toute éventualité de réalisation, quelque opportune et avantageuse que cette réalisation pût être ; d'autre part, si le prétendu donataire est, en même temps, l'héritier du défunt, il pourra, faute de preuves suffisantes fournies à l'appui de la libéralité, encourir, vis à vis de ses cohéritiers, la déchéance rigoureuse édictée par l'art. 792 Cod. Nap. (comp. Montpellier, 31 août 1865. D. P. 1865, 2°, 175).

57. — Nous venons de déterminer quelles sont les personnes qui peuvent se prévaloir de la maxime consacrée par l'art. 2270. Quant à la question de savoir *contre quelles personnes* la présomption de la loi peut être dirigée, elle est d'une solution extrêmement facile : la règle : En fait de meubles la possession vaut titre, peut être invoquée contre toute personne quelle qu'elle soit, même contre les mineurs, contre les interdits et contre la femme mariée sous le régime dotal. L'on sait qu'il en est tout différem-

ment en matière de prescription (comp. les art. 2252, 2255, et 2278).

§ 3.

A quels objets, à quelles choses, la maxime : En fait de meubles la possession vaut titre, est-elle applicable?

58. — L'art. 2270 se contente de déclarer la règle qu'il édicte applicable *en fait de meubles*. L'art. 1141 parle du possesseur « d'une chose *purement mobilière*. » Ni l'un ni l'autre de ces textes ne nous donne une plus ample explication.

59. — D'un autre côté, nous ne pouvons pas, pour l'interprétation de ce mot *meubles*, recourir à l'énumération de l'art. 533 du Code Nap., dans lequel cependant le législateur semble avoir voulu en donner une définition : « Le mot *meuble*, dit, en effet, l'art. 533, employé seul dans les dispositions de la loi ou de l'homme, sans autre addition ni désignation, ne comprend pas l'argent comptant, les pierreries, les dettes actives, les livres, les médailles, les instruments des sciences, des arts et métiers, le linge de corps, les chevaux, équipages, armes, grains, vins, foins et autres denrées ; il ne comprend pas aussi ce qui fait l'objet d'un commerce. » Appliquer à notre matière la disposition de l'art. 533, ce serait évidemment soustraire à l'application de la règle : En fait de meubles la possession vaut titre, la plupart des choses en vue desquelles elle a été précisément écrite. Jamais d'ailleurs, de l'aveu de tous les jurisconsultes (1), le mot *meuble*, employé dans une disposition de la loi, ne peut être entendu d'une manière si restreinte, ni dans l'art. 2270, ni dans les art. 452, 453, 805, 825, 2101, 2102, 2119 : d'où il résulte que la disposition de l'art. 533 est au moins inutile, si même elle n'est pas dangereuse. Les Romains avaient bien compris tous les inconvénients que présentent les définitions légales ; car un fragment de Javolenus est ainsi conçu : « Omnis definitio in jure civili periculosa est : parùm est enim, ut non subverti possit. » (L. 202 ff. *De regulis juris*, lib. 50, tit. 17.) Pourtant nous trouvons un titre tout entier au Digeste, le titre 16, lib. 50, *De*

____

(1) Voir notamment M. Demolombe, t, IX, nᵒˢ 441-443.

verborum significatione, qui est consacré à déterminer le sens spécial de certaines expressions juridiques; mais il ne faut pas oublier que le droit romain, surtout au point de départ, était une législation essentiellement formaliste, d'après laquelle le défaut d'emploi d'un mot sacramentel pouvait souvent entraîner la nullité d'un contrat, ou faire perdre un procès : il était donc nécessaire de bien connaître le sens technique des expressions que l'on employait. Aujourd'hui, au contraire, sous l'empire de notre législation française d'interprétation si douce, où la volonté des parties fait toujours la loi (art. 1134), quelque impropres que puissent être d'ailleurs les termes employés, il n'était nullement nécessaire d'édicter des dispositions semblables à celles des art. 533-536: les rédacteurs de nos lois ont oublié à ce moment qu'un code n'est pas un dictionnaire de langue: au lieu de faire du droit, ils ont fait de la grammaire, et leurs efforts, il faut bien l'avouer, ont été couronnés par un médiocre succès. Cherchons donc notre voie en dehors de l'art. 533, et en nous préoccupant exclusivement du point de vue auquel le législateur se trouvait placé et du but qu'il voulait atteindre en formulant la règle qu'En fait de meubles la possession vaut titre.

60. — Le principe que nous croyons devoir poser tout d'abord est celui-ci : Tous les meubles, en général, sont soumis à l'application de l'art. 2279, à moins qu'il n'existe un texte spécial en sens contraire, pourvu qu'ils réunissent les deux caractères suivants : 1° que leur transmission ne soit pas habituellement, dans l'usage de la vie ordinaire, constatée par des écrits; alors, en effet, l'acquéreur n'a aucun moyen de s'éclairer sur l'origine du bien, il est obligé de suivre la foi de son auteur et de s'en rapporter entièrement à lui; 2° qu'ils soient de nature à passer rapidement de main en main et d'une identité difficile à constater, en sorte que l'intervention de la justice devienne impossible ou bien aboutisse à compromettre, au grand détriment de l'intérêt général, la sécurité des transactions mobilières. — Nous allons faire l'application de notre règle, d'abord aux meubles incorporels, ensuite aux meubles corporels.

61. — Quant aux meubles *incorporels* (art. 529 et 530 Code Nap.), tels que les rentes et les créances, nous n'admettons pas que l'art. 2279 puisse être invoqué. Nous appuyons

notre solution, à la fois sur la tradition historique, sur les textes du Code et sur la raison. — D'abord la *tradition historique* : Bourjon, qui, on le sait, a servi de guide au législateur dans notre matière, a pris soin de déclarer que pour les meubles fictifs la possession ne valait pas titre : il s'exprime en effet ainsi, lorsqu'il s'occupe de la vente des choses incorporelles (t. 1, p. 46) : « On acquiert les droits incorporels par la voie du transport qu'en fait le légitime propriétaire, parce que, par rapport aux droits incorporels, *la simple possession du titre ne suffit pas* ; il faut droit et qualité pour pouvoir les céder et qu'il y ait véritablement transport pour opérer translation, *sauf l'exception des billets à ordre.* » — Et la preuve que les rédacteurs du Code ne se sont pas écartés de cette doctrine, c'est qu'au *point de vue des textes,* ils ont organisé, dans les art. 1690 et suiv., un système tout spécial pour la transmission des créances au respect des tiers : il faut un acte de transport écrit et signifié au débiteur, ou bien accepté par lui dans un acte authentique : si donc un conflit s'élève entre deux cessionnaires de la même créance, il est certain que l'art. 2279 ne pourra avoir aucune influence sur la solution de la question : celui-là sera préféré, qui, le premier, aura fait la signification du transport au débiteur cédé, ou, du moins, aura obtenu son acceptation par acte authentique. Sans doute, les art. 1282 et 1283 décident que la remise volontaire du titre original sous signature privée, par le créancier au débiteur, fait preuve de la libération de ce dernier, qui devient ainsi propriétaire de la créance ; cela est vrai dans les rapports du créancier et du débiteur, la remise du titre équivaut entre eux à une quittance ou à une donation. Mais, lorsque la remise est faite par le créancier *à un autre que le débiteur,* elle ne s'explique plus nécessairement par l'idée de donation ou de paiement : il ne suffit plus au possesseur d'invoquer la détention du titre pour affirmer sa propriété : il faut qu'il établisse la légitimité de cette détention, en produisant un acte régulier de transport soit à titre gratuit, soit à titre onéreux. — *En raison* maintenant, le possesseur du titre de créance ou de rente est en faute de n'avoir pas pris ses précautions ; car il pouvait les prendre : il devait examiner de près l'acte qu'on lui remettait et s'enquérir des transmissions antérieures : il devait exiger, de celui qui lui consentait la vente ou la dation en gage, la démonstration de la légitimité de son droit. L'identité des créances et des rentes n'est pas, en effet, plus difficile à constater que celle des immeubles : or, précisément l'art. 2279 ne protége que les acquéreurs de meubles se transmettant par tradition manuelle et sans titre. Il arrête, par faveur pour la bonne foi, les conséquences désastreuses d'une ignorance qui était invincible; mais il n'est pas fait pour celui qu'une vigilance ordinaire aurait pu préserver, et qui n'est victime que de son incurie. La solution que nous proposons est, du reste, constamment admise par la jurisprudence (V. cass. 7 février 1849. Dev. 1849, 1, 170). M. Demolombe, de l'autorité duquel nous aimons à nous couvrir, professe également cette opinion (V. t. 2, n° 252).

61 *bis*.—Il existe pourtant certains meubles incorporels auxquels, de l'aveu de tout le monde, l'art. 2270 doit être étendu. Ce sont les *effets* ou *titres au porteur* (1) : il y a une connexité si

(1) Nous comprenons, sous cette dénomination de *titres au porteur*, tous les actes qui constatent au profit d'une personne indéterminée un droit *cessible par la simple remise du titre* lui-même, et sans aucune espèce de formalités. Si l'on recourt au ministère des agents de change, si l'on prend soin de les acheter dans un marché public, c'est seulement une sage précaution destinée à assurer la stabilité de la possession, à faciliter la démonstration de la bonne foi, et à procurer le bénéfice des art. 2279 et 2280 en cas d'acquisition *à non domino*; ce n'est pas une condition de transmission de la propriété. A ce point de vue, les titres au porteur se distinguent essentiellement des *obligations et actions nominatives* qui sont également rangées par la loi dans la classe des meubles (V. art. 529 C. Nap.), mais qui désignent *individuellement* le bénéficiaire du droit, et dont l'acquisition est soumise aux formalités du transfert, de l'endossement ou de la cession. Les titres au porteur n'ont point été dans nos Codes l'objet d'une réglementation spéciale : leur existence légale est toutefois incontestable en présence des art. 35 et 281 C. com., des ordonnances des 29 avril 1831 et 31 mai 1838, art. 180-184, et des lois du 18 mai 1840, du 17 juillet 1856 et du 23 mai 1863. Dans la pratique ils jouissent d'une très-grande faveur, à ce point qu'ils constitueraient, si l'on en croit certaines statistiques, un douzième environ, à eux seuls, de la fortune publique : c'est qu'en effet leur transmission facile favorise singulièrement la spéculation et garantit le secret des opérations réalisées : on en abuse même souvent pour disposer au-delà des limites fixées par la loi et surtout pour soustraire une partie des successions aux droits de mutation à l'aide de la dissimulation de la consistance exacte des fortunes dans les inventaires ou les liquidations. Mais à côté de leurs avantages, les

étroite entre la créance et le billet au porteur que tout possesseur du billet est réputé, du même coup, possesseur de la
créance. D'un autre côté, les titres de cette nature sont transmissibles par voie de tradition manuelle: l'art. 35 Cod. com.
le déclare formellement: dès lors ils rentrent dans la sphère
d'application de la maxime qu'En fait de meubles la possession vaut titre. Voici du reste ce que nous lisons dans l'exposé des motifs de la loi du 23 mai 1863 sur le gage commercial qui a modifié les art. 91-95 du Code de commerce:
« Le gage peut être constitué en titres *au porteur* tels que
effets publics, actions et obligations; ces sortes de valeurs
sont devenues aujourd'hui, dans la pratique des affaires, l'objet le plus habituel des opérations de nantissement. Aucune
disposition spéciale n'était nécessaire pour faire cesser toutes
les controverses qui se sont élevées au sujet du nantissement (1)
des valeurs ayant la forme *au porteur*, puisqu'il est déclaré
par le projet, d'une manière générale et par conséquent applicable à tous les objets mobiliers quelconques, que le gage,
constitué par un commerçant, s'établit à l'égard des tiers
conformément aux dispositions de l'art. 100. La propriété des
titres au porteur est transmissible, sans endossement, sans
notification au débiteur s'il s'agit d'obligations, et *par la
seule tradition, absolument comme la propriété d'un lingot,
d'un bijou, d'un meuble*. Le paragraphe 1er suffit donc
à leur égard et tranche toute controverse (V. art. 91, § 1,
Cod. com.). Le gage constitué par un commerçant sur des titres au porteur s'établira à l'égard des tiers comme le gage
constitué sur une marchandise quelconque, soit sur un meu-

titres au porteur présentent aussi de graves inconvénients : le propriétaire
est exposé, en effet, à les perdre, ou bien encore à en être dépouillé par
suite d'un vol, d'une escroquerie, d'un abus de confiance : il a enfin à redouter la destruction résultant d'un événement de force majeure, tel qu'un
naufrage, un incendie, etc. Nous étudierons bientôt les questions graves que
soulèvent ces différentes éventualités (V. *infrà*, nos 147 et suiv.; consulter
aussi M. Vincent, *Revue pratique*, t. XIX, p. 457).

(1) Consulter à propos de ces controverses : Troplong, *Traité du nantissement*, no 145; — Delamarre et Lepoitvin, t. II, no 396; — Cass. 19 juin
1860 (D. P. 1860, 1, 249); — Pardessus, *Droit com.*, no 449 ; — Duranton, no 527; — Aubry et Rau, t. III, p. 514 et 515; — Dalloz, vo *Nantissement*, nos 114 et 115; — Cass. 30 novembre 1864 (D. P. 1865, 1, 55).

ble, soit sur un lingot ou sur un bijou, conformément aux
dispositions de l'art. 109 » (D. P. 1863, 4, 74; Exposé
des motifs de la loi sur le gage commercial, n° 6). La jurisprudence décide, du reste, d'une manière constante, que la
possession vaut titre pour les effets transmissibles au porteur
comme pour les meubles corporels proprement dits. V. cass.
15 avril 1863. (D. P. 1863, 1, 396).

62. — Parmi ces derniers, il convient pourtant de faire encore certaines distinctions. Il est certain d'abord que l'article 2279 s'applique à tous les meubles corporels *envisagés individuellement* et réclamés d'une manière spéciale et principale. Le tiers acquéreur *à non domino*, mais de bonne foi, d'un
certain meuble, de tel cheval par exemple ou de tel diamant,
pourra repousser la revendication du véritable propriétaire en
invoquant le bénéfice de la possession. Tous les motifs essen-
tiels qui servent de base à la maxime qu'En fait de meubles
la possession vaut titre, sont, en effet, réunis ici : — 1° La
rapidité de la transmission n'a permis aucun contrôle efficace;
— 2° le vrai propriétaire est en faute d'avoir confié son meuble à une personne infidèle; — 3° il importe d'assurer la sécurité des transactions mobilières.

63. — La maxime qu'En fait de meubles la possession
vaut titre ne concerne pas, au contraire, les *universalités
de meubles* (1). Il existe toujours, en effet, quant à ces universalités juridiques, des titres de nature à éclairer les contractants. Quelqu'un vous offre de vous vendre (2) une succession

(1) Exposé des motifs, par Bigot de Préameneu (Locré, *Lég.*, XVI, p. 587,
n° 45); — Troplong, *Prescription*, t. II, n° 1066; — Aubry et Rau, t. II,
§ 183, n° 3; — Cass. 10 février 1840 (Dev. 1840, 1, 572).

(2) La question sur laquelle porte actuellement notre examen se rattache
à la théorie beaucoup plus générale des effets des actes passés par l'héritier
apparent avec les tiers de bonne foi : Quels seront les droits de l'héritier
véritable lorsqu'il aura triomphé dans sa pétition d'hérédité ? En ce qui concerne les actes de pure administration, les paiements faits ou reçus, les baux,
les t.ansactions sérieuses et loyales, on paraît généralement reconnaître
qu'ils doivent être maintenus : et nous le croyons, pour notre part, tout à
fait ainsi. La grande raison ici, c'est la nécessité : la loi ne peut rien contre
les faits accomplis. L'existence de la possession emporte, vis à vis des tiers,
comme conséquence et au profit du possesseur, le droit d'administrer. L'article 1240 est d'ailleurs formel en ce qui concerne les paiements reçus par

mobilière qu'il soutient lui appartenir, mais qui, en réalité,
appartient à un autre : vous avez un moyen fort simple d'être

l'héritier apparent, et il nous fournit un puissant argument d'analogie en fa
veur du maintien des autres actes de même nature : « Le paiement fait de
bonne foi, dit-il, à celui qui est en possession de la créance, est valable, encore que le possesseur en soit, par la suite, évincé. » Nous assimilons complétement aux actes de simple administration les aliénations de meubles corporels envisagés individuellement : les tiers acquéreurs de bonne foi sont,
en effet, protégés par la maxime qu'En fait de meubles la possession vaut titre :
les meubles dépérissent et il est souvent fort prudent de les mettre promptement en vente. Nous validerions même sans hésiter les aliénations de meubles incorporels, tels que des rentes ou des créances, s'il était démontré, par
l'examen des circonstances, que le transport effectué était un acte de bonne
et sage administration : les rentes peuvent baisser; il peut être avantageux
de céder une créance d'un recouvrement douteux ou difficile. Dans tous ces
cas, l'héritier véritable n'a vraiment pas de sérieux motifs de se plaindre. La
difficulté devient, au contraire, très-grave en présence des actes proprement
dits de disposition (V. M. Demolombe, t. II, n°⁸ 240 et suiv.). Pour la résoudre, nous distinguerons deux hypothèses : 1° le possesseur peut avoir
aliéné un objet certain et déterminé; 2° l'aliénation a pu porter sur l'universalité de l'hérédité ou sur une partie notable de cette universalité. Il y a
un premier système, radical dans ses conclusions, qui prononce, dans tous
les cas, la nullité de l'aliénation : une personne, dit-on, ne peut transmettre
à autrui plus de droits qu'elle n'en a (L. 54 ff. *De regulis juris*; art. 2125,
2182, 1599 Code Nap. et art. 717 Code proc.); or, l'héritier véritable
triomphant dans son instance en pétition d'hérédité, il est démontré que
l'héritier apparent n'avait aucun droit de propriété sur les biens qu'il a cédés ;
donc les tiers n'ont point pu acquérir du chef de ce dernier une propriété qu'il
n'avait pas lui-même. Aussi l'art. 137 réserve-t-il intact le recours et les
actions de l'héritier véritable. Si l'on objecte la bonne foi de l'acquéreur, ce
premier système répond que le Code a formellement prévu cette hypothèse
même où quelqu'un achète un immeuble *à non domino quem dominum esse
putabat*. Voici alors la double faveur accordée au tiers acquéreur : 1° il fait
les fruits siens (art. 549 et 550); 2° la durée de la prescription est abrégée
pour lui : cette prescription, au lieu de s'accomplir seulement par trente ans
(art. 2262), se réalise par le délai de dix et vingt ans seulement. Mais aucun texte n'investit le possesseur de la propriété immédiate et irrévocable :
c'eût été dépasser le but et violer le grand principe qui défend que l'on
puisse être dépouillé de son droit sans y avoir consenti : *Quod meum est, sine
meo facto non potest desinere esse meum.* — Toutefois cette doctrine peu pratique a été constamment rejetée par la Cour de cassation et nous adoptons,
en les généralisant, les conclusions de la Cour suprême. Voici, en conséquence, les trois propositions que nous croyons devoir mettre en avant :

complétement édifié sur le mérite des allégations qui vous
sont présentées : demandez communication des titres; faites-

*Première proposition : Le possesseur a-t-il aliéné un objet certain et déterminé
par un contrat à titre onéreux, vente, échange, etc. ? Nous déclarons l'aliénation
valable*, qu'elle porte d'ailleurs sur un meuble ou sur un immeuble. Pour les
meubles, le tiers acquéreur est, avant tout, protégé par la maxime qu'En fait
de meubles la possession vaut titre. Pour les immeubles, la base de notre
doctrine est plus difficile à poser. Parmi les auteurs, les uns invoquent par
analogie l'art. 132 du Code Nap.; les autres se réfèrent aux art. 1382 et
1383 et soutiennent que l'héritier véritable a commis vis à vis des tiers, en
ne se faisant pas connaître plus tôt, une faute dont il leur doit la réparation, et cette réparation, pour être adéquate au préjudice causé, consiste précisément à ne pas les troubler dans leur possession paisible des biens aliénés
par l'héritier apparent durant son gouvernement intérimaire. M. Demolombe
(t. ii, no 250) s'appuie sur l'idée d'un mandat tacite et légal qu'il fait résulter des termes implicites de l'art. 136 du Code Nap. — Nous n'admettons aucune de ces affirmations : nous écartons d'abord l'art. 132 fait pour
l'hypothèse toute spéciale d'un envoi définitif déjà prononcé ; nous ne croyons
pas non plus que l'idée de faute puisse servir à valider les ventes consenties
par l'héritier apparent ; nous pensons également que l'idée de mandat, mise
en avant par l'éminent doyen de la Faculté de Caen, ne saurait ici prévaloir ;
car, pour conférer le droit d'aliéner, il faut un mandat exprès et formel
(art. 1988) qui n'existe pas dans l'espèce. La vraie base de la doctrine maintenue par la Cour de cassation se trouve dans les nécessités d'ordre public
qui ont assuré son triomphe. Elle se rencontre dans l'intérêt social de la
libre circulation des biens, et dans cette considération qu'il importe à l'héritier véritable lui-même que le patrimoine par lui déserté puisse être sérieusement administré et gouverné. De plus, nous invoquerons, en droit, les principes fondamentaux, suivant nous, de la saisine, principes qui nous permettent d'écarter l'application de l'art. 1599 et de la règle *nemo plus juris
ad alium transferre potest quam quod ipse habet*. Nous n'admettons pas, en effet,
sur l'art. 724, que l'héritier le plus proche ait seul le privilége de la saisine,
sous la condition résolutoire de sa renonciation. L'examen approfondi des
textes et surtout de la tradition historique nous a conduits, au contraire,
à penser que *l'héritier n'est définitivement saisi que sous la condition suspensive
de son acceptation*. Au jour de la mort d'une personne, tous ses successibles
se trouvent simultanément, en vertu de la souveraineté de la loi, investis
de l'aptitude à recueillir l'hérédité : cette saisine collective ne cesse qu'au
moment où l'héritier du degré le plus proche s'est prononcé et a fixé par
son acceptation le droit jusque-là vague et général. L'adhésion d'un successible *individualise* la saisine et anéantit rétroactivement, au point de vue juridique (art. 777), la vocation collective des autres intéressés. Mais c'est là
une fiction de la loi, et, comme toutes les fictions, elle ne peut rien contre

vous exhiber le testament qui défère l'hérédité à votre vendeur, ou mettez-le en demeure d'établir préalablement sa

les faits accomplis. Les successibles, en vertu de la saisine générale qui a
plané sur leur tête à une certaine époque, ont eu qualité pour conférer, sans
tomber sous le coup de l'art. 1599, des droits aux tiers, et il n'appartient
pas au parent, qui a trop attendu pour ses intérêts à prendre parti, de supprimer en quelque sorte la vie de l'hérédité jusqu'au moment de sa demande en cherchant à réagir contre des actes désormais consommés au profit
d'acquéreurs de bonne foi. On voit donc comment le principe de la saisine
collective à l'égard des tiers nous permet de valider les aliénations à titre
onéreux, soit mobilières, soit même immobilières portant sur un objet certain et déterminé, qui ont été faites par le possesseur d'une hérédité au profit
de tiers acquéreurs persuadés de la légitimité de son titre et auxquels, par
conséquent, on ne peut reprocher aucune faute engageant leur responsabilité
au point de vue de la restitution. Nous arrivons ainsi à valider même les cessions de créance et à rendre notre théorie conséquente avec elle-même jusqu'au
bout. — Nous passons à notre *seconde proposition* : Le possesseur a-t-il aliéné
à titre gratuit un corps certain faisant partie de l'hérédité? — Nous devons
ici distinguer entre les meubles et les immeubles : les donations de meubles
corporels seront protégées par l'art. 2279 et les tiers acquéreurs de bonne
foi pourront s'abriter derrière la maxime qu'En fait de meubles la possession
vaut titre. Nous déclarerons nulles, au contraire, les donations d'immeubles
ou les cessions de créance à titre gratuit. La saisine de l'art. 724 ne peut
pas aller jusqu'à permettre aux successibles de dissiper l'actif héréditaire,
sans faire au moins entrer un équivalent dans la succession. Il y a lieu d'appliquer d'ailleurs ici la règle qui accorde la préférence à celui *qui certat de
damno vitando*, sur celui *qui certat de lucro captando*. — Je termine par ma
troisième proposition : Le possesseur a-t-il aliéné *l'universalité* des biens héréditaires ou une quote-part de cette universalité? En un mot, *la transmission
a-t-elle porté sur le droit héréditaire lui-même?* — Nous déciderons, avec la
doctrine et la jurisprudence, qu'une *semblable aliénation doit être considérée
comme radicalement nulle*, et ici nous n'avons aucune distinction à faire
entre l'aliénation à titre onéreux et l'aliénation à titre gratuit, non plus
qu'entre les meubles et les immeubles : car l'art. 2279 ne s'applique pas aux
transmissions d'universalités mobilières; les tiers acquéreurs, même de bonne
foi, seront donc soumis à toutes les conséquences de la pétition d'hérédité.
Ne tombons-nous pas toutefois dans une contradiction flagrante, en admettant ainsi la nullité de l'aliénation portant sur l'universalité de la succession,
après avoir affirmé précédemment la validité de l'aliénation qui a pour objet
des corps certains? Nous ne le croyons pas, quel que soit d'ailleurs le point
de départ que l'on veuille choisir. S'arrête-t-on à l'idée de mandat légal?
On peut répondre avec M. Demolombe (t. 2, n° 253) : « La *vente de l'hérédité* doit être annulée, parce qu'on ne peut pas y appliquer la théorie du

parenté avec le défunt. Si vous ne prenez pas ces précautions, vous vous rendez coupable de négligence, et vous aurez à en supporter toutes les conséquences, sans pouvoir vous retrancher derrière la maxime : En fait de meubles la possession vaut titre.

64. — L'art. 2279 ne saurait non plus recevoir son application, si nous supposons qu'il s'agisse de meubles dont la restitution est demandée à titre d'accessoires d'un immeuble revendiqué : il faut appliquer ici la règle *accessorium sequitur sortem rei principalis.* Pourtant, on a voulu tirer argument

mandat, même le plus étendu ; parce que le procureur, même *cum libera administratione*, dépasse ses pouvoirs et n'administre plus, lorsqu'il abdique, au contraire, son rôle, lorsqu'il résigne son mandat en livrant à un autre l'universalité même qui faisait l'objet de sa gestion. » Se rallie-t-on de préférence à notre théorie? Deux réponses peuvent alors être faites : 1° l'acquéreur de l'hérédité, succédant à l'universalité des biens ou du moins à une quote part de cette universalité, se trouve, à raison de la nature même de l'objet sur lequel porte le contrat, entièrement substitué vis à vis des tiers, à son auteur immédiat qui, lui, d'après l'art. 1696, n'est tenu de lui garantir que sa qualité d'héritier : *tanquam vicem hæredis gerit*, dit avec raison Voët (*De hæred. petit.*, n° 10), et c'est précisément à cause de cela que les Romains accordaient contre cet acquéreur l'action *utile* en pétition d'hérédité. Or, son auteur, s'il avait encore la possession des biens, serait évincé par l'héritier véritable : donc lui aussi, comme ayant-cause et à raison de sa substitution dans le patrimoine, doit être soumis aux conséquences de la pétition d'hérédité; 2° nous ajoutons que l'aliénation *à titre universel*, consentie dans l'espèce par le successible, a constitué un attentat à la saisine collective et au droit égal de tous : nul ne peut avoir qualité pour disposer de la succession dans son ensemble avant la renonciation de l'héritier le plus proche et sa propre acceptation ; toute autre doctrine aboutirait à la négation du caractère collectif des prérogatives héréditaires. Nous ferons remarquer, du reste, que les questions, objet de notre examen actuel, se présentent le plus souvent au cas *d'absence* de l'héritier véritable. Eh bien! les tiers acquéreurs auront un moyen très-simple de se mettre à couvert de tout recours ultérieur : ils n'auront qu'à exiger préalablement l'obtention d'une autorisation judiciaire dans les termes de l'art. 112 du Code Nap. S'ils n'ont pas pris leurs précautions, ils sont en faute et ils doivent subir les conséquences de leur négligence. (Consulter sur ces divers points trois arrêts de cassation du 16 janvier 1843 (Dev. 1843, 1, 97); — Cass. 25 novembre 1862 ; — Besançon, 18 juin 1864 (Dev. 1865, 2, 102) ; — Rennes, 12 août 1841 (Dev. 1844, 2, 450) ; — Cass. 14 août 1840 (Dev. 1840, 1, 753); — Jozon, *Revue pratique*, t. XIV, p. 387 et suiv.).

en sens contraire des termes de l'art. 549 du Code Napoléon:
Ce texte accorde au possesseur de bonne foi le privilége de
faire les fruits siens: or, a-t-on dit, les fruits sont cependant,
eux aussi, un accessoire de l'immeuble ; de plus ce sont des
meubles: et si, nonobstant le principe que l'accessoire suit
le principal, le possesseur les conserve, il doit pouvoir garder
aussi les autres objets meubles. Voici notre réponse: la règle
générale, c'est que la restitution du bien revendiqué doit
avoir lieu *cum omni causa* ; une seule exception a été apportée par l'art. 549 quant aux fruits, par ce motif qu'ils ont été
probablement consommés, et qu'une restitution rétroactive
exposerait souvent le possesseur à une ruine certaine: on ne
peut donc pas généraliser l'art. 549: c'est un bénéfice tout
spécial dans les termes comme dans l'esprit de la loi, et il
n'est pas permis de l'étendre à des objets qui n'ont pas le caractère de fruits et que le possesseur peut d'ailleurs restituer
sans être personnellement appauvri, puisqu'ils se retrouvent
encore en nature entre ses mains.

65. — Que faut-il décider quant aux biens de nature mobilière, mais qui ont été immobilisés par la destination du propriétaire dans les termes des art. 524 et suivants? — Un bailleur, par exemple, remet à titre de cheptel (art. 522 et 1800-
1803 Cod. Nap.) à son fermier ou métayer des animaux
pour le service et l'exploitation du fonds; il lui livre aussi
des ustensiles aratoires pour la culture. Le fermier, homme
peu délicat, aliène, au profit d'un tiers de bonne foi, quelques-
uns des objets ainsi attachés par le propriétaire à l'exploitation du domaine loué. Le tiers acquéreur peut-il opposer à la
revendication du bailleur la maxime: En fait de meubles la
possession vaut titre? Nous le croyons très-fermement: les
objets attachés à une exploitation sont, dans leur nature intime, de véritables meubles : la fiction d'immobilisation
n'existe qu'à l'égard et dans l'intérêt du propriétaire et de ses
ayant-cause, héritiers, créanciers, etc.; elle n'existe plus vis à
vis des tiers; et ici, l'on ne peut pas raisonner par analogie:
quand la loi, en effet, crée expressément des fictions, on doit
les interpréter tout à fait restrictivement; à plus forte raison,
n'est-il pas permis d'en créer. L'acquéreur s'est d'ailleurs
trouvé, dans notre espèce, victime d'une erreur invincible; le plus habituellement, les objets servant à la cul-

ture sont la propriété du fermier, et rien, le bail n'ayant
pas été transcrit, ne révélait les arrangements particuliers
intervenus à l'origine (comp. art. 2102, n° 4). Le propriétaire est en faute d'avoir consenti un bail à cheptel à un
preneur, de la moralité duquel il ne s'était pas suffisamment
enquis. Tous les motifs qui servent de base à l'art. 2279 sont
donc ici réunis. Ce que nous venons de dire montre suffisamment que le caractère des biens n'est pas toujours absolu et
que le même objet peut être considéré comme meuble vis à
vis de telle personne, tandis que vis à vis de telle autre il sera
réputé immeuble. Pour savoir, en pareil cas, si l'art. 2279 est
ou n'est pas applicable, il faut se demander quelle est la nature du bien transmis *par rapport à l'acquéreur* de bonne foi,
et en se plaçant au moment de la prise de possession (Comp.
Rouen, 20 août 1859. Dev. 1859, 2, 647. Paris, 30 mai et
27 août 1864, Dev. 1864, 2, 266). Nous réservons, bien entendu, les cas d'application de l'art. 2102, n° 1 *in fine*.

66. — La maxime qu'En fait de meubles la possession
vaut titre, peut-elle être invoquée par celui qui n'a exercé
sa possession que *sur un bien resté indivis?* Nous admettons
l'opinion négative, en nous ralliant pleinement, sur ce point,
à un arrêt de la Cour de cassation en date du 10 février 1840
(Dev. 1840, 1, 572), qui l'a ainsi décidé dans l'espèce suivante:
une dame C....., avait institué le sieur A. légataire universel de ses biens tant meubles qu'immeubles ; celui-ci se
mit, en conséquence, en possession de la succession, après
avoir rempli les formalités d'usage (art. 1004-1008). Mais,
bientôt, les héritiers du sang, se ravisant, formèrent contre cet
individu (qui, à sa qualité de légataire universel, joignait celle
d'héritier naturel de la testatrice pour trois cinquièmes),
une demande en nullité du testament et en partage des biens
meubles et immeubles par lui détenus: le testament fut an-
nulé: alors le sieur A..., éleva contre les héritiers la prétention de conserver par devers lui tous les meubles, et de ne
faire entrer dans le partage que les immeubles de la succession. *Quant aux meubles*, il se retranchait, en invoquant sa
bonne foi, derrière les termes de l'art. 2279, al. 1. La Cour de
cassation a parfaitement jugé que l'art 2279 ne pouvait pas
être ici invoqué. En effet, d'après l'art. 816, le partage peut
toujours être demandé, même quand l'un des cohéritiers au-

rait joui séparément de partie des biens de la succession, s'il n'y a eu un acte de partage, ou possession suffisante pour acquérir la prescription; cette faculté accordée aux héritiers de pouvoir, pendant 30 ans, réclamer le partage de la succession qui leur est déférée, n'est pas d'ailleurs limitée aux immeubles; donc elle s'étend aussi aux meubles; et dès lors les valeurs mobilières peuvent être réclamées entre les mains des légataires ou des héritiers qui se les seraient appropriées à tort ou par anticipation. Ceux-ci ne peuvent pas invoquer l'art. 2279 précisément à cause de leur qualité d'appelés, soit en vertu de la loi, soit en vertu de la volonté de l'homme: car ils sont, comme tels, *obligés personnellement*, vis à vis de leurs cohéritiers, à la restitution et au partage : or l'obligation personnelle fait toujours obstacle à ce que la possession puisse jamais être présentée comme équivalant à un titre: l'art. 2279 est établi contre les revendications tardives; c'est un moyen de défense contre l'action *réelle.* Mais il laisse intactes les obligations personnelles; il ne les arrête ni dans leur naissance, ni dans leur développement, ni dans leurs effets (1).

67. — La maxime : En fait de meubles la possession vaut titre, est-elle applicable en matière de *propriété littéraire, artistique, industrielle,* par exemple, à propos de la détention d'un manuscrit? — Nous écartons, tout d'abord, l'hypothèse où il s'agirait d'une œuvre d'art faisant partie du domaine public : les choses de cette nature peuvent être revendiquées entre les mains de tout tiers détenteur et à toute époque sans que le possesseur puisse invoquer aucune prescription, ni se prévaloir d'aucune déchéance: il ne pourrait se retrancher ni derrière l'art. 2279, ni même derrière l'art. 2280; ces textes supposent en effet nécessairement que le meuble transmis était dans le commerce et par conséquent susceptible d'appropriation privée: or, les biens qui font partie du domaine public sont, au contraire, hors du commerce, inaliénables et imprescriptibles (art. 538, 1128, 1598, 2226). La cour de Paris a fait une application fort exacte de ces principes par un arrêt en date du 3 janvier 1846 (Dev. 1847, 2, 78), dans une espèce où un tiers s'était de bonne foi porté acquéreur d'une collection d'autographes et autres objets précieux faisant par-

(1) oir *suprà*, n° 32.

tie de la bibliothèque impériale : la cour a décidé que ce tiers ne pouvait pas invoquer l'art. 2279, « attendu que les ouvrages, manuscrits, plans et autres objets de valeur, qui font partie de la bibliothèque impériale, sont inaliénables et imprescriptibles » (Comp. Paris 18 août 1851. D. P. 1852, 2, 96).

68. — Supposons donc le conflit existant entre deux personnes privées et à propos d'une œuvre placée dans le commerce ; prenons l'hypothèse suivante : un tiers détenteur de bonne foi a entre les mains, par suite d'un achat consenti *à non domino*, le manuscrit d'un auteur, ou bien un groupe de sculpture, ou enfin le tableau d'un maître : l'artiste, l'auteur, lésés par cette possession, illégitime dans son point de départ, s'adressent au détenteur, et revendiquent contre lui le manuscrit, le groupe de sculpture, le tableau. Celui-ci oppose la maxime qu'En fait de meubles la possession vaut titre. Ce moyen de défense doit-il être admis ? M. Dalloz (*Jur. gén.* v° *Prescription civile*, n° 281) répond *négativement* en se plaçant au point de vue spécial des manuscrits ; mais, pour les œuvres artistiques ou industrielles, sa solution serait évidemment la même par identité de motifs. On ne peut, d'après M. Dalloz, regarder le manuscrit d'un ouvrage comme un meuble dans le sens de l'art. 2279, parce que la valeur d'un tel objet ne réside pas dans la matière qui le constitue corporellement, mais dans la pensée qui y est déposée et qui n'est pas susceptible d'une possession réelle et effective : « une œuvre dont l'origine apparaît à première vue, dont l'auteur, et par conséquent le véritable propriétaire se révèle à la seule lecture, n'a pas besoin d'être protégée, dans sa circulation, comme ces objets mobiliers, qui, sans cachet d'individualité, sont forcément considérés comme appartenant à celui qui les possède. Cette œuvre est d'une nature *sui generis*, qui peut laisser subsister, à son égard, la possibilité d'un don manuel, mais qui ne comporte pas l'application d'une maxime que la loi n'a consacrée, au détriment du droit du propriétaire de choses mobilières, que parce qu'il eût été impossible d'en reconnaître le véritable maître à travers leurs rapides et fréquentes transmissions. De telles considérations demeurent sans force quand il s'agit du manuscrit d'une œuvre littéraire. On peut d'ailleurs présumer que la personne qui détient le manuscrit ne l'a reçu de l'auteur en communication que pour le lire et

juger l'ouvrage. Ce serait donc méconnaître la pensée du législateur et l'esprit qui a dicté la disposition de l'art. 2279, que de faire rentrer de tels objets dans l'expression *meuble* employée par cet article. »

69. — Nous considérons, pour notre part, cette solution comme beaucoup trop absolue. Il faut ici distinguer avec soin deux choses que M. Dalloz paraît confondre : d'une part, il y a le manuscrit, le groupe de sculpture, le tableau, considérés comme objets matériels et corporels; et puis, d'autre part, il y a une prérogative tout à fait immatérielle, à savoir, le droit de publication, le droit d'éditer, le droit de reproduction, qu'il convient de faire rentrer dans la classe des meubles incorporels. Or, il nous paraît certain que l'œuvre artistique, littéraire ou industrielle, considérée au premier point de vue, c'est-à-dire comme objet corporel seulement, peut se prêter merveilleusement à l'application de l'art. 2279 : cette œuvre, en effet, est meuble; elle est susceptible de se transmettre de la main à la main, au même titre et de la même manière que l'exemplaire d'un ouvrage imprimé ; or nul n'hésite à reconnaître que le tiers possesseur de bonne foi d'un exemplaire d'ouvrage imprimé est à couvert vis à vis de tout revendiquant grâce à la maxime qu'En fait de meubles la possession vaut titre : — pourquoi en serait-il autrement du possesseur de l'original? L'œuvre détenue peut sans doute être précieuse, parce qu'elle porte le cachet d'un art consommé, parce que peut-être elle a été frappée au coin du génie; mais enfin c'est un meuble corporel dans son apparence extérieure, et le Code édicte des règles communes pour les biens de même nature, sans s'inquiéter de leur valeur (1).

69 *bis*. — Mais la possession de ce meuble corporel qui, suivant nous, vaut titre (art. 2279, al. 1), emportera-t-elle de plus, en faveur du détenteur, une présomption légale et absolue de la concession des droits de publication, de reproduction, de fabrique? Ici nous répondons négativement : car il n'y a pas relation de cause à effet; la règle que l'accessoire suit le principal ne peut pas être invoquée; le droit de publication n'est

___

(1) Comp. M. Carel, *Possession des meubles*, p. 96 et 97 ; MM. Aubry et Rau, t. 2, § 183, n° 3, p. 101 et 102; M. Demolombe, *Donations*, t. 3, n°⁸ 71 et 72.

pas une conséquence nécessaire de la remise du manuscrit; la faculté de reproduction ne résulte pas invinciblement de la transmission du groupe de sculpture; l'autorisation de fabriquer ne découle pas de la seule tradition manuelle d'un objet industriel. Il peut y avoir là, sans doute, une présomption de fait extrêmement grave; mais il n'y a pas une présomption légale qui s'impose. Habituellement d'ailleurs le droit d'exploiter les œuvres littéraires, artistiques ou industrielles est l'objet de traités spéciaux. Nous exigerons donc du possesseur qui invoquerait soit l'existence d'un don manuel, soit tout autre mode de transmission à titre onéreux ou à titre gratuit, qu'il rende au moins vraisemblable son allégation, en l'appuyant d'un commencement de preuve par écrit: celui-là seul peut avoir le droit de publication qui en a été *régulièrement* investi par l'auteur, l'artiste, l'inventeur ou par leurs légitimes représentants : l'art. 2279 ne suffit plus ici (V. art. 20 de la loi du 5 juillet 1844 sur les brevets d'invention; l. 14 juillet 1866 sur les droits d'auteurs; Paris, 10 mai 1858; D. P. 1858, 2, 217-218; Bordeaux, 4 mai 1843; Dev. 1843, 2, 470).

70. — Une question, qui présente une certaine analogie avec celle que nous venons d'étudier, a encore été soulevée: le principe, qu'en fait de meubles la possession vaut titre, est-il applicable aux *lettres missives*, et celui qui les a reçues a-t-il le droit de les publier? — Il est d'abord incontestable que les lettres missives deviennent la propriété irrévocable de ceux à qui elles sont adressées, dès le moment qu'elles leur ont été remises soit en mains propres, soit entre les mains de leurs représentants ou des gens de leur maison : dès lors il convient de *présumer propriétaires* ceux qui les possèdent en original ou en copie, que la lettre leur soit adressée, ou qu'ils l'aient écrite, ou que même ils soient simplement des tiers: l'art. 2279 nous paraît, en ce cas, parfaitement applicable.

70 *bis*. — Mais, le possesseur de la lettre missive (1) a-t-il le droit de la publier? — En principe général, les correspon-

---

(1) Nous ne nous occupons ici que des écrits qui ont intrinsèquement le caractère de lettres ; quant aux œuvres littéraires qui n'ont d'épistolaire que la forme, comme par exemple les *Lettres persanes* ou la *Nouvelle Héloïse*, ce sont de vrais livres régis par les principes exposés plus haut, n° 69.

dances privées doivent être protégées par une inviolabilité absolue : l'envoi d'une lettre, comme le dit très-bien M. Renouard
(*Traité des droits d'auteurs*, t. 2, n° 169, pag. 294), « ne la suppose destinée qu'à celui-là seul à qui elle est expédiée ; une
lettre est écrite pour être lue, non pour être publiée ; celui
qui l'écrit s'abandonne et s'épanche ; il pense tout haut ; il
n'élabore point ses paroles, comme s'il prévoyait qu'elles seront livrées au public ; et celui qui a reçu la lettre a dû, en
l'absence d'autorisation contraire, en garder le contenu pour
lui seul. » A cette règle, la jurisprudence n'a jamais admis
qu'une seule dérogation relative au cas de légitime défense :
c'est ainsi qu'une partie est admise à se prévaloir en justice
d'une lettre qui lui a été *personnellement* adressée pour établir à son profit l'existence d'un quasi-délit, ou plus généralement d'un fait générateur d'obligations : par exemple, en matière de vente ou de promesses de vente, les lettres missives
peuvent servir de titre à celui qui les a reçues contre celui qui
les a écrites ; de même, en matière de mandat, le mandataire
peut conserver, pour mettre à couvert sa responsabilité contre
toute réclamation ultérieure, et au besoin produire en
justice les lettres qu'il a reçues de son mandant à l'occasion de sa gestion (comp. M. Troplong, *Traité du mandat*, 768). Ces lettres sont devenues sa propriété exclusive (V. L. 65 pr. ff. *De adquirendo rerum dominio*, lib. 41,
tit. I ; — L. 14 § 17 ff. *De furtis*, lib. 47, tit. II). Mais, en dehors
de ces cas exceptionnels, toute lettre d'une nature confidentielle est un véritable dépôt incompatible avec l'idée d'une publication : les pensées qu'elle renferme doivent rester dans
le sein de l'amitié, à moins que l'écrivain lui-même n'en pro-
voque ou, au moins, n'en accepte la divulgation. La cour de
Paris l'a décidé ainsi avec raison par un arrêt rendu à la date
du 10 décembre 1850 (Dev. 1850, 2, 625), et elle a maintenu
le principe, même pour l'hypothèse où, l'auteur des lettres
ayant rempli un rôle public, sa vie appartiendrait au domaine
de l'histoire. (Il s'agissait, dans l'espèce, de la correspondance
intime adressée par Benjamin Constant à madame Récamier,
transmise ensuite à madame Collet, et dont la publication
avait été commencée dans le journal la *Presse*.) « Considérant,
a dit la cour, que si, contre le vœu des parties, le secret d'une
lettre était divulgué, ce serait non-seulement manquer aux

engagements naturels nés de ce genre de rapports, mais porter l'inquiétude dans le commerce privé et briser un des liens de la société des hommes;—Considérant que ces principes ne reçoivent pas d'exception, alors même que l'auteur d'une correspondance confidentielle aurait rempli un rôle public; que, quelque étendus que soient les droits de l'histoire sur les personnages qui relèvent d'elle, ils doivent s'arrêter devant le sanctuaire du for intérieur; qu'il peut y avoir dans la vie privée des hommes publics des sentiments, des affections, des épanchements que le respect de soi-même et des autres leur fait ensevelir dans le mystère; que l'intérêt des familles a le droit de veiller sur ce domaine inaccessible et de le défendre contre les empiétements d'une indiscrète publicité; que c'est surtout lorsque les passions contemporaines ne sont pas encore refroidies qu'il leur importe de s'opposer à des publications dont le résultat serait de troubler la mémoire des morts dans ce qu'ils ont voulu emporter avec eux, d'exciter les malignités de la polémique, de blesser des tiers, et d'altérer le culte des souvenirs et des affections domestiques..... » (comp. Rouen, 23 mars 1864 D. P. 1864, 2, 70). La jurisprudence considère donc avec raison comme une règle d'ordre public l'inviolabilité du secret des lettres, ce qui exclut toute idée de publication possible, et elle ne peut que persévérer dans cette voie, en présence des tendances législatives manifestées dans l'art. 11 de la loi du 11 mai 1868, qui vient d'affirmer avec une énergie toute nouvelle le principe « que *la vie privée doit être murée,* » principe dont M. Royer-Collard s'était déjà fait l'apôtre lors de la discussion de la loi du 17 mai 1819. Tout le monde sait que la loi de 1868, sur la liberté de la presse, reprenant cette théorie pour lui donner une extension inattendue, a décidé par son art. 11 que « *toute publication* dans un écrit périodique *relative à un fait de la vie privée* constitue une *contravention* punie d'une amende de 500 fr. » La poursuite toutefois ne peut être exercée que sur la plainte des parties intéressées.

71. — Faudrait-il considérer comme constituant une publication défendue le fait par le détenteur d'une correspondance privée d'en tirer des *copies manuscrites?* Non, si la copie est rédigée pour l'usage personnel du détenteur. Si, au contraire, les copies même simplement manuscrites étaient

destinées à être prêtées ou données à des tiers, nous verrions là une publication relative, tombant sous le coup de la prohibition légale. Nous réservons, bien entendu, la question de fait qui jouerait ici un rôle important. Les tribunaux devraient tenir grand compte des circonstances de la cause, et du point de savoir si la remise des exemplaires a été effectuée entre les mains de plusieurs personnes ou entre les mains d'une seule, à titre onéreux ou à titre gratuit, *in extenso* ou en abrégé.

72. — En résumé, l'on voit quel est le critérium qu'il convient d'adopter pour déterminer nettement la sphère d'application de l'art. 2279. Il ne faut point s'attacher exclusivement à la nature matérielle ou immatérielle des biens. Il y a, en effet, des meubles *incorporels* qui relèvent de la maxime : En fait de meubles la possession vaut titre, tandis qu'il y a des meubles même *corporels* qui échappent à son domaine : c'est ainsi que, d'après les art. 180, 195 et 196 du Code de commerce, les navires (1) ou autres bâtiments de mer, qui sont cependant des *meubles corporels* (art. 531 Code Nap.), ne sont pas régis par l'art. 2279; — à l'inverse, nous avons décidé (V. *suprà*, n° 61) que les titres ou effets au porteur, qui constituent certainement *des meubles incorporels* (art. 529 et 530 Code Nap.), sont soumis à l'application de la règle qu'En fait de meubles la possession vaut titre. C'est donc uniquement aux motifs qui ont présidé à la rédaction de notre article qu'il convient de se référer, sans se préoccuper du caractère intrinsèque et distinctif du bien transmis. Il faut rechercher si l'objet en litige se transmet, dans la pratique ordinaire de la vie, de la main à la main, en sorte que le tiers acquéreur ait été sous le coup d'une ignorance invincible, faute de titres susceptibles de l'éclairer sur les mutations antérieures, tandis que le propriétaire a, au moins, à se reprocher sa confiance exagérée et son

---

(1) Comp. cass. 26 mai 1852 (Dev. 1852, 1, 561). Nous pensons également, par identité de motifs, que les établissements de bains ou autres placés sur bateaux mobiles, ainsi qu'il en existe beaucoup aux abords et même au milieu des villes sur les grandes rivières, ne sauraient jamais être soumis à l'application de l'art. 2279; car, d'une part, leur importance les rapproche des immeubles, et, d'autre part, la transmission en a toujours lieu par écrit.

défaut de prudence. Dans le cas de l'affirmative il faut appliquer sans hésitation l'art. 2279. Dans le cas de la négative, il faut, au contraire, en refuser le bénéfice au possesseur. Ce critérium est très-net et permet de résoudre facilement toutes les difficultés qui peuvent se présenter.

Nous passons maintenant à l'examen des conséquences pratiques qu'entraîne avec elle la maxime qu'En fait de meubles la possession vaut titre.

§ 4.

Quels sont les effets de l'application de la règle qu'En fait de meubles la possession vaut titre?

73. — La possession de bonne foi, dans les termes de l'article 2279, est attributive de droits. Le détenteur actuel d'une chose mobilière, lorsque sa détention réunit les différentes conditions requises, est réputé immédiatement propriétaire en vertu d'une présomption souveraine de la loi. Il n'est même pas tenu de rendre compte de l'origine de sa possession, puisque cette possession, à elle seule, équivaut à un titre; il n'a pas besoin d'établir sa bonne foi; car, d'après l'art. 2268, la bonne foi est toujours présumée. C'est à son adversaire qu'il incombe de prouver la mauvaise foi ou l'existence d'une obligation personnelle de restituer, ou enfin de signaler les vices qui peuvent exister dans la possession.

74. — Dès lors, vis à vis du véritable maître de l'objet mobilier, l'application de la maxime qu'En fait de meubles la possession vaut titre, a pour résultat pratique l'anéantissement de son droit de propriété devenu désormais inutile, puisqu'il se trouve dépourvu de sanction par suite de la déchéance qui atteint l'action en revendication : un nouveau droit est donc substitué, en faveur du possesseur, au droit précédent complétement anéanti.

75. — Constitué ainsi propriétaire en vertu d'une présomption invincible de la loi, le possesseur conquiert nécessairement la légitimité sans réserves et sans conditions; par conséquent, il ne peut être soumis à aucune des actions en résolution, en nullité ou en rescision avec lesquelles son auteur

immédiat, le précédent détenteur du meuble, pouvait avoir à
compter : il est titulaire d'un droit originaire, il n'est pas investi d'un droit dérivé ; car le précédent détenteur n'a pas
pu lui transmettre, lors de l'échange des consentements, des
prérogatives qui ne lui appartenaient pas à lui-même : *Nemo
plus juris ad alium transferre potest quam quod ipse habet*
(art. 2125). Un exemple montrera tout l'intérêt de l'observation que nous faisons ici : Pierre, dépositaire infidèle, a vendu
ou donné le meuble confié à ses soins par Raymond, en sti-
pulant de Paul, son acquéreur, un réméré dans les termes de
l'art. 1659 du Code Napoléon. Paul lui-même revend bientôt,
mais cette fois-ci purement et simplement, l'objet mobilier
à Jacques. Raymond, le vrai propriétaire, averti de la fraude
dont il est victime, poursuit alors en restitution Jacques, le
détenteur actuel. Celui-ci se hâte d'invoquer, à raison de sa
bonne foi, l'art. 2279, al. 1, et il obtient gain de cause; la revendication est en conséquence écartée. Mais aussitôt Raymond revient à la charge et il demande la résolution du contrat en vertu du pacte de réméré passé avec Paul, le premier
acquéreur : Votre possession, dit-il à Jacques, est le résultat
de la concession à vous faite par Paul : vous devez dès lors
être soumis, du chef de votre auteur, à toutes les actions ou
exceptions qui pourraient être dirigées contre lui : or, si
j'étais en face de Paul, je succomberais sans doute dans ma
revendication ; mais j'obtiendrais néanmoins la restitution de
mon meuble en invoquant le pacte de réméré qui forme la
loi de son contrat : Paul, n'ayant jamais eu qu'un droit résoluble, n'a pas pu vous transmettre un droit pur et simple :
Nemo dat quod non habet; c'est donc avec raison que je dirige contre vous l'action résolutoire. Eh bien ! il faut tenir
pour certain qu'une semblable prétention ne devrait pas être
admise. Ce n'est point, en effet, comme ayant-cause de Paul,
le premier acquéreur, que Jacques, le détenteur actuel, invoque la maxime consacrée par l'art. 2279, al. 1. Il tient son
titre de la loi et non pas de la convention. Or, ce titre, que la
loi lui confère, l'investit d'un droit absolu et sans restrictions,
d'un droit complet qui n'est soumis à aucune résolution, à
aucune précarité, à aucune déchéance résultant de l'exercice
d'une action réelle ou personnelle. Jacques est donc plein
propriétaire *erga omnes;* et on ne peut pas plus le forcer à

rendre en lui opposant le pacte de réméré (qui est pour lui *res inter alios acta*), que l'on ne pourrait imposer la restitution à un premier acquéreur pur et simple, en dirigeant contre lui l'action de dépôt, de mandat ou de gage, qui serait cependant triomphante vis à vis de son auteur, dépositaire, mandataire, ou gagiste infidèle.

76. — La présomption de propriété, qui, aux termes de l'art. 2279, al. 1, couvre le possesseur de bonne foi d'un objet mobilier, est tellement absolue que, de plein droit, la propriété acquise *est réputée libre de toutes charges réelles*. Le meuble était-il soumis à un droit d'usufruit ou d'usage? Le titulaire de ce droit ne peut pas en revendiquer l'exercice contre le tiers acquéreur; en effet, l'action que la loi dénie au plein propriétaire ne saurait, à plus forte raison, être accordée à celui auquel n'appartient qu'un démembrement du droit. Le meuble était-il soumis à un droit de gage? Le créancier privilégié, sauf le cas de perte ou de vol, et sauf l'application de l'art. 2102, n° 1, ne jouit pas du droit de suite contre les tiers acquéreurs de bonne foi. Nous déciderons encore, avec MM. Aubry et Rau (t. 2, § 183, n° 5), que le créancier dont l'hypothèque s'étend à des immeubles par destination n'est pas autorisé après leur séparation, à les suivre entre les mains de leurs possesseurs (art. 2279, al. 2, 2280 et 2119 combinés).

77. — De même, le *privilége du vendeur* est éteint lorsque l'acheteur a perdu la possession du meuble vendu, pourvu que celui qui l'a acquise ait été de bonne foi (art. 2102, n° 4, cbn. 2279 et 1141). Mais, l'extinction du droit de suite entraîne-t-elle nécessairement ici l'extinction simultanée du droit de préférence? C'est là une question fort controversée: il faut, d'ailleurs, pour qu'elle puisse se présenter, supposer que le prix est encore dû par le sous-acquéreur: voici l'hypothèse: Pierre a acheté de Paul des objets mobiliers et il en a reçu tradition avant de les avoir payés: il revend à l'amiable ces mêmes objets à Raymond, lequel entre également en possession sans avoir effectué aucun versement préalable: en présence de cette situation, Paul, le premier vendeur, frappe de saisie-arrêt le prix encore dû de la revente et demande à être colloqué sur ce prix, au rang que lui assigne son privilége: peut-on l'admettre à intervenir ainsi, ou bien faut-il décider

que la revente suivie de tradition a eu pour effet d'anéantir
complétement le privilége, aussi bien au point de vue du droit
de préférence qu'au point de vue du droit de suite?

MM. Persil (sur l'art. 2102, § 4, n° 1) et Valette (*Traité des
priviléges*, pag. 107) adoptent la solution la plus rigoureuse :
ils décident qu'en cas de revente *à l'amiable* le vendeur originaire est *entièrement* dépouillé de son privilége (art. 2102,
n° 4), en sorte qu'il rentre dans la classe des créanciers purement chirographaires avec lesquels il peut seulement concou-
rir *au marc le franc :* « En effet, dit M. Valette, la seule chose
que la loi soumette au privilége est le meuble vendu et non
les créances qui peuvent être acquises à l'occasion de ce meuble. On objectera peut-être que le privilége n'étant qu'un
droit de préférence sur le prix de la chose, on arrive logiquement à affecter le prix de la revente au paiement du créancier
privilégié. Mais la force de cette objection n'est qu'apparente :
car le prix sur lequel les créanciers privilégiés sont colloqués
par préférence ne doit pas être déterminé à l'amiable et d'une
manière arbitraire, mais aux enchères publiques à la requête
des créanciers ou de toute autre personne qui les représente
valablement. La vente faite à l'amiable ne garantirait pas
d'une manière convenable les intérêts de la masse des créanciers. En effet, il est à craindre que la chose grevée du privilége ne soit cédée ainsi fort au-dessous de sa valeur, tandis
que si la vente a lieu à la chaleur des enchères judiciaires, on
peut espérer qu'une certaine portion du prix restera disponible, après l'acquittement de la créance privilégiée. »

78. — Nous ne saurions admettre cette doctrine, malgré
l'autorité imposante de ceux qui la professent, et nous croyons
plutôt avec M. Mourlon (*Traité des priviléges,* n° 119) que
l'extinction du droit de suite laisse subsister ici le droit de
préférence. — La première objection de M. Valette consiste
à soutenir que le privilége du vendeur d'effets mobiliers non
payés n'existe, dans les termes de l'art. 2102, n° 4, que sur la
chose vendue et non pas sur le prix : or, les priviléges sont
de droit étroit et ne peuvent pas être étendus ; donc, etc. Nous
répondons que sans doute c'est la chose même qui sert d'assiette au privilége ; mais, en définitive, le privilége *s'exerce
toujours finalement sur un prix de revente :* car le créancier
ne peut pas se mettre directement en possession ; il faut qu'il

7

aliène pour obtenir son remboursement sur le prix. — Mais, dit M. Valette, c'est du moins une vente aux enchères publiques qui a lieu alors : la loi veut prévenir les dangers d'une aliénation à vil prix; celle qui serait faite à l'amiable par l'acheteur n'offrirait à ses créanciers aucune garantie. — Nous contestons formellement cette affirmation : nulle part nous ne trouvons un texte qui subordonne l'exercice des priviléges mobiliers à cette condition d'une vente aux enchères publiques. La distinction que nos adversaires veulent faire prévaloir entre les reventes *aux enchères* et les reventes *à l'amiable* n'est écrite nulle part. Bien au contraire, nous voyons l'article 486 du Code de commerce donner au juge-commissaire la faculté d'autoriser une vente à l'amiable des meubles du failli, et l'ancien art. 94 du même Code accordait au commissionnaire le droit de se rembourser sur le produit de la vente du montant de ses avances, intérêts et frais, par préférence aux créanciers du commettant, dans le cas où les marchandises auraient été vendues et livrées pour le compte de celui-ci. La même décision se rencontre encore aujourd'hui dans la loi du 23 mai 1863 sur le gage commercial; le nouvel art. 95 du Code de commerce s'exprime, en effet, ainsi, dans son dernier alinéa : « Si les marchandises ont été vendues et livrées pour le compte du commettant, le commissionnaire se rembourse, *sur le produit de la vente*, du montant de sa créance, par préférence aux créanciers du commettant. » Les priviléges peuvent donc s'exercer sur le prix provenant d'une vente amiable, comme sur le prix résultant d'une vente aux enchères. Est-ce que d'ailleurs il n'en est point ainsi en matière d'hypothèques et de priviléges immobiliers? Est-ce que les créanciers ne peuvent pas, de l'aveu de tous les jurisconsultes, exercer leur droit de préférence sur le prix de la vente faite même à l'amiable? (Art. 2181 et suiv.) Laissons donc à l'art. 2102, n° 4, sa véritable portée : il a pour but de donner aux tiers acquéreurs de bonne foi une sécurité complète, en leur faisant application du principe que les meubles n'ont pas de suite par privilége; la sous-acquisition sera, en conséquence, respectée; mais, quant au prix, comme il faut toujours que l'acheteur le paie, et que peu lui importe entre les mains de qui il effectue son versement, le droit de préférence est maintenu dans son intégrité au profit du vendeur

originaire qui peut, afin d'être remboursé avant les créanciers
du premier acheteur, saisir-arrêter le prix encore dû de la
revente. Après tout, ces créanciers purement chirographaires
seraient bien obligés de subir la prééminence des créanciers
hypothécaires s'il s'agissait de la vente d'un immeuble hypo-
théqué; nous ne voyons pas pourquoi leur situation serait
meilleure vis à vis du titulaire d'un privilége mobilier et
dans le cas de vente d'un meuble. Il y a d'ailleurs une hypothèse dans laquelle, même en admettant le système de M. Valette, il faudrait de toute nécessité maintenir intact le droit
préférable du vendeur originaire d'effets mobiliers non payés :
c'est l'hypothèse où l'aliénation consentie par le premier
acheteur serait résolue à la requête du vendeur originaire
pour défaut de paiement du prix (art. 1654). L'objet mobilier, faisant alors retour dans le patrimoine de ce premier
acheteur, le vendeur verrait renaître intégralement son privilége et les créanciers seraient bien obligés de le respecter.
Or, nous ne voyons pas comment le droit de préférence du
vendeur pourrait être légalement subordonné aux variations
survenues dans la fortune du dernier acquéreur et au succès
éventuel de l'action résolutoire. Nous pensons que c'est la *dépossession par le paiement* qui peut seule mettre obstacle à
l'exercice du droit de préférence. La jurisprudence s'est, du
reste, prononcée en faveur de la doctrine que nous proposons.
Ainsi, en matière d'offices, elle a décidé que le vendeur originaire peut faire valoir son privilége sur le prix de la seconde
cession, lorsque l'office a fait l'objet de deux transmissions
successives. Il peut même, avant l'échéance du terme accordé
à son acquéreur direct pour le paiement du prix de cession,
former une saisie-arrêt valable entre les mains du tiers auquel celui-ci a revendu l'office. (Paris, 21 mai 1854; Dev. 1854,
2, 305; — Cass. 20 janvier 1857; Dev. 1857, 1, 332; — Cass.
1er mars 1859; Dev. 1859, 1, 402; — Cass. 18 juillet 1860;
Dev. 1860, 1, 597 : — Caen, 8 août 1865, Dev. 1866, 2, 224.
— Comp. Aubry et Rau, t. 2, § 261, n° 5, p. 620-623. — Consulter aussi les développements fournis par M. E. Durand,
professeur à la Faculté de droit de Rennes, dans la remarquable monographie qu'il a publiée en 1863 sur les *offices,*
n°⁵ 212-247, p. 266 et suiv.)

79. — *Le privilége de celui qui a fait des frais pour la con-*

servation de la chose est éteint, en vertu de l'art. 2279, al. 1, lorsque l'application de la maxime qu'En fait de meubles la possession vaut titre, vient frapper de déchéance le droit de propriété du débiteur ; mais il n'est éteint, bien entendu, qu'au point de vue du droit de suite, et en tant que le créancier des frais voudrait évincer le tiers acquéreur de bonne foi. Quant au droit de préférence, il peut toujours s'exercer sur le prix, s'il est encore dû. Il faut appliquer ici tout ce que nous avons dit au paragraphe 78 à propos du privilége du vendeur d'effets mobiliers non payés. La saisie-arrêt, dirigée sur le prix encore dû de la vente à la requête de celui qui a fait des frais pour la conservation de la chose, se présente même dans des conditions beaucoup plus favorables que la saisie dirigée par le vendeur : car le privilége du conservateur est indépendant du fait de la possession et de toute idée de nantissement. Sa base se trouve dans l'utilité générale de la dépense faite par ce conservateur, *cujus pecunia salvam fecit totius pignoris causam.*

80. — Que faut-il décider en ce qui concerne le *privilége de l'aubergiste* (art. 2102, n° 5) ? Ce privilége est fondé sur la présomption légale d'un gage tacitement consenti : l'hôtelier qui ouvre à tout venant ne peut pas s'enquérir à l'avance du degré de solvabilité des voyageurs qu'il reçoit; il est donc juste qu'il soit énergiquement protégé. Mais précisément parce qu'il repose sur une idée de nantissement tacite, le privilége dont il s'agit nous paraît essentiellement subordonné à la possession : si l'aubergiste a l'imprudence de se dessaisir des effets du voyageur avant d'être payé, il voit ussitôt son privilége s'évanouir, et il ne pourrait plus l'exercer, quand même, à l'occasion d'un second voyage, les mêmes effets rentreraient en son pouvoir. Dès lors, si, par suite d'une aliénation, les effets du voyageur entraient dans les mains d'un tiers-acquéreur de bonne foi, nous pensons à plus forte raison que l'aubergiste n'aurait aucunement qualité pour les revendiquer ; son privilége serait éteint par application de la maxime : En fait de meubles, la possession vaut titre, que l'acquéreur serait en droit de lui opposer. (Comp. Valette, p. 88 et 89; Mourlon, *Priviléges*, n° 144.)

81. — Reste le *privilége du voiturier* (art. 2102, n° 6), qui nous paraît fondé, lui aussi, sur une idée de gage tacite,

d'où résulte cette conséquence qu'il ne saurait survivre à la dépossession et au dessaisissement du titulaire. (Comp. Valette, p. 90 ; Aubry et Rau, t. 2, § 261, note 75.) D'autres auteurs toutefois, notamment M. Mourlon (*Traité des privilèges*, p. 449-466), prétendent que ce privilége a pour cause l'encouragement que la loi veut donner aux transports, et la plus-value que l'on confère aux choses en les emmenant loin du lieu de leur production. Dans ce système, le privilége du voiturier devient indépendant du fait de la possession actuelle; il survit au dessaisissement des marchandises. Eh bien ! même en admettant cette doctrine, il faut du moins reconnaître que le privilége serait certainement éteint, en vertu de l'art. 2279, al. 1, par le passage de la chose voiturée entre les mains d'un tiers-acquéreur de bonne foi.

81. — Tels sont les effets de l'application de notre maxime qu'En fait de meubles, la possession vaut titre, soit vis à vis du plein propriétaire, soit vis à vis des titulaires d'un droit d'usufruit ou d'un privilége mobilier. Mais faut-il encore aller plus loin, et admettre que les art. 2279 et 1141 aient exercé une influence quelconque sur les conditions générales de transmission de la propriété mobilière ? Tout le monde sait que ces conditions ont varié suivant les temps et suivant les législations. *En droit romain*, les conventions étaient simplement productives d'obligations personnelles : il fallait la tradition, la mancipation ou la *cessio in jure* pour opérer la mutation de propriété; de là était venue la règle célèbre posée par la l. 20 Cod. *De pactis : « Traditionibus et usucapionibus dominia rerum, non nudis pactis transferuntur. »* (*Adde* l. 3 ff. *De obligationibus et actionibus.*) Dès lors, entre deux acquéreurs successifs d'un même objet, celui-là obtenait la préférence qui avait reçu la tradition de la chose : peu importait la date de son titre (l. 15 Cod. *De rei vindicatione*). *Dans l'ancienne France*, nous retrouvons la même règle : la propriété n'était, en principe, transférée pour les meubles et pour les immeubles, soit entre les parties, soit à l'égard des tiers, qu'au moment où la tradition de la chose avait été effectuée. Bien entendu, il n'est plus question alors de mancipation ou de *cessio in jure* (V. Pothier, *Obligations*, nᵒˢ 151, 152). Nous passons immédiatement au *Code Napoléon;* les principes sont ainsi posés par les art. 711, 1138 et 1583.

Art. 711 : « La propriété des biens s'acquiert et se transmet...
par l'effet des obligations. » Art. 1138 : « L'obligation de
livrer la chose est parfaite par le seul consentement des parties contractantes; elle rend le créancier propriétaire, et met
la chose à ses risques dès l'instant où elle a dû être libérée,
encore que la tradition n'en ait point été faite... » Art. 1583 :
« La vente est parfaite entre les parties, et la propriété est acquise de droit à l'acheteur à l'égard du vendeur dès qu'on est
convenu de la chose et du prix, quoique la chose n'ait pas
encore été livrée, ni le prix payé. » Ainsi, *entre les parties
contractantes,* la propriété, soit des meubles, soit même des
immeubles, est transférée par la seule puissance du consentement. Mais en est-il de même à l'égard des tiers? N'est-il
pas nécessaire de remplir vis à vis d'eux quelque formalité
extérieure, pour que la transmission du meuble (car ici nous
devons nous occuper seulement des mutations mobilières),
soit définitivement opérée *erga omnes?* Quelques jurisconsultes ont pensé que la tradition est encore requise aujour-
d'hui, au moins *à l'égard des tiers;* et ils sont arrivés à la
conclusion que voici : Oui, sans doute, *entre les parties,* la
propriété des biens meubles ou immeubles se transfère par le
seul concours des consentements, et cela est juste, car « là
où la volonté possède à elle seule une énergie assez forte
pour abdiquer la propriété, la logique veut qu'elle suffise
pour l'acquérir (1). » Mais *vis à vis des tiers,* on doit remplir
certaines formalités particulières de nature à révéler officiellement la mutation : pour les *immeubles,* il faut la *transcription;* pour les *meubles,* il faut la *tradition.* Le rôle que la
transcription joue en matière immobilière depuis la loi du
23 mars 1855, la tradition le joue en matière mobilière, par
application de l'art. 1141. Entre deux acheteurs successifs,
en effet, préférer le second en date, parce qu'il est en possession réelle, n'est ce pas reconnaître que la *tradition seule*
transfère la propriété, et que la convention ne suffit pas pour
opérer la mutation à l'égard des tiers? (V. Pothier, *Obligations,* n° 153. Comp. Troplong, *De la vente,* n° 42 ; Jourdan,
Thémis, t. 5, p. 187.)

81 *bis.* — Nous ne croyons pas à la légitimité de cette doc-

____

(1) M. Troplong, *Vente,* t. 1, n° 40.

trine, et nous préférons décider avec M. Demolombe (*Obligations*, t. 1, n° 469) que la propriété des meubles est transmise par le seul concours des consentements, sans aucune condition de tradition, non-seulement entre les parties, mais encore à l'égard des tiers. En effet, le principe fondamental de notre droit nouveau, c'est que la propriété des meubles est transférée directement par la seule puissance de là convention (art. 711 et 1138) : ce principe est incontesté dans les relations réciproques des parties contractantes; or, pour qu'il en fût autrement *à l'égard des tiers*, il faudrait un texte formel exigeant la condition de la tradition. En l'absence de textes contraires, la règle édictée par les art. 711 et 1138 demeure applicable *erga omnes*. Mais, dit-on, l'art. 1583, reproduisant en matière de vente le principe général posé antérieurement dans les art. 711 et 1138, déclare que la propriété est transférée *entre les parties, du vendeur à l'acheteur*, donnant lieu de supposer, par cette restriction, qu'il en serait autrement à l'égard des tiers ; et, en effet, pour les immeubles, il faut certainement la transcription : le législateur, en exigeant pour les meubles la tradition, aurait été tout simplement conséquent avec lui-même. Nous répondons que cet argument ne saurait prévaloir, parce qu'il prouve trop ; la loi sur la transcription est, en effet, de date récente (23 mars 1855) : est-ce que nos adversaires voudraient prétendre qu'avant le moment où cette loi fut promulguée, la tradition était requise pour la translation de la propriété des *immeubles?* Non, évidemment, et personne n'a été jusque-là ; or, si de l'art. 1583, qui est général dans ses termes, on ne pouvait pas induire avant 1855 la nécessité de la tradition en matière immobilière, on ne peut pas davantage aujourd'hui en induire cette nécessité pour les meubles. On sait d'ailleurs que l'unique objet de l'art. 1583 a été d'ajourner au Titre des *Priviléges et hypothèques* la discussion sur l'opportunité d'introduire dans le Code Napoléon le régime de la transcription ; cet article, n'ayant pas eu pour but direct de trancher la question de transmission à l'égard des tiers, ne peut être d'aucun poids dans la discussion actuelle. Les partisans de la doctrine adverse n'insistent pas au reste beaucoup sur l'art. 1583; c'est bien plutôt l'art. 1141 qui forme la base de leur argumentation : « Si la chose, dit ce texte, que l'on s'est

obligé de donner ou de livrer à deux personnes successivement est purement mobilière, celle des deux qui en a été
mise en possession réelle est préférée et en demeure propriétaire, encore que son titre soit postérieur en date, pourvu
toutefois que la possession soit de bonne foi. » Ainsi, Pierre,
propriétaire d'un objet mobilier, d'un cheval par exemple,
vend ce cheval à Jacques le 1ᵉʳ janvier 1869; mais aucune
tradition n'intervient à la suite du contrat : le 10 janvier de
la même année, Pierre vend de nouveau le même cheval, et
en fait immédiatement tradition à Raymond, son second acquéreur. L'art. 1141 déclare que Raymond va être préféré,
s'il est de bonne foi. Cette décision, disent nos adversaires,
montre suffisamment que la tradition est considérée sous
l'empire du Code Napoléon comme une condition indispensable pour la transmission de la propriété mobilière au respect des tiers : si, en effet, Jacques, le premier acquéreur,
était réellement devenu propriétaire en vertu du contrat de
vente, on ne lui préférerait pas Raymond, l'acquéreur subséquent, mis en possession réelle. Mais les jurisconsultes qui
font cette objection oublient que l'art. 1141 n'accorde la préférence au second acquéreur qu'autant que sa possession
réelle est accompagnée de *la bonne foi*. Or, si le législateur
de 1804 avait voulu reproduire en matière de meubles, vis à
vis des tiers, le système du droit romain et de notre ancienne
jurisprudence en exigeant la tradition, cette tradition suffirait toujours par elle-même et par elle seule à réaliser le
transport de propriété; il ne serait pas nécessaire d'examiner
la question de bonne ou de mauvaise foi dans la personne du
tiers acquéreur : est-ce que, par exemple, entre deux acheteurs d'un même immeuble, la loi n'accorde pas la préférence dans tous les cas à celui qui le premier a fait transcrire son titre, sans se préoccuper de la bonne ou de la
mauvaise foi de celui qui a rempli cette formalité? En vain
voudrait-on prétendre que l'art. 1141, en tant qu'il refuse la
préférence au second acquéreur de mauvaise foi, n'est
qu'une conséquence de la règle posée par l'art. 1167, en ce
qui touche la révocation des actes passés en fraude des créanciers; il est certain que les conditions d'application de ces
deux textes sont essentiellement différentes : pour que l'article 1167 puisse être invoqué, il faut que le débiteur accusé

de fraude se *soit rendu insolvable* ; or, il n'y a rien de semblable dans l'art. 1141 : « Le second acquéreur ne serait certainement pas préféré au premier, si sa possession n'était pas de bonne foi, lors même que l'aliénateur serait solvable, et qu'il pourrait payer au premier acheteur des dommages-intérêts pécuniaires ; le premier acquéreur pourrait toujours *revendiquer* le meuble qui lui a été vendu (1). » Non-seulement il faut qu'il y ait eu *eventus damni* pour que l'art. 1167 soit applicable, mais encore il faut que l'aliénateur ait su qu'il nuisait à ses créanciers, et qu'il ait eu le *consilium fraudis;* or, tout au contraire, l'art. 1141 est applicable, sans qu'il y ait lieu de se préoccuper si l'aliénateur a été de bonne ou de mauvaise foi, s'il a agi ou s'il n'a pas agi sciemment ; supposons, par exemple, l'hypothèse suivante : Pierre vend un meuble à Paul, et meurt ensuite avant d'en avoir effectué la livraison ; ses héritiers, ignorant l'existence de cette première convention, vendent le même meuble à Raymond, et lui en font la tradition immédiate et réelle ; eh bien, Raymond, le second acheteur, va être préféré en vertu de l'art. 1141 ; cependant ici nous ne rencontrons aucune intention frauduleuse. La vérité est que l'art. 1141 trouve son fondement dans la maxime qu'En fait de meubles, la possession vaut titre, et dans la règle que les meubles n'ont pas de suite ; or, il n'y a aucune contradiction entre cette idée que le possesseur d'un meuble en devient immédiatement propriétaire, et la disposition des art. 711 et 1138. En effet, la reconnaissance de la propriété en la personne du second acheteur, possesseur de bonne foi, n'implique pas la négation de l'acquisition faite par le premier acheteur au moment du contrat. Le premier acheteur est bien et dûment devenu propriétaire à l'instant précis où les consentements ont été échangés ; mais sa propriété a été résolue de plein droit par la présomption de la loi, au moment où le second acquéreur a réalisé sa prise de possession ; et ce principe, une fois posé, entraîne avec lui des conséquences considérables : nous signalerons notamment les deux suivantes : 1° la revendication du premier acheteur procéderait utilement contre un second acquéreur de mauvaise foi ; 2° elle serait également triomphante, même

____

(1) M. Demolombe, *Obligations*, t. 1, n° 469.

contre un possesseur de bonne foi, du moins pendant trois
ans, si le meuble était sorti des mains du vendeur par suite
d'une perte ou d'un vol (art. 2279-2280). Ceci nous amène
tout naturellement] à traiter des exceptions apportées à la
règle qu'En fait de meubles, la possession vaut titre.

§ 5.

Quelles sont les exceptions apportées par la loi à la règle de l'art. 2279,
qu'En fait de meubles la possession vaut titre ?

82. — Le Code Napoléon a consacré deux exceptions considérables au principe de l'acquisition immédiate de la propriété
des meubles par la seule énergie de la possession : la première
s'applique aux meubles garnissant la maison louée (art. 2102,
n° 1), la seconde aux meubles volés ou perdus (art. 2279, al. 2) ;
les objets mobiliers qui se trouvent dans l'une ou l'autre de
ces situations peuvent être revendiqués, au moins temporairement, à l'encontre des tiers acquéreurs même de bonne foi.

83. — L'art. 2102, n° 1, qui réglemente la première exception (1), est ainsi conçu : « Les créances privilégiées sur certains meubles sont : 1° les loyers et fermages des immeubles,
sur les fruits de la récolte de l'année et sur le prix de tout ce
qui garnit la maison louée ou la ferme, et de tout ce qui sert
à l'exploitation de la ferme; savoir, pour tout ce qui est échu
et pour tout ce qui est à échoir, si les baux sont authentiques,
ou si, étant sous signature privée, ils ont une date certaine;
et, dans ces deux cas, les autres créanciers ont le droit de relouer la maison ou la ferme pour le restant du bail, et de faire
leur profit des baux ou fermages, à la charge toutefois de
payer au propriétaire tout ce qui lui serait encore dû. Et à
défaut de baux authentiques, ou lorsqu'étant sous signature
privée, ils n'ont pas une date certaine, pour une année à par-

____

(1) Nous n'avons plus à nous occuper ici de l'art. 2102, n° 4, sur lequel
a porté notre examen dans la précédente section : d'ailleurs, la revendication que ce texte accorde au vendeur d'effets mobiliers non payés est dirigée
contre l'acheteur immédiat, c'est-à-dire contre un *ayant-cause* et non pas
contre un *tiers* acquéreur. De plus, c'est une action *sui generis* tendant uniquement à reconstituer le droit de rétention imprudemment abandonné : telle
est du moins, suivant nous, la vérité.

tir de l'expiration de l'année courante; le même privilége a lieu pour les réparations locatives, et pour tout ce qui concerne l'exécution du bail. — Néanmoins, les sommes dues pour les semences ou pour les frais de la récolte de l'année sont payées sur le prix de la récolte, et celles dues pour ustensiles, sur le prix de ces ustensiles, par préférence au propriétaire, dans l'un et l'autre cas; — *le propriétaire peut saisir les meubles qui garnissent sa maison ou sa ferme, lorsqu'ils ont été déplacés sans son consentement, et il conserve sur eux son privilége, pourvu qu'il ait fait la revendication; savoir, lorsqu'il s'agit du mobilier qui garnissait une ferme, dans le délai de quarante jours; et dans celui de quinzaine, s'il s'agit des meubles garnissant une maison.* » Les dispositions contenues dans ce texte, se rattachant directement à notre matière, devront nous arrêter un instant.

84. — Toutes les législations ont accordé au locateur d'immeubles, soit une hypothèque tacite, soit un véritable privilége, comme garantie de ses créances. (V. 1. 4 pr. fl. *In quib. caus. pign. vel. hyp.* lib. 20, tit. 2; —Domat, *Lois civiles; Des gages et hypothèques,* liv. 3, tit. 1, sect. 5, n° 14; — Pothier, *Introduction sur le tit. 19 de la cout. d'Orléans,* n° 30, et *Procédure civile,* 4ᵉ partie, chap. 2, sect. 2, art. 7, § 2.) Le Code Napoléon a accepté ces traditions et il a consacré le privilége du bailleur d'immeubles, en l'étendant et en le complétant : c'est qu'en effet, d'une part, le contrat de louage, étant l'un des plus importants dans les relations sociales, il devenait nécessaire de favoriser l'exécution des obligations qu'il engendre : d'autre part, la loi suppose qu'il a été implicitement convenu entre les parties que les meubles apportés par le locataire seraient affectés au paiement des loyers ou fermages. Le privilége du locateur est donc fondé sur les idées d'une constitution tacite de gage, et c'est même sous ce rapport qu'il se rattache à l'explication de l'art. 2279.

85. — Quelles sont les personnes qui peuvent invoquer le privilége de l'art. 2102, n° 1? Ce privilége est accordé à tout locateur d'immeubles, maisons, fermes, ou autres bâtiments, tels qu'écuries, remises, etc. Il n'est pas nécessaire que le locateur soit en même temps le plein propriétaire de l'immeuble loué : le privilége appartiendrait également à un usufruitier, à un simple possesseur, à un locataire principal : il suffit que

ces personnes aient eu la libre disposition de la chose au point de vue du contrat de louage.

86. — Sur quels meubles s'exerce le privilége du bailleur? « Sur les fruits de la récolte de l'année, dit l'art. 2102, n° 1, et sur le prix de tout ce qui garnit la maison louée ou la ferme et de tout ce qui sert à l'exploitation de la ferme. » Nous n'entrerons point dans le détail de la controverse soulevée à propos de ces expressions « *tout ce qui garnit* la maison louée ou la ferme. » Nous interprétons ce membre de phrase en ce sens qu'il faut soumettre au privilége *tous les objets qui restent dans la maison d'une manière permanente et habituelle*, soit à raison de la destination naturelle des lieux, soit à raison des exigences de l'exploitation, tels que, par exemple, les meubles meublants, le vin placé dans les caves, le linge déposé dans les armoires (V. art. 819 et suiv. Cod. proc. civ.). Celui qui loue une cave doit supposer qu'on y mettra du vin, du cidre, de la bière, etc. : le bailleur d'une maison où se trouvent des armoires et des placards, a nécessairement compté avoir en nantissement le linge ou la vaisselle que le locataire doit y placer. Nous exceptons seulement du privilége : 1° *l'argent comptant* : car il ne garnit pas la maison; c'est le signe d'une valeur sans assiette fixe ; 2° *les titres de créances* : ce sont des choses incorporelles *quæ nullo circumscribuntur loco;* 3° *les pierreries et les bijoux :* car ce sont des meubles essentiellement attachés à la personne, et que, dans la vie ordinaire, on ne considère jamais comme des meubles de la maison ou de la ferme (comp. art. 536 Cod. Nap.). En un mot, notre théorie peut tout entière se résumer dans cette décision du jurisconsulte Pomponius : « Videndum est ne non omnia illata vel inducta : sed ea solá, quæ, *ut ibi sint,* illata fuerint pignori sint... » (L. 7 § 1 ff. *In quib. causis pign. vel hypoth. tacite contrahitur.*)

87. — Le privilége du bailleur porte même sur les meubles appartenant aux sous-locataires (art. 1753 Code Nap. et 820 Code proc.). Mais la saisie ne peut valoir que jusqu'à concurrence seulement de ce que le sous-locataire doit au locataire principal : toutefois, les paiements effectués par anticipation entre les mains de ce locataire principal ne sont pas opposables au propriétaire : il eût été autrement trop facile de rendre illusoires les droits de ce dernier par la délivrance de quittan-

ces simulées. Lorsque le propriétaire exerce son privilége sur les meubles du sous-locataire, il agit *proprio jure*, et il est considéré comme le créancier direct du saisi dans la mesure de la somme dont celui-ci peut rester débiteur ; il n'est donc pas obligé de subir la concurrence des créanciers du locataire principal.

88. — Nous arrivons maintenant à une application tout à fait directe de la maxime consacrée par l'art. 2279, qu'En fait de meubles la possession vaut titre. Le privilége du propriétaire frappe les objets mobiliers *appartenant à des tiers*, lorsque ces objets se trouvent, entre les mains du preneur, dans la maison ou la ferme louée. Ce principe général peut, au premier abord, paraître assez étrange : car on ne peut pas donner en gage les meubles d'une personne sans avoir obtenu son adhésion ; la dation en gage de la chose d'autrui est interdite au même titre que la vente de cette chose (art. 1599). Mais il ne faut pas oublier que la constitution d'un droit de gage peut avoir lieu non-seulement d'une manière expresse, mais aussi tacitement : or, le tiers qui laisse entrer les meubles à lui appartenant dans une maison louée ou dans une ferme est réputé, à raison de cette imprudence même, consentir virtuellement à ce que le propriétaire de l'immeuble les affecte à son privilége : et cette décision est d'autant plus juste que le propriétaire, trouvant son locataire nanti de certains meubles, a dû nécessairement croire qu'ils lui appartenaient : les tiers sont en faute de ne l'avoir pas régulièrement averti en temps utile.

89. — Il est, par conséquent, indispensable que le locateur ait été de bonne foi, au moment de la constitution du nantissement tacite ; si, au contraire, *il avait su* que les meubles, introduits dans sa maison ou dans sa ferme, appartenaient à des tiers, et qu'ils n'étaient détenus qu'à titre précaire par le preneur, son privilége s'évanouirait. On voit par là que le bailleur est mis au point de vue de l'établissement de son droit de gage, lorsque ce gage est constitué *à non domino*, sur la même ligne que l'acheteur et le donataire, qui croient acquérir, dans les mêmes circonstances, la propriété (art. 2279). Les preuves de la nécessité de la bonne foi chez le bailleur se rencontrent, du reste, à chaque pas dans le Code ; c'est ainsi que l'art. 1813, qui affecte, au paiement des fermages, même

le cheptel confié par un tiers au fermier, le déclare cependant affranchi dans le cas où son existence a été notifiée au propriétaire. C'est ainsi encore que l'art. 2102, n° 4, après avoir accordé la priorité au privilége du locateur sur celui du vendeur d'effets mobiliers non payés, fait ensuite une réserve et consacre le classement inverse pour l'hypothèse où il serait prouvé « que le propriétaire avait eu connaissance que les meubles et autres objets garnissant sa maison ou sa ferme n'appartenaient pas au locataire. »

90. — Nous irons même plus loin encore et nous pensons que le privilége du bailleur disparaîtrait, si celui-ci *avait dû raisonnablement savoir* que les meubles en litige n'appartenaient pas à son locataire : par exemple, c'est une boutique qui a été louée à un horloger, ou un magasin à un tailleur, ou un atelier à une blanchisseuse. Le propriétaire saisit son preneur, et alors les tiers se présentent et revendiquent (art. 608 Code proc. civ.) des montres ou des vêtements déposés, ou du linge donné à blanchir : ces revendications procéderont bien ; car le bailleur a dû être averti par la qualité ou la profession de son locataire : il n'a pas pu légitimement asseoir son privilége sur ces sortes d'objets qui n'entrent dans a maison du marchand ou de l'ouvrier qu'à titre purement temporaire et pour en être bientôt retirés, une fois la réparation faite.

91. — Enfin, le locateur ne pourrait pas plus que le créancier gagiste ordinaire ou le véritable propriétaire, faire valoir son privilége sur les meubles perdus ou volés que le preneur aurait apportés comme siens dans la maison ou dans la ferme. Il n'y a ici, en effet, aucune imprudence à reprocher aux personnes victimes du vol ou de la perte, et le bailleur n'a pas pu compter, pour se faire payer, sur les délits de son locataire (comp. art. 2279 et 2280).

92. — Le privilége de l'art. 2102, n° 1, ne s'exerce pas seulement sur les meubles garnissant la maison et sur tout ce qui sert à l'exploitation de la ferme ; il s'exerce encore sur les *fruits de la récolte de l'année* : ici toutefois, ce n'est plus l'idée de nantissement tacite qui lui sert de base. Le privilége, en tant qu'il porte sur les fruits de la récolte, procède plutôt de l'idée d'une retenue de droit réel : les fruits produits par une chose appartiennent en principe au propriétaire (art. 552) ; or,

le bailleur, jouant en quelque sorte le rôle d'un vendeur, est censé n'avoir transmis au preneur le droit aux fruits que sous la condition que les fermages, représentation de ces fruits, lui seraient exactement payés; d'où la conséquence que la condition venant à défaillir par l'inaccomplissement des prestations stipulées, le locateur *retient* et garde sa propriété sur la récolte (art. 1184). Aussi la possession ne nous paraît-elle plus indispensable ici, et nous croyons que le privilége s'attacherait à la récolte même terminée et engrangée hors des bâtiments de la ferme louée, pourvu toutefois que la démonstration de l'identité des fruits pût être fournie.

93. — Quelles sont les créances garanties par le privilége du bailleur? Ce sont, les loyers et fermages, les réparations locatives, et plus généralement tout ce qui concerne l'exécution du bail (comp. art. 1754 et 1755, 1728, 1732-1735, 1760, 1764, 1766, 1768, 1777, 1778, 1821, 1824, 1825, 1826).

94. — Pour quelle durée de temps ce privilége est-il accordé? L'art. 2102, n° 1, répond, en établissant une distinction entre les baux authentiques, ou même sous signature privée, mais ayant date certaine d'une part, et les baux sous signature privée, qui n'ont pas date certaine, d'autre part. D'abord, *si le bail est authentique* ou si, au moins, il a acquis date certaine (art. 1328) avant la faillite du locataire ou avant la saisie de ses meubles faite à la requête d'autres créanciers, le locateur jouit de son privilége *pour tout ce qui est échu et pour tout ce qui est à échoir*, en un mot, pour tout le passé, tout le présent et tout l'avenir. Toutefois, les créanciers ont la faculté de relouer la maison ou la ferme pour le restant du bail : c'est là une équitable compensation accordée à ceux qui souffrent directement de l'exercice du droit exorbitant dont le bailleur est investi ; il était impossible d'admettre celui qui est ainsi payé par anticipation à conserver la jouissance de l'immeuble, ce qui lui aurait permis de cumuler à la fois le profit de la chose et du prix : aussi croyons-nous, avec M. Valette (*Traité des priviléges*, p. 78), que le droit de sous-louer est, *dans tous les cas* et nonobstant les clauses prohibant les suslocations ou cessions de bail (art. 1717), réservé aux créanciers qui font l'avance du paiement. Supposons maintenant que le bail ait été fait sous signature privée et qu'il *n'ait pas date certaine* : l'art. 2102, n° 1, 2° alinéa, décide qu'alors le privi-

lége du locateur s'exerce seulement « pour *une année à partir de l'expiration de l'année courante.* » Plusieurs systèmes, dans le détail desquels nous n'avons point à entrer, ont été présentés pour interpréter ces expressions de la loi : nous les entendons, pour notre part, en ce sens que le privilége doit être exclusivement limité à l'année courante et à celle qui la suit; il ne garantit rien dans le passé : le législateur n'a pas voulu que l'on pût avoir un intérêt trop grand à modifier frauduleusement, après la faillite ou la saisie, les clauses du bail : ce bail n'ayant pas, dans l'espèce, date certaine, le fermier et le bailleur auraient pu autrement s'entendre pour exagérer le prix et les conditions accessoires du contrat, de manière à procurer, au préjudice de la masse des créanciers, impuissants à déjouer la supercherie, un bénéfice considérable que les auteurs de la fraude se seraient ensuite clandestinement partagé (comp. Valette, *Priviléges* p. 70-78).

95. — La loi, non contente d'accorder au bailleur un privilége, l'investit encore (art. 2102, n° 1, al. 5), à titre de complément de garanties, d'un droit fort énergique, le *droit de revendication;* c'est là une dérogation importante au principe de l'art. 2279 et à la règle que les meubles n'ont pas de suite par privilége; en effet, habituellement, lorsqu'une chose mobilière grevée d'un privilége (surtout d'un privilége fondé sur une idée de nantissement) sort du patrimoine du débiteur, le privilége s'évanouit à l'instant; le créancier ne peut, en effet, exercer aucun droit de suite à l'encontre des tiers acquéreurs protégés par la maxime qu'En fait de meubles la possession vaut titre. Mais une exception a été introduite en faveur du bailleur, afin de le prémunir contre le danger des déménagements furtifs et clandestins : son privilége survit au déplacement des objets qui ont été, sans son consentement exprès ou tacite, détournés de la maison louée ou de la ferme, et il se convertit en un droit de revendication; cette revendication ne s'applique pas sans doute à la propriété; car le locateur n'est pas propriétaire des meubles de son locataire ou fermier : mais elle s'applique, chose remarquable !!!, à la possession : elle est fondée sur cette idée toute romaine que le détournement opéré constitue, au préjudice du bailleur, un *vol de la possession de son gage;* et de même que le propriétaire d'un objet volé peut le reprendre en quelques mains qu'il soit (art. 2279,

al. 2), de même le bailleur est autorisé à ressaisir son gage partout où il le trouve et jusque dans les mains des tiers acquéreurs de bonne foi. Toutefois, cette action en revendication, dont la durée serait de trois ans pour le propriétaire (art. 2279, al. 2), doit être intentée par le locateur dans un délai beaucoup plus court (art. 2102, n° 1, al. 5), quinze jours s'il s'agit de meubles garnissant une maison, et quarante jours s'il s'agit du mobilier qui garnissait une ferme : ce temps une fois expiré, l'action ne serait plus recevable, pourvu cependant que le tiers possesseur fût de bonne foi : car, vis à vis des tiers acquéreurs de mauvaise foi, le locateur dépossédé pourrait agir pendant trente ans (art. 2262).

96. — Le bailleur peut-il revendiquer, sans exception, tous les meubles qui seraient déplacés par son locataire ou fermier, alors même que les meubles restants suffiraient amplement à la garantie du paiement des loyers ou fermages ? — M. Mourlon (*Traité des priviléges*, n°ˢ 104 et 105) répond affirmativement : Tout objet, dit-il, qui entre dans la maison pour la garnir, entre par là même dans le privilége du locateur. L'art. 2102, n° 1, est formel : le privilége porte *sur tout ce qui garnit* la maison louée ou la ferme : or, le droit de revendication accordé au locateur est l'accessoire, le complément, ou la sanction de son droit de gage sur les objets garnissants : donc la revendication a la même étendue que le privilége ; donc elle s'applique comme lui à tout objet apporté dans la maison pour la garnir. Elle protége, en un mot, elle conserve le privilége tel que la loi l'a fait, dans toute l'extension qu'elle lui a donnée. Il est bien vrai qu'aux termes de l'art. 1752, le locataire ne peut être tenu de garnir la maison que de « *meubles suffisants ;* » d'où l'on pourrait induire que, tant que les meubles, restant dans la maison ou la ferme, suffisent pour assurer le paiement, le propriétaire bailleur ne peut pas s'opposer au déplacement de l'excédant. Mais, ajoute M. Mourlon, la conclusion ne serait pas exacte : Tout ce qu'on peut conclure des termes de l'art. 1752, c'est que le bailleur ne peut pas exiger que son locataire apporte dans la maison ou la ferme plus de meubles qu'il n'en faut pour assurer pleinement et avec une entière sécurité le paiement de ses loyers ; mais, lorsqu'en fait le preneur a spontanément amené un excédant de mobilier et lorsque les objets apportés sont en-

trés dans la maison, la situation change : ce n'est plus l'article 1752 qui fait loi, c'est l'art. 2102, n° 1 ; or cet article affecte formellement au privilége du propriétaire *tous les meubles* introduits chez lui par son locataire ; donc le bailleur acquiert un droit de gage absolu sur chacun des objets garnissants, si importants qu'ils soient ; et comme conséquence de ce gage, la revendication lui appartient.

96 *bis.* — Il faut bien reconnaître que, si le privilége du bailleur était absorbant à ce point, la loi aurait créé un droit exorbitant et incompatible avec les nécessités de la vie pratique : elle aurait ouvert l'arène des procès et des difficultés de toute sorte entre les locataires et leurs propriétaires, en armant ces derniers d'un moyen de vexation vraiment intolérable : je veux enlever ma bibliothèque ou ma garniture de cheminée, je veux renouveler mon ameublement de salon, et voilà que mon bailleur pourrait légitimement, encore que les autres effets laissés par moi dans la maison soient suffisants pour sa sûreté, s'opposer à ce déplacement, et s'il a été déjà effectué, faire réintégrer l'objet enlevé ! ! ! Mais, c'est là une conséquence impossible et qui fait bien apprécier la moralité du système : or, toutes les fois qu'une interprétation de textes nous conduit à un résultat pratique déplorable, nous devons être en garde contre elle. Recherchons donc, en droit, la solution juridique : nous trouvons d'abord l'art. 1752 ainsi conçu : « Le locataire qui ne garnit pas la maison de *meubles suffisants* peut être expulsé, à moins qu'il ne donne des sûretés capables de répondre du loyer. » La pensée évidente du législateur, telle qu'elle est exprimée dans ce texte, est que le propriétaire ne peut exiger *le maintien*, dans sa ferme ou sa maison, que des meubles nécessaires pour assurer le paiement des loyers ou fermages ; c'est qu'il ne peut pas s'opposer au déplacement des meubles dont l'enlèvement laisse encore ses sûretés intactes. — Nous arrivons d'ailleurs à cette même conclusion par l'examen de l'origine du privilége accordé au bailleur : ce privilége est fondé sur une convention tacite de gage, *jure quodam pignoris;* il faut donc interroger la commune intention des parties, si l'on veut apprécier sainement l'étendue et les limites de ce gage ; or, il n'est pas raisonnable de présumer que le locataire ou le fermier aient entendu s'engager à ne déplacer aucun des meubles qui

pourraient entrer dans la maison ou la ferme. Nous concluons donc en décidant que le locateur ne peut s'opposer légitimement au déplacement des meubles de son preneur, qu'autant que la présence de ces meubles serait nécessaire à la garantie de ses créances.

97. — La revendication pourrait-elle être exercée par le propriétaire contre un autre propriétaire, dans la maison ou la ferme duquel le locataire ou le fermier auraient, à la suite d'un nouveau contrat de bail, transporté leurs meubles? L'affirmative nous paraît certaine : la loi (art. 2102, n° 1) accorde au locateur le droit de revendication dans les termes les plus absolus, et, dès lors, pourvu que celui-ci agisse dans les délais prescrits et en observant les conditions exigées, il doit triompher dans sa revendication, sans pouvoir être arrêté par aucun obstacle, fût-ce même la constitution d'un nouveau privilége.

98. — La revendication du propriétaire-bailleur procéderait également bien contre les tiers acquéreurs de bonne foi des meubles de son locataire : 1o parce que les termes de l'article 2102, n° 1, sont généraux et ne comportent aucune exception, pourvu que l'action soit intentée dans le délai indiqué ; 2e parce que cette revendication est, d'ailleurs, fondée sur une idée de vol de la possession du gage : or, la revendication d'un meuble volé peut toujours être exercée même à l'encontre d'un tiers acquéreur de bonne foi (art. 2279, al. 2, et 2280).

99. — Pothier, du reste, et Dumoulin admettaient déjà, dans l'ancien droit, la doctrine que nous venons de proposer aux paragraphes 97 et 98 : « Le locateur peut, dit Pothier (*Traité du louage*, n° 261), dans le temps prescrit, suivre, par la voie de saisie ou par la voie d'action, les meubles enlevés de son hôtel et métairie, même *contre un acheteur de bonne foi*, ou contre un *créancier qui les aurait reçus de bonne foi*, soit en paiement, soit *en nantissement :* car ces meubles ayant contracté une espèce d'hypothèque, lorsqu'ils ont été introduits dans la maison ou métairie, le locataire, ne les possédant dès lors qu'à la charge de cette espèce d'hypothèque, n'a pu les transporter à un autre qu'à cette charge, personne ne pouvant transférer à un autre plus de droit dans une chose qu'il n'en a lui-même. Tel est aussi l'avis de Du-

moulin, en sa note sur l'art. 125 de la coutume de Bourbonnais, « *etiam emptoribus bonæ fidei, modo intra breve tempus.* »

100.— Nous avons terminé l'étude de la première dérogation à la règle qu'En fait de meubles la possession vaut titre. Nous passons à la seconde qui est relative aux meubles volés ou perdus : elle est ainsi formulée par l'art. 2279, al. 2 : « Néanmoins celui qui a perdu ou auquel il a été volé une chose, peut la revendiquer pendant trois ans, à compter du jour de la perte ou du vol, contre celui dans les mains duquel il la trouve; *sauf à celui-ci son recours contre celui duquel il la tient.* » L'art. 2280 apporte ensuite un adoucissement à cette exception, dans les termes suivants : « Si le possesseur actuel de la chose voléeou perdue l'a achetée dans une foire ou dans un marché, ou dans une vente publique, ou d'un marchand vendant des choses pareilles, *le propriétaire originaire ne peut se la faire rendre qu'en remboursant au possesseur le prix* qu'elle lui a coûté. »

101. — Dans l'ancien droit, Bourjon n'admettait pas d'autres exception à la règle : En fait de meubles la possession vaut titre, que *le vol* : « Cependant, dit-il, l'effet mobilier furtif peut être revendiqué même des mains de l'acquéreur de bonne foi, pourvu que *le furte soit constaté*» (Comp. Pothier, *Orléans, introd. au titre* 14, n° 4). Le législateur de 1804 a ajouté l'hypothèse de la *perte;* il a, sans doute, pensé que la situation du propriétaire était également digne d'intérêt dans les deux cas, et que, d'ailleurs, les choses *perdues* pouvaient être considérées comme susceptibles, jusqu'à un certain point, de soutenir l'assimilation avec les choses volées : la chose perdue, en effet, ne devient pas, pour cela, une *res nullius.* Dès lors, celui qui s'en empare pour se l'approprier peut être juridiquement réputé commettre un vol au préjudice d'un inconnu : il y a de plus ici bien des raisons de préférer le véritable propriétaire au possesseur; car le propriétaire n'aura le plus souvent à se reprocher qu'une faute très-légère, quelquefois même aucune; le possesseur, au contraire, a eu tort de ne pas faire les diligences suffisantes pour retrouver le maître légitime du meuble. Il n'a pas dû, surtout si l'objet mobilier était d'une certaine valeur, croire facilement à un abandon qui l'approprierait par voie d'occu-

pation dans les termes des art. 711-713 Code Nap. (Comp.
Troplong, *Prescription*, t. 9, nº 1067).

102. — Il importe dé préciser nettement la sphère d'application de l'art. 2279, al. 2 : l'exception qu'il édicte ne saurait atteindre ni le *voleur* ni l'*inventeur* eux-mêmes ; en effet, tant que la chose volée ou perdue est dans leurs mains, l'obstacle à l'acquisition du droit de propriété sur cette chose vient de leur mauvaise foi. C'est le vice intrinsèque de leur possession personnelle qui leur interdit d'invoquer la maxime qu'En fait de meubles la possession vaut titre. (Comp. *Institutes*, lib. 2, tit. vi, §§ 2-6.) Mais la situation change complétement, lorsque la chose vient à passer entre les mains d'un tiers de bonne foi titulaire d'une rétrocession : cette bonne foi rend possible l'application de la présomption édictée par l'art. 2279, al. 1 : il fallait un texte formel pour que, par dérogation à la règle générale, le propriétaire de la chose perdue ou volée pût la revendiquer ; de là le 2e alinéa de l'art. 2279 qui accorde, durant trois ans, la revendication contre les tiers acquéreurs malgré leur bonne foi. Quant au voleur et à l'inventeur, nous verrons bientôt que c'est seulement au bout de trente ans que l'action du propriétaire peut être frappée de déchéance à leur respect (art. 2262).

103. — Quels sont les objets auxquels s'appliquent les exceptions édictées par l'art. 2279, al. 2 ? Ces exceptions s'appliquent à tous les meubles soit corporels, soit même incorporels, qui relèvent habituellement de la maxime qu'En fait de meubles la possession vaut titre : donc aux meubles corporels envisagés individuellement, et aux effets au porteur, lorsque ces différents objets ont été volés ou perdus. (Comp. Paris, 9 avril 1861. D. P. 1865, 2°, 53.)

104. — Ce ne sont pas seulement *les titres* au porteur eux-mêmes qui tombent sous le coup de l'art. 2279, al. 2 : nous croyons devoir appliquer une solution identique aux coupons d'actions ou d'obligations, détachés de leurs titres, lorsqu'il y a eu perte ou vol. Pourtant, le tribunal de commerce de la Seine s'est prononcé plusieurs fois en sens contraire (V. jugements du 30 octobre 1862, D. P. 1863, 3°, 29); V. aussi jugement du 27 octobre 1857, réformé en appel par la cour de Paris, le 23 décembre 1858 (D. P. 1859, 2°, 111) : « Attendu, dit le jugement du 27 octobre 1857, qu'en matière d'actions

ou d'obligations au porteur il y a lieu de distinguer entre le titre lui-même et les coupons d'intérêts devant se détacher aux époques déterminées pour le paiement desdits intérêts; que s'il est vrai qu'un titre au porteur ne doit être acheté qu'avec la certitude de l'individualité et du domicile de celui qui en est le détenteur, il ne peut en être de même pour les coupons d'intérêts; qu'en effet il est d'usage constant que *ces coupons deviennent une monnaie courante* et sont souvent reçus en paiement comme espèces ou billets de banque; que vouloir les assimiler au titre dont ils sont détachés, serait gêner les transactions et détruire les facilités données aux porteurs de les transmettre par une simple remise; » — « Attendu, dit à son tour le jugement du 30 octobre 1862, qu'en tous cas, alors que la négociation des coupons des actions et obligations des chemins de fer s'accomplit journellement avec une très-grande facilité, que lesdits coupons se paient à bureaux ouverts dans tous les chemins de fer, à tous porteurs qui se présentent, on ne saurait nier que ces titres puissent être assimilés aux billets de banque, d'autant plus que dans certaines négociations on en fait le même usage pour former des appoints de comptes; que, s'il est vrai qu'avant d'être mis en circulation, ils doivent être détachés de leurs titres dont ils portent le numéro d'ordre, cette particularité se rencontre aussi dans les billets de banque; que la seule différence qu'on pourrait y trouver serait dans la date de l'échéance qui est déterminée, différence qui disparaît après l'échéance qui les rend exigibles et payables à vue à tous porteurs; *qu'ils doivent donc être considérés comme monnaie courante* et ne sauraient être revendiqués dans les termes de l'art. 2279, al. 2, Code Nap.; d'où il suit que, dans ces circonstances, les défendeurs ne sauraient être recherchés à raison desdits coupons qu'ils ont acquis en en payant la valeur entière..... »

104 *bis*. — Ces raisons ne nous ont, en aucune façon, ébranlé, et nous persistons à croire que la règle et les exceptions de l'art. 2279 s'appliquent également aux actions ou obligations au porteur et aux coupons de ces mêmes actions ou obligations. Nous reconnaissons que, dans la pratique de chaque jour, la négociation des coupons s'accomplit avec une extrême facilité, et nous admettons l'utilité de cette circulation rapide au point de vue des transactions commerciales : mais

ce que nous repoussons de toutes nos forces, c'est l'assimilation
que l'on veut en induire entre les coupons d'une part, et les
billets de banque ou l'argent monnayé d'autre part. D'abord,
les coupons ne peuvent pas être assimilés à l'argent monnayé
émis comme moyen de libération dans les transactions privées : car ils constituent une valeur conventionnelle et simplement représentative, tandis que l'argent est une monnaie
investie d'une valeur réelle et intrinsèque : l'argent, une fois
lancé dans la circulation, a un cours forcé, il sert à opérer tous
les paiements, il passe de main en main sans laisser aucune
trace des transmissions qu'il a subies, parce qu'il n'est revêtu
d'aucun signe caractéristique susceptible de le faire reconnaître, et parce que toutes les pièces sont identiques les unes
aux autres : les coupons au contraire, comme les actions ou
obligations dont ils sont détachés, représentent une part dans
un actif social déterminé et dans certains bénéfices acquis; ils
portent un numéro d'ordre qui les rend reconnaissables et qui
permet de les contrôler, lors de chaque négociation, en les
rapprochant du titre dont ils dérivent; enfin leur cours n'est
pas forcé et leur dation en paiement est loin de donner, dans
la pratique des affaires, la même sécurité que la prestation de
deniers comptants.

104 ter. — Les coupons ne doivent pas être assimilés non
plus aux billets de banque (1) : sans doute, les uns et les autres
se détachent, avant leur émission, du titre lui-même dont ils
reproduisent le numéro : mais là s'arrête l'analogie : le coupon est payable à une certaine échéance ; le billet de banque,

(1) Nous devons mentionner en ce sens un jugement récent du tribunal
civil de la Seine (4e chambre), en date du 21 janvier 1869, rapporté dans le
Droit du 4 février 1869. Ce jugement décide que, nulle disposition légale ne
permettant d'assimiler à de l'argent monnayé ou à des billets de banque les
coupons d'actions ou d'obligations au porteur, celui qui en a perdu ou auquel
il en a été volé peut les revendiquer entre les mains de tout tiers détenteur,
conformément aux art. 2279 et 2280 du Code Napoléon.

Dans l'espèce, huit coupons détachés d'actions au porteur de la compagnie
du chemin de fer de l'Ouest avaient été perdus par la demoiselle Provost ou
lui avaient été volés. Ils venaient à échéance le 10 octobre 1867. Dès le 4
suivant, elle formait opposition, entre les mains de la compagnie, au paiement
de ces coupons.

La précaution ne fut pas inutile ; car bientôt, un changeur, M. Pézard, se

au contraire, valeur de circulation, est payable dès l'instant
de son émission, et celui qui en est porteur peut, à son gré,

présentait dans les bureaux de la compagnie; il était porteur des coupons
signalés et il demandait à en toucher le montant. Refus du caissier.

La demoiselle Provost, avertie, introduit contre le changeur une instance
en revendication.

Le tribunal a rendu le jugement suivant :

« Attendu, en fait, que la demoiselleProvost a formé contre Pézard la revendication de huit coupons détachés d'actions du chemin de fer de l'Ouest,
qu'elle a perdus et dont Pézard est détenteur; — Que pour retenir ces coupons et justifier sa possession, Pézard soutient qu'il les a achetés d'un inconnu
dans l'exercice de sa profession d'escompteur; — Que des coupons ainsi détachés doivent être considérés comme de la monnaie ou du papier de banque ;
— Attendu, en droit, que le propriétaire de choses perdues ou volées exerce
utilement son action en revendication contre le tiers détenteur, si celui-ci ne
justifie qu'il a acheté ces choses dans une foire ou marché, ou d'une personne
qui en fait le commerce; — Attendu, d'une part, que Pézard ne justifie
même pas qu'il ait acheté ces coupons; — Que si, en raison de son commerce, il est vraisemblable qu'il les a obtenus par voie d'escompte, cette
vraisemblance ne peut avoir la force probante d'une justification; — Attendu, d'ailleurs, que même en prenant pour complétement justifiée la déclaration de Pézard, le fait de transmission par lui indiqué ne saurait légitimer
sa possession ; qu'en effet nulle disposition de la loi ne permet d'assimiler à
de l'argent monnayé ou à des billets de banque les coupons d'actions ou obligations au porteur; — Que ces coupons même détachés ne forment un titre
que parce qu'ils se rattachent par leurs numéros d'ordre à l'action ou à l'o-
bligation qui seules portent la signature engageant le débiteur; — Que la
propriété de ces coupons se vérifie donc et se conserve comme la propriété de
l'obligation ou de l'action de laquelle ils proviennent; — Que, dès lors, en
formant opposition au paiement des coupons entre les mains et avant la libération de la Compagnie débitrice le légitime propriétaire a fait obstacle légal à la délivrance des deniers et a conservé la propriété de cette partie de sa
créance contre tous détenteurs qui ne seraient pas protégés par une transmission légitime; — Attendu que, si l'on admettait le système de Pézard
tendant à faire considérer les coupons au porteur comme de l'argent monnayé ou des billets de banque qui, au regard du tiers de bonne foi, n'ont
d'autres propriétaires que leurs possesseurs, on arriverait à favoriser le vol;
— Qu'en effet, celui qui aurait trouvé ou volé des actions ou obligations
pourrait se contenter, à chaque échéance, de détacher les coupons, qu'il en
toucherait ainsi la valeur, sans crainte pour tout acquéreur qui n'aurait nulle
précaution à prendre en acceptant ces coupons; — Que, si la liberté de l'é-
change et du commerce ne peut pas être témérairement entravée, la sécurité
de la propriété doit être sérieusement maintenue dans les conditions détermi

exiger de suite le remboursement ou l'ajourner indéfiniment, en laissant le billet se transmettre de main en main comme

nées par la loi; — Attendu que Pézard ne saurait comparer sa situation à celle de la Compagnie qui, à l'échéance, et avant toute opposition paie ses coupons entre les mains du porteur; — Que la Compagnie débitrice de la valeur du coupon, se libérant entre les mains du porteur, exécute son obligation dans les termes mêmes où elle l'a prise, tandis que Pézard n'était tenu par aucune obligation d'accepter ces titres, ni de les acquitter; — Que, dans ces agissements, il a fait volontairement un acte de son commerce, étant astreint d'autant plus étroitement à l'obligation de savoir avec qui il contracte, et suivant, à ses risques et périls, la foi de son contractant; — Que d'ailleurs la Compagnie débitrice, avant de payer ses coupons, se fait remettre un bordereau signé par le porteur, afin de constater autant que possible l'individualité de celui entre les mains de qui elle se libère; — Attendu, enfin, que, dans ses agissements, Pézard a commis des fautes lourdes qui engageraient sa responsabilité; — Que, en effet, à supposer, ainsi qu'il le déclare, qu'il ait traité pour ces coupons avec un inconnu, il ne lui a pas même demandé la présentation du titre dont ces coupons étaient détachés pour vérifier ainsi sa propriété, mais que, de plus, il prive la demoiselle Provost du recours qu'elle aurait le droit d'exercer contre celui qui les a présentés à l'escompte, s'il s'était mis en mesure de le faire connaître ou de critiquer l'opération de Pézard en démontrant que le porteur de ces coupons devait exciter les défiances de l'escompteur; — Que c'est donc le cas d'appliquer les prescriptions de la loi qui présume de plein droit sans valeur la possession du détenteur d'une chose perdue ou volée, si ce détenteur ne prouve, conformément à l'art. 2280 du Code Napoléon, la légitimité de sa possession; — Par ces motifs, condamne Pézard à remettre, dans la huitaine de la signification du présent jugement, à la demoiselle Provost, les huit coupons d'intérêt échéant le 1er octobre 1867 des actions du chemin de fer de l'Ouest portant les numéros...... sinon, dès maintenant, le condamne à lui payer pour tenir lieu de leur valeur la somme de 136 fr., le condamne également et en outre aux intérêts produits par cette somme depuis le jour de la demande jusqu'au jour de la remise des titres ou paiement de leur valeur; — Le condamne, en outre, aux dépens.... "

NOTA. — Cette solution est conforme à trois jugements, rendus : le premier, par le Tribunal de commerce de la Seine, le 16 mars 1858 (*le Droit* du 18 mars 1858), et les deux autres par la quatrième chambre du Tribunal civil de la Seine, les 16 décembre 1864 et 22 juin 1865 (*le Droit* du 12 janvier et du 29 juin 1865) et à l'opinion de M. Bioche dans le *Journal de Procédure*, art. 6674, et de M. Roger dans le *Traité de la saisie-arrêt*, deuxième édition, n° 232. Toutefois, le Tribunal de commerce de la Seine avait jugé le contraire à la date du 27 octobre 1857 (*Journal de Procédure* de M. Bioche, art. 6544).

moyen de libération. Ce qui différencie donc essentiellement le billet de banque des coupons d'actions, c'est le caractère de circulation que le premier possède, dès l'origine, au plus haut degré, tandis que ce caractère n'appartient aux seconds que dans une mesure fort restreinte : les coupons demeurent, en effet, attachés jusqu'au moment de leur échéance aux titres dont ils dérivent; et s'ils sont parfois l'objet d'une transmission à titre de dation en paiement ou à titre d'échange, ce n'est qu'une fois leur exigibilité arrivée, lorsque la valeur en a été déterminée par la fixation du dividende. Ajoutez que les coupons d'actions, par leur forme même, par leur nombre, par leur emploi trimestriel ou semestriel que nécessite tout encaissement d'intérêts, sont beaucoup plus exposés que les billets de banque aux falsifications et aux accidents de toute sorte : «Si c'est au nom de la circulation des valeurs et de la richesse qu'on veut assimiler le coupon au billet de banque, a dit avec raison M. Ameline (*Revue critique*, t. 27, page 215), c'est aussi au nom du commerce et de la sécurité qu'il faut assurer la propriété des coupons aux mains de ceux qui les possèdent. Et, pour cela, y a-t-il un moyen plus équitable et plus sûr que d'accorder la revendication au cas de perte ou de vol? Cette revendication, ce droit de suite tout à fait impossible pour la monnaie qui ne porte aucun signe particulier, qui ne laisse aucune trace derrière elle, possible pour le billet de banque qui porte un numéro d'ordre, mais difficile encore, en ce sens que le billet de banque circule à l'infini et se perd dans de journalières évolutions, ce droit de suite est éminemment réalisable et pratique pour le coupon qui part d'une main déterminée, qui est détaché d'une souche à laquelle il se rapporte, qui est, lui aussi, frappé d'un numéro d'ordre, qui, dans les usages commerciaux, n'est pas accepté comme argent comptant et peut se reconnaître à la nature de la valeur ou à tel autre signe particulier. C'est faire violence à leur nature que d'assimiler des choses si différentes; et où est au surplus le texte de loi qui permet de faire sortir les coupons de la catégorie des meubles à laquelle ils ne cessent point d'appartenir? » Ces observations sont parfaitement justes: le coupon est un accessoire et une dépendance du titre au porteur qui lui sert de souche : or, ce titre lui-même constitue un meuble rentrant sous l'application de l'art. 2279, al. 1 et al. 2 : donc il faut décider que la règle et les exceptions, édictées par cet article, frappent également les actions au porteur et les coupons de ces actions. (Consulter sur cette question un article de M. Lefèvre rapporté dans la *Revue de droit commercial*, t. 1, pag. 257.)

105. — Que faut-il entendre par choses *perdues ou volées* au point de vue de l'application de l'art. 2279, al. 2 ? — On doit d'abord considérer comme *perdus* les objets mobiliers *égarés* par celui auquel ils appartenaient ; cette perte pourra résulter tantôt d'une négligence ou d'un défaut de surveillance imputables au propriétaire, tantôt d'un événement de force majeure, tel qu'une inondation par exemple. On appelle, du reste, du nom générique *d'épaves* les choses perdues, dont le propriétaire est ignoré : l'étymologie même du mot *épaves* indique suffisamment ce dont il s'agit : « Expavefacta, effarouché, égaré. » Cette expression ne désignait d'abord que les animaux perdus ; mais ensuite, par un abus de langage, il servit bientôt à désigner toutes les choses dispersées, dont on ne connaît pas le véritable maître. Cette partie de notre sujet est assez obscure dans l'état actuel du Code, et il est regrettable que le législateur ne l'ait point expressément réglementée : l'art. 717 se contente de nous dire que « les droits sur les effets jetés à la mer, sur les objets que la mer rejette, de quelque nature qu'ils puissent être, sur les plantes et herbages qui croissent sur les rivages de la mer, sont réglés par des lois particulières. Il en est de même des choses perdues dont le maître ne se retrouve pas. » Or les lois particulières, auxquelles ce texte semble nous renvoyer, sont en fort petit nombre, et la plupart des difficultés sont résolues par de simples règlements qui présentent entre eux peu d'harmonie.

106. — Quant aux *épaves maritimes* d'abord, c'est-à-dire aux effets que les flots de la mer rejettent sur le rivage et dont le propriétaire légitime est inconnu, leur mode d'acquisition est organisé par la célèbre ordonnance sur la marine de 1681, par l'arrêté du 18 thermidor an X et par le décret du 12 décembre 1806. La règle générale, c'est que tous ceux qui auront trouvé, dans la mer ou sur ses rivages, des effets provenant du naufrage ou du jet des vaisseaux, doivent les déposer en lieu sûr et avertir l'autorité compétente : on fait alors certaines publications, et un délai d'un an et d'un jour est accordé au

propriétaire pour les réclamer. Si celui-ci ne les revendique pas dans le délai prescrit, ces objets sont attribués à l'Etat. Les particuliers ne peuvent en acquérir la propriété, en vertu de certaines dispositions particulières, que dans deux hypothèses : 1° si c'est en pleine mer que les objets ont été trouvés, le tiers en est immédiatement délivré à l'inventeur ; 2° les vêtements des noyés, dont la famille est inconnue, appartiennent à ceux qui les ont retirés en mer ou sur les grèves ; quant aux choses de prix, telles que bijoux ou argent, trouvées sur la personne des noyés, elles appartiennent pour les deux tiers à l'Etat, et pour un tiers à l'inventeur, à moins qu'elles ne soient réclamées dans l'an et jour de la déclaration et des publications. (Comp. ord. de 1681, liv. IV, tit. 8, art. 35 et 36, et tit. IX, art. 1-27 ; V. aussi art. 539 et 713 Code Nap. ; ord. du 10 juin 1770 ; loi des 9 et 13 août 1791 ; arrêté du 27 thermidor an VII ; décret du 17 floréal an XI ; décret du 25 mars 1811.)

107. — Les règles qui concernent les *épaves trouvées dans les fleuves* ou rivières navigables ou flottables sont posées par l'ordonnance des eaux et forêts du mois d'août 1669, tit. 31, art. 16, et par la loi du 15 avril 1829. (Comp. M. Demolombe t. XIII, n°° 66-68.) Ces épaves sont acquises au Domaine, qui peut les vendre au bout d'un mois écoulé sans réclamations de la part du propriétaire : celui-ci jouit encore d'un nouveau délai d'un mois à partir de la vente, pour réclamer contre le Domaine le prix de sa chose vendue : aucune revendication ne serait admise plus tard.

108. — Il n'existe point de loi spéciale qui se soit occupée des épaves trouvées dans les *petites rivières*, et l'on enseigne généralement qu'elles doivent être assimilées aux épaves terrestres. C'était déjà la doctrine admise dans l'ancien droit et il faut la maintenir en présence des termes généraux de l'article 717. Nous entendons par *épaves terrestres* les objets animés ou inanimés qui ont été égarés par celui auquel ils appartenaient et qui se trouvent perdus soit dans les rues, soit sur le terrain ou même dans la maison d'un particulier : notre définition comprend même les objets mobiliers égarés par suite d'expédition à une fausse adresse, quelle que soit d'ailleurs la personne qui ait commis l'erreur, que la faute émane du commissionnaire de transport ou de l'expéditeur (Cass. 10 février 1820, Sir. 1820, 1°, 178).

109. — Sous l'empire de notre ancienne jurisprudence, le droit de s'approprier les épaves qui n'étaient pas réclamées était un droit attaché à la haute-justice : ces épaves étaient attribuées au seigneur du lieu où elles étaient trouvées, à titre de compensation des dépenses qu'il lui fallait faire pour rendre la justice. Pothier, dans son *Traité du droit de domaine de propriété*, nᵒˢ 67-79, donne des détails fort curieux sur les formalités que devait remplir l'inventeur de la chose perdue et sur les obligations du seigneur haut-justicier. Aujourd'hui, bien entendu, le droit seigneurial d'épaves a complétement disparu : il a été aboli par l'art. 7 du tit. 1 de la loi des 13 et 20 avril 1791. — Mais quels sont les principes auxquels il convient à présent de se rattacher? Il faut bien reconnaître que les documents législatifs manquent ici presque complétement, nonobstant le renvoi de l'art. 717, en sorte que dans une matière aussi usuelle et d'une application si fréquente, nous n'avons pour nous guider que les inductions que le raisonnement peut tirer des principes généraux posés par le Code Napoléon : or, il est tout d'abord un point certain; c'est que l'objet perdu ne saurait appartenir à celui sur le fonds duquel il a été trouvé; car, n'étant ni caché, ni enfoui, il ne peut pas être assimilé au trésor; et, d'un autre côté, il ne fait pas plus partie intégrante du fonds sur lequel il se trouve, que le lièvre n'est une dépendance du bois dans lequel il court : voilà, par exemple, un cheval, un chien ou quelque autre animal que l'on rencontre errant sans conducteur; ou bien, c'est une bague, un mouchoir, une montre que l'on trouve dans un champ où quelqu'un les a laissés tomber par mégarde : il est clair que l'inventeur de ces objets, fût-il le propriétaire même du fonds où il les rencontre, ne saurait en acquérir le domaine : et à ce point de vue, il importe de distinguer soigneusement les *choses perdues* ou les épaves, de celles qui ont été *abandonnées* par leur propriétaire et laissées sans aucun esprit de retour : « Pro derelicto habetur, dit Justinien (§ 47 Instit. *De rerum divisione* lib. II, tit. 1), quod dominus ea mente abjecerit ut id rerum suarum esse nollet, ideoque statim dominus esse desinit. » Les *choses abandonnées* entrent aussitôt dans la catégorie des *res nullius* susceptibles de devenir la propriété du premier occupant : *les choses perdues*, au contraire, ne sont pas *nullius* et elles ne se prêtent pas à l'acquisition par voie d'oc-

cupation ; il en est ainsi notamment des marchandises que l'on jette à la mer, pour sauver le navire, en cas de tempête ou lorsqu'un ennemi lui donne la chasse. (V. art. 410-429 Code comm.; Comp. § 48 Instit. *De rer. div.* et l. 2 § 8 ff. *De lege Rhodia de jactu.*) Toutefois, il est souvent fort-difficile, dans la pratique, de discerner, lorsqu'un objet a été trouvé, si l'on est en présence d'une chose *abandonnée* ou d'une chose *simplement perdue* : les tribunaux recouvrent ici un pouvoir souverain d'appréciation : ils prendront nécessairement en grande considération la valeur de l'objet mobilier; habituellement, en effet, l'on n'abandonne que les choses d'une importance minime : lors donc qu'ils seront mis en présence d'une chose de grand prix, un diamant par exemple, ils devront plutôt incliner à croire qu'il y a eu *perte*. Toutefois, ce n'est là qu'une simple présomption, susceptible d'être combattue ou même détruite par un examen plus approfondi des circonstances de la cause.

110. — Supposons qu'il n'y ait aucun doute sur la nature de l'objet trouvé : tout le monde s'accorde à reconnaître que c'est une chose égarée ou perdue   *à qui cette chose va-t-elle appartenir ?* — Exemple : je ramasse dans la boue du chemin un porte-monnaie rempli d'or; je ne sais pas quelle est la personne qui, en passant, l'a laissé tomber sans s'en apercevoir : puis-je en acquérir la propriété? Sur ce fait si simple et d'une application si fréquente, on ne compte pas moins de trois opinions en présence.

110 *bis.* — La première enseigne que *l'objet ainsi trouvé doit appartenir tout entier à l'État* Cette doctrine se fonde d'abord sur un argument d'analogie, ensuite sur un argument de texte :

1° Argument d'analogie : autrefois les épaves étaient adjugées au seigneur haut-justicier du lieu où elles étaient trouvées, et ces objets lui étaient attribués comme indemnité et comme compensation des frais de justice : or, aujourd'hui, c'est l'État qui a été substitué aux anciens seigneurs, c'est en son nom que l'on rend la justice, c'est lui qui en supporte les frais ; donc il doit aussi profiter des épaves, à titre de récompense.

2° Argument de texte : telle est, d'ailleurs, ajoute-t-on, la disposition formelle de l'art. 713, aux termes duquel « les biens qui n'ont pas de maître appartiennent à l'État. » Donc, etc...

Il faut écarter cette première doctrine sans aucune hésitation : en effet, d'une part, rien dans les textes n'annonce que l'État ait succédé aux droits des seigneurs sur les épaves, droits qui ont été abolis purement et simplement par l'art. 7 du titre 1 de la loi des 13 et 20 avril 1791 ; d'autre part, l'article 713 ne saurait ici fournir une démonstration victorieuse en faveur du système que nous combattons : car ce texte ne s'applique point aux meubles déterminés, mais seulement aux immeubles et aux universalités de meubles, aux successions en déshérence. La preuve de la vérité de ma proposition ressort de l'examen des travaux préparatoires et des observations échangées lors de la discussion de l'art. 713 ; elle ressort également des termes mêmes de l'art. 539 qui, donnant l'énumération limitative des biens déférés à l'État, s'exprime ainsi : « Tous les biens vacants et sans maître, et ceux des personnes qui décèdent sans héritiers ou dont les successions sont abandonnées, appartiennent au domaine public (c'est-à-dire (1) à l'État). » — Enfin la doctrine adverse aboutirait à des conséquences inadmissibles : en effet, si c'est comme successeur et comme représentant des seigneurs que l'État doit recueillir les épaves, il ne pourra pas avoir des prérogatives plus étendues que celles qui appartenaient autrefois à ces seigneurs : nous voilà donc forcés d'aller puiser dans les archives de la féodalité pour mesurer le droit de l'État sur chaque épave et nous verrons ce droit se modifier et varier à l'infini suivant les différentes coutumes !!! (Comp. Pothier, *Traité du droit de domaine de propriété*, n° 67.)

110 *ter.* — La seconde opinion enseigne que l'objet trouvé sur terre ou dans les cours d'eau non navigables ni flottables devra appartenir pour *moitié à l'État* et pour *moitié à l'inventeur.* Les partisans de ce système invoquent d'autres anciennes coutumes et ils font remarquer, en outre, que leur solution se recommande par la conciliation équitable qu'elle introduit entre les droits de l'inventeur et ceux de l'État.

Nous écartons cette opinion mixte par les mêmes motifs qui nous ont fait rejeter la première doctrine; elle tend, en effet, comme elle, à nous ramener en arrière, et à nous éga-

(1) Voyez, en effet, M. Demolombe, t. IX, n° 156.

rer au milieu de cet inextricable dédale de coutumes que le Code Napoléon a précisément voulu supprimer en établissant l'unité de législation. (Comp. M. Demolombe, t. 13, n° 71).

110 *quater*. — La vérité nous paraît être dans un troisième système consistant à décider que *la propriété de la chose perdue doit être attribuée tout entière à l'inventeur :* mais à quel titre? — Est-ce par droit d'occupation? — Non évidemment : car alors il faudrait aller jusqu'à dire qu'il en deviendrait propriétaire incommutable, par l'énergie même de la possession, dès l'instant où il aurait mis la main dessus ; or, cela est impossible par cette raison que les *choses perdues* ne sont pas des *res nullius* (1), le maître légitime n'ayant pas abandonné son droit. Mais alors *comment* l'inventeur en devient-il propriétaire *et au bout de combien de temps ?* — Nous espérons pouvoir démontrer bientôt (V. *infra*, n° 121) que la propriété incommutable de l'objet trouvé ne pourra être acquise à l'inventeur qu'au bout de *trente ans*, et *par l'effet de la prescription* ordinaire édictée par l'art. 2262.

111. — Nous devons encore indiquer, relativement à certaines classes de choses perdues, des lois spéciales ou des règlements particuliers qui en ont réglé l'attribution : c'est ainsi que, d'après un décret du 13 août 1810, les objets égarés dans les bureaux des voitures publiques ou laissés chez des entrepreneurs de roulage ou de messageries, tant par terre que par eau, peuvent être mis en vente lorsqu'ils n'ont pas été réclamés dans les six mois de leur arrivée ; le prix en est acquis à l'État deux ans après la vente, si personne ne s'est présenté. (Comp. déclaration du 20 janvier 1699). — De même, d'après la loi du 6 août 1791, tit. 9, art. 5, les balles, ballots, ou marchandises quelconques abandonnées dans les bureaux des douanes sont mises en vente au bout d'un an, et le prix en est définitivement attribué à l'État au bout de deux années écoulées sans réclamation de la part du destinataire. — Enfin, nous signalerons la loi du 31 janvier 1833, d'après laquelle les sommes confiées à la poste et non réclamées par les ayant-droit dans un délai de *huit* années sont définitivement acquises à l'État : ce délai court à partir du versement des fonds entre les mains des agents des postes.

(1) Voir *supra*, n° 109.

112. — Nous venons de voir ce qu'il faut entendre par *choses perdues* dans le sens de l'art. 2279, al. 2. Recherchons maintenant quelle est la portée de ces mots « *choses volées* »? Sous l'empire des principes romains, ces expressions avaient un sens très-large et comprenaient tout déplacement frauduleux de la chose d'autrui, opéré sans l'assentiment du propriétaire, pour en retirer un gain : « Furtum est *contrectatio* rei *fraudulosa, lucri faciendi gratia*, vel ipsius rei, vel etiam usus possessionisve ; quod lege naturali prohibitum est admittere » (Inst. liv. 4, tit. 1, § 1, *De obligationibus quæ ex delicto nascuntur; adde* : l. 1, § 3 ff. *De furtis*). Les jurisconsultes de l'ancienne Rome ne faisaient pas les distinctions admises aujourd'hui par nos lois françaises entre le vol proprement dit et l'abus de confiance, la violation de dépôt ou l'escroquerie : toutes ces hypothèses rentraient sous la dénomination générale de *furtum*. Ainsi il y avait *vol* non-seulement de la part de celui qui s'emparait subrepticement de la chose d'autrui, *furtum ipsius rei*, mais encore de la part du dépositaire, du locataire, ou du commodataire qui vendaient à un tiers la chose déposée, louée ou prêtée, et en opéraient la tradition moyennant un prix dont ils s'attribuaient le profit. (Comp. Gaius, III, § 195, — Instit., § 6 *De oblig. quæ ex delic. nasc.*) Le créancier gagiste qui se servait de la chose remise entre ses mains à titre de garantie, l'emprunteur à usage qui affectait l'objet prêté à un autre service que le service stipulé, le nu-propriétaire qui s'emparait de la chose mobilière soumise à un droit d'usufruit étaient réputés commettre le *furtum usus*. (Comp. Gaius, III, § 196; Inst., § 6 *De oblig. quæ ex delict. nasc.*) Enfin il pouvait même arriver que le propriétaire volât sa propre chose : le § 200 du commentaire III de Gaius et le § 10 des Institutes de Justinien (liv. IV, tit. 1 *De oblig. quæ ex delict. nasc.*) nous font connaître une variété possible du vol, le *furtum possessionis*, qui pouvait émaner du propriétaire même de l'objet mobilier : par exemple, Seius, après avoir donné à Sempronius, son créancier, une chose en gage, la lui dérobe : le *vol* porte ici sur la possession qui avait été conférée à titre de nantissement ; il y a *furtum possessionis* : « Qui rem pignori dat, eamque subripit, dit la loi 19, § 5 et 6 ff. *De furtis* (liv. 47, tit. 2), furti actione tenetur. (Comp. l. 20, § 1 ff. *De furtis*.)

113. — Aujourd'hui l'art. 379 du Code pénal s'exprime ainsi

« Quiconque a soustrait frauduleusement une chose qui ne lui appartient pas est coupable de vol. » Il convient donc, d'exiger, d'après nos lois actuelles, pour qu'il y ait vol, la réunion de trois éléments; il faut : 1° qu'une soustraction ait eu lieu ; 2o que cette soustraction soit frauduleuse ; 3° qu'elle porte sur un objet appartenant à autrui. Bien entendu il ne peut s'agir ici que d'un objet mobilier : ce point était déjà constant en droit romain : « Abolita est, nous dit Gaius (l. 38 ff. *De usurpat, et usucap.*), quorumdam veterum sententia, existimantium etiam fundi locive furtum fieri. » (*Adde* Inst., § 7 *De usucapionibus*, lib. II, tit. 6.)

114. — Il était impossible de laisser le propriétaire désarmé en présence de faits aussi graves que le vol ; aussi l'art. 2279, al. 2, autorise dans cette hypothèse la revendication à l'encontre de tout tiers possesseur, fût-il de bonne foi. Cette action est recevable, alors même qu'à raison soit de l'âge, soit de la qualité de l'auteur, la soustraction commise ne serait pas punissable. (Comp. art. 66 et 380 du Code pénal.) En effet, bien que la répression pénale s'efface, il n'y en a pas moins vol dans de pareilles circonstances; ce qui le prouve invinciblement, c'est que les complices et les recéleurs sont atteints par la peine afférente à l'infraction commise; l'immunité est toute personnelle au mineur de seize ans ou à l'époux; elle ne protége pas ceux qui l'ont aidé (art. 380, al. 2.) D'ailleurs, au point de vue civil, le dessaisissement est toujours involontaire de la part du véritable propriétaire victime de l'infraction; le préjudice à lui causé est le même, quoique l'auteur du vol ne soit pas punissable, et la réparation est d'autant plus légitime qu'aucune faute ne lui est imputable. Le demandeur triomphera donc dans sa revendication dirigée soit contre le voleur, soit contre les tiers acquéreurs, en établissant que l'objet qu'il réclame lui appartenait au moment de la perte ou du vol. De plus, comme ici la chose a été enlevée par suite d'un cas fortuit et imprévu, la preuve par témoins sera recevable, et les présomptions graves, précises et concordantes devront être prises en considération par les tribunaux. Le seul avantage que la bonne foi sera susceptible de procurer au tiers acquéreur consistera à lui permettre, dans le cas où il aurait acheté la chose volée ou perdue dans l'une des circonstances indiquées par l'art. 2280, d'exiger, préalablement

à toute restitution, le remboursement du prix qu'il a payé. (Comp. Aubry et Rau, t. 2, § 183, n° 2 ; Paris, 25 janvier 1868. Dev. 1868, 2°, 42.)

115. — Toutes les fois qu'il y a eu vol proprement dit, c'est-à-dire soustraction frauduleuse de la chose d'autrui dans les termes de l'art. 379 du Code pénal, l'exception de notre art. 2279, al. 2, est pleinement applicable, nous venons de le dire, quelle que soit la qualité de l'auteur ou des auteurs de l'infraction. Mais le propriétaire peut aussi se trouver la victime de l'un de ces délits qui, ayant pour résultat de le dépouiller illégalement de sa chose, ne présentent toutefois pas les caractères précis du vol, tels que le Code pénal les a tracés (art. 379 Code pén.). Il y a notamment l'abus de confiance, la violation de dépôt et l'escroquerie. Eh bien ! devrons-nous étendre à ces différentes hypothèses la disposition de l'article 2279, al. 2°, et accorder en conséquence, durant trois ans, même vis à vis des tiers acquéreurs de bonne foi, le droit de revendication au propriétaire spolié ?

116. — Nous nous occuperons d'abord de *l'abus de confiance*. (Comp. art. 406, 409 du Code pénal.) Il importe de ne pas confondre ce genre de délit avec le vol proprement dit : le vol suppose nécessairement la soustraction frauduleuse d'une chose, soustraction opérée à l'insu et contre le gré du propriétaire dépossédé ; celui-ci aurait peut-être évité cet accident s'il s'était montré plus diligent ; mais du moins son adhésion n'a jamais été donnée au déplacement de sa chose. Dans l'abus de confiance au contraire, il y a eu un acte de volonté de la part du propriétaire dépouillé : personne n'est venu lui enlever son bien ; c'est lui qui s'est spontanément dénanti ; on a abusé sans doute de sa confiance ; mais il a entendu suivre la foi de l'agent coupable qui s'est ensuite approprié l'objet remis pour en disposer frauduleusement ; il y a eu imprudence à l'origine, mais en même temps il y a eu libre initiative de la part du propriétaire. En dernière analyse, l'abus de confiance ne dénote pas chez son auteur une perversité aussi audacieuse que le vol ; mais il indique une âme malhonnête et sans scrupules. Eh bien ! faut-il admettre, lorsqu'un abus de confiance a été commis, la revendication accordée formellement (article 2279, al. 2) au propriétaire victime d'un vol proprement dit ?

116 *bis*. — Certains auteurs et plusieurs arrêts se sont pro-

noncés dans le sens de l'affirmative; ils invoquent à la fois les principes et la raison.

D'abord *les principes* : les faits, qualifiés aujourd'hui abus de confiance, constituaient sous l'empire du droit romain de véritables vols (V. *supra*, n° 112) : il y avait, en effet, *furtum* toutes les fois que l'on détournait directement ou indirectement à son profit une chose contre la volonté du propriétaire; la même règle fut adoptée par notre ancienne jurisprudence française : cela est au moins incontestable pour les pays de droit écrit; or, s'il en est ainsi, la législation pénale encore en vigueur à l'époque de la confection du Code Napoléon en 1804 ne distinguait pas l'abus de confiance d'avec le vol proprement dit; cette distinction n'a été introduite que par le Code pénal de 1810. Dès lors, quand les rédacteurs du Code Napoléon ont écrit l'art. 2279, al. 2, ils ont compris virtuellement, sous la dénomination de vol, tous les faits de spoliation qui peuvent rentrer d'une manière soit directe, soit même indirecte, dans cette catégorie de délits; donc l'exception sainement comprise doit être déclarée applicable à l'abus de confiance; car, pour interpréter une loi, il faut toujours se reporter à l'époque de sa confection et aux circonstances qui l'ont mentionnée.

En raison maintenant, il n'y a, dit on, aucune différence sérieuse à signaler entre le vol et l'abus de confiance, au point de vue de la légitimité de la revendication dirigée par le véritable maître qui demande à recouvrer sa chose; quelque nom que l'on veuille donner, en effet, à l'infraction commise, elle a toujours abouti à une spoliation illégale. De plus, dans les deux cas, le propriétaire peut se trouver également excusable; il sera même souvent plus digne d'intérêt lorsqu'il aura été victime d'un abus de confiance; car le vol s'évite avec une diligence ordinaire et moyenne; l'abus de confiance, au contraire, déjoue la plupart du temps toute prévoyance; il vient atteindre les propriétaires les plus expérimentés, les plus vigilants. Que de fois l'opinion publique n'a-t-elle pas été justement émue, et pour ainsi dire frappée de stupéfaction, en présence de certaines défaillances morales se révélant inopinément comme un coup de foudre chez des hommes éprouvés par de longues années d'honorabilité et qui avaient conquis la considération de tous leurs concitoyens!!! Eh bien!

voilà un propriétaire qui s'est adressé à l'un de ces hommes qu'il savait en possession de l'estime universelle ; il lui a prêté un objet précieux, il lui a remis un dépôt, il l'a investi d'un mandat, et au jour de la catastrophe, lorsque les voiles seront tombés, lorsque cet homme aura jeté le masque, lorsque l'objet sera là entre les mains d'un tiers acquéreur, le propriétaire ne pourrait pas le revendiquer ! ! ! C'est impossible, dit-on, car ce serait réduire ce propriétaire à regretter de n'avoir pas plutôt été en butte à un vol en présence duquel il aurait eu du moins la ressource d'invoquer l'art. 2279, al. 2 ; ce serait, en outre, le laisser sans aucun recours efficace ; car le plus souvent l'auteur de l'abus de confiance sera dans un état complet d'insolvabilité, ou aura pris la précaution de s'expatrier. La raison se refuse, par tous ces motifs, à admettre que la victime d'un abus de confiance puisse être complétement abandonnée par la loi, tandis que la victime d'un vol, qui est souvent moins digne d'intérêt, serait seule protégée. (Comp. Toullier, t. 14, p. 125, no 18 ; Lyon, 15 décembre 1830. Sir. 1832, 2, 318)

116 *ter.* — Pourtant aujourd'hui la doctrine et la jurisprudence semblent fixées en ce sens que la revendication permise par l'art. 2279, al. 2, au cas de vol proprement dit, *n'est point*, au contraire, *recevable au cas d'abus de confiance*, et cette solution nous paraît, en effet, être la plus juridique.

En vain les partisans de la doctrine adverse veulent-ils se faire une arme de cette considération, que les faits qualifiés aujourd'hui abus de confiance par les art. 406-409 du Code pénal étaient encore compris, à l'époque de la rédaction du Code Napoléon, sous la dénomination générique de vol ; d'où ils concluent que le législateur, en accordant par l'art. 2279, al. 2, un droit temporaire de revendication à celui qui a été victime d'un vol, a entendu l'accorder du même coup à tous ceux qui ont été spoliés par des larcins rentrant plus ou moins directement dans cette catégorie. Cet argument tombe devant la double réponse que voici : — 1° Bourjon (t. 1, p. 911, et t. 2, p. 566) faisait déjà, dans l'ancien droit, la distinction que nous proposons entre le vol proprement dit et l'abus de confiance (1). Or l'on sait que c'est surtout ce vieil auteur qui

(1) Bourjon s'exprime, en effet, ainsi à la page 911 du tome Ier de son

a servi de guide dans notre matière ; il est dès lors peu probable que le mot *vol* ait, dans l'art. 2279, al. 2, une signification autre ou plus étendue que celle que Bourjon y attachait ;

livre sur le *Droit commun de la France* et la *Coutume de Paris*, titre 22, chap. 5 : « La chose *furtive* peut être revendiquée partout où on la trouve ; c'est la seule exception qu'on puisse apporter à la règle ci-dessus posée qu'En matière de meubles la possession vaut titre. Pour donner ouverture à ce droit de suite et de revendication, il faut que le vol soit juridiquement constaté par une plainte et une information : autrement il y aurait fin de non-recevoir dans la demande en revendication, et dans ce même cas la possession déciderait toujours, ce qui confirme ce que dessus. »

Puis, dans le tome II° du même ouvrage, page 566, sous le titre 5° *Des exécutions, saisies et revendications*, chap. 3, sect. IV, Bourjon, se préoccupant des différentes variétés du vol, paraît distinguer nettement l'hypothèse du vol proprement dit de celle où il y a abus de confiance. L'excellent auteur se demande quand on peut revendiquer un *meuble déposé*, — si l'on peut revendiquer celui qui a été *confié* pour être vendu, — et il traite aussi de la revendication du *meuble volé* (art. 182 de la coutume) : or, il dit formellement ce qui suit : « Si un meuble déposé ou mis en nantissement est saisi sur celui qui l'avait en dépôt ou en nantissement, le propriétaire d'icelui, le trouvant en nature, peut le revendiquer, pourvu que le dépôt ou le nantissement se trouvent juridiquement constatés, autrement il n'y aurait lieu à cette revendication, la possession déciderait ; elle fixerait la propriété dans la personne de la partie saisie, et par conséquent écarterait la demande en revendication..... *Si le dépositaire avait vendu ce meuble, le propriétaire d'icelui ne peut le réclamer des mains de l'acheteur*, parce qu'en matière de meubles la possession valant titre, la sûreté du commerce ne permet pas qu'on écoute une telle revendication ; il faut donc, en ce cas, la rejeter..... Il en est de *même si le meuble avait été confié à un tiers pour être vendu et que ce tiers eût gardé le prix de la vente ; le propriétaire ne peut inquiéter l'acheteur, et c'est à lui à s'imputer sa confiance dont un autre ne peut être la victime* ; c'est une seconde conséquence qui naît du même principe qu'on vient de poser, qu'en matière de meubles la possession vaut titre de propriété, sauf l'exception qui suit : *Dans le cas du vol, la chose volée peut se revendiquer, même entre les mains de celui qui l'aurait achetée de bonne foi* ; c'est une autre exception à la règle, que meuble n'a suite, qu'on a déjà observée ci-dessus et que l'ordre oblige de reprendre. En effet, le vice de *furt* la suit partout, et l'a assujettie à ce droit de suite, autrement la poursuite et la preuve du vol deviendraient souvent inutiles ; il faut donc tenir pour constant que le meuble volé peut être revendiqué dans telles mains qu'on le trouve, pourvu que le vol soit juridiquement prouvé..... Cette preuve doit être fondée sur une plainte et sur une information. »

2° la preuve, d'ailleurs, que déjà, lors de la confection du Code Napoléon, le législateur nouveau avait la ferme intention de restreindre la portée vraiment exagérée que l'on avait donnée au *vol*, sous l'empire du droit romain et de notre ancienne jurisprudence française, en y faisant rentrer toutes les variétés possibles de détournements, cette preuve, disons-nous, résulte des termes précis de l'art. 1141 : ce texte décide, on le sait, que, « si la chose qu'on s'est obligé de donner ou de livrer à deux personnes successivement est purement mobilière, celle des deux qui en a été mise en possession réelle est préférée et en demeure propriétaire, encore que son titre soit postérieur en date, pourvu toutefois que la possession soit de bonne foi. » Ainsi, vous avez vendu d'abord votre cheval à Pierre, mais sans lui en faire la tradition ; vous revendez ensuite le même cheval à Jacques et vous le lui livrez immédiatement : l'article 1141 décide que Jacques, le second acheteur, sera préféré, s'il est de bonne foi ; il pourra opposer à la revendication du vrai propriétaire, qui est le premier acheteur (Pierre dans l'espèce), la maxime qu'En fait de meubles la possession vaut titre. Pourtant il y a là un abus de confiance de la part de celui qui a vendu deux fois la même chose ; il y a même un vol si l'on applique les principes du droit romain et de notre ancienne législation française. Or si, nonobstant cette considération, l'art. 1141 refuse au véritable maître le droit de revendiquer sa chose, c'est donc que le législateur nouveau entendait rompre avec le passé, et établir une distinction bien nette entre le vol proprement dit et les délits qui s'en séparent par certaines nuances nettement accusées. Nous avons dès lors le droit de repousser l'objection fondée sur la tradition historique et il n'y a rien à conclure de l'art. 2279, al. 2, en matière d'abus de confiance. — Si maintenant nous interrogeons les principes, nous verrons notre doctrine s'affermir de plus en plus : l'art. 2279 pose, dans son premier alinéa, une règle générale fondée sur l'intérêt du commerce ! « En fait de meubles la possession vaut titre ; » à cette règle le Code n'apporte, dans le second alinéa du même article, que deux exceptions : l'une pour le cas de perte, l'autre pour le cas de vol. Or, l'abus de confiance n'est pas un vol proprement dit ; il en diffère par les circonstances au milieu desquelles il se produit ; la distinction est proclamée d'ailleurs par le législateur lui-même qui, dans le Code pénal, traite du vol et de l'abus de confiance dans deux sections séparées, assignant à chacune de ces infractions des caractères particuliers : ce serait donc sortir des termes de l'art. 2279, al. 2, que d'appliquer à l'abus de confiance la dérogation que la loi n'a établie que pour le vol; ce serait violer ouvertement le principe que les exceptions sont de droit étroit et ne peuvent pas être étendues.

Les inductions de la raison viennent enfin confirmer la dé-cision des textes : le propriétaire, victime de l'abus de confiance, a, en définitive, commis une faute, en livrant imprudemment la possession de sa chose et en consentant à une personne sans probité un mandat, un dépôt, un commodat, etc. Il devait s'informer de la moralité de celui avec lequel il traitait et demander des garanties : s'il a négligé de prendre quelque précaution importante, il supportera les conséquences de sa négligence; s'étant volontairement dessaisi, il ne pourra trouver son salut dans la revendication. — Mais, dit-on, tout autre eût été trompé à sa place!!! Ne perdons pas de vue qu'ici nous devons nécessairement sacrifier quelqu'un. Or, d'un côté nous avons le vrai propriétaire qui doit s'imputer d'avoir spontanément remis la possession de sa chose entre les mains d'une personne indigne; de l'autre côté, nous trouvons un tiers acquéreur, absolument irréprochable, qui a, de bonne foi, acheté l'objet détourné; ce tiers acquéreur ne pouvait rien prévoir, tandis qu'à la rigueur le propriétaire aurait pu, en redoublant de vigilance, empêcher ce qui est arrivé. L'équité conseille donc de laisser celui qui a donné lui-même les moyens de le tromper porter la peine de son imprudence, plutôt que d'atteindre un tiers détenteur complétement innocent. (Consulter Aubry et Rau, t. 2, § 183, n° 2, p. 98; Cass., 23 décembre 1863; Dev, 1865, 1 187;— Paris, 9 avril 1864; D. P. 1865, 2, 55, 4ᵉ espèce (Barbaut c. Byrne.)

116 *quater.* — Les principes que nous venons d'exposer sont applicables de tout point à l'hypothèse de la violation de dépôt; cette espèce d'infraction ne peut pas être assimilée au vol dans le sens de l'art. 2279, al. 2. Il y a eu, en effet, dessaisissement volontaire de la part du propriétaire, et aucune faute ne peut être reprochée au tiers acquéreur de bonne foi. Du reste, le Code pénal (art. 408, modifié par la loi du

13 mai 1863) range formellement la violation de dépôt au nombre des cas d'abus de confiance ; il y a, entre ces deux infractions, relation de genre à espèce ; dès lors, en résolvant la question pour l'abus de confiance, nous l'avons, du même coup, résolue pour la violation de dépôt.

117. — En ce qui concerne *l'escroquerie*, nous trouvons dans la doctrine et dans la jurisprudence une certaine hésitation, bien qu'en définitive la plupart des auteurs et des arrêts inclinent maintenant à ne point appliquer l'art. 2277, al. 2., et à le considérer comme rédigé uniquement pour le cas de vol proprement dit.

Avant tout, il nous faut indiquer les caractères distinctifs de l'escroquerie ; l'art. 405 du Code pénal s'exprime ainsi : « Quiconque, soit en faisant usage de faux noms ou de fausses qualités, soit en employant des manœuvres frauduleuses pour persuader l'existence de fausses entreprises, d'un pouvoir ou d'un crédit imaginaire, ou pour faire naître l'espérance ou la crainte d'un succès, d'un accident ou de tout autre événement chimérique, se sera fait remettre ou délivrer, ou aura tenté de se faire remettre ou délivrer des fonds, des meubles ou des obligations, dispositions, billets, promesses, quittances, ou décharges, et aura, par un de ces moyens, escroqué ou tenté d'escroquer la totalité ou partie de la fortune d'autrui, sera puni d'un emprisonnement d'un an, au moins, etc. »

Ce texte précise nettement en quoi l'escroquerie diffère du vol : le voleur s'introduit chez sa victime par ruse, ou même il force sa porte à l'aide d'escalade et de fausses clefs ; une fois entré, il dérobe des meubles, ou bien il soustrait frauduleusement des titres au porteur qu'il va vendre ensuite et jeter dans la circulation. L'escroc procède tout autrement : il cherche à capter les faveurs d'une personne, qui, laissée à sa propre initiative, n'aurait pas songé à l'investir de sa confiance : il la circonvient par des manœuvres dolosives, la séduit par l'annonce d'un crédit imaginaire, l'attire par l'appât d'une fortune simulée, l'allèche par l'espoir de bénéfices faux et mensongers ; il l'endort enfin complétement, en berçant son imagination de rêves irréalisables, de projets chimériques, qui ne peuvent amener après eux que déceptions amères ; en sorte qu'un jour, lorsque tout cet échafaudage d'espérances folles vient à s'écrouler, la personne exploitée se réveille pour voir sa ruine déjà consommée, et la déconfiture imminente; trop heureuse encore, si même elle n'attend pas, pour être complétement désabusée, que les éclairs de la faillite lui viennent dessiller les yeux!!] Voilà par quels procédés l'escroc réussit à faire passer dans ses mains la totalité ou partie de la fortune d'autrui. En résumé, *le vol* suppose une soustraction frauduleuse, résultant de voies de fait (art. 379 Cod. pénal); *l'abus de confiance* se produit à la suite d'un abandon spontané et irréfléchi du propriétaire (art. 408); *l'escroquerie* est consommée grâce à un abandon provoqué par des intrigues, et par un ensemble d'indices assez habilement combinés pour tromper un homme même vigilant et éclairé (art. 405). Eh bien! nous demandons si la revendication temporaire accordée formellement par l'art. 2279, al. 2, au propriétaire victime d'un vol, peut être aussi intentée par celui qui aurait été privé d'une chose mobilière par suite d'une escroquerie?

117 bis. — Un premier système décide qu'il faut, en effet, assimiler l'escroquerie au vol et admettre, dans les deux cas, par application de l'art. 2279, al. 2, la revendication du propriétaire dépouillé. Les partisans de cette opinion invoquent à la fois les termes de la loi, son esprit, et des considérations d'équité.

D'abord *les termes de la loi :* l'art. 2279, al. 2, permet au propriétaire spolié par un *voleur* d'intenter l'action en revendication. Or, l'escroquerie se rapproche singulièrement du vol dans la plupart des hypothèses; sans doute, au point de vue de la classification des infractions, le Code pénal distingue ces deux délits l'un de l'autre; il s'occupe, dans les art. 379-401, du vol, tandis qu'il traite de l'escroquerie dans l'art. 405 seulement et sous une rubrique nouvelle; mais le point de vue du droit civil n'est pas le même que le point de vue du droit pénal; le but et le fondement de l'un et de l'autre sont essentiellement différents : quelles que soient les dénominations employées, vol ou escroquerie, il s'agit toujours, dans les deux cas, d'un déplacement frauduleux causant un dommage à autrui; il y a donc, en ce qui concerne l'intérêt privé, une identité presque complète entre ces deux infractions : cela est d'autant plus vrai qu'à l'époque de la confection du Code Napoléon, les bases de notre nouvelle législation pénale n'élaient point encore posées, et l'on était toujours sous l'empire de l'ancienne jurisprudence, héritière du droit romain, qui ne distinguait, ni en matière de peines, ni en matière de réparation de préjudice, le vol proprement dit d'avec les autres attentats similaires à la fortune d'autrui.

Cette interprétation, ajoute-t-on, est parfaitement juridique; car l'art. 2279, al. 2, accorde l'action en revendication même au propriétaire de la chose *simplement perdue*. Or, celui qui égare un meuble est nécessairement coupable d'une négligence plus ou moins grande, négligence qui souvent n'existera pas au cas d'escroquerie, à cause de l'habileté des combinaisons imaginées par l'escroc et arrangées de manière à dérouter l'attention la plus vigilante; de ce que la revendication est possible au cas de perte, il faut donc conclure qu'elle sera, à plus forte raison, admissible au cas d'escroquerie. Tel est le second argument tiré de *l'esprit* de la loi.

Enfin, on invoque des *considérations d'équité ;* pourquoi, dit-on, l'art. 2279, al. 2, autorise-t-il temporairement la revendication au cas de vol? Parce que le propriétaire n'a point consenti à se dessaisir de sa chose et que ce consentement était une condition indispensable à la transmission de la propriété; parce que, entre le tiers acquéreur qui a suivi la foi de son auteur et le propriétaire spolié par un délit, ce dernier devait être équitablement préféré, à cause du principe d'abord que personne ne peut être dépouillé d'un droit malgré sa volonté, et aussi, au point de vue de l'ordre public; car il il importe d'arrêter les voleurs non-seulement par la crainte de la répression pénale, mais encore en les mettant dans l'impossibilité de tirer facilement un bénéfice de leurs soustractions frauduleuses, par suite de l'hésitation des tiers craignant une revendication ultérieure. Or, tous ces motifs s'appliquent parfaitement au cas d'escroquerie; il n'y a pas eu de consentement de la part du propriétaire, puisqu'il a été trompé, *non videntur consentire qui errant*; il n'y a pas eu de faute grave, puisque tout autre à sa place se fût laissé prendre de même; l'intérêt public est toujours là, exigeant que l'on n'encourage pas en quelque sorte les attentats à la fortune d'autrui, en laissant à l'auteur le moyen d'en tirer un prompt bénéfice; donc la revendication du propriétaire doit être admise au cas d'escroquerie comme au cas de vol.

(M. Troplong, *Prescription* t. 2, n° 1069; Bordeaux, 3 janvier 1859, D. P. 1859, 2, 164, et Dev. 1859, 2, 452.)

117 *ter*. — Ces raisons sont graves assurément; pourtant elles ne nous ont pas convaincu, et nous déciderons de préférence que *l'escroquerie ne doit pas être assimilée au vol au point de vue de l'application de l'art. 2279, al. 2.*

Nous invoquerons d'abord *le texte* lui-même; l'art. 2279, dans son premier alinéa, pose une règle générale (1) fondée à la fois sur l'intérêt privé et sur l'intérêt public : en fait de meubles, dit-il, la possession vaut titre : à cette règle, le second alinéa du même article apporte deux exceptions seulement, l'une pour l'hypothèse du vol, l'autre pour l'hypothèse de la perte : or, un objet *escroqué* n'est ni un objet *volé* ni un objet *perdu :* donc il ne tombe pas sous le coup de la dérogation édictée au texte, par ce motif que les exceptions sont de droit étroit et ne peuvent pas être étendues : *exceptiones sunt strictissimæ interpretationis.*

Mais on objecte que la distinction entre le vol et l'escroquerie n'a été introduite que lors de la rédaction du Code pénal en 1810, postérieurement, par conséquent, à la confection du Code Napoléon. — Nous ne pouvons que reproduire ici la double réponse que nous avons faite en matière d'abus de confiance (V. *suprà*, n° 116 *ter*) : 1° Bourjon (t. 2, page 566) semble bien porté à admettre déjà, même dans l'ancien droit, la distinction que nous proposons, en ce qui concerne la revendication des meubles, entre le vol et l'escroquerie; 2° les rédacteurs du Code Napoléon ont formellement rejeté en tout cas les traditions anciennes, lorsqu'ils ont édicté l'art. 1141 et décidé qu'entre deux acquéreurs successifs d'un même objet mobilier, celui-là serait préféré qui, de bonne foi, aurait été mis en possession réelle; car l'hypothèse prévue dans ce texte constituait, d'après les principes romains, un véritable vol rendant impossible toute acquisition par voie d'usucapion (§ 2 et 8 Instit. *De usucapionibus*, lib. II, tit. vi), nonobstant la bonne foi du tiers acquéreur. Il n'est donc pas permis d'invoquer les termes de l'art. 2279 pour soutenir que ces expressions « *choses volées* » comprennent implicitement l'hypothèse de l'escroquerie.

______

(1) Comp. Marcadé sur l'art. 2280, n° 5, page 256.

On objecte encore que « celui dont le meuble a été escroqué
« n'a donné aucun consentement sérieux. La chose est sortie
« de ses mains sans son aveu. On ne peut lui faire aucun re-
« proche, et l'esprit de la loi empêche de mettre une différence
« entre l'escroquerie et le vol. » (Troplong, *Prescription*, t. 2,
n° 1069.) Nous contestons absolument cette proposition : en
réalité, il y a eu consentement ; le propriétaire a prêté les
mains à l'escroquerie ; il a laissé *imprudemment* l'objet mobilier sortir de son patrimoine. Sans doute, il a été victime de
manœuvres dolosives ; mais il ne s'en est pas moins volontairement dessaisi ; il n'en a pas moins suivi la foi d'autrui ; en
remettant des valeurs à l'escroc il a commis une faute, et dès
lors il ne peut pas plus revendiquer sa chose que ne pourrait
le faire celui qui aurait été victime d'un abus de confiance ;
car on doit, en équité, préférer le tiers acquéreur de bonne
foi, qui, lui, est absolument irréprochable, au propriétaire qui
s'est laissé tromper par un escroc, si habile qu'on le suppose :
il fallait y regarder de plus près.

On objecte enfin l'intérêt public : l'escroquerie et l'abus de
confiance sont, dit-on, plus à redouter que le vol et se présen-
teront beaucoup plus fréquemment dans les négociations de
chaque jour ; il importe d'y mettre un frein en rendant difficile la transmission des objets escroqués. — Nous répondons
que la sécurité des transactions privées exige aussi que la loi
accorde une large et sérieuse protection aux tiers acquéreurs
de bonne foi, d'autant plus qu'en admettant la revendication,
on donne toujours ouverture à des circuits de procédure et à
des recours successifs entre les divers acquéreurs qui se sont
transmis tour à tour l'objet mobilier ; or, ces circuits et ces
recours apportent une entrave considérable à la marche des
affaires. On conçoit que le législateur fasse néanmoins fléchir
la règle qu'En fait de meubles la possession vaut titre, lorsqu'il
y a eu vol, c'est-à-dire voie de fait et soustraction violente ;
mais, toutes les fois que la volonté du propriétaire a pu intervenir, toutes les fois qu'il y a eu imprudence de sa part, quelque minime qu'elle ait pu être, toutes les fois qu'à force de
perspicacité la dépossession aurait pu être évitée, le législateur
devait maintenir la règle, et s'il y avait quelqu'un à sacrifier,
abandonner plutôt le propriétaire, lequel doit s'imputer la
faute qu'il a commise en plaçant mal sa confiance. Nous con-

cluons donc en décidant que la revendication temporaire consacrée par l'art. 2279, al. 2, n'est pas recevable, à l'encontre des tiers acquéreurs de bonne foi, de la part de celui qui s'est laissé dépouiller d'une chose mobilière par suite d'une escroquerie. (Consulter MM. Aubry et Rau, t. 2, § 183, n° 9; — Cass. 20 mai 1835; Dev. 1835, 1, 321; — Rouen, 10 mars 1836; Dev. 1836, 2, 193; — Dijon, 28 novembre 1856; D. P. 1857, 2, 136; — Paris, 9 janvier 1862; D. P. 1862, 5, 248.)

118. — Pendant combien de temps l'action en revendication des choses volées ou perdues peut-elle être intentée par le véritable propriétaire, et quel est le point de départ du délai fixé par la loi? L'art. 2279, al. 2, décide que « celui qui a perdu ou auquel il a été volé une chose peut la revendiquer *pendant trois ans.....* contre celui dans les mains duquel il la trouve. » Le délai est donc de trois ans vis à vis du tiers détenteur de bonne foi; la loi devait le déclarer formellement : car, la bonne foi de ce tiers rendait applicable la maxime qu'En fait de meubles la possession vaut titre ; et dès lors il fallait une exception écrite pour que le propriétaire pût revendiquer sa chose durant un certain temps.

119. — Quant au *possesseur de mauvaise foi*, il ne se trouve ni dans la règle, ni dans l'exception : par conséquent, il faut en revenir aux principes du droit commun et décider qu'il aura acquis, au bout de *trente ans* seulement, le domaine irrévocable de l'objet mobilier (art. 2262).

120. — Reste *le voleur* lui-même : comme tel, il est soumis à la fois à une répression pénale et à une réparation civile. Toute infraction peut, en effet, on le sait, donner ouverture à deux actions, à *l'action publique* dont l'objet est la réparation du préjudice social, et à *l'action civile* qui tend à la réparation du préjudice privé (1). De plus, le voleur est exposé à la re-

<hr>

(1) Il y a donc communauté d'origine entre l'action publique et l'action civile. Toutefois, là s'arrête l'analogie : ces deux actions diffèrent essentiellement au triple point de vue de leur objet, des personnes qui peuvent les intenter et des tribunaux qui sont appelés à en connaître : d'abord, quant à leur *objet*, l'action *publique* tend à réprimer, par l'application de certaines peines, les attentats à l'ordre social ; l'action *civile* aboutit à la réparation d'un dommage causé, en faisant attribuer à la victime une indemnité pécu-

vendication du véritable propriétaire, qui doit pouvoir reprendre sa chose partout où il la trouve. Nous demandons précisément pendant combien de temps ce droit de suite persiste. Il est certain, en effet, qu'il doit nécessairement s'évanouir un jour ; car notre législation française n'a pas admis le principe de la loi des *Douze Tables* : « Rei furtivæ æterna auctoritas esto. » (V. *supra*, n° 11.) Eh bien ! est-ce le délai de trois ans qu'il faut appliquer ici, ou bien est-ce un délai plus long ? M. Dalloz (v° *Prescription civile*, n° 300) admet le terme de trente ans : « Il est évident, dit-il, que la prescription triennale de l'art. 2279 Code Nap. ne s'applique qu'au tiers qui a acheté l'objet volé. *Quand il s'agit du voleur lui-même, l'action en revendication dure trente ans.* » Nous le croyons, pour notre part, tout à fait ainsi. Sans doute il est de principe que la possession délictueuse (1) ne saurait être utile, ni compter au point de vue de la prescription ; or, pourrait-on dire, la possession du voleur est fondée sur une infraction ; donc elle ne peut jamais le mettre à l'abri de la revendication du propriétaire. Mais il faut répondre que, dans l'espèce, ce qui a été délictueux, c'est le *fait même du vol :* mais ensuite la possession de l'agent est devenue utile ; car elle a été continue, non interrompue, paisible, publique et à titre de propriétaire (art. 2229) : à tout moment, la personne volée ou dépouillée a été dans la situation de pouvoir actionner l'usurpateur, et interrompre ainsi la prescription : si elle ne l'a pas fait, elle s'est rendue coupable d'une négligence et s'est laissée aller à une inaction dont elle doit supporter les conséquences : car son abstention s'est assez prolongée, pour faire présumer l'aban-

niaire. Ensuite, quant aux *personnes qui peuvent les intenter*, l'exercice de l'action *publique* est exclusivement confié à des fonctionnaires désignés par la loi : l'action *civile* peut être mise en mouvement par tous ceux que le préjudice a atteints. Enfin, au point de vue des *tribunaux qui sont appelés à en connaître*, l'action civile peut se produire, concurremment avec l'action publique sur laquelle elle vient alors en quelque sorte se greffer, et devant les mêmes tribunaux. Elle peut aussi être intentée séparément et d'une manière principale devant la juridiction civile (art. 1 et 3 Code inst. crim.). Ajoutez, au point de vue des modes d'extinction, que l'action publique est anéantie par le décès de l'agent, auquel survit, au contraire, l'action civile (art. 2 Code inst. crim.).

(1) Comp. Béline, *Actions possessoires,* n°⁵ 73 et suiv.

don du droit ou encourir sa perte. De même que la possession prise en vertu d'un titre extorqué par violence n'est pas violente pour cela, à moins que les voies de fait n'aient été persévérantes (V. art. 2233, al. 2), de même la détention de la chose volée par l'agent auteur de l'infraction ne doit pas être considérée en soi comme perpétuellement délictueuse au point d'entraver toute acquisition par le laps de temps.

Mais alors on objecte que, si une prescription quelconque est applicable, ce n'est pas du moins la prescription de trente ans ; en effet, peut on dire , il est de principe (art. 637, 638, 640, Cod. inst. crim., combinés avec l'art. 2 du même Code) que l'action publique et l'action civile se prescrivent par le même laps de temps, c'est-à-dire par dix ans s'il s'agit d'un crime, par trois ans s'il s'agit d'un délit, et par un an s'il s'agit d'une contravention; le délai fixé pour l'extinction de l'action civile est toujours le même, que cette action soit portée devant les tribunaux répressifs concurremment avec la poursuite du ministère public, ou qu'elle soit intentée comme action principale devant les tribunaux civils : donc le voleur qui n'est pas recherché dans les dix ans ou dans les trois ans, suivant les cas, ne peut plus être en butte à aucune attaque, de quelque nature qu'on veuille la supposer.

Nous ne saurions accepter cette manière de raisonner ; elle repose, en effet, sur une confusion évidente entre l'action civile résultant d'un crime ou d'un délit, et l'action en restitution ou en revendication des choses frauduleusement soustraites. L'action qui est prescrite concurremment avec l'action publique et par le même délai qu'elle (art. 2 Cod. inst. crim.), c'est l'action civile dont la source se trouve dans l'infraction même, et dont l'objet est la réparation de cette infraction au moyen d'une indemnité que la personne lésée réclame aux tribunaux ; il fallait bien, en effet, la renfermer dans un terme très-court; car ici le demandeur proclame l'existence d'un fait criminel insusceptible, le plus souvent, d'être établi autrement que par la preuve testimoniale : or, au bout d'un certain temps, les souvenirs sont altérés, les présomptions affaiblies, les témoins dispersés, et, par conséquent, les chances de découvrir la vérité singulièrement amoindries. Le législateur, ému de ces dangers, qui atteignent également l'accusation et la défense, a dû respecter l'œuvre du temps ; il a jeté un voile sur le passé et il a interdit toute recherche qui pourrait aboutir à la révélation d'un attentat désormais impossible à vérifier. Il a considéré que l'action civile, elle aussi, pourrait imprimer sa tache et entamer gravement l'honneur d'un prévenu peut-être innocent ; il a donc décidé qu'elle s'éteindrait au même instant que l'action publique (art. 2, al. 3, Cod. inst. crim.). La revendication, au contraire, s'appuie sur le droit de propriété, établi par des titres que l'on représente ; le demandeur n'a pas même besoin de parler du vol, cause occasionnelle de l'instance ; il poursuit le délinquant comme possesseur illégitime, sans qu'il soit nécessaire de faire la moindre allusion à l'infraction commise. J'étais propriétaire, dit-il ; je fournis la démonstration victorieuse de mon droit en exhibant des titres que la justice a reconnus bons et valables : or, c'est vous qui détenez actuellement mon meuble ; je vous en demande la restitution au même titre que je la réclamerais *adversus quemcumque possessorem ;* car, en vertu de l'énergie du droit réel qui m'appartient, je vais droit à ma chose et je la reprends là où elle se trouve : *Aio hanc rem esse meam.* Dans tout ceci, il ne s'est pas glissé, on le voit, un seul mot ayant trait au délit ou au crime perpétrés à l'origine. Seulement le voleur qui, après avoir prescrit contre l'action publique, est actionné en revendication, ne manquera pas d'invoquer aussitôt la maxime de l'art. 2279, al. 1, qu'En fait de meubles la possession vaut titre. C'est ici que le demandeur en revendication devra prendre grand soin de formuler adroitement sa réponse : il faut qu'il se garde bien, pour repousser l'application de l'art. 2279, al. 1, d'alléguer l'existence d'un vol commis *ab initio ;* car aussitôt on lui opposerait à bon droit la prescription des art. 637 et 638 (Cod. inst. crim.). Il faut qu'il argumente uniquement de *la mauvaise foi* du défendeur. Vous ne pouvez pas, lui dira-t-il, vous prévaloir de la maxime qu'En fait de meubles la possession vaut titre, parce que cette règle n'est destinée à protéger que les possesseurs de bonne foi : or, non-seulement vous détenez ma chose matériellement, mais encore vous la détenez sachant parfaitement qu'elle ne vous appartient pas et qu'elle est à moi ; donc vous êtes obligé à restituer. En vain le défendeur voudrait-il soutenir que l'action du revendiquant a, en définitive, son vrai fondement dans une allégation de vol, délit déjà depuis plusieurs années prescrit ; le revendiquant maintiendra toujours les termes de sa prétention première. Je me garderais bien, répondra-t-il, de vous accuser de vol, et il vous sied mal de dévoiler vous-même votre prétendu forfait ; car, *nemo auditur propriam turpitudinem allegans*. Pour moi, je persiste à vous considérer comme un parfait honnête homme, complétement incapable de prendre le bien d'autrui ; seulement vous vous trouvez par hasard détenteur de ma chose, à la suite de circonstances que je n'ai point à connaître : je prouve que vous êtes renseigné sur l'illégitimité de votre possession, ce qui vous constitue de mauvaise foi. Je vous somme donc, la loi en main, de me rendre mon meuble, et vous ne pouvez vous soustraire, par aucun moyen de droit, à cette dure nécessité.

L'on voit comment, à l'aide d'un artifice fort simple de procédure, le demandeur en restitution pourra le plus souvent triompher dans son action, d'autant mieux que les tribunaux seront toujours portés à se prêter à ce mode d'argumentation et à admettre une revendication aussi conforme aux conceptions de la morale qu'aux principes du droit : « Il ne faut pas, dit excellemment notre regrettable maître, M. Trébutien (*Cours élémentaire de droit criminel*, t. 2, p. 160), exagérer la règle suivant laquelle le délai de la prescription de l'action civile est le même que celui de la prescription de l'action publique : cette règle s'applique exclusivement à l'hypothèse où l'action civile se fonde uniquement sur le fait même du crime ou du délit, et n'a d'ailleurs aucun autre fondement à invoquer. Il en est tout autrement si le demandeur invoque un droit de propriété, ou un droit résultant d'un contrat; ce droit est alors parfaitement indépendant du délit, a une origine distincte, une nature spéciale, et est régi par la prescription qui se rapporte à cette nature. Ainsi, par exemple, il y a lieu à la prescription de trente ans, et non pas à la prescription de trois ans, lorsque le propriétaire d'un immeuble intente, devant le tribunal civil, une action en restitution de la moitié d'un trésor trouvé sur son fonds et que le défendeur s'est approprié en totalité, bien que ce fait soit puni par l'art. 401 du Code pénal ; le propriétaire intente, en effet, une revendication qui dérive non du délit, mais de son droit de propriété (Angers, 15 juillet 1851, Dev. 1851, 2, 491). Il en est encore de même lorsque le mandant ou le déposant agissent en restitution du dépôt ou des sommes confiées. Vainement le dépositaire ou le mandataire opposeraient la prescription du délit de violation de dépôt ou d'abus de mandat; cette prescription ne peut pas s'appliquer à l'action personnelle qui naît du contrat lui-même (Cass., 16 avril 1845. Dev. 1845, 1, 494). On a souvent eu tort de confondre ces deux hypothèses qu'il importe cependant de bien séparer. (Comp. Bordeaux, 15 avril 1829; Sir. 1829, 2, 218; Cass. 23 janvier 1822; Sir. 1822, 1. 316. — Cass. 3 août 1841; Dev. 1841, 1, 753. — Bordeaux, 31 juillet 1848; Dev. 1849, 2, 81. — Faustin Hélie, *Instruction criminelle*, t. III, p. 792.)

121. — Nous avons décidé plus haut (V. n° 110 *quater*)qu'il fallait attribuer la propriété entière de l'objet mobilier *perdu* à celui qui l'avait trouvé; mais nous avons réservé la question de savoir *comment et au bout de combien de temps l'inventeur* pourrait devenir légitime propriétaire; nous y revenons maintenant.

121 *bis*. —Beaucoup d'auteurs enseignent que la propriété est acquise à l'inventeur *au bout de trois ans*. Ils invoquent en ce sens l'art. 2279, al. 2, dont les termes semblent très-nets : « Celui qui a perdu une chose, peut la revendiquer pendant trois ans, à compter du jour de la perte, contre celui entre les mains duquel il la trouve. » Ce texte, dit-on, n'établit aucune différence entre l'inventeur et les tiers acquéreurs de son chef; le propriétaire a trois ans pour revendiquer vis à vis de toute personne « dans les mains de laquelle se trouve sa chose. » Donc, ce délai une fois écoulé, la propriété est irrévocablement acquise à l'inventeur, qui peut à bon droit se retrancher derrière la maxime qu'En fait de meubles la possession vaut titre. Cette opinion s'appuie encore sur une décision du ministre des finances, en date du 3 août 1825; dans l'espèce, il s'agissait du prix d'une montre en or, trouvée, au mois d'octobre 1821, par une dame Lancesseur, et le ministre a décidé que, trois ans s'étant écoulés sans que personne fût venu réclamer ladite montre, le prix en était définitivement acquis à l'inventeur : « Considérant qu'en l'absence de dispositions spéciales sur la matière l'on ne peut se déterminer que par des considérations morales; — qu'il importe de laisser à l'inventeur l'espoir de profiter un jour de ce qu'il a trouvé, puisque cet espoir peut le décider à en faire le dépôt, et que cette mesure, par la publicité qu'elle occasionne et les délais qu'elle entraîne, a pour but de mieux assurer les droits du propriétaire; — considérant d'ailleurs qu'il est de principe qu'en fait de meubles la possession vaut titre...... »

121 *ter.* — Nous croyons néanmoins devoir repousser cette doctrine, aussi contraire à l'esprit qu'à la lettre de l'art. 2279. Ce texte, en effet, n'est applicable qu'autant que le possesseur de la chose perdue est *de bonne foi.* Or l'inventeur possède *sciemment* la chose d'autrui; car il n'a pas dû penser, pour pour peu que la chose trouvée fût de quelque valeur, que le véritable propriétaire de cette chose l'eût volontairement abandonnée avec l'intention de la faire passer dans la catégorie des *res derelictæ*; donc il ne peut pas invoquer la maxime qu'En fait de meubles la possession vaut titre. — Quant à la décision du ministre des finances, quelque respectables que puissent être d'ailleurs les motifs qui l'ont dictée, elle ne saurait avoir force de loi : de plus elle est en contradiction formelle avec les termes de l'art. 2279; car si la règle qu'En fait de meubles la possession vaut titre était vraiment applicable à l'inventeur, ce ne serait pas après trois ans écoulés sans réclamation de la part du propriétaire, mais bien *immédiatement et instantanément,* que la chose lui serait acquise. Dès lors en l'absence de règles spéciales, il nous faut rester sous l'empire des principes généraux. Or, la prescription de droit commun est celle de l'art. 2262 ainsi conçu : « Toutes les actions, tant réelles que personnelles, sont prescrites par trente ans, sans que celui qui allègue cette prescription soit obligé d'en rapporter un titre, ou qu'on puisse lui opposer l'exception déduite de la mauvaise foi. » Nous croyons donc que la propriété incommutable de l'objet trouvé ne sera acquise à l'inventeur qu'*au bout de trente ans,* par l'effet de la possession continuée utilement pendant tout le temps requis pour prescrire; ou bien, si le terme de *prescription* paraît ici répugner à la nature même de l'acquisition qui a été réalisée, nous dirons qu'au bout de trente ans ré-

volus l'inventeur sera réputé avoir véritablement consommé l'appropriation d'une chose *nullius;* le maître légitime ne s'étant point représenté, il semble nettement établi, en effet, que la chose trouvée pouvait bien être une *res derelicta,* susceptible, comme telle, d'entrer dans le patrimoine d'un particulier par voie d'occupation. (Comp. Mourlon, 2° examen de Code Napoléon, p. 8. — Demol., t. xiii, n° 71, B., p. 89 et suiv. ; Marcadé, art. 717, n° 2.)

122. — Bien entendu, le devoir de l'inventeur est de mettre en œuvre toutes les diligences possibles pour découvrir le véritable propriétaire de la chose perdue; il doit en particulier prendre soin de faire les déclarations prescrites par les divers règlements de police. Ces déclarations se font dans les départements, au greffe du tribunal civil ou chez les commissaires de police, et à Paris, à la Préfecture de police. Toutefois, l'accomplissement de ces différentes formalités n'est imposé rigoureusement à l'inventeur par aucune loi.

123. — De là même est née la question de savoir si, en droit, il existe une sanction à l'appui de ces dispositions réglementaires, et si, par exemple, l'on peut considérer comme *coupable de vol* celui qui, ayant trouvé une chose perdue, n'en aurait pas fait la déclaration, ni opéré le dépôt entre les mains des fonctionnaires compétents. Il est bien certain que celui qui ramasse un objet égaré sur la voie publique ou dans une propriété privée, avec l'intention de la garder, commet, au point de vue moral, un acte blâmable en s'emparant ainsi sciemment de la chose d'autrui. Mais, cet acte est-il entré dans es prévisions de la loi pénale? Quelle qualification convient-il de lui donner? Faut-il l'assimiler au vol?

123 *bis.* — Plusieurs criminalistes ont soutenu que cet acte ne peut jamais recevoir la qualification de vol, ni tomber, par conséquent, sous le coup des peines afférentes à ce genre d'infraction.

D'abord, ont-ils dit, les termes de l'art. 379 du Code pénal ne sont point ici applicables : d'après ce texte, « est coupable de vol quiconque *a soustrait frauduleusement* une chose qui ne lui appartenait pas : » « Fur est qui dolo malo rem alienam contrectat, » disait, en droit romain, le jurisconsulte Paul; or, celui qui trouve une chose perdue ne la soustrait pas au propriétaire, n'en opère pas le détournement et le déplacement; donc il ne saurait être considéré comme un voleur.

D'un autre côté, ajoute-t-on, non-seulement il n'y a pas ici le fait matériel de vol, mais encore l'*animus furandi*, l'intention criminelle fait complétement défaut; celui qui conserve l'objet égaré qu'il a trouvé n'a point été au devant de la faute; il est coupable seulement de s'être laissé tenter par l'occasion; peut-être même, au début, a-t-il cru être en présence d'une *res derelicta* et n'a-t-il été éclairé que plus tard sur la vraie situation; il n'y a pas eu, en tout cas, de préméditation de sa part, il n'y a pas eu de voies de fait, et le préjudice social n'existe que dans une faible mesure.

En outre, c'est un préjugé assez répandu que celui qui consiste à croire que l'on a le droit de s'approprier les choses égarées sur la voie publique. On ne saurait nier qu'il y a, dans la pratique, telles personnes qui reculeraient certainement devant l'idée d'un vol, et qui n'éprouveraient aucun scrupule à garder une chose trouvée; or, il faut tenir grand compte des appréciations morales du temps et du pays où l'on vit, et il serait excessif de dégrader par les peines du vol un individu qui n'a pas la conscience exacte de la criminalité de son action.

Enfin, on fait remarquer que nul ne peut être puni qu'en vertu d'un texte; « *nulla lex, nulla culpa.* » Le droit pénal ne comporte pas les raisonnements par analogie; car il n'est pas promulgué pour atteindre toutes les manifestations contraires à la délicatesse et à la probité, mais seulement celles de ces manifestations qui mettent en danger la sécurité sociale; on peut être un fort malhonnête homme, sans, pour cela, encourir une répression pénale. Eh bien! précisément, le fait de s'approprier une chose perdue que l'on a trouvée se rapproche sans doute beaucoup du vol, au point de vue du droit civil et de l'application de l'art. 2279, al. 2; mais il en diffère profondément au point de vue du droit pénal et des mesures répressives. C'est du reste ce que les anciens auteurs avaient merveilleusement compris; Pothier décide en effet que celui qui a trouvé un objet égaré doit en aller faire sa déclaration au greffe de la justice du lieu où l'épave a été trouvée; puis l'excellent auteur ajoute : « Faute par celui qui a trouvé l'épave de l'avoir déférée dans le temps dans lequel il devait le faire, ou d'en avoir averti d'une autre manière équipollente, en la faisant crier, *il doit être con-*

damné en une amende que notre coutume d'Orléans, art. 166, ainsi que plusieurs autres coutumes règlent à un écu sou, c'est-à-dire à soixante sous. D'autres coutumes laissent cette amende à l'arbitrage du juge » (*Traité du domaine de propriété*, nos 68 et 70). Pothier voit donc ici matière à amendes; il se garde bien d'appliquer les principes du vol. (Comp. Bourguignon, *Jurisp. des Cod. crim.*, t. 3, pag. 361; — Carnot *Comment. du Cod. pén. sur l'art.* 379, *Observ. addit.*, n° 1, et 383. n° 4; — Legraverend, t. 11, pag. 128; — Rauter, *Traité de droit crim.*, n° 507.)

123 *ter*. — Cette doctrine repose assurément sur des principes exacts: mais elle nous paraît beaucoup trop absolue; et, en effet, la cour de Cassation l'a repoussée dans sa généralité, en admettant ici un pouvoir très-large d'appréciation pour les tribunaux. Voici quelle est, en définitive, la théorie à laquelle nous croyons devoir nous arrêter : *celui qui, ayant trouvé une chose perdue, omet de faire la déclaration et la remise prescrite par les statuts locaux, doit toujours être réputé avoir commis au moins une contravention*, et comme tel il est passible d'une amende, sans préjudice de l'action civile en dommages-intérêts qui appartient au propriétaire. Mais, de plus, il nous paraît certain que la *dissimulation frauduleuse pourra être considérée parfois, à raison de la gravité des faits, comme constituant un véritable vol* soumis à l'application des mesures répressives édictées par les art. 379 et suiv. du Code pénal. Il y a ici, avant tout, une question de fait.

La première partie de notre proposition ne saurait souffrir une sérieuse difficulté si l'on veut se référer à la tradition historique, telle que nous venons de la rapporter au paragraphe précédent, tradition maintenue d'ailleurs formellement par l'art. 471, n° 15, du Code pénal : « Seront punis d'amende..... 15° ceux qui auront contrevenu aux règlements légalement faits par l'autorité administrative, et *ceux qui ne se seront pas conformés aux règlements ou arrêtés* publiés par l'autorité municipale, en vertu des art. 3 et 4, titre xi, de la loi du 16-24 août 1790, et de l'art. 46, titre 1er, de la loi du 19-22 juillet 1791. » Or, celui qui néglige de déclarer et de remettre soit à l'autorité administrative, soit à l'autorité judiciaire, les objets qu'il a trouvés, contrevient à des règlements régulièrement faits et publiés : donc il est passible d'une amende, sans qu'il puisse aucunement invoquer sa bonne foi; car l'on sait que cette considération n'est d'aucun poids en ce qui touche les contraventions, dans lesquelles on punit plutôt le fait matériel en lui-même que l'intention.

Mais nous allons plus loin et nous admettons que, dans certaines circonstances, l'inventeur, qui n'aurait pas fait les déclarations prescrites, pourrait être assimilé à un voleur et punissable comme tel; par exemple, au moment où il a trouvé l'objet perdu, l'inventeur a eu l'intention de se l'approprier : non content de ne faire aucune déclaration officielle, il a encore pris toute sorte de précautions pour dérouter le propriétaire; il a été interpellé par le véritable maître ou par un représentant de l'autorité et il a soutenu n'avoir rien trouvé; peut-être même a-t-il été, afin de faire perdre la trace de l'objet perdu, jusqu'à le vendre ou le placer chez une tierce personne. Nous soutenons que, dans de pareilles circonstances, la dissimulation frauduleuse de l'inventeur est assez grave pour constituer un véritable vol.

Il importe, avant tout, de déterminer la sphère d'application de l'art. 379 du Code pénal. C'est, en effet, autour de cet article que roule nécessairement la controverse. Or, le législateur de 1810, placé en présence de la définition romaine, « *furtum est contrectatio rei fraudulosa, lucri faciendi gratia, vel ipsius rei, vel etiam usus ejus, possessionisve,* » a retenu deux des éléments qui la composaient; pour qu'il y ait vol, il exige la *soustraction matérielle* et la *fraude*; mais, de plus, le détournement doit porter sur une *chose appartenant à autrui :* nous ne connaissons plus, dans notre législation actuelle, les vols d'usage ou de possession. « Quiconque, dit l'art. 379, a *soustrait frauduleusement* une *chose qui ne lui appartient pas* est coupable de vol. » (Comp. art. 400, 403, 408 Code pén.) *La fraude* consiste ici tout simplement dans l'intention de nuire à une tierce personne en la dépouillant de ce qui lui appartient; il n'est pas indispensable qu'il y ait eu une pensée personnelle de lucre chez l'agent de l'infraction; le sentiment de malveillance suffit pleinement. (V. *Leçons de droit criminel,* par Boitard, revues et complétées par M. Faustin Hélie, 9e édition, pag. 393.)

Ceci posé, il est facile d'apercevoir les deux éléments constitutifs du vol dans le fait de celui qui, ayant trouvé un objet mobilier, le vend sciemment à un tiers, ou s'arrange pour en dissimuler la trace au véritable propriétaire : en effet, ici, l'agent s'empare d'une chose qu'il sait ne pas lui appartenir; il y a donc bien déplacement d'une chose appartenant à autrui et intention frauduleuse. Qu'importe qu'il n'y ait point eu préméditation et que l'occasion se soit offerte d'elle-même? Est-ce que l'inventeur n'est pas toujours coupable d'avoir cédé à ses mauvais instincts et d'avoir gardé la chose au lieu de provoquer des recherches qui auraient certainement amené la découverte du véritable maître? Sans doute l'agent n'a pas connu le légitime propriétaire de la chose égarée, au moment où il s'en est emparé; mais c'est là une circonstance parfaitement indifférente; car, ce n'est pas la connaissance du propriétaire, c'est la certitude acquise que la chose par nous appréhendée ne nous appartient pas, qui constitue la criminalité de la soustraction (art. 379 Code pén.). Le jurisconsulte Ulpien faisait déjà cette remarque sous l'empire de la législation romaine; il s'exprime, en effet, ainsi dans la loi 43, § 4 ff. *De furtis* (lib. 47, tit. 2) : « Qui alienum quid jacens, lucri faciendi causa sustulit, furti obstringitur, sive scit cujus sit, sive ignoravit; nihil enim ad furtum minuendum facit, quod cujus sit ignoret. » Cette observation doit être accueillie à plus forte raison dans notre droit actuel qui permet, au moyen des circonstances atténuantes, de proportionner la peine aux différentes nuances des faits : il est certain que les juges seront portés à user d'une plus grande indulgence vis à vis de l'inventeur, qu'ils n'en useraient vis à vis du voleur proprement dit qui a préparé de longue main la spoliation et a eu l'audace de l'exécuter : mais il n'en faut pas moins maintenir les vrais principes ; or, la soustraction frauduleuse s'exerce aussi bien sur un objet trouvé que sur celui qui est resté dans les mains de son propriétaire; la seule différence, c'est que, dans le premier cas, l'intention criminelle de l'agent est plus difficile à établir; et c'est là une pure question de fait que les tribunaux résoudront par l'examen des circonstances, soit antérieures, soit concomitantes, soit même postérieures à la réalisation de l'appréhension matérielle.

Ainsi, pour nous résumer, nous admettons ici, dans la mesure la plus large, le pouvoir d'appréciation des tribunaux, nous souvenant de cette judicieuse remarque d'un ancien docteur : « sæpissime modica differentia facti maximam inducit juris diversitatem. » Et, si nous croyons que l'on ne doive point induire nécessairement, du *seul défaut de déclaration* par l'inventeur, l'intention frauduleuse de s'approprier la chose perdue, nous sommes en même temps fermement convaincus que les juges pourront souvent trouver les éléments constitutifs du vol dans l'ensemble des circonstances accompagnant cette abstention. La solution que nous proposons est la seule qui puisse concilier entre elles les décisions en apparence divergentes, rendues en cette matière par les cours et tribunaux. (V. Paris, 9 novembre 1855. Dev. 1856, 2, 49 ; — consulter aussi M. Demolombe et les nombreux documents auxquels il renvoie, t. xiii, nᵒˢ 74-76).

124. — De tout ce que nous venons de dire, il résulte que le délai de trois ans édicté par l'art. 2279, al. 2, est uniquement établi vis à vis des tiers acquéreurs de bonne foi : vis à vis de toute autre personne, il faut en revenir aux principes du droit commun (art. 2262). Mais quel est *le point de départ de ce délai de trois ans et quelle est sa nature ?* L'art. 2279, al. 2, consacre-t-il au profit des tiers acquéreurs, de bonne foi, de l'objet volé ou perdu une prescription acquisitive analogue à l'usucapion triennale du droit romain ? Est-ce, au contraire, une prescription extinctive ou libératoire de l'action réelle dont le propriétaire est armé ? Ou bien plutôt ne serait-ce pas une simple déchéance ?

Le point de départ du délai de trois ans se place au *jour même de la perte ou du vol :* « Celui qui a perdu, dit l'art. 2279, al. 2, ou auquel il a été volé une chose, peut la revendiquer pendant trois ans, à *compter du jour de la perte ou du vol,* contre celui entre les mains duquel il la trouve. » De là nous pouvons tout d'abord conclure hardiment qu'il n'est point question d'usucapion ou de prescription acquisitive : car l'usucapion suppose une possession utile, continuée par le détenteur avec la réunion de toutes les conditions exigées par les art. 2228, 2229 et suivants, pendant tout le temps requis pour son accomplissement. Il n'est pas davantage question de prescription extinctive ou libératoire : car ce genre de prescription a sa base dans une présomption d'abandon volontaire de la part de celui qui néglige d'exercer son action ; la loi voit là une inaction blâmable et de nature à faire présumer soit l'inexistence, soit du moins l'extinction normale du droit ; elle ne veut pas qu'une personne puisse être victime de la fausse sécurité dans laquelle on l'a volontairement laissée; le juge d'ailleurs aurait-il, après plusieurs années écoulées, le moyen de se procurer de sérieux éléments d'appréciation? Tels sont les motifs qui, venant s'ajouter aux vues générales d'utilité publique et à la nécessité de fermer l'arène des procès, ont fait admettre la prescription extinctive ou libératoire. Or, dans l'art. 2279, al. 2, au contraire, le délai est préfix; il atteint directement l'action du propriétaire et il l'anéantit fatalement par l'expiration du terme indiqué, sans se préoccuper du point de savoir s'il y a eu, de la part de ce propriétaire, une négligence réelle d'où l'on puisse induire l'intention de renoncer à son droit : quand même le maître légitime aurait fait toutes ses diligences, si, au bout de trois ans, il n'a point encore découvert et actionné le tiers détenteur de bonne foi du meuble, l'heure suprême du droit non encore exercé ayant sonné, la revendication lui échappe : rien, en effet, ne peut arrêter la marche impérieuse et inexorable des déchéances proprement dites, parce que les droits que la déchéance atteint sont tous plus ou moins des concessions de la loi, libre dès lors d'en restreindre la portée : « Jus adinventum per legem aut consuetudinem, dit avec raison le président Favre, non fuit inventum, nisi ad limites modi et temporis in ea expressi. » Du reste les auteurs sont généralement unanimes à reconnaître que le délai de trois ans, après lequel la revendication n'est plus admise (art. 2279, al. 2), constitue une simple déchéance étrangère à toute idée de prescription soit acquisitive, soit libératoire (Comp. Aubry et Rau, t. 2, § 183, n° 2) : et de là découlent notamment les deux conséquences considérables que voici : 1° le délai de l'art. 2279, al. 2, court indistinctement contre toutes personnes, sans distinction de capacité : il est opposable au propriétaire mineur ou interdit comme au propriétaire majeur, et à la femme mariée sous le régime dotal, comme à la femme mariée sous le régime de communauté (Comp. les art. 2252, 2255, 2256 et suiv.) ; — 2° la déchéance triennale peut être invoquée par le possesseur actuel, quelque courte qu'ait été la durée de sa possession; ce détenteur, eût-il acheté du voleur lui-même, et ne fût-il entré en possession que de la veille, pourra repousser la revendication du proprié-

taire, pourvu que la soustraction frauduleuse remonte à plus
de trois années : car c'est *à compter du jour de la perte ou du
vol* que le délai commence à courir, sans aucune distinction,
aux termes de l'art. 2279, al. 2. Et, pour le dire en passant, ce
second alinéa de notre article vient singulièrement confirmer
la théorie que nous avons proposée sur l'interprétation du
premier alinéa qui édicte la maxime qu'En fait de meubles la
possession vaut titre. Cette règle, avons-nous dit plus haut
(V. nᵒˢ 18-25), n'est que la consécration d'une *présomption
rigoureuse* d'acquisition admise pour protéger le possesseur
de bonne foi; ce n'est pas le résultat d'une fiction créée par la
loi qui réputerait la prescription instantanément acquise : —
aussi nous voyons le législateur, lorsqu'il veut écarter la règle
(art. 2279, al. 2), introduire *une déchéance :* en général, dit-il
au propriétaire, vous êtes dépouillé de votre droit immédiatement par le passage de votre chose entre les mains d'un tiers
acquéreur de bonne foi (art. 2279, al. 2) : eh bien ! par exception, au cas de vol ou de perte, vous verrez votre revendication persister pendant trois ans et vous ne serez *déchu* qu'une
fois ce terme arrivé. Or, si le système de la prescription instantanée était la vraie théorie du Code, le législateur n'aurait
pas manqué de tenir un tout autre langage : son premier principe aurait été celui-ci : le possesseur de bonne foi d'un meuble en deviendra à l'instant propriétaire par suite d'une fiction
réputant le délai pour prescrire instantanément accompli;
puis, passant à l'exception, les rédacteurs de l'art. 2279 auraient ajouté : Par dérogation au principe précédent, le possesseur de bonne foi d'un meuble ne pourra plus, dans le cas
de perte ou de vol, prescrire instantanément : il ne *prescrira*
que par trois ans. Mais alors le point de départ aurait été nécessairement changé; car, l'exception ne portant désormais
que sur la durée du temps requis, le législateur aurait dû se
conformer aux principes fondamentaux qui régissent l'acquisition par le laps de temps, principes d'après lesquels le délai
de trois ans n'aurait pu courir que du jour de l'entrée en possession, soit du détenteur actuel, soit de quelqu'un ayant possédé utilement pour lui. En un mot, si l'on admet notre interprétation de la maxime qu'En fait de meubles la possession
vaut titre, les rédacteurs du Code ont été conséquents avec eux-
mêmes : car, après avoir prononcé, dans l'alinéa premier de

l'art. 2279, *la déchéance*, en thèse générale, *immédiate* du revendiquant, ils sont naturellement conduits à consacrer à titre d'exception, dans le second alinéa du même article, la *déchéance par trois ans*, toujours avec un point de départ identique, à savoir, la dépossession du propriétaire. Si, au contraire, l'on se rallie au système de la prescription instantanée, l'harmonie disparaît et l'exception ne cadre plus avec la règle : car, d'un côté l'on trouve une règle de prescription, et de l'autre côté une exception consacrant une déchéance distincte et particulière. La vérité est donc que la prescription n'a rien à faire dans tout ceci : la souveraineté sociale a cru devoir investir le possesseur de bonne foi d'une prérogative exorbitante que la loi était maîtresse de limiter à son gré : elle a en conséquence sanctionné d'abord la maxime qu'En fait de meubles la possession vaut titre. — et ensuite elle a restreint, pour le cas de vol et de perte, le privilége accordé, en suspendant ses effets pendant trois ans, période suffisante pour permettre au propriétaire victime du vol ou de la perte de faire valoir ses droits, mais aussi délai fatal et de rigueur.

125. — Nous sommes ainsi tout naturellement amenés à nous préoccuper de la situation faite au tiers acquéreur de la chose volée ou perdue, vis à vis du maître légitime qui exerce, en temps opportun, son droit de revendication. Pendant les trois ans qui suivent le vol ou la perte, le tiers acquéreur du meuble peut être obligé, malgré sa bonne foi, de le restituer, à cause de la menace d'éviction qui plane sur sa détention : mais s'il est dépossédé, il conserve son recours, tel que de droit, contre celui qui lui a transmis la chose d'autrui (art. 2279, al. 2 *in fine*).

Quant au propriétaire qui triomphe dans sa revendication, il évince purement et simplement, sans bourse délier, le possesseur : ce dernier n'a d'autre ressource, comme nous venons de le dire, que d'actionner en garantie son auteur à l'effet d'obtenir une indemnité. La position faite au tiers acquéreur est donc extrêmement dure : toutefois, pour justifier cette solution rigoureuse, on a fait observer qu'il n'était pas entièrement exempt de faute, qu'il aurait dû s'enquérir de la moralité de celui avec lequel il traitait, et que, ne l'ayant pas fait, il doit être réputé avoir, en quelque sorte, acheté au hasard et à ses risques et périls.

126. — Mais il était difficile de maintenir cette décision dans tous les cas : il peut, en effet, se produire certaines hypothèses où l'ignorance du tiers acquéreur sera absolument invincible, et dans lesquelles par conséquent les raisons que nous venons d'indiquer s'effaceront complétement : par exemple, il s'agit d'un objet acheté de bonne foi, soit dans une foire ou dans un marché, soit dans une vente publique ou d'un marchand vendant des choses pareilles : il est impossible alors de deviner si la chose que l'on acquiert est une chose perdue ou volée. Lorsqu'une vente est proposée par un inconnu, ou par un homme connu qui n'est pas marchand, ou par un commerçant dont le trafic porte habituellement sur un autre genre de marchandises, il y a place pour le soupçon : on peut se demander comment il se fait que la personne offre une chose sortant du cercle de ses opérations habituelles; on doit exiger des renseignements, il est prudent de demander des garanties. Lorsqu'au contraire on se présente sur un marché ou dans un magasin, il devient impossible de vérifier l'origine et la provenance de chaque objet : la bonne foi du tiers acquéreur devient tellement éclatante, son erreur si légitime, que c'est bien assez d'autoriser contre lui la revendication, sans l'exposer encore à perdre à la fois et la chose et le prix qu'il a payé. Cette situation avait, du reste, déjà ému le législateur, avant la promulgation du Code Napoléon ; et une loi des 28 septembre-6 octobre 1791 contenait, dans son tit. 2, un art. 11 ainsi conçu : « Celui qui achètera des bestiaux *hors des foires et marchés*, sera tenu de les restituer *gratuitement* au propriétaire dans l'état où ils se trouveront, dans le cas où ils auraient été volés. » Donc, *a contrario*, celui qui achetait des bestiaux *dans les foires et marchés* ne pouvait être contraint d'obtempérer à la demande en restitution du propriétaire volé, que moyennant le remboursement préalable du prix d'achat. C'est cette disposition que le Code Napoléon a consacrée dans l'art. 2280, en statuant toutefois sur des bases plus larges et plus libérales : « Si le possesseur actuel de la chose *volée ou perdue*, dit l'art. 2280, l'a achetée dans une foire ou dans un marché, ou dans une vente publique, ou d'un marchand vendant des choses pareilles, le propriétaire originaire ne peut se la faire rendre qu'en remboursant au possesseur le prix qu'elle lui a coûté. » Ainsi, dans les hypothèses prévu

par ce texte, la revendication n'est point arrêtée sans doute ; on ne pouvait pas faire cette brèche énorme à la perpétuité du droit de propriété ; mais le légitime propriétaire doit, du moins, rembourser au tiers acquéreur de bonne foi le prix que lui a coûté la chose volée ou perdue, en y ajoutant les frais et loyaux coûts du contrat (1). L'art. 2280 donne par-là satisfaction complète aux notions les plus claires d'équité sociale, en même temps qu'il concilie à la fois tous les intérêts, celui du revendiquant qui rentre en possession de son bien, et celui du tiers détenteur qui, recevant un dédommagement, n'est plus exposé à perdre à la fois la chose et le prix.

127. — Mais, il peut arriver que le possesseur actuel du meuble ait fait des dépenses considérables d'amélioration ou de conservation : le propriétaire revendiquant doit-il une indemnité de ce chef, de même qu'il est tenu de rembourser intégralement le prix d'achat avec les frais et loyaux coûts ? Il convient de rechercher d'abord quel genre de dépenses le possesseur a pu faire : sont-ce des dépenses *nécessaires*, c'est-à-dire indispensables à la conservation de la chose ? Le tiers acquéreur évincé a droit au remboursement intégral ; car le propriétaire lui-même les aurait faites. Quant aux dépenses *voluptuaires*, c'est-à-dire ne servant ni à la conservation, ni à l'amélioration de la chose, mais destinées seulement à l'agrément personnel du possesseur, elles ne peuvent donner ouverture à aucun recours en indemnité. Supposons maintenant qu'il s'agisse de dépenses *utiles*, c'est-à-dire de ces sortes de dépenses dont l'omission, il est vrai, n'aurait pas détérioré la chose, mais dont l'exécution l'a rendue plus productive : dans quelle mesure le propriétaire revendiquant sera-t-il tenu de dédommager le tiers acquéreur de bonne foi ? Pothier, dans son *Traité du droit de domaine de propriété* (n° 318), s'exprime de la manière suivante : « Il y a des impenses qui augmentent la valeur de la chose revendiquée, dans le cas auquel le propriétaire voudrait la vendre, mais qui n'en augmentent pas le revenu dans le cas auquel il compterait la garder ; le propriétaire qui, en gardant cette

_____

(1) Comp. M. de Lamoignon, tit. 21, n° 96 ; — M. Troplong, *Prescription*, t. 2, n° 1074

chose, ne profite point de cette impense, n'est point obligé de rembourser le possesseur de bonne foi qui l'a faite, à moins que ce propriétaire ne fût un homme qui fît commerce des choses de l'espèce dont est la chose revendiquée, auquel cas, *profitant de ce dont les impenses ont augmenté le prix de cette chose,* il en doit rembourser le possesseur de bonne foi qui les a faites. (Comp. l. 27, § 4 *in fine;* l. 28 et l. 29 ff. *De rei vindicatione,* lib. VI, tit. 1.) Supposez ceci : Un homme a acheté de bonne foi (dans un marché), un jeune chien qu'on m'avait volé, et a donné une somme d'argent pour lui apprendre à arrêter le gibier ; ayant depuis reconnu mon chien, je l'ai revendiqué. Je ne suis pas obligé de lui rendre la somme qu'il a donnée pour instruire mon chien, cette dépense m'étant inutile, parce que je ne suis pas chasseur ; mais si j'étais connu pour faire commerce de chiens, je serais obligé de la lui rendre, profitant en ce cas de cette dépense qui me ferait vendre mon chien plus cher que s'il n'était pas dressé. » Le principe général, en matière de dépenses *utiles,* est donc que le tiers acquéreur de bonne foi en peut exiger le remboursement de la part du revendiquant jusqu'à concurrence de la *plus-value réelle* qui en est résultée ; nous le décidons ainsi par application de l'art. 1634, Cod. Nap., et de la règle d'équité qui défend que personne puisse s'enrichir aux dépens d'autrui : *Hoc natura æquum est,* dit la loi 14 ff. *De condictione indebiti,* lib. XII, tit. VI, *neminem cum alterius detrimento fieri locupletiorem.* Nous employons d'ailleurs à dessein ces mots : *plus-value réelle,* parce que, en effet, les distinctions faites par Pothier, dans le paragraphe que nous venons de citer, ne nous paraissent pas admissibles ; dans tous les cas, suivant nous, que le revendiquant soit ou non chasseur, qu'il fasse ou non le commerce des chiens, il devra indemniser l'acheteur qu'il évince des dépenses faites pour l'éducation du chien ; car les dépenses ont procuré à cet animal une plus-value parfaitement appréciable en argent : si le propriétaire veut le vendre, il en obtiendra un prix plus élevé ; s'il préfère le garder, il pourra en faire un usage plus complet et plus agréable ; l'instruction donnée au chien lui a conféré des aptitudes nouvelles dont le propriétaire est à même de profiter : peu importe qu'en fait il s'abstienne par négligence d'en tirer parti (comp. Paris, 10 mai 1858, D. P. 1858, 2, 217).

128. — Le tiers acquéreur de bonne foi, évincé par le maître légitime, peut-il exiger le *paiement des intérêts* soit du prix qui lui est remboursé aux termes de l'art. 2280, soit des dépenses nécessaires ou utiles qu'il doit recouvrer plus ou moins complétement aux termes de l'art. 1634, Code Nap., et par application de la maxime que nul ne doit s'enrichir aux dépens d'autrui? Pothier admet l'affirmative pour les intérêts des dépenses *nécessaires* : « Lorsque, dit-il, le possesseur a fait des impenses nécessaires pour la conservation de la chose, que le propriétaire eût été obligé de faire, si le possesseur ne les eût pas faites, autres néanmoins que celles de simple entretien, le propriétaire ne peut pas non plus en ce cas obliger le possesseur à lui délaisser la chose, s'il n'a remboursé au préalable à ce possesseur la somme qu'il a déboursée pour cette impense, et *les intérêts de cette somme depuis qu'il l'a déboursée*, en ce qu'ils excéderaient les fruits que le possesseur a perçus depuis ledit temps, avec lesquels la compensation doit s'en faire. » (*Traité du droit de domaine de propriété*, n° 344 ; ajoutez n° 343, 345, 346.) Nous ne croyons point ces principes entièrement admissibles sous l'empire du Code Napoléon. Quant aux intérêts du prix d'achat d'abord, ou des sommes payées par le possesseur de bonne foi pour libérer le meuble d'une charge réelle, d'un droit de gage par exemple, pesant sur lui du chef du propriétaire actuellement revendiquant, nous ne voyons pas à quel titre ils pourraient être dus : il y aura toujours lieu, en effet, de compenser ces intérêts avec le profit que le possesseur a retiré de l'usage de la chose ; autrement il s'enrichirait aux dépens d'autrui (comp. l. 65 pr. ff. *De rei vindicatione*, lib. vi, tit. ii). S'agit-il maintenant des intérêts des sommes que le possesseur a déboursées pour subvenir à des dépenses relatives à l'objet détenu? Ces dépenses ont été ou voluptuaires, ou utiles, ou nécessaires. Les intérêts des dépenses purement voluptuaires ne peuvent pas être dus, puisque le capital ne l'est même pas. Les intérêts des dépenses utiles ne peuvent pas être réclamés davantage, puisque le remboursement est simplement proportionnel à la plus-value et non pas adéquat aux déboursés ; le possesseur, d'ailleurs, a lui-même largement profité de l'amélioration qu'il a procurée. Le doute ne peut donc naître que pour les intérêts des dépenses nécessaires : car ces sortes de dépenses ont eu pour résultat unique la conservation de la chose; l'objet n'a pas acquis une plus grande valeur; mais sans cette dépense, il n'existerait plus, ou bien il n'existerait qu'amoindri et détérioré : le possesseur a dès lors fait une avance dont, au point de vue du revenu, il n'a retiré aucun avantage nouveau et l'on pourrait être tenté de soutenir avec Pothier qu'il a droit à des intérêts compensatoires, venant s'ajouter au capital que le revendiquant doit, sans aucun doute, lui rembourser. Tel ne serait pourtant pas notre avis : nous ne voyons aucune raison sérieuse d'autoriser le possesseur de bonne foi à réclamer, lors de l'éviction, les intérêts des sommes qu'il a payées pour des impenses même *nécessaires*, faites à propos du meuble revendiqué. Il faudrait en effet un texte où au moins une raison d'équité pour appuyer cette prétention : or, de texte, il n'y en a pas : tout au contraire, nos lois actuelles se montrent extrêmement difficiles à faire courir les intérêts contre les débiteurs et au profit des créanciers (comp. art. 1146-1155 Cod. Nap.). Y a-t-il, du moins, des mot.fs d'équité qui militent en faveur du possesseur de bonne foi ? Nous en doutons : ce possesseur, en effet, s'est cru légitime propriétaire : il a fait les dépenses croyant les faire à sa propre chose et pour lui-même : il était d'ailleurs obligé de s'y résigner puisqu'elles étaient indispensables et que, sans elles, il n'aurait pu retirer de la chose qu'une très mince utilité; il a été le premier à profiter des dépenses réalisées : il voulait, en réparant le meuble, obtenir comme compensation de ses déboursés la jouissance complète de cet objet : il a fait soigner le cheval qui était tombé malade, parce que, pour lui, c'était le seul moyen de s'en servir utilement, dans la mesure des services que cet animal était susceptible de rendre. Eh bien ! son but a été atteint : il a bénéficié, pendant quelque temps, des avantages de la possession : seulement aujourd'hui il est obligé de restituer; il peut évidemment réclamer le capital déboursé, parce que sans cela il serait constitué en perte : mais quant aux intérêts, il ne peut y avoir aucun droit; car il a trouvé une large compensation dans la jouissance plus avantageuse, plus complète, plus lucrative qu'il a obtenue durant sa détention intérimaire. Que s'était-il, en définitive, proposé ? Il avait voulu retirer toute l'utilité possible de la chose, quel que pût être le résultat matériel ou d'agrément, certain ou éventuel de la dépense *nécessaire*. Or, il a eu précisément cette utilité telle quelle qu'il recherchait, en subissant toutefois une éventualité, fâcheuse nous l'admettons, mais qui n'empêche pas qu'en dernière analyse le but des dépenses ait été atteint, le revenu augmenté, les services meilleurs. Pourquoi d'ailleurs, dit avec raison le regrettable M. Bugnet à propos du paragraphe 314 *Du traité de la propriété* de Pothier, note 3, « pourquoi le possesseur même de bonne foi serait-il plus favorisé que le propriétaire, qui, en faisant de grosses réparations, ne place certes pas son argent au taux légal? » Concluons donc en décidant que le possesseur évincé ne peut pas réclamer les intérêts des dépenses qu'il a pu faire relativement au meuble revendiqué : 1° parce que les textes s'y opposent; 2° parce qu'il ne peut invoquer aucun principe d'équité; 3° parce que les analogies sont contre lui. Il ne peut exiger que le remboursement du capital et cela encore seulement dans les hypothèses prévues par l'art. 2280 ; mais comme garantie, il a le droit de rétention : les termes de l'art. 2280 *in fine* l'établissent clairement; le remboursement doit être effectué préalablement à la prise de possession du propriétaire.

129. — Toutefois, le revendiquant, qui est ainsi obligé de faire certains paiements au tiers acquéreur de bonne foi par lui évincé, est autorisé à recourir à son tour contre celui par le fait duquel il a été illégalement privé de sa chose, c'est-à-dire contre le voleur ou contre celui qui, ayant trouvé l'objet mobilier, se serait permis de le vendre. De plus, si le meuble est venu à passer de main en main par plusieurs transmissions successives, le propriétaire revendiquant aura, en outre, son recours en indemnité contre les acquéreurs intermédiaires de mauvaise foi, ou, du moins, contre celui qui le dernier a vendu l'objet, sans l'avoir lui-même acquis dans les conditions indiquées par l'art. 2280 : en effet, celui-là, si la revendication s'était produite plus tôt, avant qu'il n'eût rétrocédé la chose, n'aurait pas pu réclamer du propriétaire le remboursement préalable de son prix d'acquisition (art. 2729, al. 2 *in fine*) : eh bien ! il ne peut pas, en transmettant ensuite le meuble dans un marché public ou à un marchand faisant le commerce de choses de même nature, améliorer sa propre position en aggravant celle du propriétaire dépouillé qui réclame son bien injustement détourné (comp. Cass. 9 avril 1861, D.

P. 1861, 1, 147). Il aura seulement ensuite son recours en garantie tel que de droit contre le vendeur originaire (art. 2279, al. 2).

130. — Nous arrivons ainsi à l'examen d'une hypothèse assezcompliquée : il peut arriver que le possesseur, actuellement soumis à la revendication du véritable propriétaire, ait acheté le meuble en dehors des circonstances prévues par l'art. 2280, c'est-à-dire dans un lieu privé et d'un simple particulier parfaitement inconnu ; mais ce dernier individu avait lui-même acheté dans une foire et dans un marché ou dans une vente publique ou d'un marchand vendant des choses pareilles. Un cheval, par exemple, a été volé : le voleur se rend à une foire ou à un marché et le met en vente : Pierre se porte acquéreur moyennant mille francs ; puis, au bout de quelque temps, il le revend, à son domicile même, pour le prix de douze cent francs à l'un de ses amis, Jacques, lequel est bientôt après soumis à la revendication du véritable propriétaire exerçant son droit dans les trois ans à compter du jour du vol. Jacques demande le remboursement préalable du prix que le cheval lui a coûté : le propriétaire refuse, en se fondant sur ce que le possesseur actuel a acheté en dehors des circonstances indiquées par l'art. 2280 : nous sommes placés dès lors, dit-il, dans l'hypothèse spécialement prévue par l'art. 2279, al. 2, qui me permet de reprendre ma chose sans bourse délier, sauf à vous de recourir ensuite, à vos risques et périls, contre votre auteur : lequel des deux doit ici obtenir gain de cause? Il faut décider que le propriétaire devra opérer le remboursement préalable : en effet, le possesseur actuel aurait, si le propriétaire persistait à se montrer récalcitrant, un moyen très-simple de lui forcer la main : il opposerait l'exception de garantie et ferait intervenir au procès son auteur, tenu de le défendre (art. 1626 et suiv.) : celui-ci opposerait alors au revendiquant l'art. 2280 *in fine* et exigerait le remboursement : les principes conduisent donc nécessairement à accorder au possesseur actuel le droit d'invoquer du chef de son auteur, et par application de l'art. 1166, la disposition protectrice de l'art. 2280.

Mais quelle somme le propriétaire va-t-il être obligé de rembourser, dans le cas où le *prix de la revente* serait *plus considérable* que celui par lequel le vendeur avait lui-même acheté? dans notre espèce par exemple Pierre a payé mille francs, tandis que Jacques, le second acquéreur, également de bonne foi, n'a obtenu le cheval que moyennant douze cents francs. Il nous paraît certain que le propriétaire ne sera jamais tenu qu'au remboursement préalable du prix moindre, ici mille francs : en effet, Jacques, agissant du chef de Pierre, son auteur (art. 1166), ne peut pas avoir plus de droits que lui : or, Pierre ne pourrait réclamer le remboursement que de mille francs seulement ; donc la position de Jacques doit être la même, sauf son recours ultérieur en garantie jusqu'à concurrence des deux cents francs restants. Notre solution est tout à fait générale : nous la maintiendrions même en renversant l'hypothèse, et en supposant le cas où ce serait le possesseur actuel qui aurait *payé le prix le moins élevé* : admettons, pour un instant, que Pierre ait acheté, en foire, le cheval, des mains du voleur moyennant quinze cents francs et qu'il ne l'ait revendu, une fois chez lui, que mille francs à Jacques : celui-ci, opposant du chef de son auteur l'art. 2280, ne pourra exiger du propriétaire revendiquant le remboursement préalable que de mille francs seulement : car il est de principe que sans intérêt point d'action : or, Jacques ne voit ses intérêts en jeu que jusqu'à concurrence de mille francs : donc, l'action se mesurant précisément sur l'intérêt engagé, le propriétaire sera quitte encore ici, en lui payant les mille francs, montant de son prix d'achat : c'est, en définitive, le contrat personnel de Jacques qui doit mesurer les prestations réciproques entre les parties en cause ; ce possesseur actuel n'est subrogé dans les droits de son auteur que jusqu'à concurrence de son intérêt personnel : la subrogation tacite, opérée en sa faveur, n'a eu pour but que de lui procurer la certitude du recouvrement intégral de son prix, et il n'est dû qu'un prix pour chaque vente (comp. Marcadé sur l'art. 2280, n° 5, dernier alinéa ; — Pothier, *Vente*, n°⁸ 270-275 ; — M. Troplong, *Vente*, t. I, n°⁸ 241-244).

131. — Nous avons dit plus haut (n° 120) que le propriétaire, dépouillé par un vol, est armé à la fois d'une action civile en indemnité contre l'agent de l'infraction (sans préjudice du droit de poursuite appartenant au ministère public), et d'une action en revendication contre les tiers acquéreurs du meuble détourné, action qui s'évanouit au bout d'un temps plus ou moins long, suivant la bonne ou la mauvaise foi des posses-

seurs. Le propriétaire est également investi de l'action civile en dommages-intérêts contre celui qui, ayant trouvé la chose, s'est permis de la vendre, sachant qu'elle n'était pas à lui, et de l'action en revendication contre les tiers détenteurs. Eh bien ! supposons qu'en fait le propriétaire spolié ait *commencé par intenter l'action civile* contre le voleur ou l'inventeur, en sorte qu'il ait déjà reçu l'estimation de la chose soustraite : *sera-t-il encore recevable à revendiquer* le meuble entre les mains des tiers possesseurs ? Il y a d'abord un point certain : c'est qu'il ne peut pas garder à la fois la chose et le prix d'estimation ; autrement, il s'enrichirait aux dépens d'autrui. Notre question se réduit donc à rechercher si le propriétaire volé peut alors forcer le tiers acquéreur à restituer l'objet matériel, *ipsum corpus*, en offrant de lui en payer la valeur ?

D'après les principes du droit romain, le vol donnait directement ouverture à deux actions : la première appelée *actio furti*, était une action essentiellement *pénale* donnée *in duplum* dans le cas de vol non manifeste, et *in quadruplum* dans le cas de vol manifeste : la seconde, appelée *condictio furtiva*, ou *condictio ex causa furtiva*, était une action *rei-persécutoire*, tendant à faire obtenir la restitution de la chose, telle qu'elle était au moment du vol, *cum omni causa*, c'est-à-dire avec les accessoires et les fruits : à défaut de restitution, le demandeur obtenait des dommages et intérêts correspondant à la gravité du préjudice soit direct, soit même indirect, qui avait été une suite nécessaire du vol (LL. 8 § 2, 14 § 3, 7 § 1, 8 § 1, 3, 13 ff. *De condictione furtiva* lib. 13, tit. 1 ; — L. 82 § 14, l. 9, pr. et § 1 ff. *De furtis*, lib. 47, tit. 2). Sous les empereurs, le propriétaire de la chose volée obtint également la faculté de poursuivre le voleur criminellement, *extra ordinem* : cette action aboutissait à faire condamner le voleur à une peine publique, qui devint l'exil sous Justinien (L. 92 ff. *De furtis*, lib. 47, tit. 2 ; comp. L. 3 § 7 ff. *De sepulcro violato*, lib. 47, tit. 12 ; — Tit. *De effractoribus et expilatoribus*, lib. 47 ff. tit. 18). Le propriétaire avait surtout intérêt à recourir à la poursuite criminelle extraordinaire, lorsque le voleur était complétement insolvable ; car alors l'*actio furti* ne pouvait lui procurer aucun avantage sérieux. Ces deux actions n'étaient pas, du reste, destinées à être intentées cumulativement ; la victime du vol devait choisir entre les deux voies ouvertes devant elle : la loi 56 § 1 ff. *De furtis* (lib. 47. tit. 2), nous apprend, en effet, que celui qui avait d'abord provoqué la poursuite criminelle *extra ordinem* perdait le droit d'user ensuite de l'*actio furti* : « *sublatam esse*, dit la loi 56, § 1, *quæstionem furti*. » Mais il en était tout autrement des actions *rei persequendæ causa comparatæ* : l'on sait que le propriétaire de la chose volée avait l'action en *revendication*, soit contre le voleur, soit *adversus quemcumque possessorem* ; il pouvait aussi intenter l'*actio ad exhibendum* ; il avait enfin la *condictio furtiva* ou *condictio ex causa furtiva* ; toutes ces actions étaient comprises sous la dénomination générale d'actions *rei persequendæ causa comparatæ*. Précisément parce qu'elles étaient de même nature et qu'elles tendaient au même but, le demandeur devait opter entre elles : son choix opéré en faveur de la *condictio furtiva*, par exemple, avait pour résultat d'éteindre entre ses mains l'exercice de la revendication ou de l'*actio ad exhibendum* ; l'équité ne permettait pas, en effet, que l'on pût réclamer par une nouvelle action ce qu'on avait déjà obtenu dans une instance antérieure : *bona fides non patitur ut bis idem exigatur* (L. 57 ff. *De regulis juris*, lib. 50, tit. 17 ; — Cf. l. 31 § 1 et 2 ff. *De obligationibus et actionibus*, lib. 44, tit. 7 ; — l. 71 pr. ff. *De furtis*, lib. 47, tit. 2). Mais toutes les actions *rei persequendæ causa comparatæ* concouraient au contraire cumulativement avec l'*actio furti* qui est essentiellement pénale : le principe d'équité dont nous parlions tout à l'heure disparaissait ici et l'exécution du jugement intervenu sur l'action *rei persecutoria* n'empêchait pas l'*actio pœnalis* de pouvoir être intentée (comp. Voët, tome 2, *De obligationibus et actionibus*, n°⁸ 18 22, lib. 45, tit. 7, et n° 20 *De furtis*, lib. 47, tit. 2). Dès lors, d'après les principes romains, le propriétaire spolié, qui avait d'abord obtenu satisfaction par l'une des actions *rei persequendæ causa comparata*, était néanmoins encore recevable à se pourvoir par l'action criminelle ou pénale à l'effet de faire prononcer la peine pécuniaire dont la loi frappait le délit de vol (comp. § 18 et 19 Instit., lib. 4, tit. 6 *De actionibus* ; — l. 16, 17, 7, 8, 10, 14 § 2 ff. *De condictione furtiva*, lib. 13, tit. 1).

Que faut-il décider sous l'empire de notre droit français? La question se réduit en somme à rechercher si le propriétaire de la chose volée doit être considéré, par le fait seul d'avoir reçu une indemnité, comme ayant entendu renoncer à son droit de suite : or, la solution de la difficulté, une fois posée dans ces termes, devient assez commode : il faut décider, sans hésitation aucune, que le propriétaire conserve intact son droit de revendication contre les tiers détenteurs ; mais, comme il ne doit pas s'enrichir aux dépens d'autrui, il devra leur rembourser le prix de la chose. Si, en effet, le propriétaire a commencé par intenter l'action civile en indemnité contre le voleur, c'est probablement parce qu'il ignorait en quelles mains l'objet volé avait pu passer ; il n'a jamais eu la volonté de renoncer à revendiquer une chose à laquelle il attachait peut-être un certain prix d'affection. — Il faut bien observer que l'action civile et l'action en revendication ne tendent pas au même but : l'action civile a pour objet la réparation du préjudice causé ; elle est purement personnelle et variable dans son *quantum*, les dommages et intérêts étant susceptibles d'être accordés d'une manière plus ou moins large suivant les circonstances. La revendication est, au contraire, une action réelle, qui tend uniquement à faire obtenir au propriétaire la restitution pure et simple de la chose avec tous ses accessoires. — Supposez d'ailleurs que l'auteur de l'infraction eût conservé lui-même la possession de l'objet volé : le propriétaire, ignorant cette circonstance, dirige contre lui l'action civile et se fait attribuer d'abord le prix d'estimation de la chose, puis, en outre, des dommages-intérêts à raison du préjudice que lui a fait souffrir le délit commis : est-ce que le voleur pourrait être admis, après avoir soldé le montant de l'indemnité et après avoir subi sa peine, à se servir de la chose volée sous les yeux du propriétaire lui-même ? Évidemment non : le voleur pourra être forcé à restituer l'objet, sauf remise de la partie des dommages-intérêts afférente à l'estimation de la valeur de cet objet : *nam hoc natura æquum est*, dit la loi 14 ff. *De condictione indebiti* (lib. 12, tit. 6), *neminem cum alterius detrimento fieri locupletiorem*. Or si, vis à vis du voleur, le propriétaire spolié ne peut pas être considéré comme ayant renoncé à l'exercice de son droit de suite, il ne doit pas non plus être censé y avoir renoncé vis à vis des ayant-cause de l'agent coupable ; car, *nemo plus juris ad alium transferre potest quam quod ipse habet*. Nous pensons donc que la revendication pourra être dirigée contre les tiers détenteurs de bonne foi pendant trois ans à compter du jour du vol (art. 2279, al. 2), et contre les tiers détenteurs de mauvaise foi durant trente ans (art. 2262); seulement ceux-ci pourront exiger le remboursement préalable du prix que la chose leur a coûté.

132. — Il peut arriver quelquefois que l'objet volé ou perdu ait déjà péri chez le possesseur, au moment où le propriétaire, victime du vol ou de la perte, met en mouvement son action en revendication. Il est clair que cette action ne saurait être dirigée ici contre le *tiers détenteur de bonne foi ;* car on ne peut pas revendiquer les choses qui ont cessé d'exister : *exstinctæ res vindicari non possunt* (§ 26 Instit. lib. 2, tit. 1 ; — Cf. l. 24 et 26 ff. *De adquirendo rerum dominio*, lib. 41, tit. 1). Le tiers détenteur de bonne foi, dans le cas même où la chose aurait péri entre ses mains par sa faute ou sa négligence, serait à l'abri de toute poursuite, en vertu de la règle si connue, — *nulli querelæ subjectus esse potest qui rem quasi suam neglexit.* Le propriétaire n'aurait d'autre ressource que d'intenter l'action civile en indemnité contre le voleur ou contre l'inventeur, pour obtenir, avec des dommages-intérêts, le prix de l'objet détourné. — Mais, si nous supposons que la chose ait péri entre les mains d'un *tiers détenteur de mauvaise foi*, la situation change complètement. Le propriétaire, victime du vol ou de la perte, n'a point, sans doute, plus que tout à l'heure, l'action en revendication puisque la chose est complétement anéantie ; mais il peut diriger à la fois contre le tiers acquéreur *de mauvaise foi* (art. 1382 et 1383), et contre l'auteur originaire de la soustraction frauduleuse ou du détournement, des poursuites en indemnité, à l'effet d'obtenir la valeur ou le prix du meuble (comp. M. Troplong, *Vente* t. 1, n°° 212, 213).

133. — Quelles règles convient-il de suivre relativement aux objets mobiliers volés ou perdus qui auraient été engagés aux monts-de-piété, soit par le voleur ou l'inventeur, soit par leurs ayant-cause ?

La jurisprudence a posé en cette matière une distinction fort sage : elle se préoccupe, avant tout, du point de savoir si, au moment de l'engagement de ces objets, les règlements administratifs ont été observés avec fidélité, ou si, au contraire, il y a eu, de la part des directeurs du mont-de-piété, faute, imprudence, ou inobservation des règlements.

Lorsque, en fait, à l'époque de l'engagement des objets mobiliers volés ou perdus, *les règlements administratifs* sur le mode de réception des effets déposés *ont été* scrupuleusement *respectés*, celui qui se prétend propriétaire ne peut triompher dans sa revendication qu'en remboursant, tant en principal qu'intérêts et droits, la somme pour laquelle les objets ont été donnés en nantissement : cette solution est parfaitement conforme au principe posé par l'art. 2084 : « Les dispositions ci-dessus (en matière de nantissement), dit ce texte, ne sont applicables ni aux matières de commerce, ni aux maisons de prêt sur gage autorisées, et à l'égard desquelles on suit les lois et règlements qui les concernent. » Or, la plupart de ces règlements décident que les effets, revendiqués pour vol ou pour toute autre cause que ce soit, ne doivent être rendus aux réclamants qu'autant que ceux-ci ont préalablement acquitté le capital et les intérêts de la somme pour laquelle lesdits effets ont été laissés en nantissement, sauf leur recours contre ceux qui les avaient déposés (comp. Lettre du ministre de la justice du 26 septembre 1836 ; — Croze-Magnan *Etude sur les monts-de-piété*, pag. 178, 287 et suiv. — Circulaire du ministre de l'intérieur, en date du 18 fructidor an XII ; — MM. Roche et Durieu, *Répertoire des établissements de bienfaisance*, t. 2, p. 466 ; art. 70 du règlement du mont-de-piété de Paris sanctionné par un décret du 8 thermidor an XIII). Cette exigence est, en effet, très-juste : le mont-de-piété n'a pas à suspecter l'origine des objets volés ou perdus qui lui sont remis en gage ; ce serait dénaturer cette institution et amoindrir singulièrement ses avantages, que d'imposer aux administrateurs l'obligation de s'enquérir de la provenance des effets remis en nantissement. Cette règle a, d'ailleurs, été constamment suivie dans notre ancien droit. (Voyez l'ordonnance du roi Jean de mars 1360, art. 12 ; — ordonnance de Charles VI du 3 septembre 1406, art. 10 ; — lettres patentes de Charles VII du 13 septembre 1429, art. 10, 11 et 12 ; — lettres patentes du 9 décembre 1777, art. 9.)

Supposons maintenant qu'*en fait*, au moment de l'engagement des objets mobiliers volés ou perdus, il y ait eu de la part des administrateurs du mont-de-piété, *faute grave, imprudence évidente, ou inobservation des règlements*. Dans ce cas, la jurisprudence admet le propriétaire spolié à revendi-

quer ces objets sans être tenu de rembourser préalablement
la somme prêtée au déposant, et cela, nonobstant tout règlement contraire. Le mont-de-piété n'est plus alors protégé par
l'exception de l'art. 2280 du Code Napoléon, établie en faveur
de tout tiers de bonne foi, qui, lorsqu'il a acheté ou reçu la
chose volée, n'avait pas à s'enquérir de la manière dont cette
chose était arrivée dans les mains du possesseur avec lequel il
a traité, parce qu'il a acheté dans une foire ou dans un marché, ou dans un lieu public ou d'un marchand vendant des
choses pareilles. La cour de Douai a fait l'application de ces
principes, en leur donnant une extension très-notable dans
l'espèce que voici : un sieur Colas-Duthilleul, marchand à Ca-
lais, avait fait un dépôt de ses marchandises à Bergues, chez
la femme Damarey-Boutemy. Des vols furent commis dans ce
dépôt : cette même femme en fut déclarée coupable et condamnée à trois années d'emprisonnement. Il était établi
à sa charge qu'elle avait très-fréquemment fait déposer par
deux autres femmes au mont-de-piété de Bergues les marchandises qu'elle volait : les dépôts avaient été fort considérables; car ils s'étaient élevés à deux cent vingt-neuf en seize
mois. L'origine de ces marchandises ayant été découverte par
suite de la condamnation de la femme Damarey-Boutemy,
Colas-Duthilleul, au préjudice de qui ces marchandises avaient
été volées, dirigea une action en revendication contre le sieur
Guilbert, directeur du mont-de-piété de Bergues, en réclamant en outre des dommages-intérêts, d'abord devant le tribunal de Dunkerque, puis devant la cour impériale de Douai.
Notre éminent confrère et collègue M. Talon soutint, devant
la cour dans l'intérêt du mont-de-piété, que le directeur s'é-
tait scrupuleusement conformé aux exigences des règlements
et qu'il ne pouvait être forcé dès lors de restituer les marchandises qu'en échange du remboursement préalable de la somme
(capital et intérêt réunis) pour laquelle les effets avaient été
laissés en nantissement (1). Notre confrère faisait encore re.

(1) Les art. 92 et 93 du règlement relatif au mont-de-piété de Bergues
étaient ainsi conçus : « Art. 92. S'il était présenté en nantissement des effets
reconnus ou même suspectés de vol, d'après déclaration, la reconnaissance
ne pourra être délivrée qu'après que le directeur aura entendu le porteur des
effets et qu'il ne restera plus de doute sur sa déclaration ; mais s'il arrivait

marquer combien il est impossible d'imposer aux directeurs
des monts-de-piété, institution qui doit se renfermer dans la
discrétion la plus absolue, l'obligation de rechercher l'origine
des objets déposés : il s'attachait enfin à chacune des circonstances de la cause pour en faire ressortir la bonne foi et l'ir-
responsabilité du mont-de-piété de Bergues. Il paraît même
que l'exception tirée de l'art. 75 de la constitution du 22 frimaire an VIII fut proposée (1). Néanmoins la cour repoussa

qu'il restât encore quelque soupçon, la déclaration sera constatée par un
procès-verbal dressé par le commissaire de police que le directeur requerra de
se transporter au mont-de-piété. Ce procès-verbal sera transmis sur-le-champ
au magistrat de sûreté, à l'effet d'informer et faire les poursuites qu'il jugera
à propos; en attendant, il ne sera prêté aucune somme au porteur desdits
effets, lesquels resteront en dépôt au mont-de-piété sans inscription aux registres des engagements et jusqu'à ce qu'il soit autrement ordonné. — Art. 93.
Les effets revendiqués pour vol ou pour toute autre cause que ce soit ne
pourront être montrés aux réclamants, ni leur être rendus qu'après qu'ils
auront acquitté le capital et les intérêts de la somme pour laquelle lesdits
effets auront été laissés en nantissement, sauf leur recours contre celui qui
les avait déposés. » (*Jurisprudence de la cour impériale de Douai*, t. XIV, année
1856, p. 385 et suiv. Ce recueil est publié par notre excellent confrère
M⁰ Hattu.)

(1) L'art. 75 de la Constitution du 22 frimaire an VIII est ainsi conçu :
« Les agents du gouvernement, autres que les ministres, ne peuvent être
poursuivis, pour des faits relatifs à leurs fonctions, qu'en vertu d'une décision du conseil d'Etat. En ce cas la poursuite a lieu devant les tribunaux
ordinaires. » Cette disposition a été jusqu'ici maintenue par tous les gouvernements, qui ont paru la considérer comme un complément indispensable
du principe de la séparation des pouvoirs ; ils ont pensé que l'on ne pouvait
pas, sans danger, dépouiller l'administration d'une prérogative qui tient à
son essence même et à la centralisation qui préside à tous ses actes; ils ont
vu, dans la Constitution de frimaire, un moyen d'assurer la célérité dans
l'expédition des affaires et le respect dû à l'autorité publique. M. de Tracy
se trompait donc lorsqu'après le mois de juillet 1830, il proclamait haute-
ment que l'art. 75 « avait été enseveli sous le pavé des barricades. » Quelle
que soit l'opinion que l'on puisse avoir sur la légitimité de cette disposition,
il nous semble du reste manifestement évident qu'on ne saurait l'étendre
aux directeurs des monts-de-piété, simples employés d'une administration
charitable. La garantie de l'art. 75 n'est pas applicable, en effet, à toute
personne revêtue d'un caractère officiel, mais aux seuls agents du gouvernement; elle n'a d'autre but que de couvrir les actes relatifs aux fonctions :
c'est la *fonction* que la loi a voulu défendre beaucoup plus que le fonction-

ces différents moyens, et elle décida que les dispositions des règlements invoqués n'étaient point de nature à pouvoir paralyser le droit absolu qui appartient aux particuliers, en vertu des art. 1382-1383, d'obtenir la réparation du préjudice qui leur est causé : or, dans l'espèce, le mont-de-piété de Bergues avait eu, suivant la cour, de justes motifs de suspecter l'origine des marchandises déposées, en raison de la multiplicité des dépôts effectués ; l'administration s'était donc rendue coupable d'imprudence, elle avait commis une faute lourde, en s'abstenant de provoquer immédiatement des vérifications, et en n'interdisant pas l'entrée de ses magasins à des marchandises d'origine suspecte.

Cette décision nous paraît bien rendue, eu égard aux circonstances particulières de la cause, et elle a été, en effet, maintenue par la Cour de cassation ; elle tend toutefois de la manière la plus évidente à élargir la responsabilité des monts-de-piété, puisqu'elle prend en considération non-seulement le défaut d'observation des règlements, mais encore la négligence extrinsèque et le défaut de surveillance des administrateurs. La cour de Douai nous semble donc être arrivée aux dernières limites de l'extension : car il ne faut pas perdre de vue qu'en principe, le mont-de-piété n'a pas à connaître les personnes qui ont recours à ses services ; l'ob-

naire. Or, on doit considérer seulement comme agents du gouvernement ceux qui, dépositaires d'une partie de son autorité, agissent en son nom et sous sa direction médiate ou immédiate, et font partie de la puissance publique. Pour profiter de la garantie, il faut en outre que ces agents aient fait un acte de leurs fonctions. Une poursuite à raison de faits étrangers au service du fonctionnaire n'aurait pas besoin d'être autorisée. Il est clair qu'il en doit être du directeur d'un mont-de-piété comme de tous les membres des établissements de bienfaisance, des conseils de fabrique et des commissions administratives des hospices auxquelles les auteurs s'accordent à refuser la garantie de l'art. 75 de la Constitution du 22 frimaire an VIII. Les attributions de ces différents fonctionnaires sont purement tutélaires ; on ne peut pas dire qu'ils reçoivent soit directement, soit indirectement et par délégation du pouvoir central l'action et le commandement. (V. MM. Merlin, Répert., v° Garantie des fonct., n° 5 ; — Cormenin, Dr. admin., v° Mise en jugement ; — Proudhon, Domaine public, t. 1, p. 99 ; — Faustin Hélie, Inst. crim., t. 3, p. 367 ; — Dalloz, Jur. gén., 2e édit., v° Mise en jugement des fonctionnaires publics, n° 78.)

jet volé ne doit être restitué par lui que moyennant le remboursement de la somme prêtée et des intérêts, toutes les fois qu'il a pu être trompé sur l'origine du dépôt et qu'il le tient d'une personne qu'il pouvait considérer comme propriétaire légitime (Douai, 7 août 1856, D. P. 1857, 2, 203, et sur pourvoi Cass. 21 juillet 1857 D. P. 1857, 1, 391; — comp. Cass. 28 novembre 1832, Sir. 1832, 1, 402; — art. 114 du règlement du mont-de-piété de Bordeaux, sanctionné par décret du 30 juin 1806; — art. 64 et 128 du règlement du mont-de-piété de Strasbourg, sanctionné par ordonnance du 6 décembre 1826; — Aubry et Rau sur Zachariæ, t. 2, 3ᵉ édition, § 183, nᵒ 2).

134. — Nous avons décidé jusqu'ici, avec l'art. 2280, que, dans les hypothèses prévues par ce texte, le propriétaire ne peut se faire rendre sa chose qu'en remboursant préalablement au possesseur le prix qu'elle lui a coûté. Cette solution concilie tous les intérêts : d'une part, le revendiquant rentre en possession de l'objet qui lui appartient légitimement; d'autre part, le possesseur n'est pas exposé, par suite de l'insolvabilité éventuelle de son auteur, à perdre à la fois sa chose et le prix. Il est clair, toutefois, que la loi, dans l'art. 2280, prévoit l'hypothèse la plus ordinaire, celle d'un achat, d'un échange, en un mot, d'une transmission à titre onéreux. Si, au contraire, nous supposons une *transmission à titre gratuit*, comme la donation ou le legs, le tiers acquéreur ne pourrait plus réclamer du propriétaire une indemnité, puisque, dans l'espèce, aucun prix n'a été payé : or, c'est précisément le *prix que la chose a coûté*, et non pas l'équivalent de sa valeur intrinsèque, qui doit être remboursé au possesseur; celui-ci ne pourrait donc user du droit de rétention dans les termes de l'art. 2280 que pour les impenses qu'il aurait faites, à l'occasion de la chose, suivant les distinctions développées plus haut, nᵒ 127.

135. — Le vice de vol ou de perte, qui donne ouverture à l'application du paragraphe 2 de l'art. 2279 et, suivant les cas, à l'application de l'art. 2280, est incontestablement susceptible d'être purgé : — mais, comment et à quelles conditions la chose perdra-t-elle le caractère de chose volée? Cette question avait déjà préoccupé les jurisconsultes romains; on peut consulter notamment la loi 4, § 6, 7, 11, 12, 13, 14, les lois 32 pr. et 44 ff. *De usurpationibus et usucapionibus* (lib. 41, tit. 3),

la l. 215 *in fine* ff. *De verborum significatione* (lib. 50, tit. 16), la loi 86 ff. *De furtis* (lib. 47, tit. 2), enfin le § 8 aux Institutes (liv. 2, tit. 6) *De usucapionibus*. De ces textes il résulte que le vice de vol pouvait être purgé par le retour de la chose entre les mains de son véritable maître : mais il fallait que le propriétaire ou son représentant légal, en reprenant, d'une manière légitime, possession de sa chose, eût une connaissance exacte de la situation; il était nécessaire qu'il fût instruit de cette double circonstance, d'abord que la chose lui avait été enlevée, ensuite qu'elle rentrait actuellement en sa puissance : « Si ignorans rem mihi subreptam emam, non videri in potestatem meam reversam » (L. 14 § 12 ff. *De usurp. et usucap.*). Les jurisconsultes romains considéraient encore comme efficace, au même titre que la reprise de possession, le fait par le propriétaire d'avoir, en connaissance de cause, accepté en justice l'estimation de la chose, ou bien de l'avoir vendue à l'auteur même de la soustraction frauduleuse, ou enfin de lui avoir permis de la livrer à un tiers : « Sed et si vindicavero rem mihi subreptam, et litis æstimationem accepero; licet corporaliter ejus non sim nactus possessionem, usucapietur; — idem dicendum est etiam si voluntate mea alii tradita sit » (L. 4 § 13 et 14 ff. *De usurp. et usucap.*). La loi 32 pr., eod., tit., ajoute : « Si fur rem furtivam a domino emerit, et protradita habuerit; desinet eam pro furtiva possidere, et incipiet pro suo possidere (1). »

Sous l'empire de notre droit français, il faut encore, pour que le vice de vol puisse être purgé, que l'objet mobilier détourné soit restitué à son propriétaire; mais il nous paraîtrait excessif d'exiger, en thèse générale, que ce propriétaire connaisse exactement l'existence de l'infraction et le fait de la restitution; la restitution pure et simple doit suffire à elle seule, pourvu, bien entendu, qu'elle soit complète et dès actuellement réalisée.

Supposons toutefois que la chose ne soit pas *rendue*, mais *transmise à titre onéreux* par l'agent coupable du délit ou du crime à sa victime ou aux ayants-cause de celle-ci : on a volé, par exemple, un diamant à Pierre, et celui-ci est mort, sur ces

____

(1) Comp. M. Demangeat, t. 1, p. 512; — M. Lariche, t. 1, p. 422; — M. Ortolan, t. 2, p. 364, *Explication des Institutes*.

entrefaites, laissant pour héritier Raymond ! ce dernier, ignorant la soustraction commise au préjudice de son auteur, rachète, des propres mains du voleur, le diamant et en paie le prix : le vice de vol est-il purgé par suite de la prise de possession, réalisée dans de pareilles circonstances, par le propriétaire volé qui rachète sa propre chose sans le savoir? La question présente un intérêt considérable; car il peut arriver que Raymond livre ensuite le diamant à un dépositaire, à un mandataire, ou à un créancier gagiste infidèles, qui le revendent ou le donnent à un tiers acquéreur de bonne foi. Il s'agit alors de savoir si (en admettant que trois années ne soient pas encore écoulées depuis le vol originaire) le propriétaire peut revendiquer le diamant, entre les mains du tiers détenteur, par application des art. 2279, al. 2, et 2280?

Ce tiers détenteur va invoquer aussitôt sa bonne foi et se retrancher derrière la maxime qu'En fait de meubles la possession vaut titre, avec d'autant plus d'empressement que peut-être il n'a pas acquis dans une foire, ou dans une vente publique, ou d'un marchand vendant des choses pareilles, en sorte qu'il va être obligé de restituer l'objet mobilier sans aucune compensation (art. 2279, al. 2), son action récursoire étant d'une utilité douteuse à cause de l'insolvabilité de ses garants. Le tiers détenteur oppose donc le raisonnement suivant : sans doute, le diamant a été volé et par là même la revendication vous était acquise, à vous propriétaire légitime, durant trois ans ; mais cet objet est rentré dans vos mains, il vous a été restitué, avant de vous échapper de nouveau pour passer en mon pouvoir ; le vice de vol avait déjà été ainsi purgé à l'époque où, de bonne foi, je suis devenu acquéreur de votre diamant : dès lors je rentre dans le droit commun; la chose, à mon respect, ne se trouve être ni une chose volée, ni une chose perdue; donc je puis me placer sous l'empire de l'art. 2279, al. 1, et je suis à couvert grâce à la règle qu'En fait de meubles la possession vaut titre.

136. — Cette doctrine ne serait point la nôtre : nous croyons que, dans l'espèce, la revendication formée par le propriétaire avant l'expiration du délai de trois ans à compter du vol originaire sera parfaitement recevable : le retour momentané du diamant volé, rentré à *titre d'achat* entre les mains de son maître légitime, n'a pu, à nos yeux, ni purger le vice

de vol, ni emporter même virtuellement la renonciation du propriétaire à l'exercice de son droit de suite.

Nous soutenons d'abord que le diamant, en raison des circonstances exceptionnelles grâce auxquelles il est rentré en la puissance de son propriétaire, n'a point pu perdre son caractère de chose volée : le vice de vol ne peut, en effet, disparaître et s'effacer que devant la *restitution*. Or, dans l'hypothèse que nous avons supposée, le diamant est sans doute revenu *in potestatem domini*, suivant l'expression des lois romaines ; mais le propriétaire l'a obtenu à titre d'achat, *tanquam res empta* ; l'objet ne lui a pas fait retour à titre de restitution, *tanquam res sua*. On voit donc que le fait qui *seul* est assez énergique pour purger le vice de vol ne s'est point en réalité produit.

D'un autre côté, il est impossible de voir dans l'acte du propriétaire volé qui rachète, soit de l'auteur même du délit, soit de ses ayant-cause, sa propre chose sans le savoir, une renonciation au droit de revendication; toute renonciation suppose, en effet, l'intelligence et la liberté : or, si le propriétaire, dans notre espèce, a agi spontanément et librement, il n'a pas du moins été éclairé sur la vraie situation; car, au moment de l'achat, il ignorait le vol dont il avait été victime donc il n'a pas pu renoncer à une faculté qu'il ne savait même pas exister à son profit.

Notre conclusion est donc celle-ci : tant que le propriétaire conserve la possession de son meuble recouvré par voie d'achat, son droit de revendication est momentanément paralysé par suite d'une sorte de confusion (art. 1300-1301); mais i n'est pas éteint : dès lors si ce propriétaire vient ensuite, avant l'expiration des trois ans à compter du jour du vol ou de la perte, à perdre de nouveau la possession, sans un fait propre qui donne ouverture contre lui à la garantie, son droit de suite ou de revendication renaît avec tous ses avantages (art. 2279, al. 2, et 2280); la déchéance ne se produira qu'après trois ans révolus à partir de la perpétration du détournement originaire.

187. — Il importe de s'arrêter un instant, afin de les peser mûrement, sur les termes de l'art. 2280, qui accorde un droit de rétention fort précieux au possesseur de bonne foi; car il s'agit d'un droit spécial qui ne saurait admettre les exten-

sions (1) par voie d'analogie : or, la faveur particulière de l'art. 2280 est réservée à celui qui de bonne foi a acheté la chose volée ou vendue « dans une *foire* ou dans un *marché*, ou dans une *vente publique* ou d'un *marchand vendant des choses pareilles.* » L'ignorance du possesseur est ici tellement invincible et son erreur si légitime, qu'il y aurait injustice à le traiter avec rigueur en le laissant exposé à perdre à la fois la chose par suite de la revendication du vrai propriétaire, et le prix à raison de l'insolvabilité probable ou de la disparition de son garant. Si un marchand, dit Dunod (*Droit commun de la France*, tit. VIII, *Des exécutions*, sect. III, § 19, t. 1, page 565), « ayant boutique ouverte, avait vendu précipitamment ses marchandises ou partie d'icelles, le propriétaire de la maison ne peut les revendiquer des mains des acheteurs ; cela aurait trop d'inconvénients, et cela aurait lieu, encore que ce marchand eût fait faillite peu de temps après ; le bien public, qui est la loi suprême, l'exige ainsi. En effet, *la sûreté publique ne permet pas que celui qui a acheté d'un marchand qui a boutique ouverte soit inquiété dans son achat; sa bonne foi et la qualité de son vendeur le mettant à couvert de toute recherche :* autrement, il faudrait, lorsqu'on achète d'un marchand en possession de son état, lui demander une caution qu'il ne fera pas banqueroute : ce qui ne serait pas proposable. » Dunod, on le voit, prévoyant une hypothèse qui présente quelque analogie avec celles qui forment aujourd'hui l'objet de notre art. 2280, indique nettement les motifs de décider en faveur du tiers acquéreur : l'excellent auteur élargit même singulièrement le bénéfice qui lui est accordé ; car il décide que ce tiers acquéreur *ne doit aucunement être inquiété* dans son achat (Comp., au contraire, art. 2280).

138. — Le législateur, en se servant dans l'art. 2280, des expressions *foire* ou *marché*, entend désigner les réunions publiques ou les assemblées qui se tiennent à certains jours et dans certains lieux indiqués à l'avance par l'autorité, pour l'exposition des marchandises ou denrées de toutes sortes.

Il paraît bien certain qu'au point de vue de la négociation des effets au porteur, les *bourses* (2) *de commerce*, même les

---

(1) V. M. Pont, *Petits contrats*, t. 2, n° 1298.

(2) Les bourses, en effet, procurent au commerce à peu près les mêmes

Bourses étrangères (Paris, 9 avril 1864, D. P. 1865, 2, 55, 4ᵉ espèce) doivent être considérées comme des *marchés publics* dans le sens de notre texte; par conséquent, le tiers qui s'y porte acquéreur de titres ou actions au porteur en observant les formes ordinaires, c'est-à-dire en recourant au ministère des agents de change, ne peut être soumis à la revendication du propriétaire originaire qu'autant que celui-ci lui aura préalablement remboursé le prix qu'il a payé. (Paris, 9 décembre 1839. Dev. 1840. 2, 113, tribunal civil de la Seine, 18 août 1863, *Moniteur des Tribunaux*, 1863, page 796).

139. — Mais, dans la pratique, des transactions mobilières

avantages qui résultent, pour les habitants des villes et des campagnes, de l'établissement des marchés et des foires : « Dans les grandes places de commerce, disent avec raison MM. Bravard et Demangeat (*Traité de droit commercial*, t. 2, p. 24), dans les grands centres commerciaux, si les négociants ne pouvaient se voir qu'à domicile, il en résulterait une grande perte de temps et des courses souvent inutiles; tandis qu'à la Bourse ils sont sûrs de se rencontrer à jour et heure fixes et sans aucune perte de temps. Sous ce rapport, les bourses rendent au commerce, dans une sphère plus élevée, le même genre de services que les foires et les marchés rendent, dans une sphère inférieure, aux habitants des villes et des campagnes qui, dispersés dans différentes localités, viennent à la foire ou au marché pour s'y rencontrer et faire ensemble des affaires. Quand la foire ou le marché se tient dans un chef-lieu de canton, c'est un rendez vous assigné à tous les habitants du canton en général et même à ceux des cantons voisins; si elle se tient au chef-lieu d'arrondissement, c'est un rendez-vous indiqué pour tous les habitants de l'arrondissement, qui s'y rendent ce jour-là lorsque leurs affaires les y appellent. Les foires et les marchés sont, comme les bourses, établis par des actes de l'autorité publique; mais, en général, quand elle les établit, elle ne fait guère que satisfaire à une nécessité reconnue, que consacrer un fait préexistant déjà et passé en habitude. En ce qui concerne l'établissement des foires et des marchés, voyez le décret du 18 vendémiaire an II; voyez aussi l'avis du conseil d'Etat du 17 janvier 1834 (Sir. 34, 2, 498). D'après le décret impérial du 13 avril 1861, qui modifie celui du 25 mars 1852 sur la décentralisation administrative, les préfets peuvent accorder l'autorisation d'ouvrir des marchés, sauf pour les bestiaux. — En ce qui concerne les bourses de commerce, voyez la loi du 28 ventôse an IX, dont l'art. 1ᵉʳ est ainsi conçu : « Le gouvernement pourra établir des bourses de commerce dans tous les lieux où il n'en existe pas et où il le jugera convenable. » (Comp. MM. Bravard et Demangeat, t. 2, p. 47, sur les caractères et les avantages des bourses de commerce.)

fréquentes s'opèrent aussi directement par l'intermédiaire des changeurs, ou des agents de change. Deux questions peuvent être soulevées à cette occasion : 1° Le comptoir d'un changeur peut-il soit au profit de celui-ci, soit au profit des personnes qui traitent avec lui, être considéré comme constituant un *marché public* dans le sens de l'art. 2280 ? — 2° En admettant la négative sur ce premier point, le tiers qui a acheté chez un changeur ou chez un agent de change ne peut-il pas du moins être réputé avoir acheté d'un *marchand vendant des choses pareilles ?*

140. — Nous abordons la première question : des actions au porteur ont été, nous le supposons, volées ou perdues; *un individu se présente au comptoir d'un changeur* et lui propose l'achat; le changeur accepte; peut-il ensuite, lorsqu'il est actionné en revendication par le propriétaire légitime, exiger le remboursement préalable du prix qu'il a payé, en soutenant que son comptoir constitue un véritable marché public?

Une décision du tribunal civil de la Seine (3° chambre), en date du 11 janvier 1856 avait admis ce système à l'appui duquel on peut invoquer surtout les deux motifs suivants :

1° La boutique d'un changeur est un endroit public où le premier venu peut entrer pour vendre ou acheter toutes valeurs négociables à ordre ou au porteur : or, si tout spéculateur est admis ainsi à se rendre chez le changeur, à raison de la nature de la profession de celui-ci, il s'ensuit évidemment que son comptoir est de tout point assimilable à une foire ou à un marché (art. 2280).

2° Cette assimilation est indispensable au point de vue des nécessités pratiques; car, au milieu de leurs opérations multiples et diverses, les changeurs sont placés dans l'impossibilité matérielle de se livrer à chaque instant à de minutieuses investigations sur la qualité des personnes qui se présentent à leur comptoir pour y négocier des titres : leur responsabilité doit donc être absolument à couvert, toutes les fois qu'ils se seront conformés tant aux prescriptions générales de nos lois qu'aux règlements particuliers de leur profession; une autre décision entraînerait fatalement la ruine de leur commerce : «Attendu, dit la 4° chambre du tribunal civil de la Seine, dans les deux jugements en date des 2 juin et 6 août 1863, que les défendeurs ont acheté les valeurs au porteur dont il s'agit, avec une entière bonne foi et qu'ils font leur état d'acheter des valeurs pareilles, ce qui constitue de leur part un véritable marché public, et ce qui écarte l'application de l'art. 2279.....» (comp. décision de la première chambre du même tribunal, rendue le 30 juin 1864).

140 bis. — Telle ne serait pourtant pas notre opinion, et nous considérons, comme seule conforme aux vrais principes, la jurisprudence aujourd'hui constante, d'après laquelle *la boutique d'un changeur ne peut être assimilée, pour l'achat des titres au porteur, à aucun des lieux déterminés en l'art. 2280 du Code Napoléon.*

1° Les expressions, *foire* ou *marché*, éveillent nécessairement en nous l'idée d'une assemblée publique, ayant lieu à jour fixe et à des heures déterminées, sous le contrôle de l'autorité ; chacun peut s'y présenter, le curieux et le flâneur aussi bien que l'homme d'affaires ; le palais de la Bourse est exactement dans cette situation ; il est ouvert, en principe, à tout le monde (1), même aux étrangers ; dès lors, toutes les opérations qui y sont effectuées sont l'objet d'une révélation, officielle en quelque sorte, et, en tout cas, d'une publicité éclatante qui justifie et légitime l'application de l'art. 2280. Les mêmes garanties n'existent pas dans le comptoir d'un changeur : c'est une maison privée qui est sans doute ouverte habituellement à tout venant, mais à la condition que l'on s'y présente dans le but déterminé d'opérer une négociation ; le contrôle de l'autorité ne s'exerce point directement dans ce domicile particulier ; le changeur ouvre sa boutique et la ferme à l'heure de ses convenances ; il y est maître souverain et peut, si cela lui plaît, en refuser l'entrée à telle ou telle personne : « Il n'y a, disait avec raison M. l'avocat général Moreau devant la cour de Paris (arrêt de la 2ᵉ chambre en date du 10 novembre 1858, *Journal des Tribunaux de commerce*, t. 8, p. 70, nº 2703), il n'y a pour les actions négociables d'autre marché public que la Bourse, d'autres négociateurs que les agents de change. C'est parce que ceux-ci

(1) Voyez dans le t. 2 de l'excellent *Traité de droit commercial de* MM. Bravard et Demangeat, p. 50-52, l'énumération des personnes auxquelles l'entrée de la Bourse est exceptionnellement interdite. Voyez aussi art. 613 Code com.

répondent de l'individualité des cédants et qu'ils ont un caractère public que l'acheteur en bourse est légalement réputé de bonne foi et qu'il ne peut être contraint à rendre le titre au propriétaire originaire que contre le remboursement de ce qu'il a coûté. Quelles que soient donc l'étendue et la variété des opérations auxquelles se livrent les changeurs, ils ne sont que des commerçants sans aucun caractère public; ils trafiquent pour eux-mêmes et en leur nom; et de ce que leur comptoir est ouvert au public, il ne s'ensuit nullement que la publicité légale protége leurs opérations; loin de là, ils sont toujours garants de l'individualité des personnes avec qui ils contractent. »

2° La position du changeur est d'ailleurs, au point de vue juridique, assimilable à celle d'un commerçant ordinaire; or, personne n'oserait soutenir que la boutique d'un marchand constitue une foire ou un marché dans le sens de l'art. 2280, en ce qui touche les achats personnels qu'il fait ou les reventes qu'il consent dans les limites de son commerce; donc on ne peut pas soutenir davantage que le comptoir d'un changeur présente de l'analogie avec un marché public; le changeur est précisément astreint, au contraire, à l'observation de certaines mesures de précaution destinées à assurer une fixité et une certitude relatives aux opérations qui peuvent s'effectuer par son intermédiaire; il doit, en particulier, inscrire sur ses livres les négociations auxquelles il prête son ministère, s'il veut éviter d'engager sa responsabilité professionnelle (aj. l'art. 1382).

3° Enfin, il importe de protéger efficacement les propriétaires de titres au porteur, exposés à tant de chances de perte ou de destruction, en n'appliquant l'art. 2280 que dans les cas où tous les motifs servant de fondement à cette disposition exceptionnelle se trouveront réunis. Le législateur, en effet, ne s'est directement préoccupé que des meubles corporels, et l'extension de notre texte à certains meubles incorporels met le propriétaire dans une situation fort difficile : votre cheval vous a été volé ou bien il a été égaré; j'en deviens, de bonne foi, acquéreur dans une foire ou dans un marché; vous ne pouvez le revendiquer contre moi qu'en me remboursant préalablement le prix que j'ai payé (art. 2280); mais du moins votre action en revendication est encore ici suscep-

tible de vous procurer un certain avantage ; car, vous pouvez
tenir beaucoup à la possession et aux services de ce cheval ;
le voleur d'ailleurs étant toujours pressé de se débarrasser du
produit de son infraction, il est probable que le prix versé par
moi sera inférieur à la véritable valeur de l'animal ; en tout
cas, c'est à vous d'apprécier ce qu'il vous convient de faire.
Lorsque, au contraire, vous avez été dépouillé d'un effet au
porteur, et que j'en suis devenu acquéreur à la Bourse, par
l'intermédiaire d'un agent de change, en un mot, avec la réunion de toutes les circonstances qui peuvent légitimer l'application de l'art. 2280, votre position devient tout à fait mauvaise ; il est à peu près certain alors que j'ai acheté les titres
suivant le cours du jour et à leur vraie valeur ; vous allez être
obligé de faire des frais en justice à l'effet d'établir votre droit
de propriété ; vous devrez former opposition au paiement et
à la vente des titres, ce qui vous imposera encore des frais
extrajudiciaires ; vous aurez donc, la plupart du temps, intérêt à racheter des titres nouveaux à la Bourse plutôt que de
me faire restituer vos anciens titres moyennant le remboursement de mon prix d'acquisition ; or, si l'introduction, dans
la matière des titres au porteur, de la règle posée par l'article 2280, est de nature à causer un préjudice aussi grave au
propriétaire dépossédé, il convient de ne point l'étendre aux
négociations passées dans le comptoir des changeurs, négociations qui, n'étant pas entourées d'une notoriété et d'une
publicité complètes, laissent encore une certaine place à la
fraude et une facilité incontestable à la dissimulation comme
à la transmission rapide des effets détournés. (En ce sens, Paris, 9 novembre 1864 ; Dev., 1864, 2, 282 ; D. P., 1865, 2, 53 ;
Paris, 26 août 1864 ; Dev., 1865, 2, 172.)

141. — Si le comptoir d'un changeur ne peut pas être considéré en soi comme constituant un marché public, il y a là
un principe absolu, applicable non-seulement au cas où c'est
le changeur lui-même qui a acheté dans sa boutique, mais
aussi à l'hypothèse où il s'agirait d'un tiers ayant acheté de
bonne foi, par le ministère de ce changeur, des titres au porteur volés ou perdus. En un mot, la règle que nous venons
de poser est vraie sans distinction et *erga omnes ;* l'achat réalisé par l'intermédiaire soit d'un changeur, soit même d'un
agent de change, en dehors de la Bourse, et à leur domicile

privé, ne peut pas être réputé fait dans une foire ou dans un marché ainsi que l'exige l'art. 2280.

142. — D'autre part, on ne peut pas dire que l'acquisition réalisée dans ces mêmes circonstances soit par le changeur, soit par l'agent de change, soit par une tierce personne, ait eu lieu *dans une vente publique* (1), comme le prévoit la suite de notre texte. La vente, en effet, ne porte ce caractère qu'autant que la chose est mise aux enchères publiques, pour être adjugée au plus offrant et dernier enchérisseur; or, le changeur ou l'agent de change qui vendent ou achètent à leur domicile des effets au porteur, traitent avec une personne de leur choix; ils reçoivent ou transmettent de la main à la main, et à titre purement privé : donc, à ce second point de vue, l'art. 2280 ne peut pas encore être invoqué.

143. — Mais le tiers qui a acheté du changeur dans sa boutique, ou de l'agent de change au dehors de la Bourse, ne peut-il pas du moins se retrancher derrière les derniers mots de l'art 2280 et prétendre qu'il a acquis *d'un marchand vendant des choses pareilles?*

(1) Les auteurs emploient quelquefois les mots *ventes judiciaires* comme synonyme de *ventes publiques*. Toutefois c'est là une inexactitude de langage; car l'expression de ventes publiques est plus large et plus juste que celle de ventes judiciaires, parce que plusieurs de ces ventes peuvent ne pas avoir lieu en justice, bien qu'elles aient été ordonnées par un tribunal. Le but de la loi, lorsqu'elle prescrit la voie de l'adjudication publique, est de faire porter, autant que possible, la chose à sa valeur réelle. Sous la dénomination générale de ventes publiques il convient de ranger, 1º la vente sur saisie immobilière; 2º les ventes de choses appartenant à des mineurs ou à des interdits; 3º la vente de choses faisant partie d'une succession acceptée sous bénéfice d'inventaire ou dépendant d'une succession vacante; 4º les licitations ou ventes aux enchères de biens immeubles appartenant par indivis à plusieurs personnes et dont on ne peut pas opérer facilement le partage en nature; 5º les ventes administratives; 6º les ventes des meubles à l'encan. L'art. 2280, lorsqu'il parle d'objets volés ou perdus, achetés dans une *vente publique*, se réfère évidemment aux ventes de meubles seulement. D'après la loi du 22 pluviôse an VII, art. 1er, les ventes de choses mobilières ne peuvent être faites publiquement et aux enchères que par le ministère d'officiers publics ayant qualité pour y procéder, tels que les commissaires-priseurs, les notaires, les huissiers et les greffiers. (Comp. Aubry et Rau, t. 3, § 350, p. 237-238 et note 9.)

Nous allons résoudre d'abord la difficulté en ce qui concerne la *négociation opérée chez le changeur :* voici l'hypothèse : des titres au porteur ont été volés ou perdus; l'auteur de l'infraction ou l'un de ses ayant-cause successifs se présente au comptoir d'un changeur et lui offre de lui vendre ces effets; le changeur fait l'acquisition proposée; puis il revend lui-même, dans sa boutique, à une tierce personne de bonne foi lesdits effets : le propriétaire légitime, se trouvant encore dans les trois ans (art. 2279, al. 2) à compter du jour de la perte ou du vol, dirige son action en revendication contre le tiers acquéreur et lui demande la restitution des titres détournés. Le tiers peut-il, afin d'obtenir le remboursement préalable du prix qu'il a versé, invoquer la partie finale de l'art. 2280 et soutenir qu'il a acheté d'un marchand vendant des choses pareilles?

M. Vincent, dans l'excellente étude qu'il a publiée en 1865, sur les titres au porteur (*Revue pratique*, t. 19, p. 478), se prononce en faveur de l'opinion négative, en s'appuyant surtout sur les trois motifs que voici :

1° La véritable fonction des changeurs n'est pas de vendre ou d'acheter des titres, c'est de faire des opérations de change, soit sur des monnaies, soit sur d'autres valeurs; si, en pratique, ils étendent le cercle de leurs attributions, ils se rendent coupables d'une irrégularité et ils ne peuvent pas ainsi modifier le vrai caractère de leur mission : ils ne peuvent pas, notamment pour la négociation des effets au porteur, arriver, en se livrant à une série d'opérations abusives, à se faire considérer comme des marchands vendant des choses pareilles.

2° Le législateur, lorsqu'il a édicté l'art. 2280, n'entendait pas l'appliquer aux titres au porteur; ce texte était fait en vue des marchandises et des objets mobiliers corporels qui, se trouvant dans le commerce, sont mis en vente chez certains marchands dont ils constituent la spécialité. Les titres au porteur, au contraire, ne sont pas négociés dans les mêmes conditions; leur prix ne se discute pas de gré à gré; ils ont un cours variable et dont la Bourse fixe chaque jour le taux. Sans doute ils sont susceptibles de tradition manuelle; mais régulièrement, leur véritable lieu de vente et d'achat, c'est la Bourse avec l'intermédiaire d'un agent de change.

3° Le principe général, d'ailleurs, lorsqu'il s'agit d'objets

volés, c'est que la revendication du propriétaire légitime doit
être admise pendant trois ans à compter du jour du vol ou
de la perte, sans conditions ni restrictions; le droit de rétention de l'art. 2280 constitue une prérogative tout à fait spéciale : or les exceptions doivent être interprétées restrictivement, *exceptiones sunt strictissimæ interpretationis :* donc, si
l'on fait une application par analogie de l'art. 2280 aux effets
au porteur, il ne faut lui emprunter que ce qui est d'une
ressemblance incontestable, c'est-à-dire la disposition relative
aux marchés et aux ventes publiques, qui, en effet, est en
elle-même parfaitement susceptible d'être appliquée aux opérations faites en Bourse, à la vue de tous et sous le contrôle
immédiat de l'autorité. Quant au changeur en face de son
comptoir, il n'est pas à proprement parler un marchand
d'effets publics. (Comp. Paris, 2 août 1856; Dev. 1857, 2, 177;
— Paris, 9 novembre 1864, Dev. 64, 2, 282 et 283.)

143 *bis.* — Les arguments, dont nous venons de rapporter
la substance, sont spécieux, il faut bien le reconnaître :
pourtant ils ne nous ont point convaincu, et nous pensons
plutôt que *le tiers qui aurait acheté d'un changeur dans sa
boutique, peut à bon droit invoquer l'art. 2280 in fine, parce
qu'en effet il a bien acquis d'un marchand vendant des choses
pareilles :* de là cette conséquence que le propriétaire véritable des effets au porteur perdus ou volés ne pourra contraindre ce tiers acquéreur à les restituer qu'après lui avoir
remboursé d'abord le prix qu'il a payé au changeur (1).

1° Il est certain que l'on doit considérer comme *marchands,*
dans le sens de l'art. 2280, tous ceux qui font un commerce

(1) Il est clair que le propriétaire légitime aura ensuite son recours tel que
de droit contre le changeur, pour se faire indemniser du prix qu'il a été forcé
de débourser, avant de rentrer dans la possession de sa chose : car le changeur, ayant personnellement acquis l'action volée ou perdue en dehors de toutes les circonstances prévues par l'art. 2280, se trouvait soumis à la nécessité de la restituer, sans pouvoir aucunement réclamer au revendiquant le prix
qu'il en avait payé : dès lors il n'a point pu, en transmettant ensuite cette
action à une tierce personne, améliorer sa propre position en empirant celle
du maître véritable, victime de la spoliation originaire. L'achat en bourse
peut seul opérer la purge légale au profit de l'acquéreur des titres au porteur. (Comp. *suprà,* n° 129; — Aix, 17 mai 1859; Dev. 1859, 2, 621.)

patent et public, ayant pour objet une spécialité d'affaires, et autorisé soit par la loi, soit du moins par l'usage : or, sans doute, nous le reconnaissons volontiers, la fonction primordiale des changeurs, leur mission directe ne consiste pas à vendre ou à faire l'achat des titres; ils sont principalement appelés à faire des opérations de change soit sur des monnaies, soit sur d'autres valeurs. Mais la coutume, maîtresse souveraine, surtout en ce qui touche aux choses du commerce, en a décidé autrement ; il est incontestable qu'en pratique, du moins à Paris, les agents de change auxquels l'art. 76 du Code de commerce attribue, en principe, la négociation des effets publics et autres susceptibles d'être cotés, la constatation du cours, la négociation des effets privés et les achats et ventes de matières métalliques (1), ont abandonné d'une manière à peu près complète ces deux dernières parties de leurs fonctions. Tout leur temps est exclusivement consacré à la négociation des effets publics, à l'égard desquels leur intervention est aussi indispensable que celle des notaires pour les actes constitutifs d'hypothèque (art. 2127 Code Nap.). Cet état de choses n'est pas seulement le résultat de la tolérance des agents de change; son origine se trouve surtout dans les plus impérieuses nécessités pratiques : aux époques, en effet, où les négociations d'effets publics se multiplient et deviennent très-actives, les agents de change, même en se bornant à ce genre d'opérations, ont de la peine à y suffire avec le concours de leur premier commis (2); dans les moments ordinaires, cette spécialité d'affaires absorbe encore tous leurs instants. Les changeurs, en particulier, ont profité de cette situation ; et outre qu'ils achètent ou vendent à bureau ouvert les matières métalliques, ils s'occupent aussi de la négociation des titres au porteur et plus généralement des effets privés; ils sont donc devenus, par la force d'un usage constant, les intermédiaires habituels ou du moins fréquemment mis en réquisition pour la transmission notamment des actions au porteur, que tout particulier peut d'ailleurs négocier par

____

(1) Comp. MM. Bravard-Veyrières et Demangeat, *Traité de droit commercial*, t. 2, p. 76.

(2) Voy. MM. Bravard et Demangeat, t. 2, p. 35 et 159; — arrêté du 27 prairial an x; — décret impérial du 13 octobre 1859.

lui-même, lorsqu'il en possède quelqu'une : dès lors, ils nous paraissent pouvoir rentrer dans les *termes* de l'art. 2280 du Code Nap., à titre de *marchands vendant des choses pareilles.*

2° Nous ajoutons que l'*esprit* de la loi doit nous conduire également à admettre ce résultat : pourquoi l'art. 2280 accorde-t-il au possesseur actuel d'une chose volée ou perdue la prérogative exorbitante de ne pouvoir être contraint à la restitution que moyennant le remboursement préalable du prix qu'il a payé, lorsqu'il a acheté cette chose d'un marchand vendant des choses pareilles? Ce droit exceptionnel de rétention lui est attribué, parce que le législateur considère que ce possesseur a été sous le coup d'une ignorance invincible au moment où il a contracté : « Sa bonne foi, dit M. Troplong (*Prescription*, t. 2, n° 1071), a été tellement éclatante et son erreur si légitime qu'il y aurait eu injustice à le traiter plus rigoureusement. » Or, tous ces motifs s'appliquent de la manière la plus manifeste à l'hypothèse dans laquelle une personne se présente au comptoir d'un changeur et y achète des titres au porteur; pour cette personne qui contracte ainsi, sur la foi de l'usage, en recourant au ministère du changeur, celui-ci est bien un marchand vendant des choses pareilles. Le tiers acquéreur ne doit éprouver aucun soupçon; car la qualité même de l'intermédiaire est de nature à les écarter; et, d'ailleurs, quel moyen employer pour suivre la trace de transmissions nombreuses, dont plusieurs ont, sans doute, été effectuées par voie de tradition manuelle, en dehors de la présence d'un officier public? La bonne foi de l'acquéreur est donc vraiment éclatante, son erreur est parfaitement explicable, et il importe que la loi intervienne pour le protéger, sauf à laisser le changeur lui-même sous le coup d'une responsabilité plus large, mais justement méritée.

3° M. Vincent objecte, il est vrai, qu'il ne faut pas perdre de vue « que l'art. 2280 n'a pas été écrit pour les titres au porteur, mais bien pour des marchandises et objets mobiliers corporels se trouvant dans le commerce et, par conséquent, se vendant chez des marchands qui en font leur spécialité. Cette raison, dit-il, me paraît décisive (1). » Pour

---

(1) M. Vincent, *Revue pratique*, t. 19, p. 478, année 1865.

nous, nous devons avouer que cet argument ne nous touche
que médiocrement : à nos yeux, il ne peut rien prouver,
parce que, s'il était absolument vrai, il prouverait trop : il ne
tend à rien moins, en effet, qu'à faire écarter toute application possible des art. 2279 et 2280 à la matière des titres au
porteur, en sorte qu'en adoptant ce point de départ on arriverait à la négation de tous les résultats actuellement acquis
en jurisprudence (1) et acceptés par l'auteur dans sa disser-

(1) M. Francis Ladey, dans une thèse pour le doctorat, présentée en 1865,
devant la Faculté de droit de Dijon sur les titres au porteur, s'est élevé avec
force contre ce qu'il appelle « l'*assimilation imaginaire,* » faite par la jurisprudence (Voy. notamment n°s 25-39). Toutefois, le système qu'il propose
(Voy. n°s 32 et 38) ne diffère pas sensiblement quant à ses résultats pratiques de celui qui prévaut actuellement; de plus, comme l'auteur maintient
toujours en principe l'impossibilité d'appliquer aux titres au porteur les articles 2279 et 2280, il aboutit à des conclusions qui peuvent être acceptables
au point de vue législatif, mais qui, dans l'état actuel de nos codes, nous paraissent manquer de base juridique : « nous déciderons (dit-il au n° 32), en
règle générale, pour les titres au porteur, que par le seul fait de la tradition
dans des conditions légitimes, le porteur de bonne foi aura acquis la propriété.
Il faut accepter ce principe, *non pas parce que le Code l'a proclamé pour d'autres
meubles puisqu'il ne l'a point entendu dire de ceux-ci,* non pas davantage parce
que nous regarderions les titres au porteur comme une sorte de monnaie fiduciaire identique aux billets de banque. Le principe en question doit être accepté pour les titres au porteur, à cause de la nature propre, particulière et
toute nouvelle de cette sorte de biens incorporels, à cause de ceci précisément
qu'ils ont été constitués au porteur, c'est-à-dire susceptibles d'une mobilité
d'appropriation incessante et instantanée. Cette transmissibilité est leur essence, leur condition, leur raison d'être, leur avantage voulu, au risque de
tous leurs inconvénients. Si, dans cette question, on balance les intérêts divers, d'un côté il paraît grave de dépouiller de ses droits le véritable propriétaire; mais, d'un autre côté, l'acheteur qui a payé le titre au cours du jour
et qui a sorti de sa bourse la valeur en écus souffrirait aussi un préjudice
regrettable et tout aussi grave, si on reprenait entre ses mains le titre sans
indemnité. Entre les deux, ce possesseur actuel (de bonne foi) est vraiment le
plus intéressant, et, ce qu'il ne faut pas oublier, c'est que, dans le doute, une
raison tierce, la raison d'intérêt public, milite pour la plus grande sécurité
de l'acquéreur : sans la sûreté de leur acquisition, la circulation de ces valeurs diminuerait beaucoup. » M. Ladey insiste ensuite au n° 38 sur l'utilité d'une loi nouvelle pour réglementer la matière des titres au porteur :
nous sommes ici complétement de son avis. (Comp. deux brochures de
M. G. Bogelot, publiées chez A. Durand, l'une en 1861, l'autre en 1865, sur

tation. Ces textes constituent un ensemble, un tout indivisible qu'il est impossible de scinder. Si l'on se réfère au principe de l'art. 2279, il faut aussi, nécessairement, se référer aux exceptions de l'art. 2280 : or, nous avons vu que, dans ses termes, la règle qu'En fait de meubles la possession vaut titre, s'étend non-seulement aux meubles corporels, mais aussi, plus généralement, « à tous ceux qui sont représentés par un signe matériel au moyen duquel on peut en obtenir la valeur. » (Marcadé, sur l'art. 2280, n° 4.) En un mot, tous les biens meubles, soit corporels, soit même incorporels qui sont, par leur nature, susceptibles de se transmettre de la main à la main, doivent être rangés au nombre des choses qui admettent l'*acquisition instantanée* en vertu de la présomption de la loi. Eh bien! telle est précisément la nature des titres au porteur; ils rentrent directement dans le domaine de nos textes, soit que l'on se préoccupe des expressions mêmes employées par le législateur, soit que l'on s'inquiète des motifs qui ont présidé à la rédaction de cette partie du Code. D'un autre côté, si l'on n'accepte pas, comme loi obligatoire en notre matière, les art. 2279 et 2280, l'on aboutit au doute et à l'incertitude; car nulle part ailleurs nous ne trouvons une règle fixe et nette qui puisse guider l'interprète, désormais réduit à se rattacher à des analogies plus ou moins fugitives et trompeuses : nous reconnaissons donc volontiers, avec M. Vincent, que la règle générale, quant aux meubles perdus ou volés, c'est la revendication pendant trois ans, et que l'art. 2280 constitue une exception qu'il ne convient pas d'étendre outre mesure. Toutefois, encore est-il qu'il faut l'appliquer aux cas pour lesquels elle a été faite : or, sans doute la disposition relative aux foires, marchés, ventes publiques n'est applicable qu'aux achats en Bourse, point aux négociations réalisées dans le comptoir d'un changeur, soit par ce changeur lui-même, soit par des tiers : mais du moins, la disposition finale de l'art. 2280, en ce qui concerne « le *marchand vendant des choses pareilles,* » peut à juste titre être invoquée par le tiers acquéreur du titre au porteur perdu

les titres au porteur perdus ou volés et sur l'opportunité d'une loi destinée à résoudre les difficultés que ces événements soulèvent à chaque instant dans la pratique.)

ou volé; car le changeur a bien été considéré par lui comme un marchand vendant des choses pareilles. Il est remarquable, d'ailleurs, que M. Vincent et les différents documents de jurisprudence qu'il rapporte (*Rev. prat.*, t. 19, p. 475-478), se sont toujours préoccupés de la première partie de l'art. 2280, relative aux foires, marchés et ventes publiques, et ne se sont arrêtés que d'une manière tout à fait secondaire à la partie vraiment topique, celle qui a trait au *marchand vendant des choses pareilles* (art. 2280 *in fine*).

4° Nous ajoutons que notre interprétation est en harmonie parfaite avec les exigences de l'équité : sans doute le véritable propriétaire, obligé de rembourser au tiers acquéreur le prix que celui-ci a payé, va pouvoir se trouver momentanément dans une situation difficile et peut-être, à ce premier point de vue, vaudrait-il mieux pour lui racheter simplement des titres nouveaux à la Bourse, que d'être obligé, outre la prestation d'une indemnité, de faire encore des frais extra-judiciaires d'opposition au paiement ou à la vente des titres; mais, du moins, il aura son recours assuré contre le changeur, qui, ayant lui-même acquis à son propre comptoir et non pas à la Bourse, est soumis à la revendication, sans pouvoir réclamer le prix qu'il a versé; or, sa situation n'a pas pu s'améliorer par l'effet d'une revente. Dans tout conflit d'intérêts, d'ailleurs, lorsqu'il faut nécessairement sacrifier quelqu'un, l'équité exige que l'on sacrifie plutôt celui qui a commis une faute : or, dans notre espèce, le débat s'engage entre le propriétaire des titres au porteur perdus ou volés, et un tiers acquéreur de bonne foi, qui a acheté ces mêmes titres au comptoir d'un changeur; recherchons donc lequel de ces deux individus est le plus digne d'intérêt : le propriétaire, victime du détournement, s'est rendu coupable au moins d'une certaine négligence ou d'un excès de confiance; avec un peu plus de vigilance, il aurait certainement évité la spoliation dont il a été victime. Le tiers acquéreur, au contraire, a traité de bonne foi; sans doute il n'a pas acheté au grand jour de la Bourse; mais il a pris soin de recourir à l'intermédiaire sinon officiel, du moins habituel, de ces sortes de négociations; il a payé le montant du titre entre les mains du changeur, suivant le cours du jour, et *il est juste*, dès lors, que l'on ne vienne pas le reprendre entre ses mains sans indemnité; car, s'il a été induit en erreur, il a subi la pression d'événements extérieurs auxquels il est demeuré personnellement étranger, et qu'il n'a été en son pouvoir ni de prévenir, ni de connaitre (V. *suprà*, n° 16). D'un autre côté, l'intérêt public exige que les transactions mobilières soient fidèlement exécutées et scrupuleusement maintenues; autrement la circulation des biens serait entravée de la manière la plus fâcheuse pour le crédit. L'équité se réunit donc aux textes et aux principes pour faire triompher notre solution, et décider que le tiers qui aurait acheté d'un changeur, dans sa boutique, peut invoquer l'art. 2280 *in fine*, parce qu'en réalité il a bien acquis d'un marchand vendant des choses pareilles.

144. — Nous admettrons naturellement la même interprétation à l'égard du tiers qui aurait *acheté directement d'un agent de change en dehors de la Bourse;* nous pensons que le propriétaire véritable des effets au porteur perdus ou volés, puis revendus plus tard par l'agent de change, ne pourra contraindre le tiers acquéreur de bonne foi à les restituer qu'après lui avoir préalablement remboursé le prix qu'il a payé. Si, en effet, le changeur peut être considéré, en vertu d'une sorte de tolérance pratique ou de délégation tacite, comme un *marchand d'effets publics*, à plus forte raison doit-il en être de même de l'agent de change qui a pour lui à la fois le *droit* et le *fait*, puisqu'il est formellement chargé par l'art. 76 du Code de commerce de faire, pour le compte d'autrui, les négociations des lettres de change ou billets et de tous papiers commerçables. La responsabilité de l'agent de change reste toutefois engagée vis à vis du propriétaire légitime des titres volés ou perdus lorsque cet officier public ne les a pas lui-même acquis en Bourse : il peut aussi être exposé à un recours en indemnité, bien qu'il ait acheté les titres à la Bourse s'il a omis de remplir les formalités que les devoirs de sa profession (1) lui imposent, ou si le détournement a été

(1) Les négociations réalisées au parquet de la Bourse et par le ministère des agents de change présentent des garanties particulières, qui permettent le plus souvent de remonter jusqu'au possesseur de mauvaise foi des effets détournés. Les agents de change, en effet, ne peuvent être forcés de servir d'intermédiaires à ceux qui réclament leurs services, qu'autant que ces derniers justifient de leur *individualité* et de leur *capacité* (Paris, 29 juin 1857,

l'objet d'une publicité dont les avis ont dû nécessairement arriver jusqu'à lui à raison de sa situation spéciale (arg. de l'art. 1382 Code Nap.; — voy. Paris, 23 août 1855; D. P. 56, 1, 393; Paris, 10 novembre 1858; D. P. 1859, 2, 8). Nous aurons bientôt à mesurer l'étendue et la portée de cette responsabilité (V. *infrà*, nᵒˢ 147 et suiv.).

145. — M. Troplong, s'occupant incidemment, dans son *Traité de la vente* (t. 1, nᵒ 242), de la décision contenue dans notre art. 2280, interprète de la manière suivante la partie du texte qui se réfère à l'hypothèse de la transmissiou d'un meuble réalisée par l'intermédiaire d'un *marchand vendant des choses pareilles:* « Le Parlement de Paris a jugé, par arrêt du 6 avril 1781, que celui qui avait acheté de bonne foi des huiles d'un voiturier infidèle, qui les avait détournées au préjudice de son commettant, et qui, pour les vendre, avait pris un faux nom, ne devait être exposé à aucune recherche de la part du propriétaire. Cette décision se concilie très-bien avec l'art. 2280 du Code Napoléon, *puisque l'acheteur avait eu juste raison de croire que le vendeur était un marchand de profession.* » M. Merlin, dans son *Répertoire* (vᵒ *Vol*, sect. ɪv,

Dev. 57, 2ᵒ, 633). De plus, ces officiers publics, nommés par l'Empereur (art. 74 Cod. com.), doivent avoir un *carnet* sur lequel ils inscrivent leurs opérations à l'instant même où ils les effectuent (arrêté du 27 prairial an x, 11 et 12); dès lors on peut retrouver la trace de toute négociation licite, à la fois sur le carnet de l'agent de change vendeur et sur celui de l'agent de change acheteur; en outre, aux termes de l'art. 84 Cod. com.; les agents de change sont tenus d'avoir un *livre-journal* sur lequel ils doivent reporter, jour par jour et en détail, toute la série de leurs opérations; enfin ils sont obligés de délivrer à leurs clients des bordereaux où sont consignées les négociations réalisées pour leur compte (art. 109 Code comm.). Cet ensemble de formalités constitue, pour ainsi dire, une sorte de comptabilité en partie double permettant de connaître dans leur plus grand détail et de contrôler tous les marchés effectués par l'agent de change : aussi celui qui se sera approprié frauduleusement des titres au porteur, prendra-t-il rarement cette voie pour négocier les effets détournés (voy. MM. Bravard-Veyrières et Demangeat, *Traité de droit commercial*, t. 2 p. 160, 177 et 180) : le plus souvent il préférera s'adresser au comptoir d'un changeur. C'est même à cause de ces dangers sans doute que la jurisprudence se montre si rigoureuse et si méfiante à l'égard de ceux qui achètent des valeurs au porteur hors de la Bourse. (Comp. Dev. 1864, 2, 282 ; voy. les différents arrêts rapportés et la note de l'arrêtiste.)

§ 1, p. 824 et 848), admet la même solution, après avoir raconté en détail les faits (1) soumis en 1781 au Parlement de

(1) Voici l'espèce : « En décembre 1778, les sieurs Samin confient au nommé Pierre Mons, voiturier, demeurant dans un village de Picardie, trente-deux demi-tonneaux d'huile en seize grosses pièces, pour être conduits de Lille au sieur Gaullier, négociant à Orléans. Chacun des tonneaux était marqué de la lettre initiale de Gaullier, qui avait reçu la lettre d'avis. Durant le trajet, une des voitures se brise à Sens en Artois : une pièce d'huile est endommagée ; le voiturier la transvase dans deux demi-tonneaux, en vend un à Sens, un autre à Arras, en laisse un troisième à Doullens, arrive à Amiens avec les quatorze tonneaux restants, s'arrête dans une auberge de cette ville, prend le nom de Pierre Fouquet, et envoie proposer ses huiles à tous les épiciers qui se refusent de les acheter. Cependant le sieur Bagnol vient trouver le voiturier, l'emmène dans un autre cabaret, et y conclut à huit heures du soir le marché des quatorze tonneaux..... Après cette vente, le voiturier part d'Amiens au milieu de la nuit. — Cependant le sieur Gaullier se plaint de n'avoir pas reçu l'envoi annoncé, et, après bien des perquisitions, les sieurs Samin sont instruits de l'infidélité du voiturier qui a pris un faux nom et un faux domicile. Ils font néanmoins assigner le sieur Bagnol devant les consuls d'Amiens, à fin de restitution des tonneaux d'huile qu'il a acheté, sinon en paiement de 1859 livres pour la valeur de ces marchandises, avec intérêts du jour de la demande. Une sentence sur délibéré, du 13 décembre 1779, déboute les sieurs Samin de leur demande, et les condamne aux dépens, attendu l'imprudence des sieurs Samin d'avoir confié des marchandises à un voiturier qu'ils ne connaissaient pas bien, contre le bon ordre et l'usage du commerce ; *vu aussi la bonne réputation et la probité reconnue du sieur Bagnol*, qui n'avait acheté ces marchandises que conformément aux usages pratiqués en pareil cas dans cette ville. Appel des sieurs Samin au Parlement de Paris. Ils soutiennent que la sentence est contraire aux lois et règlements sur l'achat de choses suspectes, et s'attachent à démontrer la fausseté des motifs qui l'ont dictée ; mais vains efforts : elle a été confirmée par arrêt du 6 avril 1781, au rapport de M. Nouet. — Le Code civil permettrait-il de juger de même? Voyons ses termes : ici M. Merlin cite les art. 2279 et 2280 ; puis il poursuit : On voit que le Code assimile à celui qui a acheté dans une foire, dans un marché ou dans une vente publique, celui qui a acheté d'un « *marchand vendant des choses pareilles.* » Et par là il semble ériger en loi la décision que l'arrêt du 13 décembre 1729 avait adoptée ; car il n'est pas rare de voir des voituriers qui sont à la fois propriétaires et marchands des choses qu'ils transportent. Ce qu'il y a de certain, c'est qu'aujourd'hui la cassation ne pourrait pas atteindre un arrêt qui motiverait une semblable décision sur le fait que le voiturier aurait vendu comme marchand et qu'on aurait, de bonne foi, acheté de lui comme tel. »

Páris, et il conclut en décidant qu'aujourd'hui, sous l'empire du Code Napoléon, la qualité de *marchand putatif* suffirait à légitimer l'application de l'art. 2280 au profit de l'acquéreur, qui, trompé par de fausses apparences, aurait cru trouver chez son auteur ou son co-contractant des qualités et un titre dont celui-ci était, en réalité, dépourvu.

Cette doctrine ne saurait être la nôtre, quelque imposantes que soient d'ailleurs les autorités qui lui ont donné leur adhésion ; l'art. 2280 subordonne, en effet, d'une manière formelle, l'obtention du droit de rétention à cette circonstance que le possesseur actuel ait acquis la chose volée ou perdue dans une foire, ou dans un marché, ou dans une vente publique, ou *d'un marchand vendant des choses pareilles ;* ce texte ne se contente pas de demander que l'acheteur ait eu *de justes causes* ou des *motifs sérieux* DE CROIRE *qu'il contractait avec un marchand : il faut* (ceci ressort avec netteté des termes mêmes employés par le législateur), *que ce soit bien réellement un marchand* qui ait vendu, et un marchand faisant habituellement le commerce de choses semblables ; or, on ne peut considérer comme marchands, dans le sens de la loi, que ceux qui font un commerce patent et public ou encore leurs employés, représentants et commissionnaires ; est-ce que, par exemple, nous pourrions admettre à se prévaloir de la faculté exceptionnelle accordée par l'art. 2280 le tiers qui aurait acheté un objet mobilier soit perdu, soit volé, des mains d'un individu colportant clandestinement des marchandises ? Évidemment non ; celui qui colporte et vend d'une manière occulte et cachée des marchandises ou autres objets mobiliers, lorsqu'il n'est pas lui-même commerçant ou que du moins il s'occupe d'une spécialité différente, ne pourrait jamais être considéré comme un marchand vendant des choses pareilles dans le sens de nos textes. C'est ici le lieu de rappeler la règle si connue que les exceptions sont de droit étroit et ne souffrent point d'extension, *exceptiones sunt strictissimæ interpretationis.* Lorsque, d'ailleurs, le tiers acquéreur s'est laissé tromper sur la *qualité* de son vendeur, il est nécessairement en faute ; sa négligence peut avoir été minime, mais enfin il y a eu négligence ; et, dès lors, ce possesseur actuel ne se trouve plus sous le coup de cette ignorance invincible qui a préoccupé le législateur, ni dans cette situation favorable en vue de laquelle le bénéfice de l'art. 2280 a été accordé ; avec un peu plus de vigilance, l'erreur aurait pu être évitée. Il convient donc de maintenir ici le droit absolu et exclusif du propriétaire légitime en lui permettant de revendiquer librement, dans les trois ans à compter du jour de la perte ou du vol, son meuble frauduleusement détourné, sans être d'ailleurs soumis à aucun remboursement préalable.

146. — La maxime qu'*En fait de meubles, la possession vaut titre*, a été consacrée par le nouveau code civil italien ; mais ce code n'accorde que *deux ans* pour la revendication des choses mobilières volées ou perdues. Nous ne pouvons qu'approuver cette réduction du délai fixé par notre législation française (art. 2279, al. 2, Cod. Nap.). Il est, en effet, d'un immense intérêt, au point de vue du crédit public et de la libre circulation des biens, que le possesseur de bonne foi d'un objet mobilier reste le moins longtemps possible sous le coup de l'action en revendication de la part du propriétaire légitime : « A une époque, dit avec raison M. Gide (*De la législation civile dans le nouveau royaume d'Italie*, p. 31), où tout progrès dans la vie sociale se traduit en une conquête sur l'espace ou sur le temps, ne convenait-il pas d'abréger les délais qui doivent affranchir la propriété et la purger de tous droits clandestins (1)? » Voici, au reste, quels sont les termes des art. 707, 708, 709, 2146, qui, dans le code civil italien, réglementent notre matière : art. 707 : « A l'égard des biens meubles par leur nature, et des *titres au porteur*, la possession produit, en faveur des tiers de bonne foi, l'effet même du titre. Cette disposition ne s'applique pas aux universalités de meubles. » Art. 708 : « Celui, cependant, qui a perdu une chose ou à qui elle a été dérobée, peut la réclamer à celui entre les mains de qui elle se trouve, sauf à ce dernier le recours en indemnité contre celui de qui il l'a reçue. » Art. 709: « Si, toutefois, le possesseur actuel de la chose volée ou perdue l'a achetée soit dans une foire, dans un marché ou dans une vente publique, soit d'un commerçant qui fait un débit public d'objets semblables, le propriétaire ne peut obtenir la restitution de sa chose qu'en remboursant au possesseur le prix qu'elle lui a coûté. » Art. 2146: « *L'action du propriétai*   *ou possesseur* de la chose mobilière, pour recouvrer la

chose volée ou perdue en conformité des art. 708 et 709, *se prescrit par le laps de deux ans.* »

147. — Nous avons été amené, dans le cours de notre travail sur la *Possession des meubles*, à nous occuper incidemment des *titres au porteur*, en soulevant quelques difficultés qui se rapportaient d'une façon directe à notre matière. Nous nous proposons, en terminant, d'étudier les graves questions de responsabilité auxquelles le vol, la perte ou la destruction (1) des effets au porteur donnent si souvent ouverture dans la pratique. Ces sortes de valeurs sont fort recherchées à cause de leur transmission rapide et du secret qui leur est propre : quelques personnes s'en servent comme d'un moyen facile pour arriver, soit à soustraire au paiement des droits de mutation certaines parties importantes des successions ou des communautés, soit même à éluder les dispositions fondamentales de notre droit civil ; c'est presque toujours par la conversion de sa fortune en actions au porteur qu'un père de famille réussit à dépasser les limites de sa quotité disponible (art. 913 et suiv.), et à dépouiller ses enfants, soit au profit d'étrangers, soit au profit d'un fils préféré, en créant une inégalité fâcheuse dans la dis-

(1) « Divers inconvénients, dit M. A. Buchère, président du tribunal civil du Havre (*Traité théorique et pratique des valeurs mobilières et effets publics,* p. 383 et suiv.), sont inhérents à la nature même d'une propriété qui repose tout entière sur un morceau de papier, c'est-à-dire sur ce qu'il y a de plus fragile, de plus périssable, de plus facile à disparaître. On s'imaginerait difficilement, du reste, toutes les causes de destruction qui ont été signalées par les diverses réclamations, en dehors même des cas si fréquents de vol, de perte, ou de disparition matérielle par suite d'incendie, d'inondation, de naufrage, etc. Tantôt c'est la prudence mal entendue d'un père de famille, qui a si bien caché ses titres, qu'en cas de mort subite, ses enfants se trouvent ruinés, sans qu'aucune note les mette sur la trace du lieu où se trouvent ces valeurs ; tantôt c'est l'ignorance des possesseurs, qui, ne se rendant pas compte de l'économie des titres, ont pensé que la feuille de coupons délivrée par quelques compagnies représentait un titre suffisant et complet, et ont détruit le titre-souche, qui seul donne droit au capital. Cette erreur s'est produite fréquemment dans l'origine. D'autres fois, des gens illettrés, surtout dans les campagnes, n'attachant aucune importance à la restitution des titres qu'ils avaient trouvés, et dont ils ignoraient la valeur, les ont livrés à leurs enfants comme des images destinées à leur servir de jouet. »

tribution de ses biens) ; c'est à l'aide du même procédé qu'un débiteur malhonnête peut vivre dans l'opulence et se dispenser de payer ses créanciers réduits à l'impuissance en présence d'un patrimoine dont l'existence est certaine, mais que sa mobilité rend insaisissable en fait, à cause de la facilité avec laquelle il est dérobé à leurs poursuites.

Toutefois, le propriétaire de valeurs au porteur est à chaque instant exposé aux plus graves dangers résultant, tantôt du vol ou de la perte, tantôt de la destruction de ses titres par un incendie, par une inondation, un naufrage, en un mot par un cas fortuit ou un accident de force majeure.

La loi doit alors se préoccuper d'un double intérêt également considérable : 1° *l'intérêt du propriétaire* dépouillé qui peut être un porteur honnête, sérieux, et à l'égard duquel, en tout cas, la perte du titre, de l'*instrumentum*, ne saurait entraîner, au point de vue juridique, la perte du droit lui-même (voy. art. 1335, 1336, 1348 Cod. Nap.; art. 150, 151, 152 Cod. com.) ; 2° *l'intérêt général de l'État ou des compagnies* qu'il importe de prémunir contre les fraudes éventuelles d'un porteur malhonnête qui simulerait la perte ou la destruction de ses titres pour obtenir un duplicata et arriver à se faire payer ainsi deux fois, par une spéculation habilement combinée mais entachée d'escroquerie, le montant de son obligation. Cette conciliation constitue une tâche d'autant plus difficile qu'en l'absence d'une loi spéciale élaborée à propos de cette matière (1), nous ne trouvons pour nous guider que les

(1) M. Troyaux, propriétaire à Neuilly, victime en 1856 d'un détournement considérable de valeurs au porteur, déposa, le 20 juin 1861, une pétition au Sénat pour appeler l'attention du gouvernement et des grands corps de l'État sur l'urgence d'une loi nouvelle réglant la question si grave des titres au porteur perdus ou volés et faisant cesser les hésitations de la jurisprudence. A la suite d'un rapport très-développé, présenté, le 3 juillet 1862, par M. le premier président Bonjean, le Sénat à l'unanimité vota, à la date du 4 février 1863, le renvoi proposé par la commission aux trois ministres de la justice, du commerce et des finances (Voy. *Moniteur* du 3 juillet 1862 et du 4 février 1863. Nous ferons d'ailleurs insérer à la fin de notre travail le savant rapport de M. Bonjean). Depuis cette époque, le Sénat a encore voté le renvoi aux trois ministres compétents d'une nouvelle pétition émanant de M. Dayaux et contenant les mêmes conclusions (V. *Moniteur* du 5 avril 1863). Le gouvernement, saisi de la question, a annoncé dans

principes généraux du droit joints à différents documents de jurisprudence qui sont loin de concorder toujours parfaitement (1). Nous commencerons par nous occuper du *vol ou de la perte* des titres au porteur ; puis nous envisagerons les conséquences de la *destruction totale ou partielle* par un cas fortuit ou par un accident de force majeure, incendie, naufrage, inondation, etc. Nous étudierons les questions, soit communes, soit particulières à chacune de ces hypothèses.

148. — Notre examen doit porter, en premier lieu, sur LE VOL OU LA PERTE DES VALEURS AU PORTEUR. — Cette situation met forcément en scène différents personnages : ce sont d'abord le *propriétaire dépouillé*, puis l'individu, *voleur ou inventeur*, par le fait duquel la dépossession a eu lieu : viennent ensuite le *tiers acquéreur* soit de bonne, soit de mauvaise foi, des titres détournés, et, la plupart du temps, des *agents de change ou des changeurs*, intermédiaires habituels de ces sortes de négociations. Enfin, on peut supposer que le porteur dépossédé s'adresse à l'*État ou aux compagnies* à l'effet d'obtenir

diverses circonstances, notamment dans l'Exposé de la situation de l'Empire, à la date du 13 novembre 1863, la mise à l'étude d'un projet de loi destiné à être prochainement présenté et réglementant d'une matière complète la matière des titres au porteur. Toutefois, jusqu'ici, aucun projet n'a encore été soumis aux Chambres. Nous formons des vœux pour que le Corps législatif soit le plus promptement possible mis à même de discuter cette loi si utile pour protéger efficacement à la fois l'intérêt légitime du propriétaire dépossédé, celui des tiers porteurs et celui des compagnies émissionnaires.

(1) Voyez toutefois une étude sur les titres au porteur, publiée dans le tome XIX de la *Revue pratique*, par M. Vincent, avocat, p. 457 et suiv. ; — M. H. Ameline, avocat, De la revendication des titres au porteur perdus ou volés, *Revue critique* de 1865, t. XXVII, p. 209 ; — M. Charles Hérisson, docteur en droit, Des obligations de la Banque en cas de perte ou de destruction de ses billets, *Revue critique* de 1868, t. XXXII, p. 249 ; — M. Francis Ladey, *Des titres au porteur au point de vue du droit civil* (thèse pour le doctorat, Dijon, 1865) ; — M. G. Bogelot, avocat, *Des titres au porteur perdus ou volés* (deux brochures publiées chez A. Durand, libraire, l'une en 1861, l'autre en 1865). — Voyez encore deux dissertations de M. H. Thiercelin, rapportées dans D. P. 1866, 2, 145 et 1867, 1, 289 ; voy. enfin les remarquables observations de M. J. E. Labbé, insérées à la suite de l'arrêt de la cour de Paris du 13 mai 1865 (Dev. 65, 1, 153) ; consultez également le *Traité théorique et pratique des valeurs mobilières et effets publics*, publié tout récemment par M. A. Buchère, p 383 et suiv.

de nouveaux titres qui opèrent à son profit une sorte de *restitutio in integrum*, en lui permettant de toucher à l'échéance soit les intérêts, soit même le capital de sa créance. Le recours contre l'Etat ou les compagnies aura toujours lieu en cas de *destruction*, ou quand la victime du *détournement* n'aura point pu obtenir, par une autre voie, la réparation adéquate au préjudice causé.

149. — Occupons-nous, d'abord, *du propriétaire dépossédé.* —Certaines mesures de prudence lui sont imposées, à l'origine même de son acquisition, en prévision du vol ou de la perte : il doit prendre note, avec une scrupuleuse exactitude, des numéros d'ordre servant de désignation aux titres au porteur dont il devient acquéreur (1). Dès lors, s'il est plus tard victime d'un détournement, il pourra en faire la déclaration pertinente et circonstanciée à la compagnie émissionnaire ; il formera, au siége de cette compagnie, opposition par exploit d'huissier à tout paiement des coupons, en sorte que si le détenteur des numéros frappés d'opposition se présente ultérieurement pour toucher les intérêts ou les dividendes qui y sont afférents, il puisse être immédiatement averti, de manière à intenter son action en revendication. De plus, ce propriétaire agira prudemment en faisant, dans la même forme, au syndicat (2) des agents de change une opposition à la vente des titres, à la condition d'indiquer avec soin les numéros des valeurs égarées ou volées. Ces deux formalités conservatoires sont essentielles et doivent être remplies dans le plus bref délai possible.

150. —Nous allons maintenant placer le propriétaire dépouillé en face de *ceux par le fait direct desquels il a été dépossédé.* Il s'agira ou d'un voleur ou d'un recéleur ou d'une

---

(1) Toutefois, l'absence de cette précaution pourrait être suppléée, en cas d'achat en Bourse, par l'intermédiaire d'un agent de change, à l'aide de l'inspection soit des bordereaux d'achat, soit du carnet ou du livre-journal de cet officier public ; la démonstration de l'origine et de la nature des valeurs détournées pourrait être ainsi faite (Comp. MM. Bravard-Veyrières et Demangeat, *Traité de droit commercial*, t. II, p. 177 et 180).

(2) Il serait même utile, surtout si les valeurs égarées sont considérables, d'adresser des notifications individuelles à chacun des agents de change pris en particulier (V. *infrà* n° 158).

personne qui a trouvé le titre perdu, c'est-à-dire d'un inventeur.

Le voleur est soumis à la fois à une répression pénale à raison de l'infraction commise, et à une réparation civile à raison du préjudice privé. Le propriétaire peut donc diriger contre lui une action en revendication, à l'effet d'être réintégré dans la possession du titre lui-même, ou du moins à l'effet d'en obtenir subsidiairement le montant; de plus, si le détournement lui a causé un dommage complémentaire en l'empêchant, par exemple, de réaliser ses valeurs en temps opportun, il peut faire valoir, pendant trente ans (art. 2262 Cod. Nap.), une action en indemnité fondée sur les art. 1382 et 1383.

Les mêmes principes s'appliquent à l'encontre *des recéleurs* (art. 1382 Cod. Nap. et art. 62 Cod. pénal).

Quant à *l'inventeur*, en admettant qu'à raison des circonstances accompagnant le détournement il ne puisse pas être assimilé à un voleur proprement dit (V. *suprà,* n⁰ˢ 123-123 ter), il sera toujours exposé à la revendication du propriétaire et à une action en réparation civile prenant sa source dans l'article 1382, aux termes duquel tout fait quelconque de l'homme qui cause à autrui un dommage oblige celui par la faute duquel il est arrivé à le réparer.

Il faut toutefois observer que cette action récursoire sera la plupart du temps d'une médiocre utilité pour le porteur dépossédé, soit à raison de la fuite ou de la pauvreté des auteurs du détournement, soit parce que ceux-ci, d'ailleurs insolvables, se seront empressés de négocier les titres à une tierce personne et d'en opérer la tradition.

Cette transmission pourra avoir été effectuée entre les mains du tiers acquéreur, soit directement et sans aucun intermédiaire, soit indirectement en recourant au ministère d'un agent de change ou d'un changeur.

151. — Nous arrivons ainsi à mettre d'abord le *propriétaire en présence du tiers détenteur actuel* des titres au porteur volés ou perdus. Ce tiers détenteur sera tantôt un homme de mauvaise foi, tantôt un homme de bonne foi.

S'il *est de mauvaise foi,* il sera soumis à la revendication et à l'action civile en dommages-intérêts du propriétaire spolié : il sera contraint, en conséquence, de lui restituer, sans aucune indemnité, les titres perdus ou volés, sauf ensuite à recourir, en restitution du prix, contre celui duquel il les tient ; puisqu'en effet, il subit une éviction, il a payé sans cause, et il peut intenter l'action en répétition (art. 1382, 1383, 1379 et 1380).

S'il est de bonne foi, il pourra, suivant les circonstances, invoquer soit l'art. 2279, soit l'art. 2280. Nous n'avons ici qu'à rappeler des solutions précédemment établies. — S'agit-il de *titres achetés des mains d'un simple particulier qui les détenait à titre précaire* et qui s'est rendu coupable, par exemple, d'un abus de mandat ? — Le tiers acquéreur se placera purement et simplement sous l'égide de l'art. 2279, al. 1, en opposant la maxime qu'En fait de meubles la possession vaut titre (V. *suprà*, nᵒˢ 115-118). Il sera réputé propriétaire définitif en vertu de la présomption souveraine de la loi. — S'agit-il de titres au porteur *perdus ou volés ?* — Le tiers acquéreur de bonne foi, qui en sera devenu le *cessionnaire du chef d'un simple particulier*, se verra faire application de l'art. 2279, al. 2. Durant trois ans à compter du jour de la perte ou du vol, il sera exposé à la revendication du porteur légitime qui pourra l'évincer, sans bourse délier ; ce sera à lui ensuite de diriger son action récursoire contre qui de droit (art. 2279, al. 2 *in fine*). Si, au contraire, *il a acheté de bonne foi* dans une foire ou dans un marché ou dans une vente publique, c'est-à-dire *en bourse et par l'intermédiaire d'un agent de change*, une sorte de purge légale s'opère en sa faveur et il jouit du droit de rétention consacré par l'art. 2280 ; d'où il suit qu'il ne peut être dépossédé par le porteur légitime que moyennant le remboursement préalable du prix qu'il a payé. Le propriétaire aura cependant encore intérêt à l'évincer, même à des conditions aussi onéreuses, toutes les fois qu'un écart plus ou moins grand se rencontrera entre le prix de la vente et le montant exact des titres ; cet écart se produira la plupart du temps à cause de l'empressement que l'auteur des détournements aura mis à se débarrasser de la preuve matérielle de sa mauvaise action en réalisant les valeurs (voy. *suprà*, nᵒˢ 138 et suivants). Le tiers acquéreur de bonne foi pourra encore invoquer l'art. 2280, lorsqu'il aura acheté d'un marchand vendant des choses pareilles, c'est-à-dire d'un agent de change même en dehors de la Bourse, ou d'un changeur (voy. *suprà*, n°s 143 et 141); mais le propriétaire pourra diriger contre ces officiers publics une action en répétition du prix par eux reçu en paiement de la valeur du titre, à moins qu'ils n'aient acquis eux-mêmes les valeurs à la Bourse; car le comptoir d'un changeur u le domicile privé d'un agent de change ne constituent ni u marché, ni une foire, ni une vente publique dans le sens de l'art. 2280. (Voy. *suprà*, n° 140.) Enfin, on peut supposer que le tiers de bonne foi ait obtenu la transmission de titres au porteur appartenant à un propriétaire dépouillé *par suite d'une escroquerie ou d'un abus de confiance.* Ces hypothèses ne sont nullement assimilables au cas de vol ou de perte (voy. plus haut, n° 115 et suivants); en conséquence, le tiers acquéreur pourra opposer l'art. 2279, al. 1, et il arrêtera d'une manière absolue la revendication du propriétaire à l'aide de la maxime qu'En fait de meubles, la possession vaut titre (Paris, 9 avril 1864, Barbant c. Byrne, *Journal des Tribunaux de commerce*, par Teulet et Camberlin, t. 14, n° 4905, pag. 79).

152. — La transmission des titres au porteur perdus ou volés aura eu lieu le plus souvent par *l'intermédiaire soit d'un agent de change,* soit d'un *changeur.*

Dans quelle mesure la responsabilité de ces officiers publics peut-elle être engagée vis à vis du propriétaire légitime qui a été injustement dépouillé?

Deux causes de responsabilité peuvent être mises en avant contre eux : on peut soutenir d'abord qu'ils ont commis une faute ou une imprudence, et que les circonstances au milieu desquelles la transmission s'est opérée auraient dû éveiller leurs soupçons; on invoque alors la *responsabilité de droit commun :* l'action récursoire est fondée sur les art. 1382 et 1383 du Code Napoléon. On peut alléguer aussi qu'ils ont manqué aux devoirs de leur état, en n'accomplissant pas toutes les formalités et en ne prenant pas toutes les mesures de précaution qui leur sont imposées, lorsqu'ils prêtent leur ministère à une négociation quelconque; ici, on dirige contre eux une action particulière naissant de leur *responsabilité professionnelle.* Il importe donc de préciser avant tout quelles sont les obligations spéciales soit des agents de change, soit des changeurs.

153. — Quelles sont d'abord les *obligations professionnelles*

des agents de change? Les principes, sur ce point, sont déposés dans les art. 10 et suivants de l'arrêté du 27 prairial an x (16 juin 1802), concernant les bourses de commerce (rapporté dans les Codes Tripier, page 1022). L'art. 14 de cet arrêté déclare les agents de change « civilement responsables de la vérité de la dernière signature des lettres de change ou autres effets qu'ils négocieront. » L'art. 15 ajoute : «A compter de la publication du présent arrêté, les transferts d'inscriptions sur le grand livre de la dette publique seront faits au trésor public, en présence d'un agent de change de la Bourse de Paris, *qui certifiera l'identité du propriétaire,* la vérité de sa signature et des pièces produites. « Enfin les art. 16 et 18 contiennent les décisions suivantes : « L'agent de change sera, par le seul effet de sa certification, *responsable* de la validité desdits transferts, *en ce qui concerne l'identité du propriétaire,* la vérité de sa signature et des pièces produites : cette garantie ne pourra avoir lieu que pendant cinq années, à partir de la déclaration du transfert...... Ne pourront les agents de change et courtiers de commerce, sous peine de destitution et de trois mille francs d'amende, négocier aucune lettre de change ou billet, ni vendre aucune marchandise appartenant à des gens dont la faillite serait connue. » Ainsi, d'après l'arrêté du 27 prairial an X, les agents de change sont garants de *l'individualité* des personnes pour lesquelles ils opèrent, et la signature du dernier possesseur doit être apposée sur le titre : toutefois l'arrêté ne s'occupe textuellement que des négociations portant sur des *valeurs ou actions nominatives.*

154. — De là précisément est née la question de savoir si les agents de change doivent être assujettis également au point de vue professionnel, à la garantie de l'identité ou de l'individualité de ceux qui leur présentent *des actions ou des titres au porteur* pour en opérer la vente.

La jurisprudence a varié sur cette difficulté, ou du moins il y a dissidence entre les cours impériales et la Cour de cassation.

Deux arrêts de la cour de Paris, l'un en date du 11 juin 1847, l'autre en date du 29 juin 1857 (Dev. 1857, 2, 633), ont décidé que l'agent de change, auquel il est présenté des *titres ou actions même au porteur* pour en opérer la négociation, est étroitement tenu, au point de vue professionnel, de vérifier et constater l'individualité de la personne qui les lui remet : « Considérant, en droit, dit l'arrêt du 11 juin 1847, que l'intervention des officiers publics dans les transactions a pour but d'en assurer la sincérité dans l'intérêt des parties contractantes et des tiers ; — que, pour atteindre ce but, l'officier public, qui prête son ministère, doit, avant tout, se faire certifier l'individualité des parties qu'il ne connaît pas ; — qu'en effet, l'acte qu'il reçoit doit faire foi que les conventions qui y sont contenues ont été réellement consenties par les parties qui y sont dénommées ; que l'attestation de l'officier public est indivisible ; que si elle fait foi des conventions, elle doit, en même temps et surtout, faire foi de l'individualité des parties qui sont réputées les avoir consenties ; — Considérant que l'obligation pour les officiers publics de faire certifier l'individualité des parties qu'ils ne connaissent pas, doit avoir pour sanction la responsabilité de ces officiers, lorsqu'ils ont négligé cette formalité indispensable ; — Considérant que ces principes sont évidemment applicables aux agents de change comme aux autres officiers publics et officiers ministériels ; — Considérant que les art. 14, 15 et 16 de l'arrêté du 27 prairial an X, qui présentent des applications de cette responsabilité aux différents cas qu'ils prévoient, ne l'excluent pas pour les autres actes dans lesquels les agents de change interviennent comme officiers publics ; — que la négociation des effets au porteur est placée dans les attributions des agents de change par les termes généraux de l'art. 76 Cod. com., et que, dès lors, elle doit rester soumise à la règle générale, lorsque cette négociation a lieu par leur ministère..... » Puis, dans l'arrêt du 29 juin 1857, la cour de Paris, persistant dans sa jurisprudence, dit encore : « Considérant qu'il est judiciairement établi que les actions négociées par D. provenaient d'un vol commis... ; — qu'il est également établi que D. ne connaissait pas le tiers qui lui a remis lesdites actions, et qu'il n'a pris aucune précaution pour s'assurer de son identité ; — Considérant qu'en négligeant de constater l'individualité de la personne pour laquelle il opérait, D. n'a rempli ni l'obligation qu'impose à l'agent de change la loi de son institution, ni celle qui résulte pour tout mandataire des principes du droit commun ; — que ces obligations ne souffrent pas de distinction, selon la nature des valeurs à négocier, puisqu'en effet, en cas de vol ou de perte des titres au porteur, leur accomplissement est l'unique sauvegarde du propriétaire dépossédé, toute action, à défaut d'identité constatée, demeurant à peu près impossible..... » M. Demangeat, dans l'une de ses notes sur Bravard-Veyrières (*Droit commercial*, t. 2, pag. 160), paraît approuver cette solution.

154 bis. — Nous hésitons beaucoup, pour notre part, à l'admettre et nous préférons la décision contenue, soit dans le jugement du tribunal civil de la Seine, rendu le 4 décembre 1844 (Dev. 1846, 2, 74), soit dans l'arrêt de la Cour de cassation (1) en date du 21 novembre 1848 (Dev. 1849, 1, 38 et 39). Nous pensons, en conséquence, que les agents de change ne sont pas strictement obligés, *au point de vue professionnel* (2), de vérifier l'individualité des personnes qui les chargent de négocier des *actions au porteur :* cette doctrine nous paraît seule conforme à la fois aux principes et aux nécessités pratiques :

1° En règle générale, les obligations imposées à un officier public, comme tel et à raison de l'exercice de sa charge, sont toujours de droit étroit ; les responsabilités *professionnelles* doivent être scrupuleusement renfermées dans les termes explicites des lois et statuts organiques : or, d'une part, aucune des dispositions de l'arrêté du 27 prairial an X, qui a tracé les devoirs et les obligations des agents de change, n'exige d'eux qu'ils vérifient l'identité des personnes qui leur

---

(1) V. aussi Bordeaux, 14 août 1851 (Rodrigues); D. P. 1854, 5, 21.

(2) Nous ne croyons pas nous mettre ici en contradiction avec ce que nous avons avancé plus haut, au n° 144, note 1 : en effet, nous avons entendu nous placer, dans la note précitée, à un point de vue tout à fait général, en énumérant l'ensemble des obligations imposées aux agents de change. D'ailleurs, nous expliquerons bientôt (V. *infrd*, n°ˢ 156 et suiv.) que si ces officiers publics ne sont pas strictement obligés, au point de vue des devoirs *découlant directement de leur profession*, d'exiger de ceux qui requièrent leur ministère pour la négociation *d'actions au porteur* la justification préalable de leur individualité et de leur capacité civile, ils agiront du moins fort prudemment en demandant toutes les justifications propres à permettre de vérifier la personnalité de leurs vendeurs : il pourra, en effet, plus tard devenir nécessaire de les retrouver ; car, à côté de la responsabilité professionnelle qui incombe aux agents de change, il faut placer la *responsabilité de droit commun*, organisée de la manière la plus large par les art. 1382 et 1383 du Code Napoléon.

présentent des *actions au porteur* pour en opérer la vente ; cet arrêté se contente de leur imposer la certification de l'individualité du vendeur quand il s'agit d'une inscription *nominative ;* dans les autres cas, l'agent doit seulement certifier la sincérité du titre : d'autre part, l'art. 76 du Code de commerce, qui donne aux agents de change le droit de négocier, pour le compte d'autrui, tous papiers commerçables, et par conséquent les valeurs au porteur, n'a pas étendu à ces valeurs les dispositions des art. 14, 15 et 16 de l'arrêté du 27 prairial an X : donc, la responsabilité professionnelle d'un agent de change ne peut pas être engagée, *par cela seul* qu'il aurait négligé, avant de négocier des effets au porteur, présentés par une personne inconnue, de s'assurer, par la constatation de l'individualité de cette personne, de la légitimité de sa possession ;

2° Les actions au porteur, d'ailleurs, si on les envisage dans leur nature intime, ne comportent pas l'application pratique d'une pareille obligation ; elles constituent, en effet, comme une sorte de monnaie industrielle, destinée à être livrée à une circulation rapide et dégagée de toute entrave : or, si vous exigez, en ce qui les concerne, des vérifications préalables d'identité, vous créez des lenteurs inévitables, vous arrivez même souvent à des impossibilités de fait : vous allez directement, en tout cas, contre la pensée qui a présidé à leur création ; est-ce qu'il est possible, au milieu du mouvement incessant des opérations de bourse qui ont pour objet ces sortes de valeurs, de faire des constatations sérieuses d'individualité, sans violer l'obligation du secret qui est rigoureusement imposée à l'agent de change par l'art. 19 de l'arrêté du 27 prairial an X et par l'art. 36 de l'arrêt du conseil en date du 24 septembre 1724 ? Quel serait d'ailleurs le mode de constatation ? Est-ce à dire que vous imposerez aux agents de change, comme aux notaires, l'assistance de témoins instrumentaires ? Ou bien exigerez-vous une enquête préalable ? Tout cela est inadmissible. Il faut donc en revenir aux vrais principes et décider, avec l'arrêt de la Cour suprême du 21 novembre 1848, « que si l'arrêté du 27 prairial an X prescrit à l'agent de change de certifier l'identité des personnes pour lesquelles il opère, cette obligation ne lui est imposée qu'à l'égard des valeurs nominatives ; — et que les effets au porteur, par leur nature même, ne comportent pas l'application d'une pareille obligation. » Cela est si vrai d'ailleurs et a été si bien entendu dans tous les temps, qu'une ordonnance du 29 avril 1831 (Sirey, 2ᵉ vol. de lois annotées, p. 61) a autorisé les propriétaires de rentes nominatives sur le grand-livre de la dette publique à en réclamer la conversion en rentes au porteur, précisément *« pour que la négociation de ces rentes fût affranchie des formes qu'entraînent les justifications d'individualité et de propriété* exigées par le trésor public pour chaque transfert d'actions nominatives. » Nous citons les termes même de l'ordonnance. Sans doute, cette facilité de transmission peut entraîner des dangers pour le propriétaire; mais c'est là une conséquence de la nature du titre : le propriétaire peut se prémunir contre le vol ou la perte, soit en ne prenant que des titres nominatifs, soit en laissant ses titres déposés dans la caisse des compagnies. Il lui reste d'ailleurs, le plus souvent, le recours de droit commun, fondé sur les art. 1382 et 1383, dont nous aurons bientôt à mesurer la portée (V. *infra,* nᵒ 156).

155. — Puisque nous n'admettons pas que les agents de change puissent être déclarés, par application de leurs statuts particuliers, garants de *l'individualité* de ceux qui leur remettent des actions au porteur pour en opérer la vente, à plus forte raison devrons-nous décider qu'ils ne sont pas garants (toujours au point de vue purement professionnel), de la *capacité* de ces personnes : aussi nous adoptons pleinement les conclusions de la Cour de cassation, qui, dans un arrêt déjà ancien, du 8 août 1827 (Dev. 1827, 1, 426), a proclamé « que la responsabilité des agents de change, ainsi que celle de tous les fonctionnaires ou officiers publics, est limitée aux cas et aux seuls cas spécifiés dans les lois qui déterminent la nature et l'étendue de leurs obligations envers le gouvernement ou le public; — que, d'après l'art. 15 de l'arrêté du 27 prairial an X, les agents de change doivent certifier l'identité du propriétaire de la rente, la vérité de sa signature, ainsi que celle des pièces produites, et qu'aux termes de l'art. 16 ils sont responsables de ces faits; — mais que *ni cet arrêté, ni aucune loi, ni aucun règlement, ne les obligent d'attester la capacité civile de leurs clients,* et ne les rendent responsables des erreurs qu'ils pourraient commettre à ce sujet...... » L'on re-

marquera que cet arrêt se place à un point de vue tout à fait général et statue dans une espèce où il s'agissait du transfert de titres nominatifs. Si, dans son extension absolue, cette solution peut être l'objet de quelques doutes (comp. M. Demangeat, *Traité de droit commercial*, t. 2, pag. 160-161, note 2), sa légitimité nous paraît du moins incontestable en ce qui concerne la transmission des *effets au porteur*.

156. — Toutefois, si les agents de change ne sont pas obligés, au point de vue des *devoirs découlant directement de leur profession*, d'exiger de ceux qui requièrent leur ministère pour la négociation *d'actions au porteur*, la justification préalable de leur individualité et de leur capacité civile, ces officiers publics agiront du moins fort prudemment en prenant toutes les mesures nécessaires à l'effet de pouvoir ultérieurement indiquer la personnalité de leurs vendeurs et les retrouver au besoin : car, à côté de la *responsabilité professionnelle* qui leur incombe, ou plutôt au-dessus d'elle, vient se placer *la responsabilité de droit commun*, organisée de la manière la plus large par les art. 1382 et 1383 du Cod. Nap. ainsi conçus : « Tout fait quelconque de l'homme, qui cause à autrui un dommage, oblige celui par la faute duquel il est arrivé à le réparer. » — « ....., Chacun est responsable du dommage qu'il a causé non-seulement par son fait, mais encore par sa négligence ou par son imprudence. » La jurisprudence, dans notre matière, a élargi singulièrement la sphère d'application de ces textes, et lorsque l'agent de change ne peut pas faire connaître son vendeur, la moindre imprudence venant s'ajouter à cette circonstance entraîne souvent les conséquences les plus graves, surtout lorsque le propriétaire spolié a pris de son côté toutes les précautions usitées en cas de vol ou de perte d'effets au porteur.

Il convient, du reste, à ce dernier point de vue, de distinguer trois hypothèses principales : — 1° Le propriétaire, victime du détournement, s'est borné à former une opposition au syndicat des agents de change ; — 2° il a officiellement averti chacun des agents de change individuellement ; — 3° il n'a pris ni l'une ni l'autre de ces précautions.

157. — *Première hypothèse : le propriétaire*, dépouillé d'un ou de plusieurs titres au porteur par suite du vol ou de la perte de ces objets, *a formé aussitôt*, par ministère d'huis-

sier, *une opposition* à leur négociation, mais *en s'adressant uniquement au syndicat des agents de change.*

Cette formalité est très-souvent, en pratique, la seule qui soit remplie, surtout lorsque le propriétaire, malgré toutes ses investigations, n'a point pu découvrir en quelles mains les effets ont passé, et que ces effets sont d'ailleurs d'une valeur trop minime pour que l'on songe à faire les frais d'une opposition individuelle entre les mains de chaque agent de change.

Toutefois, la corporation a toujours protesté avec énergie contre ces sortes de notifications, en se fondant sur le double argument que voici :

1° En droit, aucun règlement n'impose au syndicat l'obligation de tenir un registre à la disposition de ceux qui voudraient y faire consigner des oppositions à la négociation de valeurs au porteur perdues ou volées ; or, en l'absence de loi spéciale, le syndic ne peut pas être astreint soit à recevoir, soit à transmettre à chacun des membres de la compagnie l'indication des vols ou détournements de toute nature qui pourraient lui être notifiés.

2° En fait si l'on considère l'innombrable quantité de titres qui peuvent, pendant une seule journée, passer dans les mains d'un agent de change, si l'on songe à la multiplicité des transactions dont chacun de ces officiers publics est chargé et à la rapidité des transmissions successives qui s'effectuent par leur intermédiaire, on reconnaîtra facilement l'impossibilité qu'il y aurait à les obliger, avant chaque opération, à se transporter au bureau du syndicat pour vérifier s'il n'existe pas d'opposition mettant obstacle à la négociation des titres qui leur sont remis.

Aussi, en pratique, le syndicat des agents de change, à Paris, a-t-il même cessé, depuis plusieurs années, de tenir un registre des oppositions, et il répond souvent par des contre-significations aux oppositions qui lui sont notifiées, en protestant qu'il n'entend pas se charger de transmettre à chacun des membres de la compagnie l'indication des déclarations de perte ou de vol qui lui sont remises. (Voyez notamment l'espèce jugée par le tribunal civil de la Seine, le 20 janvier 1863, rapportée dans Teulet et Camberlin, *Journal des tribunaux de commerce*, t. 13, pag. 117; n° 4584, Marlet c. Moreau.)

157 *bis.* — La jurisprudence semble s'être arrêtée à un moyen terme qui nous paraît concilier parfaitement les principes avec les exigences de la vie commerciale. Elle décide

que la négociation par un agent de change de titres au sujet
desquels il existait une opposition formée seulement au syndicat, n'engage pas nécessairement sa responsabilité (1), à
moins que les circonstances au milieu desquelles se produisait
le marché n'aient été de nature à provoquer ses soupçons
(cass. ch. req. 10 juillet 1860; D. P. 60, 1, 463). Mais, en
même temps, la jurisprudence voit, dans la signification faite
au syndicat, une précaution de nature à pouvoir constituer
l'agent de change en faute, lorsqu'il a d'ailleurs montré quelque négligence ou quelque légèreté, en traitant, par exemple,

(1) Un arrêt de la cour de Paris, en date du 8 avril 1839 (V. *Journal
des trib. de com.*, t. VIII, p. 422 et 423, n° 2923), décide formellement que
l'agent de change qui prête son ministère pour la négociation d'actions industrielles qui ont été perdues, ne peut être déclaré responsable par cela
seul qu'il aurait omis de consulter le registre sur lequel étaient portés les
numéros des actions signalées à la Bourse comme ayant été perdues, lorsqu'il résulte de l'ensemble des circonstances qu'on ne peut lui imputer
aucune faute grave, encore bien que le reproche de négligence puisse lui
être adressé.

« La Cour : Considérant..... que le syndicat des agents de change, ayant
établi un registre où sont mentionnées les oppositions des propriétaires des
actions égarées, l'agent *qui ne consulte pas ce registre ou qui n'en tient pas
compte*, au moment où il opère un transfert d'actions, commet incontestablement un acte de négligence ; mais qu'il est impossible de voir là une faute
telle qu'elle entraîne, *à elle seule*, responsabilité pour la valeur de l'action
envers le propriétaire ; — que toutes les fois que les tribunaux ont eu à
apprécier de telles demandes, ils ont examiné l'ensemble des circonstances
qui avaient accompagné la négociation ;

« Considérant que, dans l'espèce, Wey avait reçu les deux actions dont il
s'agit d'un banquier avec lequel il avait des rapports habituels ; — que, par
leur valeur minime, ces actions n'appelaient pas son attention d'une manière
spéciale ; — que même, par une circonstance fortuite, elles ne lui avaient
pas été signalées par les circulaires ordinaires du syndicat ; — que l'ensemble de ces faits rend la responsabilité de Wey inadmissible ;

« Considérant que celui qui égare ses titres commet lui-même un premier
acte de négligence et d'imprudence ; — que s'il peut être admis à en faire
supporter les conséquences à un tiers, il faut au moins que l'imprudence de
celui-ci ait été plus grande encore, ce qui n'existe pas dans la cause..... »
(Comp. même recueil, t. IV, p. 358, n° 1460, Paris, 23 août 1855, et
t. III, p. 447, n° 1145, Com. Seine, 18 août 1851 ; — voyez aussi D. P. 1859,
2, 98.)

avec un inconnu dont les déclarations embarrassées auraient dû éveiller ses soupçons : « Considérant (dit un arrêt de la cour impériale de Paris (1), rendu à la date du 17 juillet 1863), qu'alors même que le registre des oppositions ayant existé au secrétariat du syndicat des agents de change et destiné à faciliter les vérifications, *aurait cessé d'être tenu*, cette mesure *regrettable* ne saurait affranchir les officiers publics chargés de pourvoir à la négociation régulière des valeurs cotées à la Bourse des obligations de prudence qui dérivent tout à la fois de la nature des fonctions qui leur ont été confiées dans un intérêt général et des règles du droit commun..... »

A plus forte raison, l'agent de change serait-il responsable, par application de l'art. 1382 du Code civil, s'il avait été, en fait, personnellement averti au syndicat, la spoliation lui ayant été révélée avec l'indication des numéros que portaient les titres. La cour de Paris a toutefois décidé, par un arrêt du 16 février 1864, qu'un agent de change ne peut être soumis à aucune responsabilité envers le véritable propriétaire (1), à

(1) *Journal des tribunaux de commerce*, par Teulet et Camberlin, Paris, 17 juillet 1863, Sauvage c. Marlet et Marlet c. Moreau, t. 13, n° 4584, p. 115 et 118 ; — comp. Paris, 16 février 1864, n.ême tome XIII, n° 4800, p. 455 ; — voyez aussi Paris, 16 mai 1862; Dev. 62, 2, 440.

(1) Il en serait autrement à l'égard du tiers acquéreur qui aurait obtenu la livraison des titres détournés. L'agent de change est *toujours* responsable envers son client de la validité des titres qu'il lui livre, et s'il se trouve que ces titres sont frappés d'opposition, parce qu'ils ont été volés, il doit être condamné à en livrer d'autres, ou leur valeur en capital et intérêts échus (art 1382). (Voyez jugement, Seine, du 28 août 1861, *Journal des trib. de com.*, t. XI, n° 3856, p 178; — Seine, 23 octobre 1863, *Journal des trib. de com.*, t. XIV, n° 4988, Houzeau c. Crenuat, p. 190). Celui, en effet, qui achète des actions et qui en paie le prix, doit obtenir la garantie la plus large; c'est précisément en vue de cet avantage qu'il s'adressa à un agent de change comme intermédiaire; les actions vendues doivent donc lui être livrées parfaitement liquides.

On peut toutefois supposer l'hypothèse suivante : Un agent de change, dans des circonstances de nature à engager sa responsabilité, a vendu des titres au porteur volés ou perdus, à un tiers-acquéreur de bonne foi. Trois ans s'écoulent, à dater de la perte ou du vol, sans réclamation de la part du propriétaire dépossédé (art. 2279, al. 2, et 2280); au bout de ce temps, le propriétaire dirige une action en revendication contre le tiers acquéreur; celui-ci, homme de bonne foi, ayant obtenu la preuve matérielle de la réalité

raison de la vente de titres au porteur volés, s'ils lui ont été remis par une personne connue, solvable, et qui avait des ressources suffisantes pour expliquer la possession de ces valeurs (*Journal des trib. de com.* par Teulet et Camberlin, n° 4800, Paris, 16 février 1864, S. sur c. G. unneron, t. XIII, pag. 455).

La légitimité de cette solution nous inspire quelques doutes : si, en effet, l'opposition n'arrête pas nécessairement toute négociation des titres au porteur dont le vol ou la perte est signalée, si elle n'oblige pas l'officier public *touché personnellement par la notification*, à surseoir, elle devient absolument inutile. Nous sommes ainsi amenés, par une transition naturelle, à l'examen de notre seconde hypothèse.

158. — *Seconde hypothèse : le propriétaire dépossédé a officiellement averti tous les agents de change* et il a formé près de chacun d'eux, pris individuellement, opposition à la négociation des effets perdus ou volés.

Cette opposition peut avoir été formée par ministère d'huissier : elle peut s'être manifestée par l'envoi d'une lettre chargée ou même par l'expédition d'une simple lettre circulaire.

158 *bis*. — Supposons d'abord que *l'opposition* ait été *régulièrement formée par acte d'huissier*. L'agent de change qui depuis s'est chargé de la vente, avait cependant reçu la dénonciation directe et officielle du vol ou de la perte avec *l'indication exacte des numéros que portaient les titres détournés*. Il nous paraît qu'en semblable occurrence cet officier public devrait être soumis au recours du propriétaire dépossédé, par application de l'art. 1382 Cod. Nap. Sans doute, l'on peut voir dans la signification faite au *syndicat* un élément *seulement éventuel* de responsabilité, sauf à examiner l'ensemble des cir-

du détournement, restitue spontanément les titres réclamés, bien qu'il ne fût pas y être contraint au point de vue juridique. Pourra-t-il ensuite recourir contre l'agent de change en garantie à raison de l'inutilité ou de l'imperfection des titres transmis ? Nous ne le pensons pas ; car la restitution a été ici un acte de conscience, et l'on ne peut pas faire retomber sur autrui les conséquences juridiques engendrées par des scrupules purement personnels. Mais nous admettrons volontiers le tiers acquéreur à exercer, du chef du propriétaire auquel les effets ont été restitués, l'action en responsabilité contre l'agent de change, par application, d'une part, de l'art. 1166 et, d'autre part, de la règle que nul ne doit s'enrichir aux dépens d'autrui. Toutefois, nous reconnaissons que cette solution peut soulever des doutes sérieux.

constances de la cause et la question générale de faute ou de négligence ; mais lorsque l'agent de change a été *personnellement prévenu* par une opposition en due forme, il *doit être* soumis à une responsabilité fatale et imposée par les principes. Est-ce qu'en effet il peut ici prétexter de son ignorance? Est-ce que la situation des titres ne lui a pas été révélée? Est-ce qu'en passant outre, au mépris de la notification reçue, il n'a pas assumé nécessairement sur lui toutes les conséquences de cette dangereuse détermination? Depuis quand celui auquel une opposition a été signifiée peut-il impunément se constituer le juge souverain de son opportunité ou de son mérite? Est-ce que le but de semblables actes n'est pas toujours d'arrêter momentanément toute opération, en frappant d'une suspicion légitime les transmissions ou les paiements qui pourraient ultérieurement avoir lieu? (Voy. les art. 808, 1242 Cod. Nap., 149 Cod. com., les décrets du 14 février 1792, du 30 mai 1793, du 13 pluviôse an XIII (2 février 1805), du 18 août 1807, les lois des 9 juillet 1836 et 8 juillet 1837, enfin l'ordonnance du 16 septembre 1837.) N'oublions pas d'ailleurs que si les agents de change sont une fois reconnus libres de ne pas tenir compte des oppositions qui leur sont signifiées par huissier, pourvu qu'ils aient d'ailleurs pris soin de traiter avec des personnes solvables (1), la propriété mobilière est ébranlée inévitablement, d'une part à cause de la facilité avec laquelle les auteurs de détournements arriveront à négocier les effets enlevés, d'autre part à raison de l'impossibilité où se trouveront les propriétaires dépouillés de suivre utilement la trace desdits effets. C'est, du reste, dans le sens de notre solution que paraît aujourd'hui se fixer la jurisprudence de la cour de Paris, telle qu'elle résulte du moins d'un arrêt parfaitement motivé rendu à la date du 25 janvier 1868 (Dev. 68, 2. 42; *Journal des trib. de com.*, t. 18, pag. 40, n° 6257, Bouillon c. Hart), dont voici les termes : « Considérant, en droit, que, pour exercer l'action en revendication autorisée

(1) V., en ce sens, un jugement du tribunal civil de la Seine, en date du 20 janvier 1863 (*Journal des trib. de com.*, t. XIII, p. 117, n° 4584). Toutefois, dans l'espèce, l'agent de change n'avait eu connaissance du vol ou de la perte que par une circulaire. De plus, ce jugement a été infirmé par un arrêt de la cour de Paris du 17 juillet 1863, rapporté à la suite, dans le même recueil, t. XIII, p. 118.

par l'art. 2379, al. 2, du Code Napoléon, le propriétaire d'un objet volé n'est point tenu d'établir que le vol a été comnis par un individu déterminé, et encore moins de justifier que cet individu a été pour ce fait condamné par les tribunaux de répression ; qu'il suffit au propriétaire d'établir qu'il a été dépouillé par une soustraction frauduleuse, alors même que le détenteur n'en est ni l'auteur, ni le complice, et que le malfaiteur reste inconnu ; — Considérant qu'ainsi, dans la cause, il importe peu que le tribunal correctionnel de la Seine ait renvoyé la fille Valentin de la poursuite à l'occasion du vol des actions dont il s'agit au procès ; — qu'en thèse générale, une décision qui décharge un prévenu d'une plainte en vol n'a rien d'inconciliable avec une décision du juge civil qui, dans l'application des dispositions de l'art. 2279, décide que l'objet a été volé ; — qu'il y aurait contradiction si le tribunal correctionnel avait reconnu un fait inconciliable avec la perte ou le vol, s'il avait décidé, par exemple, que le plaignant n'était pas propriétaire de l'objet prétendu volé, ou bien qu'il s'en est dessaisi volontairement ; mais qu'en dehors de telles circonstances, l'acquittement du prévenu constate seulement qu'il n'est pas coupable, mais ne contredit pas le fait du vol lui-même ; —Considérant que cela est spécialement vrai dans la cause, où le tribunal a déclaré que, malgré les présomptions graves qui résultaient des débats, il n'avait pas une conviction suffisante de la culpabilité de la fille Valentin ; — que cette décision, loin d'être inconciliable avec le fait de soustraction frauduleuse, en serait plutôt une confirmation ; — que, dans tous les cas, elle ne peut dispenser le détenteur desdites valeurs de justifier sa possession et d'établir que ce n'est pas par suite d'une perte ou d'un vol que les titres dont il s'agit sont venus entre ses mains; — Considérant que, devant la Cour, il est complétement justifié que la femme Bouillon, comme héritière de Dauflou, est propriétaire des cinq actions du chemin de fer de Lyon dont Hart a négocié la vente le 14 septembre 1864 au profit de Lafourcade, au prix de 4,621 fr. 85 cent. et des quinze actions de la Compagnie générale des omnibus dont Hart a négocié la vente au profit du même, au prix de 15,975 fr., et que celui-ci ne les détenait que par suite d'un vol ; — qu'aujourd'hui, si ces titres étaient encore en la possession de Lafourcade, la femme Bouillon pourrait exercer contre lui l'action en revendication; — que, par le fait de la vente dont Hart a été l'intermédiaire, cette revendication est devenue impossible, et que la femme Bouillon a ainsi éprouvé, par le fait de Hart, un dommage dont ce dernier lui doit réparation (art. 1382 Cod. Nap.); — Considérant que l'intimé soutient que, même en admettant que l'action en revendication se trouve perdue par le résultat de la vente faite par son ministère, il ne pourrait être déclaré responsable; qu'il est impossible à l'agent de change, même averti par le propriétaire de la perte ou du vol d'un titre d'action, d'en surveiller utilement les transmissions au milieu du mouvement d'actions ou d'obligations qui s'opère incessamment dans ses bureaux; que ces transmissions, d'une part, sont trop nombreuses pour que la surveillance ne soit pas trompée; que, d'autre part, le terme de cette surveillance serait indéfini et obligerait l'agent de change pendant dix ans, vingt ans, et jusqu'au terme de la prescription trentenaire, ce qui rendrait la surveillance vraiment impraticable; — Considérant que de nombreuses contestations se sont élevées, à cet égard, entre les agents de change et les propriétaires de titres volés ou perdus; qu'en suivant la série de ces contestations, on voit que *ce sont*, en quelque sorte, *les agents de change eux-mêmes qui ont indiqué la signification individuelle de la perte ou du vol comme le moyen unique de leur imposer l'obligation de surveillance* sur les ventes par eux opérées; — *que si aujourd'hui ce moyen de provoquer leur examen pouvait être repoussé par eux, il deviendrait impossible au propriétaire dépouillé de rien faire pour arriver à suivre les titres enlevés; que les valeurs volées ou perdues seraient aliénées sans aucun obstacle, et que la propriété mobilière, si considérable à cette heure, se trouverait dans cette situation que les officiers publics, chargés par privilége d'en négocier la vente, seraient les agents directs et irresponsables de sa transmission frauduleuse.* — Considérant qu'il ne peut en être ainsi; que les agents de change ne sont point admissibles à se prévaloir de ce qu'ils font beaucoup de ventes pour être dispensés de les surveiller; que si leurs obligations s'étendent ainsi, leurs bénéfices suivent la même proportion, et qu'il est inadmissible qu'un officier public puisse s'appuyer sur l'accroissement de ses profits pour restreindre sa responsabilité; — Considérant d'ailleurs que cette obligation n'est point aussi lourde que le prétend l'intimé ; que la première et la souveraine garantie pour l'agent de change est dans la situation personnelle du client pour lequel il agit ; que, lorsque le client est honorable et solvable, l'officier public trouve là une certitude que l'objet mis en vente n'est ni volé, ni perdu, et que, dans l'hypothèse contraire, l'action en revendication serait supportée par le détenteur et non par l'agent de change ; — que l'examen se réduit donc aux cas où le client est inconnu ou ne présente pas de suffisantes garanties ; que notamment l'opération doit être attentivement surveillée lorsque le vendeur est, comme dans l'espèce, un domestique sans place qui présente à négocier des valeurs assez importantes ; — Considérant que, d'autre part, la surveillance ne doit pas être indéfiniment exercée ; que, l'action en revendication ne durant que trois années, le dommage résultant de la vente s'arrête à la même limite, et l'obligation de l'agent de change s'éteint par la même raison ; — Considérant que les cas où le propriétaire de titres volés ou perdus croit devoir faire les frais de significations individuelles à tous les agents de change étant nécessairement très-rares, et la durée de leur effet étant limitée, l'obligation imposée auxdits agents est loin d'être difficile à remplir ; que, d'ailleurs, elle est une conséquence légitime du droit qu'ils exercent à titre de privilége, et dont ils ne peuvent garder les avantages sans en accepter les inconvénients ; — Considérant, quant aux intérêts, qu'ils ne peuvent être dus antérieurement à la demande, puisque, jusqu'à cette époque, Hart n'était pas à même de faire droit à la réclamation ; — Infirme, etc. » (comp. *Journal des trib. de com.*, t. 16, pag. 247, n° 5716, Paris, 16 juin 1866, Verdun c. Gavet et Amoretti ; — n°° 3956 et 4584, Paris, 16 mai 1862 et 17 juillet 1863, t. xi, pag. 321, et t. xiii, pag. 115 avec l'annotation).

158 ter. — Nous supposons maintenant que *l'opposition du propriétaire dépossédé s'est manifestée, en dehors de toute intervention d'huissier, par l'envoi d'une lettre chargée, ou même par l'expédition d'une simple circulaire* adressée à chacun des agents de change, et en particulier à celui qui ensuite s'est néanmoins chargé de la vente. L'un ou l'autre de ces procédés sera presque toujours employé, lorsque, les effets volés ou perdus étant de minime importance, les frais d'une opposition signifiée régulièrement à chaque agent de change seraient assez élevés pour absorber presqu'entièrement ou même dépasser la valeur des titres détournés.

Nous réunissons d'ailleurs, sous un même examen, ces deux moyens de publicité ; car la lettre chargée, au point de vue qui nous occupe, ne se distingue de la circulaire que par une plus grande certitude quant à la réception, puisque l'officier public aura apposé sa signature sur le carnet à lui présenté par l'employé de l'administration des postes, tandis qu'il pourra nier avoir personnellement reçu la *circulaire*, sans que le propriétaire soit en mesure, faute de documents, de faire contre lui la preuve contraire avec quelque chance de succès.

Il nous paraît clair que la lettre, même chargée, quelque précises que puissent être les indications fournies (1), quelque bien établie que soit la démonstration de sa réception, ne peut jamais engager la responsabilité de l'agent de change au même titre qu'une notification par huissier. Une simple lettre, en effet, ne présente en elle-même aucun caractère d'authenticité, ni aucune garantie de sincérité ; l'on comprend donc jusqu'à un certain point que l'officier public ne se soit point cru obligé de s'arrêter et de surseoir à toute négociation, en présence d'une notification aussi irrégulière ; mais, du moins nous exigerons de lui qu'il ait pris ensuite toutes les précautions que devait lui suggérer la prudence, l'éveil lui ayant été une fois donné. Le pouvoir des tribunaux, en pareille matière, est nécessairement discrétionnaire ; et c'est le cas d'ap-

(1) Il est indispensable que la lettre chargée ou la circulaire contiennent toujours l'indication exacte des numéros d'ordre des titres volés ou perdus ; c'est là, en effet, le seul moyen de contrôle efficace pour l'officier public. Aussi nous considérons comme parfaitement conforme aux principes un arrêt de la cour de Paris, en date du 2 août 1856 (D. P. 57, 2, 56), rendu dans une espèce voisine de la nôtre, et aux termes duquel l'agent de change, qui a vendu, pour le compte d'autrui, des actions industrielles revendiquées depuis comme volées et signalées comme telles dans une *circulaire de la chambre syndicale*, n'est point garant de cette revendication envers son mandant, si ce dernier n'a jamais fait à l'ordre de vendre ni les titres, ni l'indication de leurs numéros d'ordre, et ne l'a pas, par là, mis à même de reconnaître, avant la vente, l'identité de ces actions avec celles indiquées dans la circulaire du syndicat.

pliquer la réflexion si judicieuse d'un ancien docteur :
« Sæpissimè, modica differentia facti maximam inducit juris
diversitatem. » En dernière analyse, nous voyons dans l'envoi
et la réception d'une lettre chargée ou d'une simple circulaire,
un *élément éventuel* de responsabilité pour l'agent de change,
si d'ailleurs il a, sans une circonspection suffisante, transmis
les effets à lui désignés comme détournés, à un tiers peu solvable, ou à un inconnu sans s'enquérir de son état de fortune,
de sa moralité, et au milieu d'un concours de circonstances
qui auraient dû provoquer une légitime méfiance (Comp. com.
Seine, 20 janvier 1863, et Paris, 17 juillet 1863, *Journal des
Trib. de com.*, par MM. Teulet et Camberlin t. XIII, p. 117-
119. n° 1584). Nous écartons, au contraire, cette responsabilité, si les titres ont été négociés avec la plus grande prudence
entre les mains d'un homme solvable et connu de l'officier
public, susceptible, en un mot, d'offrir les meilleures garanties
à raison de sa position sociale.

159. — *La troisième hypothèse est celle où le propriétaire,
après le vol ou la perte de ses titres, n'a fait aucune démarche,
ni auprès des agents de change individuellement, ni même
auprès du syndicat.*

Il est assez difficile de préciser ici d'une manière complète
et surtout limitative les différentes hypothèses dans lesquelles
la responsabilité de ces officiers publics pourra être engagée ;
car la moindre nuance dans les faits sera de nature à modifier l'appréciation des tribunaux.

En théorie toutefois et sauf la réserve des circonstances
particulières à chaque espèce, nous déciderons que l'agent de
change n'est point tenu (1), quand il reçoit et transmet des
titres au porteur, de constater régulièrement l'individualité
et les droits de propriété du vendeur, ainsi qu'il est strictement
obligé, au point de vue professionnel (voy. arrêté du 2 prairial an X [16 juin 1802], art. 15 et suiv.), de le faire pour
une transmission de titres nominatifs ; mais il doit, du moins,
avoir pris les précautions que la prudence ordinaire impose à
aux termes de laquelle l'agent de change, qui vend des titres
au porteur qui lui sont remis par un inconnu, *sans prendre
sur son individualité des renseignements qu'il lui était facile*

(1) V. *suprà*, n° 153 et 154.

tout acquéreur ou intermédiaire d'une vente portant sur des objets mobiliers : aussi, nous approuvons pleinement la décision rendue par la cour de Paris, à la date du 16 juin 186. (1), *de se procurer dans les circonstances de la cause*, commet une faute (art. 1382 Code Nap.) vis à vis du propriétaire auquel ils ont été volés. Dans l'espèce de cet arrêt, l'officier public avait négocié des valeurs au porteur remises entre ses mains par un voyageur dont l'identité était douteuse ; le déposant avait simplement affirmé être descendu dans un hôtel voisin du domicile de l'agent de change : la Cour a décidé avec raison que ce dernier avait commis une faute évidente, en ne prenant aucuns renseignements préalables, lorsque cependant un déplacement de quelques instants lui eût permis d'obtenir des informations précises à l'hôtel indiqué, situé, en fait, à peu de distance de sa propre maison : il devait concevoir des doutes en présence des déclarations embarrassées du prétendu K..., et s'il eût fait la moindre démarche (ce qui, dans l'espèce, était d'une prudence élémentaire), il aurait certainement constaté le mensonge du voyageur qui se présentait chez lui sous un faux nom ; il aurait pu, en conséquence, se refuser, en temps opportun, à la négociation proposée et conserver ainsi intact le droit du véritable propriétaire des effets frauduleusement détournés. Sa négligence donnait donc légitimement contre lui ouverture à une action en responsabilité.

De même, l'agent de change s'exposerait gravement, s'il prêtait son ministère à la négociation d'effets au porteur d'une valeur manifestement disproportionnée avec la position sociale apparente du déposant, qui se présente, par exemple comme étant un domestique sans place (voy. Paris, 25 janvier 1868; Dev., 68, 2, 42), ou en annonçant qu'il est encore mineur : de semblables déclarations doivent nécessairement

(1) V. *Journal des tribunaux de commerce*, par MM. Teulet et Camberlin, t. xvi, p. 247-249, n° 5718, Paris, 16 juin 1866 (Verdun c. Gavet et Amoretti]; — comp. même recueil, t. xiii, p. 455, n° 4800, Paris, 16 février 1864 (Sueur c. Ganneton); d'après ce dernier arrêt, l'agent de change ne peut être soumis à aucune responsabilité à raison de la vente de titres au porteur qui ont été volés, s'ils lui ont été remis par une personne connue et offrant toute solvabilité.

éveiller les scrupules de l'officier public ; il doit rechercher, par tous les moyens possibles, si par hasard ce ne serait pas une négociation frauduleuse que lui proposerait le déposant, avec l'espérance de se procurer par des moyens illicites, peut-être par le vol, les ressources propres à alimenter ses goûts de dissipation ou de débauche.

Imaginez encore qu'il s'agisse d'une femme mariée et se donnant comme telle, qui remette à l'officier public, pour les vendre, des titres au porteur appartenant au mari : la première précaution à prendre, en vertu des principes mêmes du droit commun, c'est d'exiger de cette femme la preuve de l'autorisation maritale (art. 217 C. Nap.). Sans doute l'agent de change n'est pas garant au point de vue professionnel de la *capacité* de ceux qui lui remettent des effets au porteur pour en opérer la négociation (voy. *suprà*, n° 155) : mais il a su, nous le supposons du moins, que la venderesse était mariée ; il a dû dès lors exiger toutes les justifications préalables que doit obtenir, d'après les règles générales du droit, tout individu qui est appelé à traiter avec une personne placée dans cette situation (art. 217, 218, 219 Code Nap.). S'il ne l'a pas fait, il a commis une négligence ou une faute dont il doit, en vertu de l'art. 1382 Code Nap., la réparation au mari, lorsque les sommes versées à la femme ont été dissipées par elle sans aucun profit pour le ménage (Comp. art. 1312 *in fine*). Cette solution a été admise par un jugement du tribunal civil de la Seine, en date du 20 août 1863, et par un arrêt (1) de la cour impériale de Paris, du 26 août 1864 : dans l'espèce, c'était un changeur qui était en cause ; mais la décision intervenue serait applicable, par identité de motifs, aux agents de change.

160. — *Souvent les titres au porteur, volés ou perdus, sont négociés par l'entremise des changeurs*, dont les attributions, au point de vue qui nous occupe, se rapprochent singulièrement de celles des agents de change, par suite de la tolérance de ces derniers ou plutôt par suite de l'impossibilité où ils se

____

(1) Ces deux documents de jurisprudence sont rapportés dans le *Journa des tribunaux de commerce*, par MM. Teulet et Camberlin, t. XIV, p. 243, n° 5029, jugement du 26 août 1863 et arrêt du 26 août 1864 (Monténux et file c, sieur et dame Guiselin) ; — voy. aussi PD. , 1865, 2, 53 et 54, 3° espèce.

trouvent de satisfaire seuls aux exigences de leurs fonctions multiples (art. 76 Cod. com.), tout leur temps à peu près étant consacré à la négociation des effets publics.

On peut invoquer à l'encontre des changeurs, comme à l'encontre des agents de change, soit la responsabilité professionnelle, soit la responsabilité de droit commun, fondée sur l'art. 1382 du Cod. Nap. (voy. *suprà*, n° 152). Nous allons donc rechercher quelles sont leurs obligations soit spéciales, soit générales.

161. — Quelles sont, d'abord, les *obligations spéciales et professionnelles des changeurs?* — Les attributions de ces officiers publics sont organisées par plusieurs lois ou décrets, notamment par le décret des 21-27 mai 1791, relatif à l'organisation des monnaies, à la surveillance et à la vérification du travail de la fabrication des espèces d'or ou d'argent et par la loi du 10 brumaire an VI (9 novembre 1797), relative à la surveillance du titre, et à la perception des droits de garantie des matières et ouvrages d'or et d'argent.

La loi des 21-27 mai 1791 (1) règle les obligations des changeurs, ainsi qu'il suit, dans son chapitre 9 : art. 1 : «...... Les registres, dont les changeurs feront usage, seront cotés et paraphés par le maire du lieu où ils seront établis. » Art. 2 : « Les changeurs seront tenus de recevoir sur le pied du tarif public, et conformément aux décrets de l'Assemblée nationale, les espèces nationales et étrangères qui leur seront présentées; mais ils ne pourront être contraints de recevoir celles qui ne seraient pas portées sur le tarif, et dont le titre leur serait inconnu, ni les lingots de matières d'or ou d'argent qui n'auraient pas été paraphés par des essayeurs des monnaies de France. » Art. 5 : *« Ils porteront sur un double registre tous les articles de leur recette et les noms des propriétaires des espèces et matières;* ils y porteront pareillement les bordereaux des envois qu'ils feront aux directeurs des monnaies. Ils enverront, à la fin de chaque année, à la commission des monnaies, l'un de ces registres, après qu'ils auront été l'un et l'autre arrêtés et signés par le maire du lieu de leur domicile. » Art. 6 : « Les poids et balances, dont les changeurs

<hr>

(1) Voir cette loi rapportée dans le *Répertoire de jurisprudence générale* de M. Dalloz, au mot *Monnaie*, t. XXXII, p. 373-377.

feront usage, seront vérifiés tous les trois mois par les officiers de police préposés aux vérifications de cette nature......
Les changeurs seront tenus de peser, avec la plus grande
exactitude, les espèces et matières qui leur seront apportées,
et de se conformer à cet égard aux dispositions de l'art. 6,
chap. V. »

Nous lisons encore, dans le titre 6 de la loi du 19 brumaire
an VI (9 novembre 1797), les décisions suivantes en ce qui
concerne les marchands d'ouvrages d'or et d'argent : art. 74 :
« Les fabricants et marchands d'or et d'argent ouvrés ou non
ouvrés, auront, un mois au plus tard après la publication de
la présente loi, un registre coté et paraphé par l'administration municipale, sur lequel *ils inscriront la nature, le nombre,
le poids et le titre des matières* et ouvrages d'or et d'argent
qu'ils achèteront ou vendront, *avec les noms et demeures de
ceux de qui ils les auront achetés.* » Art. 75 : « Ils ne pourront
acheter que *de personnes connues* ou ayant des répondants à
eux connus. » Art. 76 : « Ils sont tenus de présenter leurs
registres à l'autorité publique, toutes les fois qu'ils en seront
requis. » Art. 79, 1ᵉʳ alinéa : « Ils remettront aux acheteurs
des bordereaux énonciatifs de l'espèce, du titre et du poids
des ouvrages qu'ils leur auront vendus, et désignant si ce
sont des ouvrages neufs ou vieux. »

Il résulte de ces différents documents législatifs que la véritable fonction des changeurs n'est pas de vendre ou d'acheter des titres, mais bien de faire des opérations de change soit
sur des monnaies, soit sur d'autres valeurs. Aussi on a posé
la question de savoir si l'extension que, dans la pratique, ils
donnent tous à leur commerce n'est pas illégale et si, en conséquence, il ne conviendrait pas de décider que la négociation
des valeurs au porteur, faisant dévier le caractère primordial
de leurs attributions, serait toujours de nature à entraîner
contre eux une responsabilité fatale et nécessaire.

L'affirmative pourrait être soutenue non sans quelque apparence de raison : en effet, dirait-on, il y a eu empiétement
par le changeur sur les prérogatives réservées par nos lois
(art. 76 Cod. comm.) aux agents de change; or vous supposez
que cette immixtion cause un préjudice au propriétaire des
titres négociés, parce que la négociation a porté sur des objets
perdus ou volés; donc la responsabilité du changeur est en-

gagée de plein droit, à raison de la violation des statuts organiques qui régissent sa profession. N'est-il pas, d'ailleurs, désirable qu'il en soit ainsi? Dans la pratique, c'est, la plupart du temps, par l'intermédiaire des changeurs que les auteurs de détournements cherchent à se débarrasser du produit de leurs méfaits, parce qu'ils comptent sur une transmission plus rapide et moins ostensible que celle qui s'opère au grand jour de la Bourse et par le ministère des agents de change. Eh bien ! il importe de protéger du moins le propriétaire dépossédé en lui accordant, à titre de compensation, un équitable recours contre le changeur, dont l'intervention peut lui faire perdre la trace des effets enlevés.

Il nous paraîtrait toutefois excessif d'aller jusque-là, et nous ne pensons point qu'un changeur pût être déclaré responsable *par cela seul* qu'il aurait négocié des titres au porteur en élargissant ainsi la sphère de ses opérations. L'usage en pareille matière est et doit être maître souverain : or, il est démontré qu'en fait, les agents de change ne sauraient suffire à la multiplicité des affaires pour lesquelles leur ministère peut être requis par application de l'art. 76 du Code de commerce; ils ont, en conséquence, entièrement abandonné, par la force même des choses, la négociation des matières métalliques et celle aussi de la plupart des effets privés à des personnes qui n'ont pas reçu à cet égard de la loi une mission officielle, c'est-à-dire aux changeurs ou aux courtiers de change. Cette tolérance, qui a sa base dans les nécessités pratiques les plus impérieuses, doit être respectée malgré le silence du décret organique des 21-27 mai 1791 et de la loi du 19 brumaire an VI, d'autant plus qu'en montrant une sévérité trop grande, on entraverait singulièrement les achats et ventes de titres au porteur, ou bien on multiplierait les cas de tradition simplement manuelle : or, cette dernière espèce de transmission, occulte et rapide par excellence, compromet bien autrement les intérêts du propriétaire d'effets volés ou perdus, que la négociation effectuée par l'intermédiaire des changeurs, négociation qui peut laisser quelques traces.

102. — Si les changeurs peuvent ainsi, par suite de l'établissement d'une coutume favorable, se livrer au trafic des titres et actions au porteur, sans encourir *par cela seul* une

responsabilité professionnelle, ne doivent-ils pas, du moins, être astreints à remplir certaines formalités et à prendre certaines précautions destinées à éviter qu'ils ne deviennent, en fait, les intermédiaires fréquents de transmissions frauduleuses?

Trois mesures principales leur sont imposées par les lois dont nous avons cité plus haut le texte :

1° Aux termes de l'art. 5 du décret des 21-27 mai 1791, ils doivent porter sur un double registre tous les articles de leur recette et inscrire la nature, le nombre, le poids et le titre des matières qu'ils achèteront ou vendront (voy. aussi l'article 74 de la loi du 19 brumaire an VI);

2° Les mêmes dispositions organiques les obligent à consigner aussi sur leurs registres les noms et demeures de leurs vendeurs;

3° D'après l'art. 75 de la loi du 19 brumaire an VI, ils ne peuvent acheter que de personnes connues ou ayant des répondants à eux connus.

Ils sont donc obligés de vérifier l'identité et le domicile de leurs vendeurs, sous peine de voir leur responsabilité professionnelle gravement engagée. Toutefois, les lois spéciales, qui forment actuellement l'objet de notre examen, ne s'appliquent, dans leurs termes formels, qu'aux achats et ventes de lingots et matières métalliques : de là précisément est née la question de savoir si les prescriptions particulières de ces lois doivent étendues au cas de négociation de *valeurs au porteur*, en sorte que les changeurs soient assujettis également à la constatation préalable de l'identité et du domicile de ceux qui leur présentent des titres ou actions de ce genre pour en opérer la vente.

Il semble peut-être, au premier abord, que nous devons être amené par la solution proposée plus haut, au n° 154 *bis*, en ce qui concerne les agents de change, à décider pareillement pour les changeurs que ces officiers publics ne sont point obligés strictement, du moins *au point de vue de la responsabilité professionnelle*, de vérifier l'individualité et le domicile des personnes qui leur apportent des titres au porteur à négocier. D'une part, en effet, on peut encore ici invoquer, en droit, le silence des lois organiques sur ces sortes d'opérations : d'autre part, on peut mettre en avant la nature particulière de ces valeurs destinées, par leur mobilité même, à être transmises rapidement et sans entraves.

Nous ne proposerons pourtant point cette doctrine; et voici, en effet, quels sont les motifs qui nous portent à penser que les prescriptions étroites du décret des 21-27 mai 1791 et de la loi du 19 brumaire an VI sont applicables aussi bien au changeur qui négocie des titres au porteur qu'à celui qui se bornerait au trafic des lingots et matières métalliques : trois raisons surtout nous font pencher en ce sens :

1º Le *texte* de l'art. 75 de la loi du 19 brumaire an VI est aussi général que possible : «Les changeurs *ne pourront acheter que de personnes connues ou ayant des répondants à eux connus.*»

2º Au point de vue des *principes*, tous les décrets et toutes les lois ou ordonnances relatives à ces officiers publics sont empreintes d'un profond sentiment de défiance : le législateur cherche partout et toujours, par un luxe surprenant de formalités, à jeter la lumière sur les opérations des changeurs dont le ministère lui paraît susceptible, s'il devenait clandestin, d'engendrer les plus grands périls.

3º *En raison et en équité*, il n'y a aucun motif de distinguer entre les négociations de lingots ou de matières métalliques et les négociations de valeurs au porteur, en se montrant plus facile pour la transmission de ces dernières : tout au contraire, la sévérité devrait être ici plus grande encore ; car il y a un à *fortiori* évident, à raison de la plus grande facilité avec laquelle se dérobent les titres de cette nature et à cause de la fréquence des fraudes auxquelles ils sont susceptibles de se prêter (1).

Mais, pourrait-on nous objecter, ces considérations rationnelles ne vous ont pas arrêté en ce qui concerne les agents de change, et vous les avez exonérés de toute responsabilité *professionnelle* quant à la vérification soit de l'individualité, soit de la capacité de ceux qui leur remettent des titres au porteur (V. suprà, nᵒˢ 154, 154 *bis* et 155). Vous ne pouvez pas, sans vous contredire, décider autrement à l'égard des

____

(1) Comp. M. Henri Ameline, De la revendication des titres au porteur volés ou perdus, *Revue critique*, t. XXVII, p. 222.

changeurs, vis à vis desquels la loi ne se montre ni plus rigoureuse, ni plus précise.

Nous voyons, au contraire, une raison très-sérieuse de différence : les agents de change sont véritablement des marchands de titres dans la large acception du mot ; ils sont appelés, par la nature même de leurs fonctions et par les lois particulières qui les réglementent, à faire la négociation des effets, soit publics, soit privés, aussi bien que des matières métalliques (comp. l'arrêté du 27 prairial an X [16 juin 1802], art. 10-19, et l'art. 76 du Code de commerce). Ils ont donc un mandat légal, leur permettant de procéder officiellement au trafic des valeurs au porteur comme à l'achat ou à la vente des obligations et actions nominatives. Cette règle une fois posée, l'arrêté du 27 prairial an X, dans ses art. 15, 16 et 18, n'oblige les agents de change à garantir l'individualité de leurs clients qu'autant qu'il s'agit de négociations portant sur des valeurs ou actions *nominatives* : la distinction est nettement tracée ; nous devions l'appliquer tout en laissant aux tribunaux, comme correctif équitable, un pouvoir très-étendu d'appréciation quant à la responsabilité de droit commun, résultant de l'application des art. 1382 et 1383 (voy. *sup.*, nᵒˢ 156 et suiv.).

Tout autre est la situation des changeurs : lorsqu'ils se livrent à la négociation des titres et effets au porteur, ils sortent du cercle dans lequel ils étaient appelés à se mouvoir ; leur mandat légal s'efface et leur intervention devient de pure tolérance : cela est tellement vrai que les agents de change pourraient incontestablement dans l'avenir, s'ils le voulaient, s'opposer à cette immixtion qui ne leur a porté jusqu'ici aucun ombrage (1). Eh bien! il nous est impossible d'admettre que les changeurs voient diminuer leurs obligations *professionnelles*, lorsqu'ils *excédent* les limites de leurs

(1) Cette éventualité peut assurément être prévue, bien que dans l'état actuel des choses il soit fort peu probable qu'elle se présente jamais : n'a-t-on pas vu, en 1859, se rompre la bonne harmonie qui jusqu'alors avait constamment subsisté entre les agents de change et les coulissiers? (V. Cass. 19 janvier 1860; Dev. 60, 1, 481; — voyez aussi le *Traité de droit commercial*, par MM. Bravard-Veyrières et Demangeat, t. II, p. 36-40 et p. 159, note 2.)

pouvoirs : c'est bien plutôt le cas de se montrer rigoureux à leur égard et de leur faire supporter, en dernière analyse, le préjudice causé : telle est, en effet, la tendance manifeste de la jurisprudence, tendance d'autant plus légitime que c'est presque toujours par leur intermédiaire que les auteurs de détournements cherchent à négocier les valeurs au porteur dérobées et que c'est là surtout que la surveillance de la loi devient tout à fait indispensable. Nous maintenons donc ce principe que le changeur qui aurait négocié des titres au porteur, sans s'enquérir préalablement de l'identité et du domicile du déposant, serait soumis à la responsabilité étroite découlant des lois organiques de sa profession (1).

163. — De plus, cet officier public peut être soumis aussi à la *responsabilité de droit commun*, en vertu des art. 1382 et 1383 du Code Napoléon. La cour de Paris, par un arrêt déjà cité plus haut au no 159, en date du 26 août 1864 (Dev. 1865, 2° 172), a fait une application très-rigoureuse, mais en même temps très-juridique de cette responsabilité, en décidant que le changeur qui achète d'une femme mariée des obligations au porteur, sans exiger la justification de l'autorisation maritale, est tenu de les restituer, ainsi que les coupons ou leur valeur, au mari, sauf à exercer ensuite, sur les biens personnels de la femme, son action en répétition des sommes qu'il lui a versées, et qui, loin d'avoir profité au ménage, ont été dissipées par elle : il doit même garantir les tiers qui, ayant acquis de lui les obligations de bonne foi, sont condamnés à les restituer (art. 1382 Cod. Nap.). Dans l'espèce, le changeur avait payé comptant ; ses registres avaient été tenus avec la plus complète régularité ; il avait vérifié l'identité de la femme venderesse et s'était même transporté au domicile de cette dernière. Il fut néanmoins déclaré responsable vis à vis du mari, victime du détournement, « attendu qu'il avait su que

(1) Nous pouvons invoquer, dans le sens de notre solution, un arrêt de la Cour de cassation du 19 novembre 1856, civ. r. (Mack-Henri); D. P. 56, 1, 393 : la Cour suprême a décidé implicitement par cet arrêt que l'obligation, imposée aux changeurs par le décret du 21 mai 1791, « de porter sur un double registre tous les articles de leur recette, et les noms des propriétaires des espèces et matières, » s'applique au cas de change de valeurs au porteur, aussi bien qu'au cas de change des espèces métalliques.

la venderesse était mariée et que dès lors il avait à s'imputer la faute de n'avoir pas exigé d'elle la preuve de son autorisation maritale (1). »

Les divers cas, au reste, dans lesquels la responsabilité de droit commun peut être invoquée contre les changeurs (bien qu'ils aient accompli exactement toutes les formalités que les lois spéciales, régissant leur profession, leur imposent), sont extrêmement multiples. La moindre modification dans les faits peut amener les solutions pratiques les plus divergentes. L'officier public a-t-il été officiellement averti du vol ou bien ignorait-il le détournement? Les circonstances ont-elles été, oui ou non, de nature à éveiller ses soupçons? Y a-t-il eu, de sa part, connivence, faute ou négligence? Toutes ces questions rentrent dans le pouvoir discrétionnaire des tribunaux qui se montrent, en général, fort enclins à la rigueur vis à vis des changeurs (2). Nous ne reviendrons pas, du reste, ici, à l'examen de ces différents points, et, afin d'éviter les redites, nous nous bornons à renvoyer le lecteur aux développements que nous avons déjà fournis sur la responsabilité encourue par les agents de change en vertu des articles 1382 et 1383 du Code Napoléon : les principes exposés dans cette partie de notre travail, sont en général applicables, *mutatis mutandis*, aux changeurs (voy. *suprà*, n° 156-159).

Bien entendu, si le changeur possède encore les titres au porteur, au moment où se produit la revendication du propriétaire spolié, il est tenu de les restituer immédiatement : cela est incontestable lorsque l'officier public détient les effets comme simple dépositaire, du chef de l'auteur du détournement. Mais cette solution s'impose encore, même lorsque le changeur a acheté les titres à son comptoir et les a payés comptant. Il est, en effet, soumis à l'application de l'art. 2279, al. 2. Seulement, dans ce dernier cas, il pourra être libéré

---

(1) Comp. M. H. Ameline, De la revendication des titres au porteur volés ou perdus, *Revue critique*, t. XXVII, p. 223-224; — voyez aussi M. Vincent, Etude sur les titres au porteur, *Revue pratique*, t. XIX, p. 469-471.

(2) V. *Journal des trib. de com.*, par MM. Teulet et Camberlin, t. XIV, p. 131, n° 4929, Paris, 6 juin 1864 (Eckout c. Souche) ; — voyez aussi t. XIV, p. 276, n° 5050, Paris, 9 novembre 1864 (v° Meyer c. Lecomte), et les annotations annexées à ces arrêts.

par la déchéance triennale, qui atteint la revendication du propriétaire, tandis que, dans la première hypothèse où sa détention est précaire, il est obligé de restituer à toute réquisition, sans aucune limite de temps. Il faut bien reconnaître, du reste, que cette situation ne se rencontrera que très-rarement; le plus souvent, au moment où le propriétaire se présentera pour faire valoir ses droits, le changeur aura déjà négocié les titres, et la question de responsabilité pourra seule être soulevée, le tiers acquéreur étant inconnu, insolvable, ou ayant disparu, sans qu'on puisse aucunement le retrouver.

161. — Il nous reste à déterminer nettement la *situation du propriétaire dépossédé*, par suite du vol ou de la perte de *ses actions au porteur, vis à vis de l'État ou des compagnies émissionnaires* (1).

C'est ici surtout qu'apparaît avec netteté la différence de position qui existe entre le détenteur de titres nominatifs et le propriétaire de simples valeurs ou titres au porteur. Le vol ou la perte d'une action au porteur soulève, comme nous allons le voir, les plus graves difficultés pratiques, parce que la compagnie est exposée à se trouver placée, par suite de cet accident, en face d'un tiers acquéreur, peut-être de bonne foi, auquel elle devrait payer, sur présentation du titre : celui, au contraire, qui détient indûment un titre nominatif, ne peut tirer aucun parti sérieux du papier qu'il a entre les mains; ce papier est pour lui sans valeur. Le propriétaire, victime de la perte, doit s'empresser de signaler le fait, par un simple acte extrajudiciaire, à la compagnie émissionnaire, afin d'éviter l'application de l'art. 1240 Cod. Nap. : puis il obtient un duplicata de la valeur perdue à la seule condition de justifier de son identité, soit par un acte de notoriété, soit par tout autre procédé. Il ne peut être ici question ni d'une caution à fournir, ni de garanties à donner en vue de l'éventualité d'un double paiement, éventualité qui n'est pas, en effet, à redouter pour les titres nominatifs (trib. com. Seine, 14 février 1853 ; Dev., 53, 2, 259).

165. — Mais revenons aux valeurs au porteur : Quels sont

(1) Tous les principes que nous allons poser sont, en effet, applicables à l'État aussi bien qu'aux compagnies industrielles.

les droits de la personne qui a perdu ou à laquelle il a été volé
un titre au porteur, quels sont, disons-nous, ses droits vis à
vis de l'Etat ou de la compagnie industrielle qui a jeté ce titre
dans la circulation?

Nous ne pouvons signaler aucun texte qui ait indiqué formellement la solution à donner à cette question spéciale.
Toutefois, d'après les principes généraux du Code Napoléon,
il est certain que la perte du titre, de l'*instrumentum*, c'està-dire de l'acte qui contient la démonstration péremptoire de
l'existence d'un droit, ne saurait, à elle seule, entraîner l'anéantissement de ce droit. L'art. 1234 s'est bien gardé de
mentionner la perte du titre au nombre des causes d'extinction des obligations. Admettre une semblable solution, c'eût
été, en effet, consacrer une injustice flagrante par la violation
de cette règle d'équité naturelle, aux termes de laquelle nul
ne doit s'enrichir aux dépens d'autrui : « Jure naturæ æquum
est, dit la loi 206 ff. *De regulis juris* (lib. 50, tit. 17), neminem
cum alterius detrimento et injuria fieri locupletiorem. »
Aussi trouvons-nous dans le Code Napoléon toute une série
de dispositions destinées à protéger le créancier, victime soit
d'un cas fortuit, soit d'un accident de force majeure (voy. les
art. 1335, 1336 et 1348 n° 4). Le Code de commerce, lui aussi,
prévoyant l'éventualité de la perte d'un billet à ordre ou
d'une lettre de change, contient notamment les trois dispositions suivantes : Art. 150. — « En cas de perte d'une lettre
de change *non acceptée*, celui à qui elle appartient peut en
poursuivre le paiement sur une seconde, troisième, quatrième, etc. » Art. 151. — « Si la lettre de change perdue est
revêtue de l'acceptation, le paiement ne peut en être exigé

<hr>

(1) La plupart des auteurs décident, comme on le décidait, du reste,
déjà autrefois, que, malgré les termes en apparence formels de l'art. 151 Cod.
com., qui parle d'une ordonnance du *juge*, c'est le *tribunal de commerce* du lieu
du paiement qui doit rendre sur requête cette décision : voy. MM. Nouguier
(t. I, n° 570), Alauzet (t. II, n° 921), Bédarride (t. II, n°s 415 et 418),
Dalloz *Rép.* v° *Effets de commerce*, n° 642]. Toutefois on lit, dans un jugement du tribunal de commerce de la Seine, du 29 novembre 1842, que,
« par ordonnance du *juge* il faut entendre la décision rendue sur requête par
un juge de commerce, et non un jugement du tribunal. » (Dev. Car., 45,
1, 5; — M. Demangeat, *Traité de droit commercial*, t. III, pag. 380,
note 2.)

sur une seconde, troisième, quatrième, etc., que par ordonnance du juge (1) et en donnant caution (1). » Art. 152. — « Si

(1) L'engagement de la caution, mentionné dans les art. 151 et 152,
est éteint après trois ans, si, pendant ce temps, il n'y a eu ni demandes, ni
poursuites juridiques (art. 155 Cod. com.). Donc, pendant ce délai, le légitime propriétaire de la lettre de change aurait, s'il se présentait, un recours
à la fois contre celui qui a été payé et contre la caution. Mais supposons que
ces deux personnes soient également insolvables ; le porteur légitime aura-
t il un recours contre le tiré qui a payé en vertu de l'ordonnance du juge? La
question est controversée. Nous pensons toutefois, en ce qui nous concerne,
qu'un paiement, effectué dans de semblables circonstances, doit libérer le tiré
d'une manière définitive. La caution nous paraît donc appelée à intervenir
non pas dans l'intérêt du tiré, mais dans l'intérêt du porteur légitime qui
pourrait survenir plus tard. Nous appuyons notre solution à la fois sur les
textes et sur l'équité : d'abord sur les *textes* : l'art. 1240 déclare formellement que « le paiement fait de bonne foi à celui qui est en possession de la
créance est valable..... » Or, le tiré a payé de bonne foi entre les mains de
celui qui avait été constitué possesseur apparent de la lettre de change en
vertu d'une décision du juge : donc il doit être libéré parce qu'il a fait un
paiement valable. De plus, *en équité*, il est impossible d'admettre qu'un
homme, qui a poussé la prudence jusqu'à ses plus extrêmes limites et qui, en
définitive, n'a payé que pour obéir à un ordre émanant de la justice, puisse
encore être soumis à un recours ultérieur. Sa libération est manifestement
inscrite dans l'art. 1240 Cod. Nap., de même qu'elle s'impose à la raison.
N'oublions pas d'ailleurs que, si le tiré n'est pas libéré par le paiement, il ne
pourra l'être que par la prescription de *cinq* ans, aux termes de l'art. 189
Cod. com. : or précisément la caution, elle, n'est tenue que pendant *trois* ans
d'après l'art. 155 Cod. com. ; les adversaires de notre doctrine arrivent donc
fatalement à cette conclusion au moins singulière que le tiré peut être poursuivi encore, durant deux ans, après la libération de la caution qu'ils déclarent cependant exigée dans son intérêt ! ! ! Revenons aux vrais principes et
décidons que sans doute le tiré ne serait pas définitivement libéré s'il commet-
tait la faute de payer de son propre chef et sans attendre l'ordre du juge :
mais lorsqu'il paie le montant de la lettre de change, dans les termes de
l'art. 151 Cod. com., il ne peut plus être soumis à aucune action ultérieure
de la part du possesseur de l'exemplaire accepté qui surviendrait plus tard.
Ce dernier n'a de recours à exercer que contre celui qui a bénéficié du premier paiement et contre la caution, si celle-ci n'est pas encore libérée par
la prescription de trois ans [art. 155 Cod. com.] : ce délai une fois écoulé,
le recours est désormais circonscrit à la personne qui a reçu le paiement :
dans les deux cas, le tiré reste à l'abri de toute réclamation. Nous croyons
pouvoir revendiquer, en faveur de notre doctrine, l'autorité considérable de

celui qui a perdu la lettre de change, qu'elle soit acceptée ou non, ne peut représenter la seconde, troisième, quatrième, etc., il peut demander le paiement de la lettre de change perdue et l'obtenir par l'ordonnance du juge, en justifiant de sa propriété par ses livres et en donnant caution (1). » Ces dispositions ont été inspirées au législateur par l'ordonnance sur le commerce, de mars 1673, qui, dans son titre cinquième, contenait deux textes, les art. 18 et 19 ainsi conçus : Art. 18. « La lettre de change payable à un particulier, et non au porteur ou à ordre, étant adirée, le paiement en pourra être poursuivi et fait en vertu d'une seconde lettre, sans donner caution, et faisant mention que c'est une seconde lettre, et que la première, ou autre précédente, demeurera nulle. » Art. 19. « Au cas que la lettre adirée (2) soit payable *au porteur* ou à ordre, le paiement n'en sera fait que par ordonnance du juge et en *baillant caution* de garantir le paiement qui en sera fait. » Cette dernière disposition assimilait, on le voit, en cas de perte, le propriétaire d'un billet au porteur à celui d'un billet à ordre, et l'autorisait, justification préalablement faite de son droit de propriété, à exiger paiement, moyennant caution. Les textes actuels, au contraire, du Code de commerce (art. 150, 151 et 152), en reproduisant les mêmes principes, ne parlent que de la lettre de change, qui est toujours à ordre.

166. — En présence de ce laconisme de la loi, comment allons-nous régler vis à vis de l'État ou des compagnies la situation du propriétaire de titres au porteur volés ou perdus? Nous supposons, bien entendu, que la victime de l'acci-

---

M. Rataud, le savant professeur de droit commercial à la Faculté de droit de Paris, qui, paraît-il, enseigne ce système à son cours.

(1) Nous pensons que le paiement, fait dans les conditions indiquées par cet art. 152 Cod. com., emporterait la libération définitive du tiré, sauf le recours du légitime propriétaire, soit à la fois contre le bénéficiaire du paiement effectué et contre la caution, soit contre la première de ces deux personnes seulement, suivant l'époque à laquelle surviendrait ce propriétaire, (voy. au surplus la note précédente).

(2) *L'adirement* se dit des titres perdus, égarés, et spécialement des pièces de procédure.

dent à fait à la compagnie émissionnaire toutes les déclarations usitées en pareille circonstance, et formé opposition au paiement des coupons d'intérêts ou de dividendes afférents aux valeurs détournées. La question a subi, dans la jurisprudence et dans la doctrine, les plus grandes vicissitudes et un grand nombre de solutions différentes ont été mises en avant.

167. — A l'origine, les compagnies tentèrent de soutenir (et certaines le soutiennent encore aujourd'hui, à l'étranger surtout) qu'elles ne pouvaient être contraintes en justice, ni à servir les intérêts et dividendes, ni à payer le capital, ni à délivrer des duplicatas des titres volés ou perdus. Cette prétention a même été accueillie par un arrêt de la cour de Paris, du 23 juillet 1836 (Dev. 1837, 2, 103), contre lequel un pourvoi fût inutilement formé (Cass. req. 5 décembre 1837. Dev. 1838, 1, 329). Dans l'espèce, un sieur Frémeau, propriétaire de onze actions au porteur de la Caisse hypothécaire, les avait perdues. Il avait pris soin de notifier l'accident à la Caisse et de former opposition à tout paiement des dividendes afférents à ces onze actions. Trois années s'écoulèrent sans que personne se fût présenté pour toucher les dividendes échus. Le sieur Frémeau demanda alors le paiement des dividendes arriérés et la remise de nouveaux titres, offrant d'ailleurs de fournir telles sûretés qui seraient jugées nécessaires pour garantir la Caisse contre toute réclamation ultérieure de la part d'un tiers porteur. Sur le refus péremptoire des administrateurs de la Caisse d'accepter cette proposition, l'affaire fut renvoyée devant deux arbitres : ceux-ci s'accordèrent à décider que la demande en délivrance de nouveaux titres n'était pas fondée ; mais ils se divisèrent sur la question de paiement des dividendes ou intérêts échus, et finalement M. Pardessus fut nommé tiers arbitre. La sentence qui intervint rejeta la demande en délivrance de duplicatas ; toutefois elle condamna les administrateurs de la Caisse hypothécaire à payer au sieur Frémeau les intérêts et dividendes échus et à lui en continuer le service jusqu'à la dissolution de la société, ou au moins tant qu'un tiers porteur ne se présenterait pas ; seulement le sieur Frémeau était mis en demeure de remettre en dépôt, à la Caisse, six des actions nominales existant encore entre ses mains : ce dépôt était destiné à servir de garantie contre la réclamation

qui pourrait éventuellement être dirigée par un tiers, pour le paiement des cinq dernières années des intérêts et dividendes afférents aux actions prétendues égarées ; au-delà de cinq ans, aucune réclamation n'était, en effet, à craindre (art. 2277 Code Nap.). Les arbitres appuyaient leur décision sur une double considération, l'une de fait, et l'autre de droit : *en fait*, le long espace de temps qui s'était écoulé depuis la perte des actions, sans qu'aucun porteur se fût présenté, devait faire présumer la destruction complète des titres par cas fortuit : *en droit*, ajoutaient les arbitres, dans le silence du Code de commerce sur la perte des effets au porteur, il convient d'appliquer à l'espèce le principe posé par l'art. 19, titre 5, de l'ordonnance de 1673, qui doit être considéré comme étant encore en vigueur : le paiement des intérêts et dividendes peut donc être exigé par le propriétaire des titres perdus, sur la présentation d'une ordonnance du juge et *en baillant caution*; il suffit, en tout cas, que cette garantie soit donnée pour cinq ans, puisque, ce terme une fois écoulé, les intérêts afférents aux actions de la Caisse hypothécaire (intérêts payables par semestres) sont atteints par la prescription de l'art. 2277 Code Nap. L'on remarquera, du reste, que la nature du cautionnement imposé par la sentence avait été combinée de manière à donner satisfaction aux exigences légitimes de la caisse hypothécaire : les arbitres avaient écarté l'intervention d'une caution personnelle, afin d'éviter à la compagnie les risques d'une solvabilité sinon trompeuse, du moins presque toujours sujette à doute et à contestation : ils s'étaient arrêtés à l'idée d'un cautionnement réel ; encore ici avaient-ils imposé un cautionnement en actions et titres de même espèce que les titres perdus, afin de conserver à la caisse hypothécaire les mêmes facilités de négociation, et en vue de lui épargner les lenteurs et les formalités qui accompagnent toujours la réalisation d'un gage constitué en immeubles, lenteurs et formalités incompatibles avec la célérité qui est de l'essence des affaires commerciales.

Les administrateurs de la Caisse hypothécaire portèrent néanmoins l'appel de cette sentence arbitrale et soutinrent, devant la cour de Paris, que celui qui a pris des actions au porteur dans une société commerciale est censé n'en être plus propriétaire, à l'égard de la société, par cela seul qu'il

ne peut en représenter le titre : trois motifs surtout étaient
mis en avant :

1° La nature propre et distinctive des valeurs ou effets
au porteur consiste surtout en ce que ces effets sont transmissibles par la simple tradition du titre; en ce qui les concerne, la détention est le seul caractère légal de l'appropriation : la compagnie débitrice ne connaît pas les personnes
et n'a pas à les connaître ; son obligation n'existe que vis à
vis du titre, et cela par la force même des choses; donc le
paiement n'est dû qu'à celui qui représente ce titre, puisque lui
seul fournit la démonstration victorieuse du droit concédé.

2° C'est une règle élémentaire de droit civil que la convention doit former la loi des parties (art. 1134 Cod. Nap.) : or,
une société, qui émet ses actions sous forme de titres au porteur, manifeste par là l'intention évidente de se soustraire à
l'obligation toujours onéreuse de suivre la transmission successive des titres entre les mains des divers détenteurs : ce
serait donc dénaturer le pacte fondamental que de la forcer à
prendre part aux contestations si fréquentes que peut soulever la possession de ces titres.

3° Admettre une autre interprétation, ce serait entraver la
libre circulation des valeurs au porteur et compromettre
singulièrement l'avenir des sociétés fondées sur l'émission de
semblables titres; il ne faut pas, d'ailleurs, perdre de vue
que celui qui a consenti à prendre des actions au porteur a
traité en pleine connaissance de cause ; il savait que la société
ne pouvait être contrainte au paiement que sur présentation
du titre : s'il est constitué en perte, il a volontairement couru
des risques; il a fait un contrat aléatoire avec ses bonnes et
ses mauvaises chances.

Ces prétentions, si absolues, des administrateurs de la
Caisse hypothécaire furent cependant consacrées par un arrêt
de la cour de Paris, fort remarquable au point de vue de la
rédaction et dont voici les termes : La cour : « Considérant
que la propriété des actions au porteur se transmet par la
tradition du titre ; que, dès lors, celui qui ne peut représenter
le titre n'en est plus réputé propriétaire à l'égard du débiteur
lequel, ne devant qu'au titre, ne doit qu'à celui qui le représente; qu'une société, qui établit ses actions sous la forme de
titres au porteur, a voulu, par là, se dispenser de suivre la

transmission successive des titres entre les mains des divers détenteurs, et éviter de prendre part aux contestations qui pourraient s'élever sur la possession de ces titres ; qu'elle a voulu aussi assurer la libre circulation de ses actions, et que c'est sous la foi de ces engagements respectifs que la société a été formée ; que celui qui a consenti à prendre des actions au porteur a su que la société n'était obligée qu'au titre, et a volontairement couru les risques de la perte ; que, pour exercer son action contre le détenteur du titre qu'il a perdu, il peut, sans doute, prendre telles mesures conservatoires qui n'entraveront pas les opérations de la société ; mais qu'*à moins qu'il ne prouve que le titre a péri entre ses mains* (1), il n'a aucune action contre la société, soit pour s'en faire reconnaître propriétaire, soit pour s'en faire payer conditionnellement les dividendes, et ne peut engager ainsi la société dans des mesures que ses statuts n'autorisent pas, et dans des contestations qu'elle a voulu éviter avec les porteurs qui pourraient se présenter... » Cette décision, en date du 23 juillet 1836 (Dev. 1837, 2, 103), forma l'objet d'un pourvoi en cassation : mais le pourvoi fut rejeté par la chambre des requêtes, dont l'arrêt, en date du 5 décembre 1837 (Dev., 1838, 1, 329) se

(1) En introduisant ainsi une distinction entre l'actionnaire qui établit la *perte* ou le *détournement* de ses titres au porteur, et celui qui prouve la *destruction totale ou partielle* de ces mêmes valeurs, la cour de Paris ébranle singulièrement les raisons doctrinales mises d'abord en avant. Si, en effet, l'Etat ou les compagnies émissionnaires d'effets au porteur ne doivent jamais qu'au titre ou à celui qui représente ce titre matériellement conservé, le principe ne peut pas souffrir d'exception, même pour le cas de destruction par suite d'un cas fortuit ou d'un accident de force majeure : car alors le titre n'est pas davantage rapporté ; il devient même impossible qu'il le soit jamais. La vérité est que la cour a été surtout préoccupée des embarras considérables que pourrait causer aux compagnies le conflit susceptible d'être soulevé entre le propriétaire qui demande à être payé et un tiers porteur se présentant ultérieurement, embarras qui ne sont plus à redouter lorsque le titre a totalement péri. En tout cas, la cour de Paris, dans son arrêt du 23 juillet 1836, dépassait manifestement le but et consacrait une solution vraiment monstrueuse dans ses conséquences : car, tout ce qu'une compagnie peut exiger, c'est que les choses soient arrangées de manière à ce qu'elle ne puisse jamais être obligée de payer deux fois. Or, cet inconvénient est évité lorsqu'on lui fournit des garanties sérieuses par un cautionnement réel en valeurs sûres et facilement négociables.

borne à la déclaration de principes que voici : La cour : « Sur le moyen tiré de la violation de l'art. 19, tit. 5 de l'ordonnance de mars 1673 : Attendu qu'aux termes de l'art. 2 du 15 septembre 1807, toutes les anciennes lois, touchant les matières commerciales sur lesquelles il a été statué par le Code de commerce, ont été abrogées; qu'ainsi l'art. 19 du tit. 5 de l'ordonnance de 1673 ne pouvait recevoir d'application au procès; — Attendu, d'ailleurs, qu'il s'agissait, dans cette disposition de l'ordonnance de 1673, de lettres et billets de change, et non d'actions d'un établissement de commerce, payables au porteur; — Rejette, etc. »

168. — La décision de la cour de Paris, ainsi maintenue par suite du rejet du pourvoi en cassation, ne tarda pas à soulever, de la part des jurisconsultes les plus autorisés, une protestation énergique. La doctrine de l'arrêt revenait en effet à soutenir qu'en perdant son titre (*instrumentum*), le propriétaire d'une valeur au porteur perd, du même coup, tout droit, toute action contre la compagnie : c'était en quelque sorte ressusciter au profit de cette dernière le *droit d'épaves*, en la faisant bénéficier de tous les titres qui viennent à disparaître par suite d'un accident quelconque. Or, si l'on veut apprécier combien une semblable théorie est inadmissible, il suffit de supposer par hypothèse qu'une société introduise dans ses statuts une clause formelle en vertu de laquelle la perte du titre par un actionnaire devrait entraîner, au profit de la compagnie, la déchéance absolue du droit concédé. Est-ce qu'une telle clause ne devrait pas être tenue pour nulle et non avenue comme contraire aux lois et à la morale (art. 6 du Cod. Nap.)?

La vérité est que l'interprétation proposée par la cour de Paris était repoussée à la fois par les textes et par les principes, de même qu'elle était insoutenable au point de vue de l'équité.

Prenons d'abord les *textes* : l'art. 1234 Code Nap. énumère comme sources d'extinction des obligations le paiement, la novation, la remise volontaire, la compensation, la confusion, la perte de la chose, la nullité ou la rescision, l'effet de la condition résolutoire, enfin la prescription : nulle part nous ne voyons la perte du titre, de l'*instrumentum*, érigée en cause extinctive des obligations ou des droits; tout au contraire, les art. 1334, 1337 et suivants du Code Nap. admettent la possibilité d'obtenir des titres récognitifs ou confirmatifs pour remplacer le titre primordial altéré ou perdu. La cour de Paris créait donc arbitrairement un nouveau mode d'extinction des obligations, une manière d'acquérir en dehors de toutes les prévisions de la loi : « elle violait même, comme l'a fait remarquer avec raison M. Bonjean, l'art. 717 du Code Nap.; car, en France, les biens perdus ou dont le propriétaire reste inconnu ne sont pas la proie du premier occupant; ils appartiennent à l'État. Si donc, lors d'une liquidation de compagnie, il se trouvait des actions ou obligations, dont les titulaires ne se présenteraient pas, ces actions et ces obligations devraient profiter, non pas aux compagnies, comme celles-ci semblent le croire, mais bien à l'État ; et la Régie des domaines pourrait et devrait les revendiquer, comme elle revendique les successions en déshérence, les épaves, et en général toutes sortes de biens sans maître. »

Si maintenant nous nous référons aux *principes généraux du droit*, nous verrons que l'argument qui consiste à dire : « *nous ne devons qu'au titre, et point à la personne,* » est absolument dénué de tout fondement. Qu'est-ce donc qu'un *titre* qui serait créancier? Comment comprendre une obligation, c'est-à-dire une relation ou un lien de droit existant au profit d'un objet inanimé, d'une simple feuille de papier? Une dette existe toujours entre deux personnes : l'écrit n'est jamais qu'un moyen de preuve, *instrumentum probationis*. Sans doute il y a des créances qui sont susceptibles de se transmettre de main en main par la seule tradition de l'acte qui les constate ; tel est précisément le cas des titres au porteur : toutefois l'écrit ne change pas pour cela de nature ; il ne peut pas devenir un être juridique, ayant sa personnalité propre, et désormais apte à jouer le rôle soit de créancier, soit de débiteur. Nous reconnaissons que la perte d'un semblable écrit pourra souvent, en pratique, placer le titulaire dans l'impossibilité presque absolue de fournir la démonstration victorieuse de son droit; mais cette perte ne saurait, en elle-même, amener l'anéantissement de la créance, qui ne peut jamais succomber qu'autant qu'elle est atteinte par l'une des causes d'extinction expressément prévues par la loi; car elle est indépendante de l'acte extérieur qui lui sert d'enveloppe;

elle trouve sa source d'une part dans la convention des parties, et, d'autre part, dans la prestation de certains services ou dans la remise de certaines valeurs; voilà le fait, générateur de la dette pour l'un, et de la créance pour l'autre des contractants.

Enfin ne serait-il pas contraire aux notions les plus élémentaires de la morale que les compagnies fussent ainsi appelées à hériter, pour ainsi dire, de toutes les créances dont les titres viendraient à disparaître ? Est-ce que par là elles ne tireraient pas un lucre de la ruine d'autrui, malgré la règle : *nemo aliena jactura locupletari potest ?*

Quoi qu'il en soit, le caractère propre de cette première phase ou de cette première manifestation de la jurisprudence, c'est d'aboutir à la négation absolue du droit du propriétaire de titres au porteur, pour le cas où il viendrait à éprouver une perte ou à être victime d'un vol; on lui refuse la faculté d'agir contre la société, ou la compagnie, soit pour se faire déclarer propriétaire des actions et obtenir des duplicatas, soit pour se faire payer les intérêts ou dividendes, même conditionnellement et en donnant caution. Le recours n'est réservé que pour le cas de destruction et d'anéantissement du titre.

169. — La réaction ne se fit pas longtemps attendre et elle fut complète : en effet, le 3 juillet 1838, la cour de Paris, revenant sur sa première jurisprudence, a décidé que celui qui justifie de la propriété d'une action au porteur par lui perdue, a le droit d'exiger non-seulement le *paiement des dividendes* échus ou à échoir, mais encore la *délivrance d'un nouveau titre,* pourvu qu'il fournisse à la compagnie des garanties suffisantes contre l'éventualité d'un double paiement (Dev. 1841, 1, 830). Voici les motifs du jugement du tribunal de commerce qui furent adoptés par la Cour : « Attendu que de Ponthon justifie de l'acquisition de dix actions au porteur de la compagnie du Phénix, par l'entremise du sieur Brun, agent de change, portant les n°° 2311, 2312, 2925, etc...; — Attendu qu'il résulte de l'arrêt du 1er août dernier, rendu par la cour d'assises, contre Sollier, domestique du baron de Ponthon, qu'il a soustrait frauduleusement à son maître les dix actions dont il s'agit ; — Attendu qu'en sa qualité d'actionnaire, de Ponthon *a le droit de réclamer de la compagnie*

du Phénix la délivrance d'autres titres, contre toutes garanties suffisantes que la compagnie pourra exiger de lui; — Considérant, sur le fond, et attendu la qualité d'actionnaire, que c'est par un tribunal arbitral qu'il y aura lieu de statuer sur la *manière dont les nouveaux titres pourront être délivrés à de Ponthon,* ainsi que sur les garanties qui pourront être exigées de lui... »

Le pourvoi contre cet arrêt fut rejeté, le 15 novembre 1841, par une décision (1) de la chambre civile de la cour suprême dans les termes suivants : La cour : — « Attendu que le fait de l'acquisition des dix actions dont il s'agit avait constitué le baron de Ponthon actionnaire et propriétaire desdites actions ; — Attendu que ledit général *n'a pas perdu cette qualité par la privation résultant du vol* à lui fait le 10 mars 1836, et que l'arrêt de la cour d'assises de Paris a constaté, par la condamnation qu'il a prononcée contre Sollier ; — Attendu que, dans l'état de la cause, l'arrêt attaqué a pu confirmer le jugement par lequel le tribunal de commerce avait dit se reconnaître incompétent et renvoyer les parties devant arbitres ; — qu'en jugeant ainsi, l'arrêt attaqué n'a point violé l'art. 35, Code com., et s'est conformé à l'art. 51 dudit Code ; — Rejette, etc...»

En résumé, le trait caractéristique de cette seconde phase de la jurisprudence est donc manifestement la consécration la plus complète des droits du propriétaire de titres au porteur dépossédé par le vol ou la perte ; on lui reconnaît la faculté d'obtenir à la fois le paiement des dividendes, et la délivrance de duplicatas (2), du moins après l'expiration d'un délai de trente ans.

---

(1) L'arrêt de la Cour de cassation, en date du 15 novembre 1841, est rapporté dans Dev. 1841, 1, 830-832. La question du fond se trouvait implicitement engagée, bien qu'en apparence la Cour suprême pût sembler n'être saisie que d'une simple question de compétence, suivant la judicieuse remarque de M. l'avocat général Hello.

(2) Comp. Paris, 24 juillet 1858 (*Journal des tribunaux de commerce,* par MM. Teulet et Camberlin, t. VII, pag. 438, n° 2623 ,Troyaux c. Chemin de fer de l'Ouest, et l'annotation) ; — voy. aussi différentes décisions mentionnées par M. Vincent, dans son Étude sur les titres au porteur (*Revue pratique,* t. XIX, p. 484 et suiv.).

170. — Aujourd'hui, depuis un arrêt de la cour de Paris, du 27 février 1851 (Dev. 1854. 2. 355), la jurisprudence tend à faire prévaloir d'une manière à peu près constante (1) une solution intermédiaire entre les deux doctrines, extrêmes en sens contraire, que nous venons de signaler ; elle pose (en laissant de côté les nuances d'espèces), une distinction capitale entre le paiement des dividendes et la délivrance de titres en duplicata.

Elle admet la *demande en paiement des dividendes*, et en conséquence, elle décide que le propriétaire des titres au porteur volés ou perdus peut exiger que les intérêts afférents à ces titres soient déposés à la caisse des consignations, pour être délivrés au titulaire cinq ans après leur échéance (article 2277 Code Nap). De même, si le *capital* devient exigible, à raison par exemple d'un tirage au sort, il est également versé à la caisse des consignations pour être touché par les ayant-droit au bout de trente ans à compter du jour de son exigibilité. La jurisprudence *rejette*, au contraire, et cela sans aucune limite de temps, l'obligation pour la compagnie de délivrer un duplicata des titres perdus ou détournés : voici, au reste, les termes d'un arrêt (2), fort bien motivé, rendu par la cour de Paris, le 13 mai 1865 (Dev. 1865, 2, 153. D. P. 1866, 2, 143) : « Attendu qu'il résulte des documents fournis à la cour que la demoiselle Boullanger est propriétaire d'une action du chemin de fer du Nord, portant le n° 357,036 ; qu'elle a perdu ladite action ; qu'elle demande : 1° que les in-

---

(1) Comp. Paris, 29 juillet 1857 (Dev. 1857 2, 636) ; — Paris, 13 mai 1865 (Dev. 1865, 2, 153) ; — voy. aussi *Journal des tribunaux de commerce*, par MM. Teulet et Camberlin, t XVII, p. 176, n° 6012, civ. Seine, 3 août 1867 (Mounier c. Chemin de fer de l'Ouest) ; — t. XVI, p. 362, n° 5790, com. Seine, 11 et 16 avril 1867 (Boul c, chemin de l'Est, et Galais c. chemin de l'Est) ; — même t. XVI, p. 511, n° 5478, com. Seine, 14 mai 1867 (Cibiel c. liquidateur Gosselin) ; — t XV, p. 155, n° 5292, Paris, 13 mai 1865 (Ch. Nord c. mademoiselle Boulanger) ; — t. XIII, p. 11, n° 4706, com. Seine, 20 janvier et 31 mars 1863 (Marteau et Saint-Cyr Villetard) ; consulter les annotations de jurisprudence et les dissertations annexées aux décisions que nous venons d'indiquer ; — voy. enfin t. XII, p. 147, n° 4215, com. Seine, 8 juillet 1861 (Blanchin c. Barbey et compagnie).

(2) Nous réunissons ici les motifs des premiers juges, maintenus par la cour de Paris, aux nouveaux considérants ajoutés sur l'appel.

térêts et dividendes afférents au titre soient versés à la Caisse des consignations pour être par elle touchés cinq ans après l'échéance, sur la représentation du jugement qui lui vaudra titre ; 2° qu'après l'expiration de trente années la compagnie soit tenue de lui délivrer un nouveau titre définitif ; — *Sur le premier chef de demande relatif au versement à faire, à la* Caisse des dépôts et consignations, *des dividendes et intérêts* sus-énoncés ; — Attendu que la demanderesse est propriétaire de l'action perdue ; qu'elle demande donc à bon droit que la compagnie du chemin de fer du Nord soit tenue de déposer à la Caisse des dépôts et consignations les intérêts et dividendes afférents à l'action dont il s'agit, au fur et à mesure de chaque échéance ; que c'est à bon droit aussi qu'elle demande à être autorisée à toucher de ladite Caisse, sur le vu du présent jugement, qui lui vaudra titre à cet effet, les intérêts et dividendes dont il s'agit, ensemble les intérêts qu'ils auraient pu produire, et ce, après le délai de cinq ans nécessaire pour acquérir la prescription édictée par l'art. 2277 Code Nap. ; que, par ce moyen, la compagnie sera à l'abri de tout recours ; — Considérant d'ailleurs que, sur ce point, la compagnie ne résiste point, et n'a jamais résisté à la demande ; — *Sur le deuxième chef de demande, relatif à la délivrance d'un nouveau titre* après l'expiration de trente années ; — Considérant que le propriétaire d'une action dans une société de commerce ne peut en réclamer la valeur à la société débitrice tant que subsiste la société, et qu'il est de principe, consacré par l'article 2257 Code Nap., que la prescription ne court pas contre qui n'est pas libre d'agir ; — que c'est une erreur de prétendre que le silence gardé pendant trente ans, à dater de ce jour, par le détenteur quel qu'il soit de l'action perdue, qui se serait abstenu, pendant ce même laps de temps, d'en réclamer les dividendes et intérêts, suffise pour mettre la compagnie du chemin de fer du Nord à l'abri de toute poursuite de la part de ce dernier, parce que, si la prescription peut courir pour les dividendes et intérêts exigibles chaque année, elle demeure suspendue, ainsi qu'on vient de le dire, pour le capital de l'action, tant que le droit de le réclamer n'est pas ouvert ; — que c'est une autre erreur de dire que, si la prescription trentenaire ne peut courir au profit de la compagnie débitrice, il n'en saurait être de même à l'égard de la demoiselle Boulanger, propriétaire originaire de l'action et détentrice d'un nouveau titre, s'agissant, relativement à elle, non de prescription libératoire, mais de prescription à l'effet d'acquérir pouvant s'établir par le fait seul de la possession sans trouble; — qu'à ce point de vue même, la possession de la demoiselle Boullanger serait vicieuse, puisqu'elle n'aurait entre les mains qu'un titre précaire et subordonné, quant à la propriété de l'action, au titre original, pouvant se trouver aux mains d'un détenteur de bonne foi; — que, sous un autre rapport encore, aucune prescription ne saurait courir au profit de la demoiselle Boullanger contre ce possesseur de bonne foi, qui, détenteur d'une action au porteur, et devant se croire, en raison même de la nature du titre, propriétaire légitime et incommutable de cette action, n'a et ne peut avoir d'actes conservatoires à exercer au regard de la demoiselle Boullanger qu'il ne connaît pas; — Considérant, enfin, que la prescription trentenaire, en la supposant même, contre toute évidence, admissible dans la cause, pourrait être suspendue par des minorités, conformément à l'art. 2252 Code Nap., et qu'ainsi la compagnie débitrice ne serait pas garantie par le laps de trente ans (comme l'ont décidé les premiers juges), contre l'action du tiers possesseur de bonne foi; — A mis et met l'appellation et ce dont est appel à néant, en ce que les premiers juges ont décidé que la compagnie du chemin de fer du Nord serait tenue de délivrer à l'intimée, après trente années à partir du jugement, un nouveau titre au porteur pour lui tenir lieu de celui qu'elle a perdu; émendant quant à ce, décharge la compagnie des dispositions et condamnations contre elle prononcées à cet égard; le jugement, au surplus, sortissant effet, etc.....»

Il nous paraît que l'arrêt a eu raison de décider, en repoussant le moyen terme adopté par la cour de Paris en 1858 (1), que le délai de trente ans, au point de vue de la délivrance d'un nouveau titre ou d'un duplicata, n'a aucune raison d'être (2).

171. — Nous reviendrons, du reste, bientôt à l'examen de

<hr>

(1) Paris, 24 juillet 1858 (*Journal des trib. de com.*, t. VII, p. 439, n° 2623, Troyaux c. chemin de fer de l'Ouest); — voy. aussi l'annotation.
(2) Comp. dissertation de M. J. E. Labbé. (Dev. 1865, 2, 153, col. 3).

chacune des solutions émises, en cette matière, par la jurisprudence, soit pour les adopter, soit au contraire pour les critiquer.

Pour le moment, nous allons nous occuper d'une hypothèse très-voisine de la précédente, celle de la *destruction des valeurs au porteur par un cas fortuit ou par un accident de force majeure*, tel qu'un naufrage, un incendie, une inondation, etc.

Ici, le titre étant matériellement anéanti, le propriétaire ne peut avoir aucune action éventuelle en responsabilité à diriger soit contre des agents de change, soit contre des changeurs. La revendication ne trouve pas non plus sa place. Une seule ressource reste à ce propriétaire, celle de s'adresser à l'Etat (1) ou aux compagnies émissionnaires en leur deman-

(1) M. Vincent *Revue pratique*, t. XIX, p. 495) nous apprend que, pour les rentes sur l'Etat inscrites au porteur, le Trésor ne fait aucune difficulté de délivrer, en pareille circonstance, un titre nouveau, moyennant un cautionnement; ce cautionnement consiste dans la remise, à titre de garantie, d'une rente nominative sur l'État représentant le capital de l'inscription perdue ou détruite et la somme de cinq années d'arrérages. Voici du reste comment on procède avec le Trésor : « Une demande sur timbre, dit M. Vincent, est adressée au directeur de la dette inscrite, qui en fait son rapport au ministre des finances. Cette demande doit contenir la déclaration qu'on est prêt à fournir le cautionnement nécessaire, lequel est calculé sur le pied de 75 francs pour le trois pour cent, et de cent francs pour le quatre et demi pour cent. Si le rapport est favorable, il intervient entre l'agent judiciaire du Trésor et le propriétaire dépouillé un contrat par acte sous seing privé, en vertu duquel affectation est consentie (à titre de nantissement et de cautionnement au Trésor public, en garantie de la délivrance d'un nouveau titre, et du paiement des arrérages de la rente a lirée pendant une période de cinq ans), d'une inscription de rente nominative sur l'Etat, avec consentement qu'elle soit grevée de l'opposition de l'agent judiciaire du Trésor, — qu'elle soit, en vertu d'une simple décision ministérielle et sans qu'il soit besoin d'aucun acte judiciaire, annulée en tout ou en partie jusqu'à concurrence du capital de la rente au porteur qui viendrait éventuellement à être représentée par des tiers qui s'en prétendraient et s'en feraient reconnaître légitimes propriétaires, et qu'il soit, en vertu de la même décision, procédé à la vente en la forme ordinaire de la portion de la rente nominative affectée à la garantie du paiement des arrérages. En conséquence, pouvoir est donné par le même acte à l'agent judiciaire de signer le transfert, tant que durera le cautionnement. Les inscriptions de rente, dépendant du grand-livre, ne

dant, après avoir fait les justifications nécessaires, de lui continuer le paiement des dividendes et de lui délivrer de nouveaux titres qui le fassent rentrer dans son droit à la fois quant au capital et quant aux intérêts.

172. — La destruction peut avoir été *totale*, elle peut aussi avoir été simplement *partielle*; occupons-nous d'abord de cette dernière éventualité.

173. — Des valeurs au porteur ont été consumées *en partie* dans un incendie : le propriétaire représente les fragments sauvés du feu et il demande le remplacement des titres détériorés : que faut-il décider?

Un jugement du tribunal de commerce de la Seine, du 6 septembre 1864 (D.P. 65, 3, 94 et 95), a fait une distinction assez singulière : de deux choses l'une; ou bien les fragments représentés permettent de reconstituer l'intégralité des titres, ou bien, au contraire, ils ne le permettent pas; dans le premier cas, le remplacement des titres doit être accordé, mais il doit être refusé dans la seconde hypothèse : « Attendu, dit le jugement du 6 septembre 1864, que, pour appuyer sa demande, Biert produit des fragments de titres dont il demande le remplacement, *fragments sur lesquels sont restés apparents divers signes indiquant qu'ils proviennent réellement de ceux qui ont été en partie détruits par un incendie*; mais, attendu que les fragments produits *ne peuvent permettre de reconstituer l'intégralité des titres* dont il s'agit; qu'en cet état, c'est à bon droit que la compagnie défenderesse se refuse à considérer la remise desdits fragments comme pouvant la garantir contre toute réclamation ultérieure à ce sujet, et qu'il y a lieu dès lors de déclarer le demandeur non recevable en sa demande, etc... »

Nous ne saurions accepter cette doctrine que M. Dalloz, dans une note annexée au jugement précité, semble cependant approuver sans réserves (D. P. 1865. 3. 94 et 95) : nous pensons que le remplacement des titres devrait être accordé toutes les fois que les fragments représentés suffisent à en constater l'*identité*. Sans doute, les tribunaux devront exiger la preuve complète de l'incendie ou plus généralement du cas fortuit allégué : car il y a ici des fraudes à redouter : deux personnes de mauvaise foi pourraient s'entendre, par exemple, pour séparer en deux parties chacun des titres, et faire ensuite ronger adroitement la coupure par le feu, de manière à arriver par cette ruse coupable à une double revendication constituant en perte la compagnie émissionnaire. Nous comprendrions parfaitement que des juges, dans l'indépendance de leur appréciation, ne voulussent point accueillir la demande en remplacement de titres, en déclarant que la preuve de l'accident prétendu n'a pas été suffisamment rapportée. Mais telle n'est pas l'espèce sur laquelle le tribunal de commerce de la Seine a statué le 6 septembre 1864 : le jugement constate que le propriétaire a parfaitement établi l'existence du cas fortuit et que les fragments produits en justice portent la *trace évidente* de l'incendie ; mais il repousse la demande *parce que ces fragments ne permettent pas de reconstituer l'intégralité des titres dont il s'agit.* Nous nous bornerons à faire observer que si, en effet, les fragments conservés avaient été assez considérables pour permettre de reconstituer les titres dans leur entier, aucune demande en remplacement ou en délivrance de duplicata n'aurait été formée ; car le porteur aurait pu, en rapprochant ces fragments, et en les collant entre eux, obtenir un titre parfaitement valable, sans avoir besoin de s'adresser à la justice. Nous croyons donc qu'étant données les circonstances de l'espèce, le tribunal aurait dû arriver à une solution diamétralement opposée à celle qu'il a consacrée.

174. — Nous passons à l'hypothèse de la *destruction totale* : Un propriétaire de valeurs au porteur a vu ses titres complètement anéantis par suite d'un accident de force majeure, incendie, naufrage, guerre, inondation, etc. Il en a conservé exactement les numéros, et il prouve qu'à l'époque du dernier paiement des arrérages, il était porteur légitime des titres indiqués.

Nous rencontrons encore ci les quatre questions que soulevait déjà l'hypothèse du vol ou de la perte : 1° La compagnie peut-elle se prétendre de plein droit libérée par l'anéantissement des titres émis? 2° en admettant la négative sur ce premier point, le propriétaire, victime du cas fortuit, peut-il exiger, de l'Etat ou des compagnies, le paiement des intérêts et dividendes, et à quelles conditions? 3° Que convient-il de décider en ce qui concerne le capital lui-même? 4° Le propriétaire peut-il réclamer de nouveaux titres et à quelles formalités la délivrance de duplicatas doit-elle être subordonnée?

175. — *La compagnie peut-elle se prétendre de plein droit libérée par l'anéantissement des titres au porteur originairement émis?* Evidemment non : toutes les raisc eloppées plus haut, aux n°° 167 et 168, trouvent ici le.. application; d'ailleurs la jurisprudence a formellement reconnu l'impossibilité de consacrer un pareil résultat, à l'époque même où elle se montrait la plus favorable aux compagnies, en admettant la validité de l'argument, « *nous ne devons qu'au titre et point à la personne.* » L'arrêt de la cour de Paris du 23 juillet 1836 (Dev. 1837, 2, 103) reconnaît au propriétaire le droit d'agir contre la société, *s'il prouve que le titre a péri entre ses mains.* (Voy. plus haut, n° 168, dernier alinéa et note 1.)

176. — Que déciderons-nous toutefois en ce qui concerne les *billets de banque?*

Cette question, qui s'est présentée en 1867 pour la première fois devant la Cour de cassation, est de la plus haute importance et mérite un examen sérieux. Ce qui caractérise essentiellement le billet de banque, c'est qu'il est *payable au porteur*, c'est-à-dire à quiconque le présente au remboursement sans qu'il soit nécessaire de produire la signature d'un cédant : d'autre part, il est *payable* à *vue*, c'est-à-dire à toute présentation et sans aucune détermination d'échéance (1). Il diffère de la monnaie métallique en ce qu'il n'en a ni la valeur

___

(1) Voy. M. Charles Hérisson, des obligations de la Banque en cas de perte ou de destruction de ses billets (*Revue critique*, t. XXXII, p. 289, 290 et suiv.); — Dissertation de M. Thiercelin (D. P. 1867, 1, 289); — Dissertation de M. J.-E. Labbé (Dev. 1865, 2, 155); — Voy. aussi Dev. 1867, 1, 317 et le *Journal des trib. de com.*, par M. Teulet et Camberlin, t. XV, p. 461-464, n° 5500).

intrinsèque, ni le cours forcé; c'est à la fois un instrument d'échange et un titre de créance au porteur contre la Banque; il a été défini avec raison : « *une promesse de payer* à présentation, à tout porteur, une somme que la Banque a, par devers elle, soit dans son encaisse métallique, soit dans son portefeuille, en effets de commerce dont le recouvrement est certain. »

La confiance qu'inspire la solvabilité de la Banque de France fait que, dans la pratique, les billets qu'elle émet remplacent largement la monnaie comme moyen d'échange : mais, en réalité, ce sont des titres contenant engagement de payer, à toute réquisition, la somme indiquée.

Chaque année, la Banque réalise des bénéfices assez considérables par suite de la destruction accidentelle, entre les mains des particuliers, d'un certain nombre des billets qu'elle a émis ; la preuve de l'accident est, en effet, aussi rigoureuse que difficile à fournir : il faut que le réclamant démontre clairement qu'il était propriétaire et détenteur d'un certain billet ; il faut qu'il individualise sa possession en indiquant le numéro de ce billet, afin que la Banque puisse apprécier quel est exactement le titre de créance dont on lui demande le remboursement et qui devra, en conséquence, être considéré par elle comme rentré; il est indispensable enfin que le réclamant établisse le cas fortuit ou de force majeure, et prouve que le billet en question faisait réellement partie de l'ensemble des biens qui ont été atteints par la cause destructive, le feu par exemple (1). L'on conçoit que les difficultés de cette démonstration préjudicielle rendent la plupart du temps impossible tout recours effectif contre la Banque, d'autant mieux qu'une excessive précision dans les indications fournies pourrait parfois mettre la justice en défiance contre le

(1) Ainsi, il a été décidé que la Banque de France ne peut pas être contrainte de rembourser des billets par elle émis et qui ont été détruits partiellement, lorsque les fragments produits ne présentent pas les caractères nécessaires pour reconnaître la complète sincérité des titres, et cela aussi bien dans l'intérêt des tiers que dans l'intérêt de la Banque elle-même (voy. Paris, 27 juillet 1857, D. P. 57, 2, 162 ; voy. aussi les différentes décisions rapportées dans le *Journal des tribunaux de commerce*, par MM. Teulet et Camberlin, t. vi, p. 25, n° 1915, et même t. vi, p. 75, n° 1989).

demandeur et lui faire soupçonner quelque fraude ourdie à l'avance.

Quoi qu'il en soit, la difficulté a été portée devant les tribunaux dans les circonstances que voici : La maison Castéras frères, de Marseille, avait confié à la poste une lettre contenant une valeur de seize cents francs en billets de la banque d'Algérie ; cette missive était adressée par les frères Castéras à l'un de leurs correspondants à Alger. Le pli chargé fut compris par l'administration des postes dans le courrier remis au navire l'*Atlas* qui se perdit dans le trajet, par suite d'une violente tempête, sans laisser aucunes traces de son naufrage. Les expéditeurs avaient, par mesure de prudence, conservé les numéros d'ordre et de série des billets détruits ; ils en réclamèrent en conséquence le paiement au directeur de la Banque d'Algérie. Sur le refus de ce dernier, ils l'assignèrent devant le tribunal de commerce d'Alger, en paiement de la somme de seize cents francs, offrant de déposer à la Banque d'Algérie, à titre de garantie, jusqu'à concurrence de la valeur litigieuse, des actions de ladite Banque, pendant la durée qui serait fixée par la justice. Cette demande fut accueillie (1)

(1) Consulter, dans le même sens, un arrêt de la cour de Paris du 23 novembre 1866 (*Journal des tribunaux de commerce*, par MM. Teulet et Camberlin, t. xv, p. 461 et 463, n° 8500, duquel il résulte que, lorsqu'un bon à ordre de la caisse de la boulangerie a été détruit par un accident de force majeure, celui qui justifie qu'il en était propriétaire peut, en rapportant la preuve du fait de la destruction, exiger que l'établissement qui a émis la valeur anéantie, lui en rembourse le montant (art. 1148 et 1302 C. Nap.). Dans l'espèce, un sieur Vivier établissait : 1° qu'il était propriétaire d'un bon de 1,976 francs, souscrit à son ordre, le 3 janvier 1859, par la caisse de la boulangerie, payable un an après ; — 2° que ce bon lui avait été frauduleusement soustrait le 14 juin 1859, et que les individus condamnés pour ce vol avaient, lors de l'instruction criminelle, déclaré avoir brûlé ce titre avec d'autres. La Cour : — « Considérant que les époux Vivier réclament contre la ville de Paris le retrait de la somme de 1,976 francs par eux déposée à la caisse de la boulangerie à la date du 4 janvier 1859 ; mais que ce retrait leur est refusé parce qu'ils sont dans l'impossibilité de représenter le bon à ordre qui leur a été délivré, payable le 4 janvier 1860 ; — Considérant que ce refus serait fondé si la ville était exposée à en voir représenter utilement le titre dont il s'agit et à acquitter ainsi sa dette une seconde fois ; mais qu'il n'en est pas ainsi dans la cause ; — Qu'en effet, il est établi que le bon remis aux époux Vivier a été détruit ; — Que, même en admet-

par le tribunal (jugement du 8 février 1864, D. P. 1867, 1,
289 et 291), puis par la cour d'Alger (arrêt du 4 mars 1865,
D. P. 1866, 2, 148, Dev. 1865, 2, 155).

Mais, le conseil d'administration de la Banque d'Algérie
s'étant pourvu en cassation, la cour suprême a décidé, par
arrêt du 8 juillet 1867 (D. P. 1867, 1, 2 9 et 202 et Dev.
1867, 1, 317), que les billets de banque ne sont remboursables
au porteur, par la Banque qui les a émis, que sur leur présentation, et en échange de leur remise effective ; que, par
suite, la preuve de la perte par cas fortuit n'est pas admissible, une telle preuve ne pouvant autoriser le porteur, qui
l'offre et qui la fournirait complète, à exiger de la Banque le
remboursement du billet détruit. Quatre raisons (1) surtout
paraissent avoir déterminé la Cour de cassation à consacrer cette solution rigoureuse :

1° Aux termes de l'art. 4 de la loi (2) des 4-10 août 1851, qui
a organisé la Banque d'Algérie, cette banque « est autorisée,
à l'exclusion de tous autres établissements, à émettre des billets au porteur, de mille, cinq cents, cent et cinquante francs.
Ces billets sont *remboursables à vue* au siége de la Banque. »
L'art. 14 des statuts annexés à cette loi ajoute : « Les opérations de la Banque consistent..... 6° à émettre des billets
payables au porteur et à vue..... » Tout ceci indique bien
que les billets de banque constituent une véritable monnaie ;
dans la pratique, on les désigne même souvent sous le nom
de monnaie fiduciaire. Dès lors le porteur de semblables billets, lorsqu'un accident vient les détruire, ne doit pas obtenir
un recours que n'aurait point, en pareil cas, le porteur de
numéraire.

2° D'ailleurs, le billet, monnaie de la Banque, est soumis
comme le numéraire métallique, monnaie de l'État, à de

tant surabondamment qu'il existât encore, il ne pourrait être représenté à
fin de paiement qu'à l'aide d'un faux dont la ville n'aurait point à supporter les conséquences ; — Que les hypothèses admises par le jugement soit
d'une véritable impossibilité, et que, dans tous les cas, elles supposent un
crime qui ne pourrait obliger la ville à un nouveau paiement ; — Infirmant,
autorise, etc.,..... »

(1) V. les motifs du pourvoi et l'arrêt lui-même dans Dev. 1867, 1, 317.
(2) Cette loi est rapportée dans D. P. 1851, 4, 148-153.

nombreuses chances de falsification et d'altération : il est par suite indispensable que la Banque soit mise à même de vérifier la sincérité des titres dont on lui réclame le paiement : or, cette vérification devient impossible à défaut de représentation du billet ; il est donc absolument inexact de soutenir que la démonstration de la perte d'un titre, qui, après tout, peut être faux, soit équivalente à la remise même de ce titre qui ne serait payé qu'après la constatation de sa sincérité.

3° Sans doute le billet de banque est une promesse de payer et constitue un *titre* dont la valeur peut être réclamée en argent ; or, l'art. 1348, n° 4, du Code Napoléon, dérogeant à l'art. 1341 du même Code, autorise la preuve testimoniale, « au cas où le créancier a perdu le titre qui lui servait de preuve littérale par suite d'un cas fortuit ou de force majeure. » Mais, ce texte suppose évidemment l'existence des relations personnelles de créancier à débiteur qui sont de l'essence de toutes les obligations ordinaires du droit civil, il est étranger aux combinaisons commerciales et surtout aux opérations de banque, qui reposent sur le crédit. La Banque, elle, ne doit le paiement des billets qu'elle émet qu'au *porteur* et *à vue* (lois du 24 germinal an XI, du 22 avril 1806 et des 4-10 août 1851, art. 4). Elle peut donc exiger la représentation matérielle des titres en vertu de ses statuts organiques : c'est là une formalité essentielle et irritante.

4° Toute autre solution compromettrait gravement les intérêts de la Banque ; car, pour elle, la vérification contradictoire de la perte alléguée devient impossible, autant qu'elle est difficile et périlleuse pour le juge lui-même. Quant au réclamant, il est dans la meilleure situation pour se livrer aux fraudes les plus coupables : car, à raison de la nature même de la créance qu'il invoque, il va être dispensé de fournir tout cet ensemble de preuves qui formeront la garantie du débiteur prétendu, lorsque l'on se trouve dans la sphère ordinaire d'application de l'art. 1348. Il n'aura à préciser ni les circonstances dans lesquelles il a pu se mettre en rapport avec la Banque, ni la cause de la dette. Voilà donc ce grand établissement de crédit mis à la merci des hommes de mauvaise foi et exposé à faire un double paiement par suite de la représentation ultérieure d'un billet dont la perte aurait été faussement alléguée ! ! ! Et cette éventualité va peser indéfiniment sur sa tête, puisqu'aucune prescription ne peut éteindre les créances de ce genre dont l'échéance est laissée au libre arbitre du porteur (art. 2257) ! ! !

177. — Ces raisons sont assurément fort sérieuses, et nous comprenons que des jurisconsultes, qui admettent cependant que la perte d'un titre d'action au porteur n'entraîne pas la déchéance du droit contre la compagnie émissionnaire, inclinent au contraire à refuser tout recours contre la Banque à celui qui prétend avoir subi la destruction ou la perte de ses billets. Il serait trop facile, dit M. Vincent (*Etude sur les titres au porteur, Revue pratique*, t. 19, p. 488), « de fabriquer de faux billets, de se procurer des témoins de leur possession, et ensuite, en préparant habilement un cas fortuit ou une force majeure, de venir s'en faire payer le montant par la Banque. Pour les titres émanés des compagnies, tels que des actions ou des obligations, le même danger n'est pas à craindre; car, le propriétaire de bonne foi peut, en général, justifier d'une acquisition régulière, chose complétement impossible pour le billet de banque. » (Comp. M. Flandin, *Titres au porteur, Revue critique*, t. 13, p. 421 et 422.)

Des falsifications fréquentes sont, en effet, possibles, et en conséquence nous admettons parfaitement que les tribunaux rendent, par leurs exigences multiples, la preuve difficile, et qu'ils n'accueillent les réclamations dirigées contre la Banque qu'autant que la démonstration de l'accident allégué aura été complète, évidente, irrécusable; nous consentons même à ce qu'ils ne se montrent que rarement satisfaits, et si, dans tous les cas, ils subordonnaient le paiement à la prestation préalable de garanties onéreuses, nous nous inclinerions encore; car les prérogatives de la Banque intéressent le crédit public et doivent être soigneusement sauvegardées.

Mais ce que notre raison se refuse à accepter, c'est que le *droit* du porteur d'obtenir son paiement, nonobstant la destruction du billet de banque, puisse être dénié par la Cour de cassation. Ce qui résulte, en effet, manifestement de l'arrêt du 8 juillet 1867, c'est que la perte d'un billet est une cause d'extinction de la dette; car la Cour suprême décide que *la preuve de l'anéantissement par cas fortuit d'un semblable titre n'est pas admissible contre la Banque*, une telle preuve ne pouvant autoriser le porteur qui l'offre et qui la rapporterait à exiger d'elle le remboursement du titre détruit (D. P. 1867, 1, 289).

Eh bien ! nous n'hésitons pas à le dire, cette théorie nous paraît non-seulement contraire aux textes et aux principes, mais encore entachée d'une immoralité flagrante.

Elle est contraire *aux textes* : car, on chercherait en vain dans nos Codes une disposition de laquelle on pût induire que, dans un cas quelconque, la perte d'un titre soit de nature à emporter l'anéantissement du droit que ce titre constatait. Tout au contraire, le Code Napoléon se montre prodigue de procédés destinés à suppléer le titre dans tous les cas où sa représentation est devenue impossible par suite de circonstances indépendantes de la volonté du titulaire officiel du droit : voyez les art. 1333, 1347 et suivants, 1348, n° 4, 1358, 1234, etc. Ces textes posent des règles absolues dont le rayonnement s'étend à toutes les matières juridiques sans exception (voy. plus haut, n° 168).

La solution de la Cour de cassation n'est pas moins en opposition avec les *principes* : car elle aboutit à reproduire, sous une nouvelle forme, l'idée déjà démontrée fausse que la Banque ne devrait qu'au titre, comme si le créancier n'était pas toujours une personne animée et vivante, à savoir celle qui fournit la démonstration victorieuse de ses légitimes prérogatives. Les déductions de la Cour suprême arrivent de plus à confondre finalement le titre, moyen de preuve, avec le droit lui-même qui, né du concours des volontés et de l'échange des services, est nécessairement indépendant de l'acte (*instrumentum*) qui lui sert d'enveloppe extérieure.

Enfin la doctrine que nous combattons est tout à fait *immorale* dans ses résultats : car elle permet à la Banque de s'enrichir aux dépens de créanciers dignes d'intérêt, en rétablissant à son profit cette coutume inique, autrefois désignée sous le nom de droit de naufrage, qui permettait au fisc ou au premier occupant de s'emparer des effets jetés sur la côte par l'effort de la tempête, au détriment de leurs véritables propriétaires. Il ne faut pas poser en présomption générale la falsification des billets de banque et l'illégitimité de leur possession ; cette affirmation serait contraire à la réalité pratique : « que la société de la Banque, dit avec raison M. J.-E. Labbé

(Dev., 1865, 2, 155), réalise chaque année un bénéfice à cause de la destruction accidentelle d'une partie des billets qu'elle a émis, c'est un fait; l'absence de preuve conduit à ce résultat regrettable : mais ériger en principe et en droit cette chance de bénéfice, cette éventualité de gain, serait une énormité. »

En résumé, nous maintenons ici encore intact le principe que la perte du titre, quel qu'il soit, ne peut jamais constituer un mode légal d'extinction d'une dette. Que l'effet au porteur ou le billet de banque soient détruits ou simplement égarés ou encore frauduleusement détournés, le droit du titulaire légitime n'en subsiste pas moins : seulement, en fait, il pourra arriver (et il arrivera même la plupart du temps), que ce droit devienne complétement illusoire, parce que le porteur, pour obtenir son paiement à défaut de la représentation du billet, ne sera pas en mesure de présenter une démonstration suffisante de l'accident ou de la perte : là seulement est la vérité. Nous préférons donc à la doctrine de la Cour de cassation, la solution donnée par le tribunal, le 8 février 1864 (D. P., 1867, 1, 292), puis par la cour d'Alger, le 4 mars 1865 (Dev. 1865, 2, 155; D. P. 1866, 2. 148). Voyez aussi, dans le même sens, M. H. Thiercelin (*Dissertation* rapportée dans D. P., 1867, 1, 289); M. J.-E. Labbé (*Observations sur l'arrêt de la cour d'Alger*, consignées dans Dev., 1865, 1, 155); M. Ch. Hérisson (*De la perte des billets de banque, Revue critique*, t. 32, 1868, p. 289-306).

178. — Puisque nous admettons que le droit du propriétaire de titres au porteur survit aussi bien à la perte par cas fortuit et par accident de force majeure, qu'à la perte résultant de la négligence ou d'une soustraction frauduleuse, nous devons rechercher quelle satisfaction il convient de donner à ce droit dont nous proclamons l'existence. *Le propriétaire, d'abord, peut-il exiger de la compagnie émissionnaire le paiement des intérêts ou dividendes afférents aux titres détruits, et à quelles conditions peut-il l'obtenir?*

Voici quelle est, sur ce point, aujourd'hui la pratique constante (v. *suprà*, n° 170) : le porteur fait sa déclaration à la compagnie et forme opposition au paiement des coupons; alors, pour éviter toute fraude, la compagnie dépose, au fur et à mesure de leur exigibilité, le montant de ces coupons à la Caisse des consignations, pour être remis au propriétaire cinq ans après chaque échéance, c'est-à-dire au moment où la prescription de l'art. 2277 du Code Napoléon est acquise (1). Cette combinaison donne, comme on peut le voir, une entière satisfaction aux intérêts tant de la compagnie que du tiers détenteur possible. La première n'est jamais exposée à payer deux fois, puisqu'elle est armée contre tout réclamant de la prescription quinquennale; le second, n'est point, à vrai dire, lésé, puisque, dans tous les cas, son inaction, ayant persévéré durant plus de cinq ans, était de nature à entraîner contre lui la déchéance rigoureuse de l'art. 2277. Mais, la position faite au propriétaire dépossédé est fort dure : ce dernier, en effet, va être privé, pendant un temps assez long, de la réception d'intérêts ou de dividendes peut-être indispensables à sa propre subsistance et à celle de sa famille. Aussi, bien que cette solution n'ait pas encore été, du moins à notre connaissance, appliquée par la jurisprudence, nous croyons très-fermement que les tribunaux auraient le pouvoir d'ordonner la remise immédiate des intérêts et dividendes, lors de chaque échéance, entre les mains du titulaire du droit, moyennant caution (2), ou même sans exiger cette formalité protectrice. Il peut arriver, en effet, d'une part, que le propriétaire ait le plus pressant besoin de toucher sans retard les revenus qui lui sont dus, et d'autre part, que la certitude de la destruction soit assez complétement assise pour que la compagnie n'ait à redouter l'éventualité d'aucune réclamation dirigée par un tiers possesseur : ne serait-elle pas, d'ailleurs, couverte par l'art. 1240 du Code Napoléon?

179. — Mais allons plus loin : *le propriétaire*, victime de la destruction de ses titres au porteur par incendie, naufrage, guerre, inondation, etc., *veut-il réclamer le remboursement du capital lui-même?* La question peut être également soulevée dans l'hypothèse du vol ou de la perte. Mais, pour qu'elle puisse se présenter, dans quelque cas que ce soit, il faut, bien

(1) V., en ce sens, un jugement du tribunal civil de la Seine du 3 août 1867, *Journal des tribunaux de commerce*, t. XVII, p. 176, n° 6012 (Mouniet c. chemin de l'Ouest). — V. aussi plus haut, n° 170 et les autorités citées à la note.

(2) La caution serait déchargée, pour chaque fraction d'intérêts, par le délai de cinq ans (art. 2277 C. Nap.).

entendu, admettre, en général, que la société a été dissoute,
ou que, d'après ses statuts, il est procédé à l'amortissement
successif du capital des diverses actions par voie de tirage au
sort. Eh bien ! supposons que l'action au porteur, dont le titre
a *disparu*, soit sortie, avec prime ou sans prime, dans un tirage, ou bien que le capital en ait été rendu exigible par la
dissolution de la compagnie émissionnaire. A quel moment
et à quelles conditions le propriétaire va-t-il pouvoir demander le remboursement?

De graves dissidences s'élèvent sur ce point : deux systèmes
principaux ont été présentés.

180.—D'après une première doctrine, qui paraît triompher
dans la jurisprudence, il y a lieu, en pareil cas, d'ordonner
que le capital soit déposé à la Caisse des consignations, où le
propriétaire des titres perdus, volés ou détruits, viendra le
toucher trente ans après l'époque de son exigibilité, alors que
la compagnie sera garantie, par la prescription de l'art. 2262
Code Nap., contre toutes réclamations de la part des tiers;
quant aux intérêts ou aux dividendes, le propriétaire peut toujours les exiger cinq ans après leur échéance. (Voy. en ce
sens plusieurs jugements du tribunal de commerce de la Seine,
des 11, 16, 18, 27 et 30 avril 1867, rapportés dans le Journal
des tribunaux de commerce, par MM. Teulet et Camberlin,
t. 16, pag. 362-367, n° 5790; — voy. aussi dissertation
de M. H. Thiercelin, D. P. 1866, 2, 145). Ici encore, l'arrangement, imaginé par la jurisprudence, garantit parfaitement
les droits du tiers possesseur éventuel de bonne foi, et les
intérêts de la compagnie (1); mais les droits du propriétaire

____

(1) Toutefois les intérêts même de la compagnie ou de la société ne seront pas toujours complétement sauvegardés, quant au paiement du capital,
par l'expiration du délai de trente années (art. 2262) à compter du jour du
tirage ou de la dissolution de l'association : la prescription pourra, en effet,
avoir été suspendue, en vertu de l'art. 2252, par la minorité ou l'interdic-
tion du tiers détenteur ou plus généralement de l'ayant droit. En ce qui
concerne le paiement des intérêts ou des dividendes, un semblable inconvénient n'est pas à craindre; car il s'agit alors de la prescription de cinq ans
de l'art. 2277 du Code Napoléon. Or, d'après l'art. 2278 du même Code,
les courtes prescriptions courent même contre les mineurs et les interdits,
sauf le recours de ces derniers contre leurs tuteurs. (Comp. nos *Considérations générales sur l'acquisition ou la libération par l'effet du temps*, n° 57, p. 122.)

17

dépossédé sont entièrement sacrifiés : « S'il est déjà dur pour
ce propriétaire, a dit fort judicieusement M. le premier président Bonjean dans son admirable rapport au Sénat, d'être
privé, pendant cinq ans, des intérêts et dividendes qui peuvent
lui être nécessaires pour vivre lui et sa famille, combien plus
graves encore sont les inconvénients en ce qui concerne le
capital ! ! ! Quelle situation, que de rester ainsi, pendant trente
années, avec une propriété incertaine, précaire, incessamment
résoluble par l'apparition d'un tiers porteur ; de se trouver,
par conséquent, pendant un si long temps, dans l'impossibilité
à peu près absolue de disposer de son capital ! ! ! Si, au moins,
la conservation de ce capital était garantie ; mais, non : il
arrivera souvent que la compagnie, qui, au moment de la
perte des titres, était dans un état prospère, deviendra insolvable, en tout ou en partie, pendant les trente années, et que
lorsqu'arrivera le moment de recevoir le capital (si, en fait,
il n'a pas été consigné à la Caisse des dépôts), le propriétaire
n'aura plus qu'à gémir sur une ruine à laquelle il n'a pas été
en son pouvoir de se soustraire (1). »

181. — Frappés de ces dangers, des jurisconsultes d'une
autorité considérable, notamment M. Flandin (*Revue critique*
t. 13, pag. 419-440), M. Vincent (*Revue pratique*, pag. 493-
495), et M. J. E. Labbé (observations sur l'arrêt de la cour de
Paris, du 13 mai 1865, Dev. 1865, 2, 153) ont proposé un
second système que l'on peut formuler de la manière suivante :
le propriétaire des titres au porteur perdus, volés ou détruits,
après avoir fourni la démonstration complète de l'accident
allégué, peut exiger que le capital de l'action venue à remboursement, par voie de tirage au sort, ou bien par suite de
la dissolution de la société, lui soit immédiatement payé,
moyennant la prestation d'un cautionnement tantôt réel,
tantôt personnel suivant les cas, ou moyennant la dation de
telle autre sûreté que les tribunaux jugeront utile d'imposer
pour garantir la compagnie contre toute réclamation ulté-

(1) M. le premier président Bonjean raisonne évidemment ici, en supposant toujours l'hypothèse où les tribunaux n'auraient pas ordonné la consignation du capital exigible : car autrement le propriétaire aurait à se reprocher de n'avoir pas pris ses mesures pour que le dépôt des fonds fût effectué en temps utile.

rieurement dirigée par un tiers porteur de bonne foi ; le cautionnement doit durer trente ans et les autres sûretés doivent être maintenues pendant le même délai.

On invoque, *par analogie*, à l'appui de cette opinion l'article 19 du titre 5 de l'ordonnance de mars 1673 (1), d'après lequel, « au cas que la lettre adirée soit payable au porteur, ou à ordre, le paiement n'en sera fait que par ordonnance du juge, et en baillant caution de garantir le paiement qui en sera fait. » Si le Code de commerce n'a pas textuellement reproduit cette disposition, c'est, dit-on, qu'il s'occupe seulement des lettres de change et des billets à ordre et qu'il laisse de côté la matière des billets au porteur ; mais il ne repousse pas la disposition en elle-même : bien mieux, il se l'approprie dans l'art. 152 Code com., en l'appliquant aux lettres de change et aux billets à ordre (Voy. plus haut, n° 165 avec les notes).

182. — Assurément, s'il nous fallait choisir entre les deux systèmes que nous venons d'exposer, nous adopterions de préférence le second qui a du moins cet avantage de rendre, immédiatement après l'échéance, le capital, jusqu'à un certain point disponible entre les mains du propriétaire de titres au porteur qui a été victime d'un accident fortuit ou d'un cas de force majeure.

Mais, ce système est-il d'une application pratique bien sérieuse ? Nous en doutons un peu : car enfin, il s'agit pour la caution de contracter une obligation qui devra durer trente ans, peut-être même plus longtemps, s'il survient des minorités ou des interdictions (art. 2252 Code Nap.) suspendant le cours normal de la prescription. De plus, le titre égaré ou perdu peut être un titre à prime, susceptible de gagner éventuellement un lot de cent ou de deux cinquante mille francs ; et, dans cette dernière hypothèse, il est fort douteux qu'un tiers

(1) Nous avons déjà rapporté plus haut, au n° 167, dernier alinéa, un arrêt de la Cour de cassation (chambre des requêtes) du 5 décembre 1837 (Dev. 1838, 1, 329), duquel il résulte qu'aux termes de l'art. 2 de la loi du 15 septembre 1807, toutes les anciennes lois, touchant les matières commerciales, sur lesquelles il a été statué par le Code de commerce, ont été abrogées et parmi elles les dispositions de l'art. 19 du titre V de l'ordonnance de 1673 ; ce dernier texte ne peut donc plus être invoqué comme loi obligatoire, mais comme un simple argument d'analogie.

consente jamais, en se portant caution, à assumer sur sa tête une aussi lourde responsabilité.

Admettons d'ailleurs que cette personne se rencontre : la compagnie ne sera-t-elle pas en droit de repousser son intervention, en soutenant qu'elle n'entend pas rester exposée aux inconvénients de la discussion de ses biens non plus qu'aux fluctuations d'une solvabilité, suffisante sans doute aujourd'hui, mais qui peut ne plus l'être demain et surtout dans trente ans ?

Veut-on se rattacher plutôt à l'idée d'un cautionnement réel arbitré par le tribunal, libre d'ailleurs de lui substituer ou de lui adjoindre toutes les autres sûretés qui pourront être jugées utiles ? L'on se trouve encore ici en présence des difficultés les plus graves. D'abord, le propriétaire dépossédé sera-t-il en mesure, par sa position de fortune, de donner les garanties exigées ? Ensuite, en admettant qu'il puisse les fournir, en quoi devront consister ces garanties ? En immeubles ou en meubles ? En meubles corporels ou en meubles incorporels ? En créances de même nature que celles dont le titre a disparu, ou en créances de nature différente ? Tel est l'aperçu sommaire des embarras au milieu desquels on se jette en érigeant en système le cautionnement judiciaire qui n'est organisé nulle part dans nos lois.

Voici quelle est, en présence de ces inconvénients considérables, la doctrine que nous serions porté pour notre part à proposer : ne pourrait-on pas soutenir que *la justice, appelée à constater le droit du propriétaire des titres au porteur, perdus, volés ou détruits, a les pouvoirs nécessaires pour déclarer officiellement et reconnaître définitivement ce droit ?* Eh bien ! si elle acquiert la certitude presque absolue que le titre a dû être matériellement anéanti et que sa représentation ultérieure par un tiers possesseur de bonne foi n'est pas à redouter, *elle autorisera le demandeur à réclamer immédiatement son paiement, sans avoir à fournir aucune caution, ni aucunes sûretés de quelque genre que ce soit. La compagnie sera* désormais *valablement libérée* en payant entre les mains de la personne indiquée, en sorte que si, par hasard, contre toutes probabilités, un possesseur, nanti du titre, venait à se présenter plus tard, elle pourrait lui répondre, en se retranchant derrière les termes formels de *l'art.* 1240 *du Code*

Nap. : j'ai soldé, de bonne foi, le montant du titre que j'avais émis, entre les mains de celui qui m'était désigné par la justice comme le possesseur de la créance; donc ma libération est complète et définitive : vous ne pouvez rien me réclamer; peut-être y a-t-il des comptes à régler entre vous et le possesseur apparent qui a bénéficié du paiement que j'ai effectué; mais, quant à moi, ma responsabilité est à tout jamais dégagée (Comp. art. 151 et 152 Code com.; — voy. aussi plus haut, à titre d'analogie, le n° 105 et les notes).

Sans doute, en protégeant efficacement le propriétaire dépossédé, et en mettant ainsi les compagnies à l'abri de tout recours, nous sacrifions singulièrement les intérêts du tiers porteur. Mais il faut bien remarquer que les tribunaux agiront avec circonspection; ils exigeront, de la part du propriétaire dépossédé, des preuves pertinentes et circonstanciées; ils pourront accorder au besoin des sursis et des délais (art. 1244, al. 2, Code Nap.), afin de s'assurer si aucun tiers porteur ne se présentera aux premières échéances pour toucher les coupons d'intérêts ou les dividendes : or, celui qui, étant détenteur de titres, reste plusieurs années, cinq ans surtout, sans donner signe de vie, devient singulièrement suspect : sauf de bien rares exceptions (et l'on connaît l'adage *de minimis non curat prætor*), l'abstention du tiers possesseur, qui omet de venir recevoir les arrérages échus, indique clairement l'une ou l'autre de ces deux choses, — ou bien que les titres ont été matériellement détruits, — ou bien qu'ils sont passés entre les mains de quelque détenteur illégitime, voleur, recéleur ou autre, qui n'ose point s'en servir; dans le premier cas, il n'y a aucun tiers dont les intérêts soient en jeu; dans le second cas, le détenteur encourt une déchéance juste et légitime; il reçoit la peine de ses méfaits. Il nous paraît d'ailleurs impossible, *en équité*, d'admettre qu'une compagnie ou une société, qui a payé sur l'ordre formel du juge et à la personne par lui nominativement désignée (1), puisse encore rester soumise à

(1) C'est ainsi que, sous le régime dotal, lorsque l'aliénation de l'immeuble constitué en dot a été autorisée par la justice pour l'une des causes exceptionnelles indiquées dans l'art. 1558 du Code Napoléon, le tiers acquéreur, suivant la doctrine la plus accréditée, ne peut jamais être inquiété sous le prétexte de la fausseté des faits allégués en justice : sur le point de fait,

une réclamation ultérieure : nous voyons ici la libération de la compagnie ou de la société, inscrite en toutes lettres dans l'art. 1240 du Code Nap. ; il n'y a aucun besoin de recourir soit à la prescription de l'art. 2262, soit à celle de l'art. 2277.

Si maintenant le tribunal conserve des doutes sérieux sur la sincérité ou sur les conséquences réelles de l'accident allégué, ce sera le cas d'ordonner provisoirement le dépôt à la Caisse des consignations, jusqu'à ce que l'événement ait fait voir entre les mains de qui la somme doit passer définitivement. Quant à la compagnie, elle sera immédiatement libérée dès l'instant où elle aura effectué le dépôt, ou la consignation prescrite par la justice (art. 1257, al. 2, du Code Napoléon).

183. — Nous arrivons ainsi, par une transition toute naturelle, à la *question de savoir si le propriétaire* de titres au porteur perdus, volés ou détruits, *peut réclamer de nouveaux titres*, des duplicatas, destinés à le faire rentrer dans son droit, tant au point de vue du capital qu'au point de vue des intérêts.

Nous supposons ici que la valeur au porteur, au moment où l'accident se produit, n'est pas encore exigible : le propriétaire ne peut donc pas (comme dans l'hypothèse dont nous nous sommes occupés sous les quatre derniers numéros), réclamer le capital ; mais il se borne à demander la délivrance de nouveaux titres qui lui permettent de négocier ses actions en temps opportun : les placements mobiliers sont, en effet, transitoires par essence, et le grand avantage des titres au porteur se rencontre surtout dans leur aptitude à être promptement réalisés en argent par voie de vente. L'on voit donc l'intérêt considérable que le propriétaire aurait à pouvoir obtenir un duplicata.

Il y a chose irrévocablement jugée. C'est ainsi encore que, dans les cas prévus par le même texte, l'adjudicataire est valablement libéré par le paiement de son prix effectué entre les mains des personnes que *le tribunal a déléguées* pour le recevoir, après avoir déterminé le montant de leurs créances. Aucun recours ne peut plus être dirigé contre lui par les tiers intéressés ou par d'autres créanciers se plaignant de n'avoir rien reçu. Sa libération, en vertu de l'art. 1240 C. Nap., est définitive (V. MM. Aubry et Rau sur Zachariæ, t. iv, § 537, notes 112 et 116, p. 497 et 498 ; comp. Benech, *De l'emploi et du remploi*, n° 132) — Req. rej., 9 janvier 1828 ; Dev. 1828, 1, 127).

La jurisprudence et les auteurs sont en complète dissidence sur la solution qu'il convient de donner à cette grave question.

184. — Nous trouvons même dans la jurisprudence, en n'envisageant pour un moment qu'elle seule, les décisions les plus contradictoires; ainsi, le 24 juillet 1858 (1), la cour de Paris, statuant dans l'hypothèse du *vol* d'actions au porteur, a décidé que le jugement rendu tiendrait lieu, pendant trente ans, des titres perdus ou volés pour le propriétaire dépossédé, après quoi, de nouveaux titres devraient lui être délivrés.

Mais c'était là une solution tout à fait inadmissible, et ce prétendu délai de trente ans, courant du jour de la perte, ou du jugement qui la constate, n'a aucune raison d'être. Il ne peut correspondre ni à une prescription libératoire, ni à une prescription acquisitive.

D'abord, aucune *prescription libératoire ou extinctive* ne peut courir, du moins quant à présent, la société ou la compagnie étant en pleine activité : « Il n'y a pas de prescription, dit très-bien M. J.-E. Labbé, dans la savante note annexée à l'arrêt de la cour de Paris du 13 mai 1865 (Dev. 1865, 2, 163), qui coure contre l'actionnaire, au profit de la société, relativement au droit de cet actionnaire dans la société ; l'actionnaire qui reste trente ans sans réclamer ses dividendes perd ceux de ces dividendes que la prescription quinquennale atteint ; mais il ne cesse pas d'être membre de la société. Il est vrai que le crédi-rentier, qui s'abstient pendant trente ans d'exiger ses arrérages, est déchu de sa créance entière (arg. de l'art. 2202 Cod. Nap.) ; mais cela est exceptionnel, contraire aux principes de la prescription qui ne court pas en général contre les droits inexigibles (art. 2257 Cod. Nap.), et dans la rente il n'y a d'exigible que les arrérages. La décision étant exceptionnelle, il ne faut pas l'étendre à l'action dans une société ou dans une compagnie. Donc, après trente ans, quarante ans d'absence et d'inaction, l'actionnaire peut se représenter, exiger ses dividendes échus non prescrits, et exercer tous ses droits dans l'avenir ; la société n'est pas, après trente

---

(1) Paris, 24 juillet 1858, *Journal des tribunaux de commerce*, par MM. Teulet et Camberlin, t. VII, p. 438, n° 2623 (Troyaux c. chemin de fer de l'Ouest). — V. aussi l'annotation annexée à cet arrêt.

ans, rassurée contre la réapparition du titre dont la perte est alléguée. »

Mais, peut-on dire, il y a place du moins pour la *prescription acquisitive ;* car le jugement qui intervient à l'effet de reconnaître et déclarer les droits du propriétaire, le met en possession de la créance ; et si durant trente ans cette possession persévère sans qu'aucun trouble soit apporté, à l'exercice des droits qui y sont attachés, par le tiers possesseur du titre originaire, on devra dire que le bénéficiaire du jugement aura prescrit à titre acquisitif. La cour de Paris, dans son arrêt du 13 mai 1865 (Dev. 1865, 2, 153), a réfuté victorieusement cette affirmation (voir *suprà*, n° 170). Nous ajouterons qu'en règle générale nous ne pensons pas que la prescription *acquisitive* puisse être jamais admise en ce qui concerne les droits non susceptibles d'être exercés sur une chose corporelle : « L'exercice d'un droit consistant, par exemple, en une créance ou une action, n'a pas assez de publicité pour justifier une prescription acquisitive. » (M. J.-E. Labbé, dans la note précitée.)

En résumé, la prescription du capital des actions ou obligations dans une société, est suspendue tant que l'association fonctionne régulièrement ; c'est seulement à l'époque de sa dissolution et lorsque la liquidation aura déterminé la part de chaque associé ou de chaque souscripteur dans l'avoir social, que la prescription trentenaire commencera à courir, son point de départ coïncidant ainsi précisément avec l'ouverture de l'action en remboursement. Il faut donc, ou bien admettre, ou bien rejeter d'une manière absolue la demande en délivrance de nouveaux titres formée par le propriétaire victime du vol, de la destruction ou de la perte.

C'est à cette dernière solution (1) que la jurisprudence pa-

---

(1) Nous devons toutefois mentionner pour mémoire une décision du tribunal de commerce de la Seine, en date du 28 février 1850, rapportée dans la *Gazette des tribunaux* du 1er mars 1850. Cette décision ordonne la délivrance de titres au porteur en duplicata à l'expiration de dix années à compter du jour de la constatation judiciaire de la perte et du vol. Il est clair que la fixation de ce délai de dix ans ne correspond à l'accomplissement d'aucune prescription, le capital représenté par le titre perdu ne pouvant pas se prescrire contre celui qui en est détenteur tant que la société subsiste et

raît aujourd'hui s'être définitivement arrêtée. Les tribunaux et les cours impériales ont été frappées des inconvénients que présenterait éventuellement le versement des titres en double dans la circulation, la délivrance de nouveaux titres en duplicata ne rendant pas impossible la représentation ultérieure, par des tiers de bonne foi, des titres anciens réputés perdus ou détruits. Il est donc actuellement constant, en pratique, qu'une obligation au porteur ne peut pas, en cas de perte du titre, être remplacée par la délivrance de duplicatas, à moins que les statuts sociaux ne renferment à cet égard une stipulation formelle (voy. jugement du tribunal civil de la Seine du 3 août 1867, rapporté dans le Journal des tribunaux de commerce, par MM. Teulet et Camberlin, t. 17, pag. 176, no 6012; voyez aussi les différentes autorités antérieures auxquelles renvoie une note jointe à ce jugement; voy. enfin le même recueil, t. 16, pag. 362, n° 5790). Le propriétaire dépossédé trouve son titre unique dans le jugement ou l'arrêt constatant le cas fortuit ou l'accident de force majeure; c'est sur la présentation de cette décision judiciaire qu'il pourra se faire payer au jour où le remboursement de l'obligation sera devenu exigible (voir ci-dessus, n° 182).

Mais il résulte de l'application de ces principes que, pendant un temps fort long, qui peut même aller jusqu'à quatre-vingt-dix-neuf ans s'il s'agit d'actions ou d'obligations de chemin de fer, le capital est nécessairement immobilisé entre les mains du propriétaire dépossédé de ses titres originaires, toute négociation lui devenant impossible, puisque le jugement ou l'arrêt ne présente aucun des avantages attachés aux titres au porteur, valeurs essentiellement mobiles et transmissibles de la main à la main. Le dommage est surtout considérable pour ce propriétaire, lorsque, la compagnie faisant de mauvaises affaires et marchant à grands pas vers la ruine, il serait urgent de vendre le plus promptement possible les actions.

185. — Vivement préoccupé de cette situation anormale

que l'amortissement n'a pas eu lieu : à l'époque d'ailleurs où le capital est devenu exigible, c'est la prescription de trente ans (et non pas celle de dix ans) qui peut seule éteindre l'action en remboursement (Comp. M. Flandin, *Revue critique*, t. xiii, p. 438 et 439).

qui compromet chaque jour la prospérité des fortunes, plusieurs jurisconsultes ont proposé divers moyens de tourner la difficulté.

M. G. Bogelot, dans une brochure intitulée, *Deux mots sur la question des titres au porteur volés ou perdus* et publiée en 1861, a mis en avant la combinaison suivante : « Lorsque, dit-il, les cinq ans nécessaires pour la prescription des intérêts se seraient écoulés sans aucune réclamation de la part de qui que ce soit, les compagnies pourraient délivrer des duplicatas de titres donnant droit : 1º au paiement des intérêts et dividendes ; 2º à la propriété du capital, mais éventuellement seulement, et pour le cas où les vingt-cinq ans restant à courir s'écouleraient sans revendication, le tout sans préjudice du droit à un titre nouveau et définitif, lorsque, par le laps de trente ans écoulés, la compagnie serait déchargée de toute responsabilité à l'égard des tiers. Pour éviter les surprises, les fraudes, une couleur particulière différencierait ces titres duplicatas d'avec les titres réguliers. On pourrait même, pour que cela fût plus visible et reconnaissable, les imprimer sur papier mi-parti de couleur et mi-parti blanc, de telle façon que la personne la moins clairvoyante, la moins intelligente, ne puisse pas s'y tromper. Enfin, à une place apparente et en gros caractères, on indiquerait la nature précaire de cette sorte de titres. De cette façon, un propriétaire, dépouillé de ses actions par un événement de force majeure, n'en perdrait la disposition absolue que pendant cinq ans : passé ce délai, remis en possession de ses titres, il en pourrait disposer, avec une certaine perte, il est vrai, mais enfin il en disposerait. Ces titres, qui perdraient considérablement de leur valeur normale les premières années, deviendraient meilleurs d'année en année, et seraient presque au taux du cours lorsqu'on approcherait du terme de trente ans. »

Un procédé analogue avait déjà été proposé en 1853 par le tribunal de commerce de la Seine : une décision, émanant de cette juridiction, en date du 14 février 1853 (D. P. 1854, 3, 18), avait, en effet, admis un actionnaire, après justification du vol des titres au porteur constatant sa propriété, à exiger immédiatement la délivrance de nouveaux titres en duplicata : mais ces titres devaient être *nominatifs*, et énoncer la cause de la délivrance, sans que jamais la compagnie pût être tenue par là de reconnaître en même temps les titres primitifs et les titres nouveaux : de plus le tribunal n'admettait pas, comme M. Bogelot, qu'il pût y avoir lieu au paiement immédiat des intérêts et dividendes; il décidait, au contraire, que les intérêts afférents aux actions du réclamant devaient être versés à la caisse des dépôts et consignations pour être retirés par l'ayant-droit seulement au fur et à mesure de l'accomplissement de la prescription quinquennale (art. 2277 Code Napoléon), pour chaque fraction de dividendes échus.

Quoi qu'il en soit, et quelle que puisse être l'extension plus ou moins large que l'on veuille donner à cette solution, elle nous paraît fort peu pratique. Les transactions, en effet, reposent essentiellement sur le crédit et la confiance : or, comment l'actionnaire pourra-t-il trouver à négocier des titres dont la nature précaire se révèle à première vue et qui doivent faire mention de la cause de leur délivrance, en énonçant *que la compagnie n'est pas tenue de reconnaître à la fois les titres primitifs et les titres nouveaux?* Où se rencontrera l'homme assez imprudent pour consentir à se rendre cessionnaire de semblables titres qui peuvent éventuellement ne lui conférer aucune action utile contre la compagnie débitrice? Quel intérêt peuvent présenter, pour le détenteur, des duplicatas qui ne sont pas susceptibles de lui procurer le versement immédiat de ses revenus ou qui, du moins, ne lui procureront ce paiement que moyennant le dépôt préalable d'une somme représentant cinq années d'arrérages des titres perdus, volés ou détruits? Le seul avantage qui nous paraisse résulter d'une semblable délivrance, consiste en ce que le propriétaire dépossédé conservera entre ses mains, à l'aide des titres duplicatas, la preuve manifeste de ses droits, soit comme actionnaire, soit comme créancier de la société. Mais est-ce que ce but n'est pas déjà suffisamment atteint par le jugement qui a reconnu les droits de ce propriétaire et l'a autorisé à toucher les intérêts et dividendes échus après le délai de cinq ans? Est-ce que cette décision judiciaire ne constitue pas, soit pour lui, soit pour ses héritiers, un titre excellent permettant toujours d'obtenir le recouvrement de la créance en fournissant la démonstration victorieuse de sa légitimité?

186. — Une théorie, beaucoup plus accréditée dans la doc trine, a été proposée par M. Flandin, conseiller à la cour impériale de Paris (V. *Revue critique*, t. 13, p. 419 et suiv.), par M. Vincent (V. *Revue pratique*, t. 19, pag. 494 et suiv.), par M. J.-E. Labbé, le savant professeur de la Faculté de droit de Paris (V. la dissertation annexée à l'arrêt de la cour de Paris, du 13 mai 1865; Dev. 65, 2, 153 et 154), enfin par M. A. Buchère, dans son nouveau *Traité théorique et pratique des valeurs mobilières et effets publics*, n° 873-885. Elle consiste à admettre dans tous les cas le principe de la délivrance immédiate de titres duplicatas au profit de l'actionnaire dépossédé par suite de la perte, du vol ou de la destruction, par cas fortuit ou force majeure, pourvu que cet actionnaire fournisse un cautionnement suffisant et garantisse d'une manière complète que les intérêts de personne ne pourront être ultérieurement lésés par la délivrance des nouveaux titres et le remplacement des actes primitifs : « Pourquoi, dit M. Flandin (*Rev. crit.*, t. 13, p. 436 et suiv.), les grandes compagnies industrielles ou financières seraient-elles mieux traitées que le Trésor, qui aujourd'hui ne fait aucune difficulté, en cas de perte d'inscriptions de rentes au porteur, de délivrer de nouveaux titres moyennant caution ? La facilité qu'offre à la négociation la forme du titre au porteur est d'un assez grand avantage pour les compagnies qui émettent de ces titres, pour qu'elles puissent, par compensation, supporter les inconvénients qui résultent de cette forme même........ Il y a, avant tout, ici une question de justice et de probité ; et, en pareil cas, il n'y a pas à marchander avec les principes, au prix même de quelques difficultés inhérentes à la nature des choses, difficultés plus apparentes que réelles, que la théorie grossit outre mesure, mais dont la pratique n'aura pas de peine à triompher..... On peut laisser dans le registre à souche, ou avoir, dans un registre supplémentaire, des feuilles de réserve pour les titres à délivrer en duplicata, titres auxquels on donnera, au moment de leur délivrance, un numéro *bis* correspondant au numéro des titres originaires, et qui auront, comme ceux-ci, leur moyen de contrôle dans le talon dont ils auront été détachés........ En résumé, au point de vue du droit, le propriétaire du titre au porteur, qui les a perdus ou auquel ils ont été soustraits, en demeure toujours

propriétaire, au regard du débiteur, sauf le droit des tiers porteurs de bonne foi. Il est, par conséquent, conforme au droit comme à l'équité qu'il puisse faire remplacer ces titres par d'autres, pourvu qu'il offre suffisante garantie que les intérêts de personne n'auront à souffrir de la délivrance de ces titres en duplicata. La chose nous paraît praticable et compatible avec l'existence des grandes compagnies industrielles ou financières. » De même, M. A. Buchère, dans son *Traité théorique et pratique des valeurs mobilières et effets publics*, arrive à une conclusion identique (v. n°s 880-882) : « Si, dit-il, l'on admet, d'une part, que la société débitrice ne peut point profiter de la perte des titres, et, d'autre part, que l'ancien titulaire prouve régulièrement son droit à la propriété des valeurs qu'il réclame et les circonstances qui établissent la perte ou le vol dont il se plaint, *pourquoi refuser la délivrance d'un nouveau titre par duplicata?* Celui qui a perdu un titre d'obligation civile, un contrat de vente ou de toute autre nature, peut s'en faire délivrer une nouvelle expédition, ou même une seconde grosse en remplissant certaines formalités prescrites par le Code de procédure (art. 839-858; aj., art. 1334 et suiv. Cod. Nap.). La jurisprudence admet que les compagnies doivent payer les dividendes et arrérages afférents aux titres perdus, à la seule condition de se faire garantir contre un double paiement. Pourquoi décider autrement lorsqu'il s'agit seulement de la remise d'un titre, d'un papier constatant le droit en vertu duquel le titulaire touchera ces arrérages? La seule difficulté est de garantir complétement les compagnies de tout recours de la part du détenteur des anciens titres perdus ou volés; il est facile de la résoudre au moyen d'une caution suffisante. Les compagnies pourraient, il est vrai, refuser une caution personnelle, ou même une garantie en immeubles, ce qui entraînerait, en cas de réclamation de la part d'un tiers détenteur de titres perdus, la nécessité de discuter le débiteur ou d'exercer des poursuites longues et quelquefois onéreuses. Mais le dépôt dans la caisse sociale, ou dans une autre caisse déterminée, telle que la Banque de France, de valeurs mobilières, facilement réalisables, et représentant une somme égale au capital des titres perdus, serait certainement une garantie qui donnerait toute sécurité à la compagnie. On pourrait y ajouter la stipulation d'un supplément de garantie, en cas de baisse notable dans les cours des valeurs déposées..... Il faut observer que le dépôt fait à titre de garantie devrait être maintenu pendant toute la durée de la société et même trente années après sa dissolution, à moins que le titre ne devienne remboursable avant cette dissolution. La caution est due, en effet, tant que la société sera exposée à une demande en remboursement : or, la prescription de cette action ne peut courir que du jour où les valeurs deviennent remboursables, soit par voie d'amortissement, soit par suite de la dissolution de la société. »

187. — Ne serait-il pas possible d'appliquer plutôt, pour arriver à la solution de la nouvelle et grave question qui nous occupe, les principes que nous avons développés plus haut au n° 182 ? La difficulté consiste à savoir, en premier lieu, si les principes du droit commun peuvent permettre de contraindre les compagnies à la délivrance de duplicatas en cas de perte, vol ou destruction des titres originairement émis. Or, sur ce point l'affirmative nous paraît incontestable, en présence des art. 1231, 1331 et suiv., 1348, n° 4, 1358 du Code Napoléon, et 150-152 du Code de commerce : voyez aussi les art. 839 et suiv. du Code de procédure civile. Puisque la perte d'un titre ne libère pas le débiteur qui l'a émis, il est clair que ce débiteur peut être contraint de remettre son créancier dans la position où il se trouvait avant le cas fortuit ou la force majeure. Cette règle nous paraît conforme non-seulement aux principes élémentaires du Code, mais encore aux exigences les plus certaines de l'équité.

Seulement le débiteur a le droit d'exiger que sa propre situation ne soit pas aggravée, et il peut élever légitimement la prétention de ne point être exposé à payer deux fois. Alors se présente la seconde branche de notre difficulté : quelles mesures doit-on prescrire pour sauvegarder en même temps les intérêts des compagnies et ceux des propriétaires des titres perdus, volés ou détruits ? Les auteurs qui ont traité la question répondent par le système du cautionnement judiciaire qu'ils érigent en *nécessité* : « Une garantie de restitution, le cas échéant, doit être fournie, » dit M. J.-E. Labbé dans sa dissertation (Dev. 1865, 2, 153).

Cette théorie s'appuie principalement sur des arguments

d'analogie qu'elle tire d'une part des art. 150-152 du Code de
commerce, d'autre part de l'exemple du Trésor public, qui,
en effet, lorsque le titre d'une rente au porteur a été égaré,
ne fait aucune difficulté, nous l'avons déjà dit, de délivrer
un second titre, à la condition que le crédi-rentier dépose
des valeurs nominatives de même espèce pour une somme
égale au capital du titre égaré augmentée de cinq années
d'arrérages. Or ces deux analogies nous paraissent au moins
contestables : la lettre de change, en effet, dont s'occupent les
art. 150-152 du Code de commerce d'une manière spéciale et
exclusive, mentionne toujours le nom du titulaire : sa transmission ne peut s'opérer qu'au moyen d'un endossement
régulier portant la signature de l'endosseur et le nom de celui
auquel elle est cédée. Le titre au porteur, au contraire, ne
contient aucune révélation, directe ou indirecte, des bénéfi-
ciaires successifs : il n'a aucune individualité propre et il ne
peut être reconnu que par l'inspection de son numéro d'ordre. De même l'argument tiré des usages du Trésor public
nous paraît peu topique : c'est en effet *spontanément* que le
Trésor délivre de nouveaux titres moyennant un cautionnement valable et suffisant ; il agit ainsi librement en vue d'aug-
menter son crédit et en obéissant à des considérations d'équité
fort respectables : mais, à tort ou à raison, les compagnies
industrielles et les grandes sociétés financières refusent d'admettre le même principe; et il faut déterminer jusqu'à quel
point *la contrainte juridique* peut s'étendre. Nous aimerions
mieux appuyer la compétence des tribunaux directement sur
le droit commun et décider, par application de l'art. 1180 du
Code civil, qu'ils ont, en effet, mission pour ordonner toutes
les mesures conservatoires utiles à la sauvegarde des intérêts
du créancier pur et simple, conditionnel, à terme, ou même
seulement éventuel.

Ceci posé, nous allons étudier séparément l'hypothèse de la
destruction des titres au porteur par un cas de force majeure, incendie, inondation, naufrage, ou autre, et celle
de la disparition de ces mêmes titres par suite de la perte ou
du vol.

Nous supposons, en premier lieu, que les titres au porteur
ont été *détruits* d'une manière plus ou moins totale *par un
accident de force majeure*, tel qu'un incendie, un naufrage,

une inondation, etc. Si le propriétaire dépossédé rapporte la preuve complète (1) à la fois de la destruction et de l'identité des titres anéantis, la survenance d'un tiers porteur de bonne foi n'est plus à craindre, puisqu'il est certain que les titres n'existent plus : il n'y a, dès lors, aucun motif d'ordonner la prestation d'un cautionnement réel ou personnel : les tribunaux devraient donc, au moins dans cette hypothèse, prononcer qu'il y aura lieu à la délivrance de duplicatas et au paiement immédiat des intérêts échus, sans caution. Cette solution est, du reste, implicitement contenue dans une décision du tribunal de commerce de la Seine, du 30 décembre 1859, rendue sur la poursuite dirigée par le comte de Talleyrand-Périgord contre la compagnie du chemin de fer Victor-Emmanuel : « Attendu, dit le tribunal, qu'en matière d'actions au porteur, il ne peut être ordonné que des duplicatas soient délivrés de celles de ces actions dont la perte est alléguée, qu'à *la condition qu'il sera fait preuve que lesdites actions ont été détruites;* qu'il n'en peut être ainsi au cas où elles ne sont qu'égarées ou volées... » (comp. trib. com. Seine, 3 mai 1862, *Droit* du 8 mai 1862).

Nous prenons maintenant l'hypothèse de la *disparition des titres au porteur par suite de la perte ou du vol.* Ne pourrait-on pas, même dans ce cas, soutenir que les tribunaux ont une mission suffisante pour pouvoir proclamer officiellement quel est le titulaire légitime de la créance? Eh bien ! le propriétaire, dépossédé par suite de la perte ou du vol, s'adressera à la justice et formera une demande en délivrance de nouveaux titres. Alors de deux choses l'une : ou bien il ne sera pas en mesure de fournir la démonstration complète de l'accident allégué; et, faute de preuves suffisantes, il succombera dans son action : — ou bien, il établira péremptoirement le cas fortuit ou le délit, et le tribunal, après avoir pris toutes les mesures et accordé tous les délais nécessaires pour que sa religion ne puisse pas être surprise, fera droit à la demande en délivrance de duplicatas. Dès lors le possesseur légitime de

(1) Cette preuve sera toutefois difficile à fournir : en pratique, il sera bien rare que le cas fortuit puisse être établi d'une manière assez nette pour ne laisser aucun doute sur l'éventualité de la représentation ultérieure des titres dont on allègue la destruction.

la créance sera reconnu et la compagnie sera valablement libérée par les paiements effectués de bonne foi entre ses mains (art. 1240 Code Nap.) : la compagnie ou la société ne pourra donc jamais être exposée à l'éventualité d'un double paiement; elle n'a pas besoin d'un cautionnement pour se garantir de ce danger. Nous supprimons ainsi toute une série de difficultés et de controverses sur la nature de la caution à fournir (V. plus haut n° 182).

Voici quelle va être, en conséquence, la position du tiers porteur de bonne foi, soit vis à vis de la compagnie émissionnaire, soit vis à vis du véritable propriétaire dont le droit est proclamé par la décision judiciaire. S'il est averti à temps de l'existence du jugement, il devra se hâter, avant que les nouveaux titres aient été délivrés, de former tierce-opposition, afin de faire réformer ou rétracter la décision qui est de nature à préjudicier à ses droits. Mais il peut arriver qu'il ignore complétement l'instance, et qu'il se présente, lors de l'échéance, au siége de la compagnie pour toucher le montant des coupons afférents aux titres qui lui ont été vendus : alors la compagnie, avertie par l'opposition qu'elle aura reçue à la suite de la perte ou du vol, le mettra en présence du prétendu propriétaire porteur du duplicata; elle refusera de payer les intérêts échus ou bien elle les consignera, en attendant que la justice ait pu trancher entre les deux prétendants la question de propriété. La position du tiers porteur des titres originaires placé ainsi en face du véritable propriétaire, détenteur d'un duplicata, sera plus ou moins bonne suivant les circonstances au milieu desquelles l'achat aura été réalisé. Ce tiers porteur aura acheté tantôt dans une bourse de commerce, tantôt d'une personne privée, mais solvable et qui était connue de lui, tantôt d'un inconnu et sans prendre aucunes précautions : peut-être même le tiers porteur sera-t-il un homme de mauvaise foi. — S'il a acheté dans une bourse de commerce, il n'a rien à redouter : car il est protégé par l'art. 2280 du Code Nap., parce qu'il a acquis dans un *marché public.* — S'il a acheté en dehors de la Bourse, mais d'une personne solvable et connue, il est au moins assuré d'avoir un recours en garantie efficace contre son vendeur, s'il est évincé par le véritable propriétaire (art. 1626 et suiv., 1693, 1694, 2279, al. 2, Code Nap.). — S'il a acheté d'un inconnu ou d'une personne peu sûre, ou encore s'il a été de mauvaise foi, il a commis une faute dont il est juste qu'il supporte seul les conséquences désastreuses.

188. — Notre doctrine peut, ainsi qu'on le voit, se résumer en deux propositions : — 1° Les compagnies industrielles et les sociétés financières peuvent être juridiquement contraintes à la délivrance de duplicatas, par application des principes du droit commun (art. 1180, 1234, 1334 et suiv., 1348, n° 4, 1358, Code Nap., art. 839 et suiv. Code proc. civ.) ; — 2° lorsque les tribunaux ont ordonné la délivrance des nouveaux titres (lesquels doivent être absolument semblables aux anciens, sauf la date d'émission), le détenteur des duplicatas est constitué par le jugement possesseur légitime de la créance et tout paiement du capital ou des arrérages, régulièrement effectué entre ses mains, libère la compagnie d'une manière définitive par application de l'art. 1240 du Code Nap.

Quant aux anciens titres, de deux choses l'une : ou bien, ils seront représentés aux prochaines échéances de coupons par un tiers porteur de bonne foi ; et alors la compagnie renverra les deux porteurs de titres à se pourvoir devant le tribunal pour faire juger entre eux la question de propriété, sauf à payer ensuite à celui que la justice aura désigné après annulation de l'acte qui sera déclaré former double emploi : — ou bien les premières échéances se passeront sans que les coupons afférents aux anciens titres soient présentés ; et alors il est probable que ces titres primitifs auront été matériellement détruits ou bien qu'ils seront passés entre les mains d'un tiers de mauvaise foi qui n'ose pas s'en servir : dans tous les cas, même vis à vis d'un tiers porteur de bonne foi, la compagnie serait complétement à couvert en tant qu'elle aurait déjà payé au détenteur des duplicatas : elle nous paraît pouvoir repousser toute demande de second paiement, soit en vertu de l'art. 1240 du Code civil, soit par application de la maxime : *vigilantibus jura succurrunt.*

Nous ne saurions toutefois méconnaître la gravité des objections que cette doctrine est susceptible de soulever : aussi nous n'entendons la proposer que timidement, à titre de palliatif et de moyen terme, en attendant la loi nouvelle qui ne peut manquer de venir bientôt réglementer cette matière. Nous aboutissons, en effet, à ce double résultat, que, d'une part, des titres valables en eux-mêmes vont pouvoir être paralysés au moins momentanément par une décision de la justice *attributive* de droits au profit d'une tierce personne reconnue propriétaire légitime, et, d'autre part, qu'avant le délai de cinq ans (art. 2277 Cod. Nap.) pour les arrérages et intérêts, ou le délai de trente ans pour le capital (art. 2262), un possesseur de titres primitivement efficaces va pouvoir encourir une déchéance à raison du paiement soit des intérêts, soit même du capital effectué au profit du détenteur des duplicatas. Toutefois cette théorie nous paraît à la rigueur trouver un sérieux point d'appui dans la disposition de l'art. 1240 du Code Napoléon et elle nous semble conforme aux notions les plus élémentaires de l'équité. Il appartient du reste au lecteur de décider si, en dernière analyse, notre solution, quelque arbitraire qu'elle puisse paraître, n'est pas préférable à la sévérité outrée de la jurisprudence, et aux différents remèdes incomplets assurément ou d'une application pratique au moins douteuse, mis en avant jusqu'ici par les jurisconsultes considérables qui ont traité la question.

189. — Les développements qui précèdent montrent suffisamment combien les valeurs mobilières, qui constituent cependant une partie si importante de la fortune publique, ont été négligées par nos Codes modernes sous l'empire de l'ancien préjugé : *vilis mobilium possessio.* La matière des titres au porteur, en particulier, appelle de la manière la plus pressante l'intervention législative : car ici toutes les règles ont été posées par la jurisprudence et par les praticiens en dehors de la loi qui, nous l'avons vu, s'est renfermée dans un mutisme presque absolu : or, il faut éviter avec le plus grand soin d'imiter les abus des anciennes cours de justice dont un proverbe disait : « *Dieu nous garde de l'équité des parlements.* »

Nous n'avons ni la science, ni l'autorité nécessaires pour nous permettre de tracer dans ce modeste essai les conditions que devrait remplir une bonne loi sur les titres au porteur. Toutefois, tel que nous le concevons, le but à réaliser est triple : il importe de protéger d'une manière plus efficace le propriétaire dépossédé; il faut calmer les inquiétudes légitimes des tiers porteurs; il faut, en même temps, éviter d'ébranler le crédit des grandes compagnies industrielles. Mais il convient aussi, au point de vue de l'intérêt public, de faciliter le plus possible la libre circulation des capitaux et le mouvement des affaires. Or, ce but ne serait-il pas atteint par l'abréviation, en vue de cette matière spéciale, des délais habituellement requis pour pouvoir prescrire, abréviation combinée avec l'organisation d'un ensemble de mesures de publicité destinées à porter à la connaissance des parties intéressées les faits de perte, de vol ou de destruction et la délivrance ultérieure des titres duplicatas? Tel est, au reste, le procédé (1) indiqué par M. Bonjean dans son remarquable rapport au Sénat (*Moniteur* du 3 juillet 1862): « Voici, disait cet éminent magistrat, quelles pourraient être les bases d'une loi nouvelle : — 1° Le propriétaire, dépossédé de ses titres par un fait quelconque, présenterait requête au président du tribunal pour être autorisé à former opposition entre les mains de la compagnie, opposition qui obligerait celle-ci à consigner les intérêts au fur et à mesure des échéances ; — 2° Le propriétaire ferait ensuite constater contradictoirement avec la compagnie, le procureur impérial entendu, sa propriété sur les titres perdus, ainsi que les faits de perte, de vol, ou de destruction (en cas de destruction, l'existence d'un tiers porteur étant impossible, on pourrait ordonner immédiatement la délivrance de duplicatas et le paiement des intérêts. Mais, comme il arrivera bien rarement que le fait de la destruction puisse être prouvé d'une façon suffisante, les tribunaux seront conduits, par prudence, à appliquer souvent au cas de destruction les mêmes règles qu'au cas de perte ou de vol). — 3° Le jugement serait publié au *Moniteur* (aujourd'hui au *Journal officiel*), et affiché dans toutes les Bourses

(1) V. aussi M. Vincent, *Revue pratique*, t. XIX, p. 492-498 ; — M. Bogelot, *Des titres au porteur perdus ou volés* (Considérations sur la législation actuelle et l'utilité d'une loi nouvelle). Ces deux jurisconsultes examinent la question de savoir si la nouvelle loi sur les titres au porteur devrait avoir un effet rétroactif : en d'autres termes, les propriétaires, victimes d'un vol ou d'une perte, qui auraient assigné les compagnies antérieurement à la loi et vis à vis desquels serait intervenu un jugement passé en force de chose jugée, pourraient-ils réclamer le bénéfice de la loi nouvelle et exiger la *délivrance d'un duplicata* en se conformant à ses prescriptions? Les deux auteurs se prononcent dans le sens de l'affirmative ; ils admettent le principe de la rétroactivité, malgré la disposition en apparence générale de l'art. 2 du Code Napoléon.

de commerce. —4° Si, dans les cinq ans qui suivraient cette publication, nul tiers porteur ne se présentait, un second jugement, après avoir constaté l'accomplissement des publications, prononcerait la déchéance des anciens titres et ordonnerait la délivrance de duplicatas, qui remettraient le propriétaire au même état qu'avant l'accident. —5° Je crois que ces garanties seraient suffisantes. Au besoin on pourrait y ajouter la faculté pour le juge, dans certains cas exceptionnels, de subordonner la délivrance des duplicatas à une nouvelle publication et à un nouveau délai d'un an. Ne semble-t-il pas qu'une loi, conçue d'après ces idées, serait de nature à concilier tous les intérêts légitimes? » Nous le pensons tout à fait ainsi, en ce qui nous concerne : peut-être même pourrait-on abréger davantage les délais de cette prescription spéciale en la réduisant à deux ou trois ans seulement, par analogie tirée de l'art. 2146 du nouveau Code civil italien (v. *suprà*, n° 146).

NOTE ADDITIONNELLE.

190. — Nous avons dit, au n° 57 de notre travail, que la règle, *en fait de meubles, la possession vaut titre*, peut être invoquée contre la *femme mariée sous le régime dotal*. Le tiers acquéreur *de bonne foi* d'un objet mobilier corporel est, en effet, protégé par l'art. 2279, al. 1, soit que la vente ait été consentie par les deux époux conjointement, soit qu'elle ait été consentie par le mari seul. L'application de ces principes restreint singulièrement la portée de la doctrine admise par la jurisprudence, qui proclame l'*inaliénabilité de la dot mobilière.* (Voy. cass., 2 janvier 1837 ; Dev., 1837, 1, 97 ; — cass., 14 novembre 1846 ; D. P. 1847, 1, 27 ; — MM. Rodière et Pont, *Traité du contrat de mariage*, 2ᵉ édition, t. III, n°ˢ 1772-1777 ; — voy. toutefois Lyon, 16 juillet 1840 ; Dev., 1841, 2, 241.) Il faut même aller plus loin et décider que les meubles corporels auront souvent été valablement acquis par des tiers connaissant la qualité dotale de ces objets : l'aliénation pourra, en effet, constituer un acte de bonne et sage administration que l'on ne saurait raisonnablement interdire au mari. N'a-t-il pas, en effet, aux termes de l'art. 1549, le droit « d'administrer seul les biens dotaux pendant le ma-

riage, d'en poursuivre les débiteurs et détenteurs, d'en per-
cevoir les fruits et les intérêts, et de recevoir le remboursement des capitaux? » Est-ce que cette faculté si large d'administration n'emporte pas nécessairement, dans une certaine
mesure, le droit de disposition? En dernière analyse, quoique
la jurisprudence décide que les meubles dotaux sont, en
principe, inaliénables, ces objets peuvent, la plupart du
temps, au point de vue pratique, être impunément aliénés;
ils peuvent être saisis par les créanciers auxquels ils auraient
été engagés pour les besoins de la famille. Voilà déjà une
large brèche faite à la théorie, si radicale en apparence, de la
Cour de cassation. Pourtant il faut encore reconnaître que la
vente des meubles dotaux même incorporels, tels que les
créances, rentes et actions, est également susceptible de produire quelque effet : « On ne peut, disent avec raison MM. Rodière et Pont (*Contrat de mariage*, t. III, n° 1776, pag. 340)
demander la nullité d'un acte qu'autant qu'il cause quelque
préjudice à celui qui la demande : *point de grief, point de
nullité*. Si donc la cession de la créance avait été faite pour un
prix égal à son capital nominal; si, de plus, le débiteur s'était
libéré entre les mains du cessionnaire, ni le mari ni la femme
ne pourraient se plaindre : le mari, parce qu'il aurait touché
toute la dot; la femme, parce qu'il est égal pour elle que le
mari ait touché, directement ou par le moyen d'une cession,
ce qu'il avait le droit de recevoir. » La Cour de cassation, par
deux arrêts, l'un du 12 août 1846 (Dev. 1846, 1, 602), l'autre
du 6 décembre 1859 (Dev., 1860, 1, 644), a même décidé que
le mari, sauf le cas de fraude, a le droit de transporter à un
tiers la créance que la femme s'est constituée dotale, « attendu que les droits du mari sur la dot excèdent les limites
dans lesquelles se circonscrit la sphère d'action d'un admi-
nistrateur ordinaire... »

En définitive, le résultat pratique de la théorie admise par
la jurisprudence est fort restreint : ce n'est pas l'objet mobilier dotal qui est en lui-même inaliénable; c'est uniquement
sa valeur. Il faut donc entendre le principe posé par la Cour
suprême en ce sens seulement que la femme dotale ne peut ni
abandonner, ni céder l'action en restitution qui lui appartient
contre son mari; il lui est interdit de rien faire qui puisse
amoindrir les garanties résultant pour elle de l'exercice ulté-

rieur de son hypothèque légale ; elle n'a pas le droit d'en transmettre le bénéfice à des tiers, par voie de transport, de renonciation ou de subrogation (art. 9 de la loi du 23 mars 1855); enfin, elle ne peut pas contracter personnellement des obligations exécutoires sur sa dot mobilière, ou de nature à compromettre le succès de son action en reprise. L'inaliénabilité ne porte, dès lors, que sur la garantie, sur l'accessoire; et il n'est certes pas vrai de dire ici que l'accessoire suive le principal, — *accessorium sequitur sortem rei principalis* : c'est tout le contraire qui se produit.

Nous pensons, au reste, en droit, que la dot mobilière ne doit pas être considérée comme inaliénable.

Si, d'abord, nous nous plaçons au point de vue de la *tradition historique*, nous observons qu'à Rome l'inaliénabilité ne frappait que l'immeuble dotal : *dotale prœdium*, disent à l'envi Gaius (*Com.* 2, § 63) et Justinien (Instit., lib. 2, tit. 8, pr.), lorsqu'ils parlent de la *loi Julia*. Ceci est d'autant plus remarquable qu'à *Rome* on mettait sur la même ligne, à d'autres points de vue, les meubles et les immeubles, en les déclarant, par exemple, également susceptibles d'hypothèque (l. 9 § 1 ff. *De pign. et hypoth.;* l. 15, Cod. eod. tit.; l. 12 § 10 ff. *Qui pot. in pign. vel hypoth.*, etc.).

Dans notre ancien droit, il est juste de reconnaître que des divergences assez nombreuses se produisirent sur la question de la disponibilité de la dot mobilière. Le parlement de Bordeaux, en particulier, maintenait comme règle générale le principe que tous les biens dotaux indistinctement, soit immeubles, soit même meubles, sont inaliénables, à la fois au respect du mari et de la femme, et cela, nonobstant toute séparation de biens. Mais un grand nombre de jurisconsultes et des plus autorisés, notamment Brisson, Voët, Vinnius, Noodt, Cujas, protestaient contre cette doctrine et restreignaient aux immeubles l'application du principe de l'inaliénabilité : *In rebus tantum soli locum habere, mobiles vero res alienari posse.* (Comp. M. Tessier, *Questions sur la dot*, pag. 93 et suiv., nos 79-116).

Le Code Napoléon nous paraît avoir formellement consacré les dispositions des lois romaines, en appliquant l'inaliénabilité uniquement aux immeubles. — La rubrique de la section deuxième du chapitre troisième, au titre du contrat de ma-

riage, est intitulée : Des droits du mari sur les biens dotaux
et *de l'inaliénabilité du fonds dotal.* — L'art. 1554, qui pose
le principe, ne parle que des *immeubles constitués en dot.* —
Enfin les art. 1557, 1558, 1559 et 1560, qui édictent les exceptions à la règle de l'inaliénabilité, se réfèrent exclusivement à l'*immeuble dotal* ou au *fonds dotal.*

Comment, en présence de textes aussi formels, ne frappant
d'indisponibilité que la *dot immobilière*, a-t-on pu étendre,
même à la *dot mobilière*, un privilége aussi exorbitant? La
Cour de cassation a mis en avant trois motifs principaux :

1° L'ancienne jurisprudence française, notamment dans les
pays de droit écrit, avait modifié les principes romains et
étendu la règle de l'inaliénabilité même à la dot mobilière :
il n'est pas croyable que le Code Napoléon ait entendu pros-
crire cette doctrine, dominante à l'époque de sa promulgation. (Comp. MM. Rodière et Pont, *Traité du contrat de mariage*, t. III, n° 1772.)

Sans vouloir entrer dans des détails historiques que ne
comporte pas cette simple note, nous nous bornons à répondre que l'unanimité était loin d'exister sur ce point, même
entre les divers parlements, et que l'opinion contraire comptait
de sérieux partisans. N'oublions pas, d'ailleurs, que l'inaliénabilité constitue une exception exorbitante, qui ne doit être
admise qu'autant qu'elle est écrite dans un texte. Or, nous
ne pensons pas que l'on puisse en produire un seul tranchant
la question. Comment supposer, d'un autre côté, que les rédacteurs du Code Napoléon, qui, on le sait, n'ont admis le
régime dotal qu'avec la plus extrême répugnance, aient entendu lui donner une extension aussi considérable?

2° Si l'on n'applique pas, ajoute la Cour suprême, le principe de l'inaliénabilité à la dot mobilière, les femmes qui n'auront reçu, en se mariant, que des objets mobiliers, ne seront
pas suffisamment protégées; pour elles, il n'y aura pas, à
proprement parler, de régime dotal ; car c'est précisément
la règle de l'inaliénabilité qui forme la principale garantie de
ce régime.

Cet argument pourrait avoir une certaine force, si la loi
était à faire; il ne peut être d'aucun poids dans l'interprétation des textes promulgués. Toute la question est de savoir
si, oui ou non, un article du Code déclare la dot mobilière

inaliénable. Nous reconnaissons, du reste, volontiers que la législation sur les meubles est loin de répondre aux exigences actuelles, et qu'elle a malheureusement subi l'influence des idées anciennes et de l'adage : *res mobilis, res vilis.* Nous ferons observer, d'autre part, que si le principe de l'inaliéna.bilité forme le caractère distinctif et habituel du régime dotal, il n'est pas de son essence ; l'art. 1557 décide, en effet, que l'aliénation même des immeubles peut être autorisée d'une manière absolue par le contrat de mariage.

3° Enfin, la Cour de cassation appuie sa doctrine sur les articles 1555 et 1556 qui permettent, par exception, d'aliéner *les biens dotaux*, pour l'établissement des enfants. Or, aux termes de l'art. 516, tous les *biens* sont meubles ou immeubles ; donc les meubles sont compris dans l'expression, *biens dotaux*, dont se servent les art. 1555 et 1556 ; et dès lors il faut décider qu'en principe la dot mobilière est inaliénable au même titre que la dot immobilière.

Mais cette objection n'est que spécieuse. En effet, les articles 1555 et 1556, qui parlent, d'une manière générale, des *biens dotaux*, ne sont, comme la loi prend elle-même soin de le déclarer, que des exceptions à la règle posée par l'article 1554 ; or, l'on ne peut excepter d'une règle que ce qui s'y trouve compris ; et précisément l'art. 1554 se préoccupe uniquement des immeubles : « *Les immeubles constitués en dot,* dit ce texte, ne peuvent être aliénés ou hypothéqués pendant le mariage, ni par le mari, ni par la femme, ni par les deux conjointement, sauf les exceptions qui suivent. » Donc les *biens dotaux*, que les art. 1555 et 1556 ont pour objet de désigner, sont nécessairement des *immeubles*.

La solution adoptée par la jurisprudence se trouve ainsi dépouillée successivement de ses divers arguments, et nous persistons à penser qu'elle est contraire à la loi sainement interprétée. (Comp. Marcadé sur l'art. 1554, n° 2, t. VI, p. 46-48 ; — MM. Aubry et Rau, t. IV, pag. 501 et suiv., § 537 *bis*.)

APPENDICE.

—

191. — *Rapport fait au Sénat par M. Bonjean*, dans la séance du 2 juillet 1862 (V. *Moniteur* du jeudi 3 juillet 1862), sur une pétition de M. Troyaux, signalant l'urgence d'une loi destinée à protéger plus efficacement les propriétaires de titres au porteur détruits, égarés ou volés (V. *suprà*, n° 147, note 1).

M. Bonjean s'est exprimé de la manière suivante :

« Messieurs les sénateurs, au double point de vue de la théorie et de la pratique, la pétition dont nous allons vous faire le rapport semble digne de toute votre attention. Le sieur Troyaux, son auteur, vous signale les difficultés de plus d'un genre auxquelles sont exposés les propriétaires des valeurs au porteur, en cas de vol, perte, ou destruction des titres. Il demande qu'une loi soit faite pour remédier à un pareil état de choses, notamment pour abréger la durée de la prescription trentenaire à laquelle la jurisprudence a subordonné, pour le propriétaire des titres perdus, volés ou détruits, la possibilité d'en obtenir des *duplicata*.

Le sieur Troyaux n'est pas d'ailleurs un pur théoricien : propriétaire de valeurs importantes qui lui furent volées en 1856, il a éprouvé toutes les difficultés, subi tous les inconvénients de la législation dont il demande l'amélioration. Cette pétition se distingue, en outre, par cette circonstance vraiment exceptionnelle, que, avant de porter ses doléances devant le sénat, le pétitionnaire a voulu faire étudier la question. Il a donc ouvert, à ses frais, un concours dont les résultats ont été consignés dans un rapport intéressant rédigé par M. Cuzon, avocat à la cour impériale de Paris, et inséré dans le journal le *Siècle*.

§ 1ᵉʳ. — *Importance actuelle des valeurs au porteur; leurs avantages et leurs inconvénients.*

1. L'accroissement de la dette publique, les emprunts contractés dans une proportion plus forte que jamais, par les départements et les communes, par-dessus tout les développements que, depuis un certain nombre d'années, a pris chez nous l'esprit d'association, ont multiplié dans une mesure, dont peu de personnes se rendent bien compte, les titres qui représentent soit les parts d'associés (actions),

soit les emprunts faits par l'État, les départements, les communes et les compagnies industrielles ou financières (rentes, obligations).

Dès avant 1857, un économiste avait estimé à 20 milliards environ les valeurs d'origine française. A cette somme, il convient d'ajouter 5 milliards de valeurs étrangères de toute provenance, russes, autrichiennes, espagnoles, italiennes, romaines, etc., cotées à la Bourse de Paris et qui ont fait de cette bourse le premier marché de capitaux du monde entier.

Sans donc compter les créances ordinaires, hypothécaires ou chirographaires, ni les lettres de change et billets à ordre, on peut évaluer à 25 milliards la somme des titres qui circulent en France, et qui sont représentés, dans les portefeuilles des familles françaises, par cette multitude de papiers de toute couleur, dont la fragilité eût fait reculer la prudence de nos pères, plus circonspects, ou, comme notre vanité aime à le dire, moins avancés en civilisation que leurs aventureux enfants.

Vingt-cinq milliards, c'est là une somme prodigieuse dont l'esprit se fait difficilement une idée exacte. Pour nous en rendre compte, dans une certaine mesure, rappelons que, dans un discours prononcé l'an dernier à la Chambre des députés, un économiste distingué, M. Auguste Chevalier, estimait à 63 milliards la valeur du sol de la France entière. Les valeurs dont nous nous occupons représentent donc un quart ou un tiers de la richesse nationale.

De ces 25 milliards de titres, les deux tiers environ sont nominatifs, soit qu'ils aient été constitués sous cette forme, soit qu'ils l'aient acquise plus tard, ainsi que cela est généralement possible pour les valeurs françaises, par le dépôt des titres dans certaines caisses qui en délivrent des récépissés nominatifs. Pour un tiers environ, c'est-à-dire 8 milliards, représentant le onzième ou le douzième de la richesse totale du pays, ces valeurs sont au porteur et présentent, par conséquent, les avantages et les inconvénients inhérents à ce genre de titres.

Comment la propriété de ces 8 milliards...? est-elle protégée par la législation en vigueur? C'est la question que soulève la pétition et dont nous devons placer sous vos yeux les éléments principaux.

II. Les titres au porteur ne sont pas une invention absolument nouvelle, bien qu'ils n'aient jamais eu, dans les temps antérieurs, l'importance qu'ils ont acquise de nos jours.

Déjà, vers la fin du seizième siècle, on avait imaginé les billets en blanc, c'est-à-dire des billets dans lesquels le nom du créancier était laissé en blanc, ce qui permettait d'y placer ultérieurement tel nom que les circonstances pouvaient exiger. Ils servaient à couvrir, en leur assurant l'impunité, diverses fraudes, et notamment l'usure :

aussi furent-ils prohibés par deux arrêts de règlement du parlement de Paris, des 7 juin 1611 et 26 mars 1621.

Pour échapper à ces prohibitions, on imagina alors les billets au porteur, qui conduisaient au même but, sous une forme un peu différente. On ne tarda pas à s'en apercevoir, et les billets au porteur furent supprimés, comme l'avaient été les billets en blanc, par un arrêt du parlement de Paris du 16 mai 1650.

Rétablis par l'article 1er, titre 7, de l'ordonnance sur le commerce de 1673 et par une déclaration royale du 26 février 1692, ils furent de nouveau prohibés par un édit du mois de mai 1716, sous le prétexte assurément très-plausible qu'ils produisaient les mêmes abus que les billets en blanc ; mais bien plus probablement, en réalité, pour éviter la concurrence qu'ils pouvaient faire aux billets émis par la banque de Law. Et ce qui semble bien justifier cette conjecture, c'est que nous voyons l'usage des billets au porteur autorisé de nouveau, immédiatement après la chute du trop fameux système, par une déclaration royale du 21 janvier 1721.

Le préambule de cette déclaration contient un passage digne d'être remarqué. Après avoir rappelé la prohibition alors récente de 1716, il ajoute :

« ... Les négociants nous ont fait représenter, aussi bien que ceux qui sont intéressés dans nos affaires, que rien n'étant plus important pour le bien du commerce et pour le soutien de nos finances que de ranimer la circulation de l'argent, il n'y avait point de moyen plus prompt pour y parvenir que de rétablir l'usage des billets payables au porteur, l'expérience ayant fait connaître que nombre de personnes se portent plus facilement à prêter leur argent par cette voie que par aucune autre... »

Dans une lettre du 8 septembre 1747, le sage d'Aguesseau professait les mêmes idées.

« On a senti en France, surtout à Paris où il y a des gens de différents états extrêmement riches, combien l'État était intéressé à leur procurer des moyens de faire circuler leurs fonds sans être connus, et c'est par cette raison que les billets au porteur, abrogés au mois de mai 1716, ont été rétablis par la déclaration du roi du mois de janvier 1721. »

En 1792, au moment où le numéraire avait disparu devant les assignats, quelques capitalistes, corps administratifs et municipaux, eurent l'idée d'émettre, sous les noms de billets de confiance, patriotiques ou de secours, des titres au porteur pouvant servir, concurremment avec les assignats, de monnaie fiduciaire. Craignant les désordres qui pouvaient en résulter, la Convention en arrêta brusquement l'émission par un décret dont l'art. 22 fait défense « aux corps administratifs et municipaux et aux particuliers et compagnies, de sous-

crire ni d'émettre aucun effet au porteur, sous quelque titre ou dénomination que ce soit, sous peine par les contrevenants d'être poursuivis et punis comme faux monnayeurs. »

Cette loi ayant été comprise comme impliquant l'abrogation complète de la déclaration de 1721, la Convention, expliquant sa pensée,
décréta, le 25 thermidor an 3, que « dans la prohibition portée par
la loi du 8 novembre 1792, de mettre en circulation des effets au
porteur, n'est pas comprise la défense de les émettre lorsqu'ils n'ont
point pour objet de remplacer ou de suppléer la monnaie. En conse-
quence (porte le décret) il est permis de souscrire et de mettre en
circulation de gré à gré, comme par le passé, lesdits effets et billets
au porteur... »

La validité des effets au porteur fut encore reconnue par l'art. 1er,
titre II, de la loi du 15 germinal an 6 sur la contrainte par corps.

Bien que ni le Code Napoléon ni le Code de commerce ne se soient
expliqués au sujet des billets au porteur, la légalité de ce genre de
titres a été reconnue par une jurisprudence constante, confirmée par
la doctrine des auteurs les plus accrédités.

Il n'est question de titres au porteur qu'une seule fois, à ma connaissance du moins, dans les lois du premier Empire. Le Code de
commerce de 1807, réglant les formes des sociétés anonymes, décida,
art. 35, que le capital de ces sociétés pourrait être divisé en actions
au porteur.

Plus tard, vers 1832, la Cour de Paris décida que, même pour les
sociétés en commandite, les actions ou parts d'associés peuvent être
créées au porteur, et cette jurisprudence a prévalu, bien que, avec
des actions au porteur, il devint à peu près impossible d'appliquer
les art. 27 et 28 du Code de commerce qui interdisent aux com-
manditaires de s'immiscer dans la gestion, sous peine d'être solidai-
rement responsables de tous les engagements sociaux.

Vers la même époque, une ordonnance royale du 29 avril 1831,
rendue sur le rapport du baron Louis, avait autorisé la conversion en
rentes au porteur des rentes sur l'État qui jusque-là avaient été
nominatives (1).

Cette date de 1831, rapprochée de celle de 1721, ne laisse pas que
de contenir un certain enseignement : c'est au lendemain d'une révolution, au lendemain d'une grande catastrophe financière que, deux

(1) On était déjà entré dans cette voie par les décisions ministérielles des
14 octobre 1816, 26 mai 1819, 24 mai 1825 et 5 mars 1830, qui avaient
autorisé l'émission de certificats au porteur de participation à des inscriptions
déposées par diverses maisons de banque ; mais ces certificats n'ayant atteint
qu'incomplétement ce but, le baron Louis fit rendre l'ordonnance du 20 avril
1831.

fois, on a eu recours aux titres au porteur comme à un moyen suprême de galvaniser le crédit.

Enfin, c'est sous cette même forme de titres au porteur que toujours, de plus en plus, ont été émises les actions et obligations de nos plus importantes compagnies industrielles et financières, ainsi que la plupart des emprunts contractés par les gouvernements étrangers.

En sorte qu'aujourd'hui les titres de cette nature ne sont pas seulement d'une légalité incontestable, mais qu'ils jouissent d'une popularité qui en fait un des plus puissants instruments de crédit.

III. Que si on recherche les causes de cette popularité, messieurs les sénateurs, on éprouve quelque étonnement, non sans mélange d'un sentiment plus triste.

Les deux avantages qui paraissent avoir surtout séduit le public, sont la mobilité et le secret propres à ce genre de valeurs.

Et, en effet, la transmission de toutes les autres valeurs exige quelques formalités et laisse des traces qui permettent de retrouver, au besoin, ceux par les mains desquels le titre a passé.

Pour les créances ordinaires, chirographaires ou hypothécaires, il faut un acte de cession, enregistré et notifié au débiteur ou accepté par lui.

La propriété des lettres de change et billets à ordre se transmet par un endossement signé et daté.

Celle des rentes sur l'État, actions et obligations nominatives, a lieu tantôt par un simple endossement, le plus souvent par un transfert signé sur les registres du Trésor ou des compagnies.

La transmission des titres au porteur s'opère, au contraire, instantanément, sans frais, sans embarras, sans formalité aucune, sans laisser aucune trace, et par conséquent sans responsabilité possible de la part du cédant, par la simple tradition manuelle du titre, absolument comme à l'égard d'un billet de banque ou d'une pièce de monnaie.

Ces avantages sont grands, sans doute; mais ils sont compensés par de tels inconvénients que l'on peut s'étonner de la faveur singulière que ces titres ont rencontrée, soit auprès des particuliers, soit surtout auprès des gouvernements.

IV. Et n'est-ce pas déjà, messieurs, un inconvénient de premier ordre, que cette facilité extrême avec laquelle les titres au porteur se prêtent à tous les genres de fraude; et qui ne serait frappé de l'action funeste que leur vulgarisation doit exercer, à la longue, sur la moralité même de la nation?

Spoliation des successions tantôt par l'héritier présent, au préjudice des absents, tantôt par une veuve, une garde-malade ou un serviteur infidèle; détournement des valeurs de la communauté; soustraction de l'actif en cas de faillite ou de déconfiture; toutes ces infamies et mille autres du même genre se peuvent accomplir avec trop de facilité et trop de chances d'impunité, sur les valeurs au porteur, pour que la probité de beaucoup ne succombe pas à la tentation.

C'est au moyen de ces valeurs que le débiteur de mauvaise foi peut afficher l'insolence de son luxe aux yeux de ses malheureuses dupes, ruinées et désarmées.

Avec les valeurs au porteur, il n'est pas une des dispositions de nos lois civiles qui ne puisse être facilement éludée. Vainement, par les considérations les plus élevées, le législateur aura-t-il assujetti la faculté de disposer à certaines garanties, à certaines limites; vainement aura-t-il établi des incapacités de donner ou de recevoir, fixé une quotité disponible, proclamé l'égalité entre les enfants du même père, etc. etc. etc.; avec les titres au porteur il sera toujours facile de faire échec à la loi et de se rire de ses prohibitions.

Objectera-t-on que toutes ces fraudes étaient possibles avant l'introduction des titres au porteur, et que l'argent monnayé et les billets de banque offraient des facilités égales?.... Mais, comme les billets de banque et la monnaie que l'on tient en caisse ne rapportent ni intérêts, ni dividendes, ce ne pouvait jamais être qu'une portion insignifiante de sa fortune qu'on possédait sous cette forme. Les actions et obligations au porteur, produisant des revenus qui s'encaissent plus régulièrement que ceux de tout autre genre de propriété, rien ne s'oppose à ce qu'un particulier mette toute sa fortune sous cette forme, et cela se voit fréquemment aujourd'hui. Par rapport aux facilités qu'ils offrent à la fraude, les titres au porteur sont donc à l'argent et aux billets de banque, comme le tout est à la partie.

N'est-ce pas aussi la valeur au porteur qui fournit le principal élément de ces spéculations de bourse, dont le moindre inconvénient est de détourner les hommes des voies honnêtes du travail et de l'économie, par l'appât des gains faciles d'un jeu stérile pour la société?

Enfin, messieurs les sénateurs, tandis que la propriété foncière, attachant l'homme au sol, qui personnifie pour lui l'idée de la patrie, tend à exalter en lui les sentiments patriotiques, les valeurs au porteur tendent à faire de leurs propriétaires des êtres cosmopolites qui trouvent toujours une patrie partout où se trouve une bourse où ils puissent trafiquer de leurs titres. A l'inverse de ce révolutionnaire célèbre qui, refusant de fuir devant le péril de l'échafaud, s'écriait: « On n'emporte pas sa patrie à la semelle de ses souliers! » celui qui a placé sa fortune en actions au porteur peut dire: « Moi, j'emporte ma patrie dans la poche de mon habit. »

Et croyez-vous que, s'ils eussent eu leur fortune en valeurs au porteur, nos immortels volontaires eussent senti pour le sol sacré de la patrie cet amour passionné qui les fit courir aux armes en 1814, comme jadis en 1792?

Non, bien évidemment; et personne ne niera que ces valeurs de bourse, tant par leur nature propre que par les habitudes cosmopolites qu'elles développent, ne soient des dissolvants énergiques du plus nécessaire des sentiments, comme du plus saint des devoirs, l'amour du pays.

Plus d'une fois, messieurs les sénateurs, nous avons eu l'occasion de soumettre ces objections aux oracles de la finance.... ils n'en contestaient pas la valeur; mais ils répondaient : « Il existe, autour de la Bourse, des hommes qui en sont l'âme et la vie, des hommes toujours prêts à se jeter dans toutes les spéculations, dans celles-là surtout qui offrent de tels profits que les moins timorés ne se soucient pas d'y laisser trace de leur passage ; à cette sorte de gens il faut des titres au porteur. »

Il en faut encore à toutes ces existences déclassées, irrégulières, qui ont besoin de frauder la loi ou leurs créanciers; au banqueroutier qui veut voler ses créanciers; à celui qui veut dépouiller la famille légitime pour enrichir le fruit de l'adultère, etc., etc.

Si la France ne leur offrait pas les titres au porteur dont ils ont besoin, ils iraient les chercher à Londres, à Francfort, à Amsterdam, comme les joueurs, chassés du Palais-Royal, vont satisfaire leur passion à Bade ou à Hombourg.

Or, quelque opinion qu'on puisse avoir de tels hommes, ils n'en sont pas moins très-utiles au développement du crédit, ce grand levier, cet instrument indispensable des progrès matériels de l'âge moderne.

Qu'y a-t-il de vrai dans ces réponses des financiers?... Je ne saurais le dire; mais, quelle que puisse être l'importance du crédit, n'est-il pas vrai, messieurs les sénateurs, qu'il existe des intérêts d'un ordre supérieur encore : le maintien des principes moraux, le culte des choses honnêtes, et ce grand sentiment qui, à lui seul, résume tout, l'amour de la patrie ?

Ce n'est pas, ai-je besoin de le dire, que j'entende assimiler aux gens dont je parlais tout à l'heure tous ceux qui possèdent des valeurs au porteur; il y a, au contraire, aujourd'hui, bien peu de familles, et des plus honorables, qui n'en possèdent des parties plus ou moins fortes, parce que tel est le courant des habitudes; parce que, au demeurant, il est commode d'avoir à sa disposition des valeurs qui, par la facilité avec laquelle on peut à l'instant les convertir en argent, sont éminemment propres à jouer dans les familles le rôle de fonds de réserve et de prévoyance. Tout ce que j'ai voulu, en signalant les inconvénients moraux des valeurs au porteur, c'est de protester contre l'engouement, peu réfléchi à mon sens, dont elles sont l'objet depuis un certain temps.

V. La pétition va maintenant appeler votre attention sur des inconvénients d'un ordre tout différent, à savoir les dangers de vol, de perte et de destruction matérielle qui, sous mille formes diverses, menacent l'existence des titres au porteur, et les difficultés, souvent insurmontables, qui en résultent pour le propriétaire dépossédé.

Ces dangers sont la conséquence nécessaire de la nature même d'une propriété qui repose tout entière sur un morceau de papier, c'est-à-dire sur tout ce qu'on peut imaginer de plus fragile, de plus périssable, de plus facile à faire disparaître. Il faut avoir eu la patience de suivre, dans les journaux judiciaires, les espèces qui ont été portées devant les tribunaux, il faut surtout avoir pu consulter les grands établissements auxquels s'adressent les réclamations bien autrement nombreuses qui, faute de preuves, ne se portent pas en justice, pour se faire une idée de la variété infinie des formes sous lesquelles un titre au porteur peut périr pour celui qui en est propriétaire.

Aux causes déjà trop multipliées résultant du vol, de la perte, de la destruction accidentelle par incendie, naufrage, inondation, etc., il faut en ajouter bien d'autres qu'au premier abord on n'imaginerait pas. Tantôt c'est la prudence malentendue du père de famille, qui a si bien caché ses titres que, surpris par une mort subite, il ne se trouve aucune note qui puisse signaler à sa famille ruinée le lieu où se trouvent les valeurs : les journaux de ce mois en signalaient trois exemples remarquables. Tantôt, au contraire, c'est l'ignorance des possesseurs qui, se rendant mal compte de l'économie de ces titres et croyant que la feuille décennale des coupons représente un titre nouveau et entier, ont imprudemment détruit, comme inutile, le titre-souche qui seul peut servir pour recevoir le capital. Cette erreur s'est produite dans une proportion considérable pour certains emprunts étrangers, et cela est d'autant plus déplorable que la perte est généralement retombée sur de très-petits porteurs, qui ont vu périr ainsi, par leur propre imprudence, les fruits d'un long travail et d'une longue économie. Je n'ose pousser plus loin ces détails, messieurs les sénateurs; et cependant combien ne serait-il pas utile de vulgariser des renseignements qui peuvent être pour tant de nos concitoyens un salutaire avertissement.

Quels secours trouve, soit dans une loi, soit dans la jurisprudence, celui qui, par une cause quelconque, a perdu ses titres? c'est ce qu'il faut maintenant examiner, mais ce qui ne peut l'être utilement qu'en entrant dans des détails techniques dont le Sénat voudra bien peut-être excuser l'étendue, en considération de la grande utilité pratique des questions.

§ 2. — *Législation et jurisprudence.*

A l'exception de l'art. 35 du Code de commerce, qui autorise la création d'actions au porteur dans les compagnies anonymes, nos Codes, si complets sous tant d'autres rapports, ne contiennent pas, à ma connaissance du moins, une seule disposition spéciale aux valeurs au porteur. Mais, comme l'art. 529 du Code Napoléon classe parmi les meubles les rentes sur l'Etat, les actions dans les compagnies commerciales, et généralement toutes obligations tendant au paiement d'une somme d'argent, on a été naturellement conduit à appliquer aux titres au porteur les principes qui régissent la propriété mobilière.

Un rapport au Sénat ne devant pas dégénérer en leçon de droit, je me borne à rappeler très-sommairement les principes, pour passer immédiatement à leur application aux questions qui nous occupent.

I. On sait que le droit romain admettait pour les meubles un droit de propriété aussi complet, aussi distinct de la possession que pour les immeubles ; qu'il permettait de suivre les meubles, c'est-à-dire de les revendiquer contre tout possesseur ; qu'en un mot la propriété des meubles était tout aussi solide, tout aussi tenace que celle des immeubles ; que, sous un rapport, elle résistait même mieux à la perte de la possession, à raison de l'imprescriptibilité qui frappait les choses furtives (1). A ce système le Code Napoléon préféra celui diamétralement opposé des coutumes, qui, confondant, dans une certaine mesure, pour les meubles, la possession avec la propriété, le fait avec le droit, refusaient, pour ce genre de biens, le droit de suite, c'est-à-dire la revendication, ou du moins ne l'admettaient qu'exceptionnellement, en cas de vol (2).

Ce système, qui se trouve formulé dans les art. 2279 et 2280 du Code Napoléon, se résume en cette maxime, plus souvent invoquée que bien comprise :

« En fait de meubles, la possession vaut titre. »

Je ne veux ni ne dois rappeler les controverses auxquelles a donné lieu l'interprétation de cette règle fameuse au palais ; je la suppose connue de ceux qui m'écoutent, ainsi que les solutions généralement adoptées aujourd'hui, et je recherche seulement l'influence de la règle sur la situation du propriétaire de valeurs au porteur qui, par un fait quelconque, se trouve privé de ses titres. Cette situation se présente sous trois aspects bien différents ; il convient de l'examiner : — 1° par rapport à celui par le fait duquel le propriétaire a été dépos-

---

(1) § 3, Instit., *De usucapionibus.*

(2) *Mobilia sequelam non habent* : Voet, *De rei vindicat.*, n° 12. — Bourjon, I, 458, 459 et 1004. — Fenet, XV, 600.

sédé de ses titres; — 2° par rapport au tiers acquéreur de bonne foi qui les détient; — 3° enfin, par rapport à l'Etat ou à la compagnie qui a émis les titres perdus, volés ou détruits.

I. Situation légale du propriétaire par rapport à celui par le fait duquel il a été dépossédé de ses titres.

Vis à vis de ceux par le fait desquels il a été dépossédé, le propriétaire de titres au porteur est arméautant qu'il pouvait l'être. Il peut, en effet, toujours réclamer contre eux soit le titre, soit sa valeur; et cette action a la plus longue durée que reconnaissent nos lois. Elle peut être utilement exercée pendant trente ans :

1° Contre le voleur des titres;

2° Contre le recéleur, c'est-à-dire contre celui qui a acheté les titres, sachant qu'ils avaient été volés;

3° A l'égard des titres perdus, contre celui qui, les ayant trouvés, s'en est emparé avec l'intention de se les approprier; car celui qui agit ainsi commet un vol (1);

4° Enfin, contre tous ceux à qui le propriétaire a pu confier ses titres, tels que dépositaire, mandataire, créancier-gagiste, etc.

Dans aucun de ces cas et autres analogues, où le propriétaire agit en se fondant sur l'obligation personnelle résultant, pour le défendeur, d'un contrat ou quasi-contrat, d'un délit ou quasi-délit, son action ne trouvera d'obstacle dans la maxime : *en fait de meubles, la possession vaut titre;* car cette règle n'a été introduite qu'en faveur du tiers détenteur, qui n'est d'ailleurs lié au demandeur par aucune obligation personnelle (2).

A l'égard de cette première classe d'adversaires, le propriétaire de titres au porteur est donc aussi protégé qu'il pouvait l'être; et on ne conçoit pas ce qu'il serait possible d'ajouter aux droits dont la loi l'investit. En effet, s'il n'obtient pas réparation, ce ne sera jamais par défaillance de son droit, mais bien par quelque cause de fait, à laquelle le législateur ne peut rien, par exemple l'absence de preuves ou l'insolvabilité du débiteur.

II. Situation du propriétaire dépossédé vis à vis du tiers détenteur de bonne foi.

Si le titre perdu, volé ou détourné par abus de confiance n'est plus en la possession des auteurs du délit; s'il est passé dans les mains

(1) Rouen, 12 février 1825. — Cour cass. 18 mai 1827 et 29 mai 1818.
— Chauveau et F. Hélie, t. vi, p. 581.
(2) M. Troplong, *Prescription*, n° 1044 et suivants.

d'un tiers qui l'a acquis de bonne foi, le problème devient plus délicat; car il se pose entre deux personnes à peu près également dignes d'intérêt; et cependant il faut bien que l'une des deux perde ou le titre ou sa valeur.

Si le propriétaire dépossédé est très-digne de sympathie, on ne saurait nier qu'il n'ait une certaine faute à se reprocher; puisque, avec une suffisante vigilance, il eût pu éviter le vol ou la perte de ses titres. Au contraire, le tiers détenteur qui les a acquis de bonne foi en se conformant aux lois et à l'usage, n'a pas l'ombre d'un reproche à se faire. Or, quand il s'agit d'une répartition de perte entre deux personnes, également intéressantes, si légère que soit la faute reprochable à l'une d'elles, cette faute doit suffire pour faire pencher la balance en faveur de l'autre.

Ces principes de bon sens et d'équité naturelle semblent avoir dicté les art. 2279 et 2280 qui contiennent une triple décision.

I. En règle générale, et sauf les cas exceptionnels de perte et de vol, le détenteur qui a acquis de bonne foi est immédiatement à l'abri de toute action de la part du propriétaire dépossédé; et telle est la signification pratique de la maxime : « En fait de meubles, la possession vaut titre. » (Art. 2279, 1er alinéa.)

II. La règle reçoit exception si le titre a été volé ou perdu. Dans ces deux cas, en effet, le propriétaire peut revendiquer son titre, pendant trois ans, à compter du jour de la perte ou du vol, contre celui dans les mains duquel il le trouve, sauf le recours de celui-ci contre celui duquel il la tient : telle est la disposition du deuxième alinéa de l'art. 2279.

III. Cette disposition semblerait bien rigoureuse contre le tiers acquéreur de bonne foi, si elle n'était tempérée par une sous-exception que l'art. 2280 formule en ces termes :

« 2280. Si le possesseur actuel de la chose volée ou perdue l'a achetée dans une foire ou dans un marché, ou dans une vente publique, ou d'un marchand vendant des choses pareilles, le propriétaire originaire de la chose volée ne peut se la faire rendre qu'en *remboursant au possesseur le prix qu'elle lui a coûté.* »

Or, comme pour les titres cotés à la Bourse, le marché est la Bourse même, avec l'intermédiaire obligé des agents de change, il résulte de l'art. 2280 que, si le détenteur du titre l'a acquis à la Bourse et par le ministère de l'un de ses agents, il ne sera tenu de restituer le titre que contre le remboursement du prix qu'il lui a coûté; que si, au contraire, il l'a acheté autrement, en restituant le titre, sans remboursement, il ne fera que subir le juste châtiment de son imprudence (1).

____

(1) Il en résulte que, bien que la propriété des titres au porteur soit trans-

Telles sont, messieurs, les solutions qui découlent du texte de la loi ; et ces solutions semblent avoir fait la part de chacun, aussi équitablement qu'il est possible de l'espérer d'une loi générale.

En cette partie encore, les dispositions du Code Napoléon ne semblent donc réclamer aucun amendement.

IV. Un seul point demande peut-être quelque explication. Vous avez remarqué, messieurs les sénateurs, qu'en accordant la revendication triennale pour les objets perdus ou volés, la loi présente cette action comme une dérogation à la règle : *en fait de meubles possession vaut titre.* C'est là, en effet, une exception ; mais ceux qui ne sont pas familiers avec le droit peuvent se demander à quels cas s'applique donc la règle générale ; ou, en d'autres termes, comment un meuble peut-il sortir des mains du légitime propriétaire, sans qu'il y ait perte ou vol ? — L'explication se tire de la définition restrictive que nos lois modernes ont donnée du *vol.*

Pour qu'il y ait vol proprement dit, il faut que la chose m'ait été ravie à mon insu ou contre ma volonté.

Il n'y a donc pas vol dans le sens de la loi, mais un délit d'une autre nature, l'*abus de confiance*, lorsque ayant volontairement confié un objet mobilier, à titre de dépôt, mandat, nantissement ou autre analogue, le dépositaire, le mandataire, le créancier-gagiste, abusant de ma confiance, disposent de ma chose et la vendent à un tiers (Code pénal, art. 408).

Il n'y a pas vol non plus, mais le délit spécial d'*escroquerie*, lorsque, trompé par des manœuvres frauduleuses, j'ai remis volontairement mon titre à l'escroc qui a séduit ma volonté, en me faisant espérer des avantages chimériques (Code pénal, art. 407, 408).

L'abus de confiance et l'escroquerie ne constituant donc ni perte ni vol proprement dits, la maxime « en fait de meubles possession vaut titre » reprend tout son empire ; le propriétaire dépossédé par l'un de ces deux délits n'aura aucune action contre le tiers acquéreur de bonne foi qui, à l'instant même de son acquisition, obtient sécurité complète (2).

Cette distinction entre le vol d'une part et l'abus de confiance et

missible par la simple tradition manuelle, il est toujours prudent de ne les acheter qu'à la Bourse et par l'intermédiaire d'un agent de change.

(2) M. Troplong admet cette solution pour le cas *d'abus de confiance*, non pour celui d'*escroquerie* (C. de la Prescription, n° 1069) ; et il y a en effet une nuance marquée entre les deux situations. Toutefois la jurisprudence, s'attachant davantage au texte de l'art. 2279, qui ne parle que du vol, n'a pas admis la distinction : Cass., 20 mai 1835. — Paris, 21 novembre 1835. — Rouen, 10 mars 1835.

l'escroquerie de l'autre, peut sembler subtile; et peut-être l'est-elle un peu en effet.

Il peut surtout sembler irrationnel que la dépossession par escroquerie ou abus de confiance ne soit pas au moins assimilée au cas de perte....

Les distinctions de la loi se peuvent toutefois justifier par cette observation que, dans les cas de perte et de vol, c'est sans aucun concours de sa volonté que le propriétaire a été dépossédé; tandis que, dans les cas d'abus de confiance et d'escroquerie, c'est volontairement qu'il s'est dessaisi. Or, ce dessaisissement volontaire constitue une imprudence qui suffit pour faire pencher la balance en faveur du tiers détenteur.

En résumé, et malgré quelques réserves que la philosophie peut faire au sujet des distinctions un peu subtiles que nous venons de rappeler, on ne saurait méconnaître qu'en protégeant, dans la plupart des cas, le tiers acquéreur de bonne foi, la loi n'ait fait une chose équitable en soi, et de plus une chose très-utile à la sûreté des transactions commerciales et au développement du crédit. En effet, il importe essentiellement au crédit que celui qui achète régulièrement à la Bourse, un titre au porteur, ne puisse pas être inquiété; et devant cet intérêt supérieur doit se taire la sympathie, d'ailleurs si légitime, qu'inspire le propriétaire dépossédé. Ainsi se justifie la tendance de la jurisprudence à restreindre, dans les termes précis de la loi, l'exception établie pour les cas de vol et de perte.

III. Situation du propriétaire dépossédé à l'égard de l'État ou des compagnies.

C'est dans cette troisième et dernière situation que se présentent, dans toute leur difficulté, les questions soulevées par la pétition. Voyons d'abord comment elles ont été tranchées par la jurisprudence; nous rechercherons ensuite de quels amendements cette jurisprudence peut être susceptible. Bien que ce que je vais dire soit applicable à l'État aussi bien qu'aux compagnies, pour simplifier l'expression de ma pensée, je ne mentionnerai que ces dernières.

A défaut de toute disposition expresse dans la loi, les tribunaux ont longtemps hésité sur la solution à donner aux réclamations dirigées contre les compagnies par les propriétaires de titres volés, perdus, détournés ou détruits.

I. Longtemps les compagnies ont soutenu, et certaines le soutiennent encore, à l'étranger surtout, qu'elles ne pouvaient être contraintes ni à servir les intérêts et dividendes, ni à payer le capital, ni à délivrer des duplicatas des titres détruits, volés ou perdus.

Nous ne devons pas à la personne (disaient-elles), nous ne devon qu'au titre ; nous ne pouvons reconnaître ni comme associé ni comme créancier celui qui ne produit pas de titre. En nous constituant avec des titres au porteur, nous avons voulu nous soustraire aux difficultés qui résultent des questions de propriété des valeurs nominatives : c'est sous cette loi qu'a eu lieu le contrat ; cette loi a été acceptée par ceux qui ont souscrit nos obligations ou nos actions. Nous déclarer obligés envers ceux qui ne peuvent produire leurs titres ; nous obliger à discuter avec eux sur la propriété et la perte de ces titres, ce serait nous jeter dans des procès bien plus périlleux encore que ceux que nous avons voulu éviter (1).

Cette prétention absolue des compagnies fut d'abord accueillie par q·elques tribunaux et notamment par un arrêt de la Cour de Paris, du 23 juillet 1836, confirmé par un arrêt de rejet de la Cour de cassation, le 5 décembre 1837, dans une affaire Frémeau contre la Caisse hypothécaire.

Cette doctrine revenait à dire qu'en perdant son titre, le propriétaire d'une valeur au porteur perd tout droit, toute action contre la compagnie ; que celle-ci profite, hérite, pour ainsi dire, de tous les titres qui viennent à être détruits par une cause quelconque. C'est là, en effet, ce que soutiennent encore certains financiers et certains gouvernements étrangers.

C'est là pourtant, messieurs les sénateurs, une prétention que les principes généraux du droit repoussent non moins énergiquement que les inspirations les plus vulgaires de la justice et de l'honnêteté.

L'argument *nous devons au titre, non à la personne*, n'est qu'un jeu de mot, vide de sens autant que de bonne foi. On ne saurait concevoir de dette sans créancier ; et le créancier ne peut être qu'une créature humaine, non une chose inanimée, telle qu'est un morceau de papier.

En droit, l'écrit n'est jamais qu'un moyen de preuve (*instrumentum probationis*) : il constate l'obligation, il ne la crée pas. L'obligation ne résulte pas de l'écrit ; elle résulte, avec le concours de la volonté des parties, des services rendus ou des valeurs remises par le créancier au débiteur. La perte de l'écrit peut souvent me placer, en fait, dans l'impossibilité de prouver mon droit, mais elle ne saurait anéantir ma créance, qui ne peut s'éteindre que par les moyens prévus par la loi. Or jamais, en aucun temps, dans aucun pays, il n'exista de loi assez barbare pour reconnaître dans la perte matérielle de l'écrit une cause d'extinction de l'obligation, du lien de droit.

Mais, dit-on, ce résultat est la conséquence de notre contrat ; c'est

____

(1) Voir le rapport fait par M. le conseiller Jaubert à la chambre des requêtes, le 5 décembre 1837, dans l'affaire Frémeau c. caisse hypothécaire.

la condition acceptée par les souscripteurs que la perte du titre entraîne, au profit de la compagnie, la déchéance absolue du droit lui-même. Je réponds qu'une clause si exorbitante aurait besoin au moins d'être exprimée dans les termes les plus positifs, et que, jusqu'ici, il ne s'est point encore présenté de fondateur de compagnie assez effronté pour oser écrire une telle clause dans les statuts.

Il faut même aller plus loin et décider qu'une telle clause devrait être tenue pour nulle et non avenue comme contraire aux lois et à la morale. Elle serait contraire à la morale ; car il ne peut être permis de s'enrichir de la ruine d'autrui : *Nemo aliena jactura locupletari potest.* Elle serait contraire à la loi ; car elle créerait un mode d'extinction des obligations, une manière d'acquérir en dehors de toutes les prévisions de la loi. Elle violerait l'art. 717 du Code Napoléon ; car, en France, les biens perdus ou dont le propriétaire reste inconnu ne sont pas la proie du premier occupant ; ils appartiennent à l'Etat.

Si donc, lors d'une liquidation de compagnie, il se trouvait des actions ou obligations, dont les titulaires ne se présenteraient pas, ces actions et ces obligations devraient profiter, non pas aux compagnies, comme celles-ci semblent le croire, mais bien à l'Etat ; et la régie des domaines pourrait et devrait les revendiquer, comme elle revendique les successions en déshérence, les épaves et en général toutes sortes de biens sans maître.

II. Lors donc qu'une compagnie se trouve en présence d'un particulier qui offre de prouver qu'il était propriétaire de titres au porteur émis par cette compagnie, qui en indique les numéros, qui produit les bordereaux constatant son acquisition, qui offre de prouver en outre que les titres ont été volés, perdus, détournés ou détruits ; tout ce que la compagnie peut exiger, c'est que les choses soient arrangées de manière à ce qu'elle ne soit pas exposée à payer deux fois. Pourvu que cette condition soit remplie, de quoi peut-elle se plaindre ?

Le danger de payer deux fois existerait, si, sans les précautions convenables, la justice condamnait la compagnie à payer les dividendes, intérêts ou capital à celui qui a perdu les titres ; car il est possible que ces titres soient aux mains d'un tiers détenteur, qui, un jour, se présentera et auquel la compagnie ne pourra refuser le paiement, dans tous les cas où, suivant les distinctions exposées plus haut, ce détenteur aura la possession définitive des titres.

III. Le problème ainsi posé a été résolu par la jurisprudence, aussi convenablement qu'il était possible, à l'aide des principes généraux sur la prescription. Après d'assez longues hésitations, il a été décidé que, sur la justification, faite en justice, par le propriétaire, de son droit de propriété et des faits de vol, de perte ou de destruction :

1° Que la compagnie est tenue de déposer, à la caisse des dépôts et consignations, au fur et à mesure des échéances, les intérêts et dividendes semestriels ou annuels ; et de plus, en cas de liquidation ou de remboursement, le capital afférent aux livres perdus ou détruits ;

2° Que le propriétaire peut toucher les intérêts et dividendes à l'expiration du délai de cinq ans, après lequel chaque semestre se trouve prescrit contre le tiers détenteur ;

3° Que relativement au capital, c'est seulement après trente années que le propriétaire dépossédé pourra être admis à le recevoir ;

4° Que c'est pareillement, après le même délai de trente ans, qu'il pourra, si la société dure encore, exiger des duplicatas.

IV. Cet arrangement garantit parfaitement et les droits du tiers détenteur possible et l'intérêt de la compagnie.

En ce qui concerne d'abord les intérêts et dividendes, dont les semestres ou annuités se prescrivent par cinq ans (art. 2277), il est évident que le propriétaire des titres perdus, ne touchant ces intérêts que cinq ans après leur échéance, la compagnie ne saurait être exposée à les payer une seconde fois au possesseur des titres, auquel elle opposerait victorieusement la prescription quinquennale. — Il est clair aussi que ce possesseur n'est en rien lésé ; car les intérêts, échus depuis plus de cinq ans, étaient, dans tous les cas, perdus pour lui.

Autant faut-il en dire du paiement du capital ou de la délivrance des duplicatas après trente ans ; car si, après un si long temps écoulé, venait à se présenter un possesseur des titres perdus, la compagnie lui opposerait la prescription trentenaire, alors même que le capital et les duplicatas n'auraient pas été délivrés au propriétaire originaire. Il convient toutefois de remarquer que la sécurité de la compagnie peut ne pas être complète, même après trente ans, parce que la prescription peut avoir été suspendue, notamment par la minorité de l'ayant-droit. C'est une complication qui ne paraît pas avoir encore fixé l'attention de nos tribunaux.

Il est bien entendu, d'ailleurs, que les jugements qui interviennent entre la compagnie et le propriétaire dépossédé ont un caractère essentiellement conditionnel. Si donc, après ces jugements, les titres étaient représentés par un tiers porteur, le débat s'engagerait entre ce tiers possesseur et le propriétaire originaire, en présence de la compagnie dûment appelée. Ce débat serait jugé conformément aux principes établis par les art. 2279 et 2280 ; de façon que, quelle que fût celle des deux parties qui, d'après ces principes, serait définitivement maintenue en la possession des titres, la compagnie se trouverait, à l'instant même, libérée envers l'autre.

Tel est, messieurs les sénateurs, le système qui me semble résulter de l'ensemble des arrêts rendus sur cette matière, depuis 1853 principalement. Il était difficile à la jurisprudence de faire mieux ; car, à la différence de nos anciens parlements, nos tribunaux modernes ne peuvent faire de *règlements* ; ils ne peuvent qu'interpré-

ter et appliquer les lois; et les lois ne permettaient pas de faire autre
chose que ce qui a été fait.

§ 3. — *Inconvénients du système établi par la jurisprudence; comment il serait possible de l'améliorer.*

I. Si la jurisprudence donne suffisante garantie aux compagnies et
au tiers porteur éventuel, en est-il de même du propriétaire déposs-
sédé? Non, bien évidemment.

Et d'abord, il est déjà bien dur, pour ce propriétaire dépossédé,
d'être privé, pendant cinq ans, des intérêts et dividendes qui peuvent
lui être nécessaires pour vivre ainsi que sa famille.

Mais combien plus graves encore sont les inconvénients en ce qui
concerne le capital! Quelle situation de rester ainsi, pendant trente
années, avec une propriété, incertaine, précaire, incessamment résoluble par l'apparition d'un tiers porteur; de se trouver par conséquent, pendant un si long temps, dans l'impossibilité à peu près absolue de disposer de son capital! Si au moins la conservation de ce
capital était garantie; mais, non; il arrivera souvent que la compagnie, qui, au moment de la perte des titres, était dans un état prospère, deviendra insolvable, en tout ou en partie, pendant les trente
années; et que, lorsque arrivera le moment de recevoir le capital ou
les duplicatas, le propriétaire n'aura plus qu'à gémir sur une ruine à
laquelle il n'a pas été en son pouvoir de se soustraire.

Encore une fois, messieurs, liés par les principes généraux, nos
tribunaux ne pouvaient pas faire mieux; mais ce qu'il n'était point
donné à la jurisprudence de faire, une loi nouvelle le pourrait aisé-
ment réaliser.

II. Pourquoi impose-t-on au propriétaire des titres volés ou perdus
ce long délai de trente années? C'est uniquement pour que la compagnie ne soit pas exposée au danger de payer une seconde fois au tiers
porteur ce que déjà elle aurait payé au propriétaire originaire.

Pour le législateur le problème se ramène donc à ces termes : le
tiers porteur, qui ne se présente pas, est-il si digne d'intérêt, qu'on
doive, en sa faveur, imposer au propriétaire originaire d'aussi préjudiciables retards?

Et, d'abord, que penser de celui qui, porteur de titres, reste plusieurs années sans donner signe de vie, qui ne vient recevoir ni les
intérêts ni les dividendes, et qui les laisse périr sous le coup de la
prescription quinquennale? Il n'y a guère que deux manières d'expliquer un fait si étrange :

Ou bien les titres n'existent plus, et le prétendu tiers porteur n'est
qu'un fantôme imaginaire;

Ou bien les titres sont dans les mains de quelque possesseur illégitime, voleur, receleur ou autre, qui n'ose pas en faire usage.

On peut, sans doute, imaginer quelque circonstance extraordinaire, quelque combinaison romanesque, pour expliquer autrement la conduite de ce tiers porteur problématique : mais ce n'est pas sur des cas extraordinaires et romanesques, c'est sur les conditions ordinaires de la vie commune que s'établissent les calculs de probabilité qui servent de base aux lois.

Lors donc qu'il est déjà établi, en justice, que des titres ont été volés, perdus ou détournés; quand à cela vient se joindre ce fait que nul ne se présente pour recevoir les intérêts semestriels, les probabilités ne s'élèvent-elles pas, d'année en année, dans une progression tellement rapide, en faveur du propriétaire originaire contre le porteur éventuel et inconnu, qu'on puisse, sans danger probable, abréger considérablement les délais pendant lesque's, d'après la loi actuelle, le tiers porteur peut se représenter?

Quel principe de droit ou d'équité serait blessé, si on autorisait le propriétaire des titres perdus à mettre en demeure le prétendu tiers porteur, au moyen de publications légales qui seraient le point de départ d'un délai, passé lequel, les anciens titres seraient déclarés nuls et non avenus, à l'égard de la compagnie, qui pourrait dès lors, sans aucun danger pour elle, délivrer des *duplicatas* au propriétaire originaire?

III. Notre loi civile contient plus d'un exemple de mesures de cette nature; il suffit de rappeler celui relatif à la purge des hypothèques de femmes et de mineurs.

Comme ces hypothèques existent sans inscription, souvent au profit de femmes et de mineurs dont rien ne révèle l'existence; comme cependant il importe que les acquéreurs d'immeubles puissent conquérir leur sécurité, un avis du conseil d'État, du 9 mai 1807, approuvé par l'Empereur, le 1er ju.n, complétant l'art. 2194 du Code Napoléon, établit un système très-simple de mise en demeure qui fait courir, contre les femmes et les mineurs inconnus, un délai de deux mois, après lequel ils sont déchus du bénéfice de leur hypothèque légale.

Or, ce qui a été autorisé contre des femmes et des mineurs, objet toujours privilégié de la sollicitude de la loi, pourquoi le trouverait-on excessif contre un tiers porteur dont l'existence ou l'honnêteté est si justement suspecte.

IV. Voici quelles pourraient être les bases de cette loi nouvelle.

1° Le propriétaire dépossédé de ses titres par un fait quelconque présenterait requête au président du tribunal pour être autorisé à former opposition aux mains de la compagnie, opposition qui obligerait celle-ci à consigner les intérêts au fur et à mesure des échéances;

2° Le propriétaire ferait ensuite constater contradictoirement avec la compagnie, le procureur impérial entendu, sa propriété sur les titres perdus, ainsi que les faits de perte, de vol, ou de destruction (1);

3° Le jugement serait publié au *Moniteur* et affiché dans toutes les bourses de commerce;

4° Si dans les cinq ans qui suivraient cette publication, nul tiers porteur ne se présentait, un second jugement, après avoir constaté l'accomplissement des publications, prononcerait la déchéance des anciens titres et ordonnerait la délivrance des duplicatas, qui remettrait le propriétaire au même état qu'avant l'accident;

5° Je crois que ces garanties seraient suffisantes. Au besoin, on pourrait y ajouter la faculté pour le juge, dans certains cas exceptionnels, de subordonner la délivrance de Juplicatas à une nouvelle publication et à un nouveau délai d'un an.

Ne semble-t-il pas, messieurs les sénateurs, qu'une loi conçue d'après ces idées serait de nature à concilier tous les intérêts légitimes?

V. Reste une dernière observation.

Une loi de ce genre, en supposant que le gouvernement se décidât à la proposer, ne serait applicable qu'aux valeurs françaises.

Quant aux valeurs étrangères, les propriétaires resteraient exposés aux refus péremptoires qui, jusqu'à ce jour, leur ont été presque toujours opposés.

En admettant que, malgré notre exemple, les compagnies et les gouvernements étrangers persistassent dans leur refus, ce serait, pour les capitalistes, un avertissement salutaire de préférer les valeurs de notre pays.

Or, il y aurait à cela un double avantage, celui de rehausser notre crédit, et celui plus considérable encore de détourner nos concitoyens de ces fonds étrangers, qui, dans certaines hypothèses qu'il n'est pas défendu de prévoir, pourraient devenir une cause de ruine pour leurs propriétaires.

Par ces motifs et ces considérations, la commission vous propose, messieurs les sénateurs, le renvoi de la pétition aux trois ministres de la justice, du commerce et des finances.

(1) En cas de destruction, l'existence d'un tiers porteur étant impossible, on pourrait ordonner immédiatement la délivrance de duplicata et le paiement des intérêts. Mais comme il arrivera bien rarement que le fait de la destruction puisse être prouvé d'une façon suffisante, les tribunaux seront conduits, par prudence, à appliquer souvent, au cas de destruction, les mêmes règles qu'au cas de perte et de vol.

ERRATAS.

Au numéro 36, ligne 8, au lieu de ces mots, *aussi bien qu'elle protége l'acquéreur de la pleine propriété,* lisez : aussi bien qu'elle *protégerait un* acquéreur de la pleine propriété.

Au numéro 47, ligne 6, au lieu de ces mots, *d'abord aux texes,* lisez : D'abord aux *textes.*

Au numéro 55, alinéa 3, ligne 5 (de cet alinéa 3), au lieu de ces mots, *A quel titre,* lisez : A *quel* titre, en effet.

Au numéro 63, note 2, ligne 72, à la suite de ces mots, *pour conférer le droit d'aliéner, il faut un mandat exprès et formel (art. 1988), qui n'existe pas dans l'espèce,* ajoutez : (*Sic, Metz,* 10 *janvier* 1867 ; D. P. 67, 2, 14).

Au numéro 84, ligne 16, au lieu de ces mots, le privilége du locateur est donc fondé sur *les idées* d'une constitution tacite de gage, lisez : le privilége du locateur est donc fondé *sur l'idée* d'une constitution tacite de gage.

Au numéro 92, ligne 4, au lieu de ces mots, *ici toutefois, ce n'est plus l'idée,* lisez : *ici toutefois,* ce n'est plus **uniquement** l'idée.

Au numéro 101, lignes 18 et 19, au lieu de ces mots, *le possesseur,* au contraire, a eu tort de ne pas faire les diligences suffisantes pour retrouver le maître légitime *du meuble,* lisez : *celui, au contraire, qui a trouvé le meuble perdu a eu tort de le conserver immédiatement et de ne pas faire les diligences nécessaires pour retrouver le maître légitime.*

Au numéro 104 *ter,* note 1, ligne 10, au lieu de ces mots, Ils venaient à échéance le 10 *octobre* 1867, lisez : Ils venaient à échéance le 1ᵉʳ *octobre* 1867.

Au numéro 109, ligne 17, au lieu de ces mots, *nous n'avons pour nous guider que les inductions que le raisonnement peut tirer des principes généraux,* lisez : *nous avons uniquement, pour nous guider, les seules inductions* que le raisonnement peut tirer des principes généraux.

Au numéro 116 *bis*, ligne 23, alinéa 2, au lieu de ces mots, pour interpréter une loi, il faut toujours se reporter à l'époque de sa confection et aux circonstances qui l'ont *mentionnée*, lisez : ..... qui l'ont *motivée*.

Au numéro 120, alinéa 4 (ligne 14 de cet alinéa 4), au lieu de ces mots, l'action civile *se fonde* uniquement sur le fait même du crime ou du délit et n'a d'ailleurs *aucun autre fondement* à invoquer, lisez : aucune *autre base* à invoquer.

Au numéro 123, ligne 8, au lieu de ces mots, *avec* l'intention de *la* garder, lisez : avec l'intention de *le* garder.

Au numéro 140, ligne 3, au lieu de ces mots, *un individu se présente au comptoir d'un changeur et lui propose l'achat*, lisez : .... et lui *en* proposé l'achat.

TABLE GÉNÉRALE DES MATIÈRES.

Généralités.

Imprimé par Charles Noblet, rue Soufflot, 18.

www.ingramcontent.com/pod-product-compliance
Lightning Source LLC
LaVergne TN
LVHW050211030726
842520LV00002B/474